中国旅游业普通高等教育应用型规划教材

现代服务业管理

主编 杨 柳

副主编 宗 佶 袁立波 张 波

中国旅游出版社

前言

现代服务业是在工业化比较发达的阶段产生的，主要依托信息技术和现代化管理理念发展起来的，是信息和知识相对密集的产业，是建立在新的商业模式、服务方式和管理方法基础上的服务产业。它不仅包括现代经济中催生出来的新兴服务业，而且包括被信息技术改造从而具有新核心竞争力的传统服务业。现代服务业是国民经济的重要组成部分，是现代产业体系的重要内容，是中国经济长期持续健康发展与优化升级的新引擎、新动力，是我国全面建成小康社会的重要保障。2015 年，我国服务业占 GDP 比重首次超过 50%，标志着我国开始从工业化中后期逐渐步入服务经济时代。在中国经济发展新常态下，大力加快现代服务业发展，是推动经济转型升级的迫切需要，是实现新型工业化、城市现代化的必然选择，也是增加就业、改善民生、构建和谐社会的内在要求。

随着云计算、物联网、移动互联网、人工智能等新一代信息技术的应用，服务业实现了跨界融合发展，不断催生服务业新产品、新业态和新模式，也推动了产业组织和商业模式产生重大变革，给现代服务企业管理带来新的挑战。在新的发展阶段和新形势下，笔者本着促进我国现代服务业发展水平、提升服务企业管理水平、提高服务企业生产效率、提高现代服务业从业人员素质的目的撰写了本书。

本书由概念篇、管理篇组成。概念篇主要包括前 3 章，主要介绍服务特性，现代服务业的概念、特性和发展趋势，现代服务管理理论和服务企业经营管理概论。管理篇共 12 章，主要介绍现代服务企业运营管理，围绕服务企业设施选址与布置、服务企业人力资源管理、服务企业财务管理、服务企业物流管理、服务企业业务流程管理、服务企业营销管理、服务企业客户管理等内容进行阐述。

全书由杨柳确定编写大纲和章节结构，其中第 1 章由袁立波编写，第 2 章由唐俊龙编写，第 3、8、9 章由杨柳编写，第 4 章由张波编写，第 5 章由班先海编写，第 6 章由曾蕾编写，第 7 章由张云华编写，第 10 章由宗佶编写，第 11 章由赵红波编写，第 12 章由张玉琨编写，第 13 章由何仁玲编写，第 14 章由何勇编写，第 15 章由杨柳、张云华和何仁玲编写。最后由杨柳负责统稿，袁立波、张波、宗佶协助完成统稿审校工作。另外，在本书的编写过程中，研究生楚冰倩也做了一些校对工作。

本书编写特色主要体现在三方面：第一，每章都设定了教学目标和小结，并精心设计了课后思考题和课程实践内容，以帮助学生了解和掌握该章的学习内容。第二，每章都引入了章前导读，帮助学生将理论与实践相结合。第三，每章结尾都安排了案例分析，以便学生在课后运用所学知识和理论分析具体问题。

本书在写作过程中，参考和借鉴了大量的国内外文献资料，并吸收了中外学者的研究成果，引用了其中许多观点和资料，限于篇幅，不能一一注明出处，但均以参考文献的形式列出。同时，许多专家为本书编写提出了宝贵的意见。在此，特对文献的作者和各位专家表示诚挚的感谢。

由于编者水平有限，疏漏和错误在所难免，敬请读者批评指正，以便修改完善。

编者

2018 年 6 月

目　录

第一章

现代服务业概述

【教学目标】

1. 掌握服务的定义及特征；
2. 掌握用服务包解释一种服务；
3. 掌握现代服务业的定义及特征；
4. 了解现代服务业的发展现状和趋势；
5. 了解现代服务业对国民经济发展的作用。

章前导读

服务业已成带动和支撑国民经济增长核心力量

1. 推动产业转型升级

我国经济发展已经进入由量的增长到质的提升阶段，农业现代化、制造业转型升级，迫切需要生产性服务业的有效支撑。目前，生产性服务业专业性强、创新活跃、产业融合度高、引领带动性大的作用正在得到加强，研发设计、检验检测、节能环保、人力资源服务、商务咨询等生产性服务业重点领域加快发展，并与产业紧密融合，有效推动了产业向价值链高端提升。

比如，高技术服务业已融入传统行业的各个环节，其中信息与制造技术的融合不断推动制造业的智能化、柔性化和服务化；电子商务推动以消费者为中心的商业模式创新；研发设计服务为传统行业提供产品形象、结构工程、功能体验、智能互联、信息交互等综合集成服务，在打造自主品牌，提高整体效益和国际竞争力方面的贡献日益明显。

2. 新业态新模式涌现

当服务业遇上互联网，一切皆有可能。动动手指，就可以在手机上预约出租车、上门理发等服务，就能通过摄像头和远在千里之外的医生沟通病情，随着物联网、云计算、大数据、移动互联网、人工智能等新一代信息技术的升级发展，互联网加速向各行业渗透，服务业新业态、新模式、新产业不断涌现。

基于大数据、云计算、物联网的服务应用和创新日益活跃。在生产方面，数据处理、数据存储、集成电路设计、信息技术咨询等服务持续快速发展。在生活方面，生态旅游、休闲养老、远程医疗、远程教育、数字穿戴、数字家庭、智慧社区、智慧城市等与人民生活息息相关的服务新模式，拓展了消费新渠道。

（资料来源：中国经济网，http://www.ce.cn/xwzx/gnsz/gdxw/201505/29/t20150529_5493366.shtml.）

第一节　服务的定义及特点

随着全球服务经济时代的到来，服务与我们的现实生活及生产活动联系得越来越紧密，它已成为经济社会中提高生活质量和生产效率不可或缺的因素。在生活领域，我们享受着诸如餐饮、住宿、安保、旅游、通信、网络购物等服务带来的便捷。在生产制造领域中，专业服务商为制造企业提供了越来越多的广告、咨询、金融、研发设计、物流及其他商业服务。在公共服务领域，公共教育、医疗卫生、交通、公共安全等各项措施是一个国家和社会繁荣、人民生活富裕的必要条件。服务业在国民经济中的比重不断上升，服务业对经济社会的贡献逐步提高，服务业的发展提升对整个经济社会发展的影响也越加明显。在当代世界经济中，服务业是增长最快的部门，在各国国民经济中的地位和作用日益重要，已成为经济发展的主要动力，其发达程度成为衡量现代化水平的重要标志之一。

一、服务的定义

对于服务的概念，最早对服务进行定义的是经济学家，到了20世纪70年代，随着一批西方发达国家进入服务经济社会，人们开始了对服务管理和服务营销的研究。因此，对于服务的定义，有从经济学和管理学不同视角的表述。

（一）西方经济学家对服务的经济学解读

在经济思想史上，从经济学的角度考察服务的含义，第一个阐明服务具有特殊重要性的经济学家是英国的亚当·斯密。在《国民财富的性质和原因研究》一书中，斯密提出了生产性劳动与非生产性劳动的定义，“有一种劳动，加在物上，能增加物的价值；另一种劳动却不能够。前者因可生产价值，可称为生产性劳动，后者可称为非生产性劳动。”斯密在这里并没有直接指出生产服务的劳动为生产性劳动，但从其列举的非生产性劳动来看，主要都是现在被归为社会或社区服务的服务活动及政府服务活动，如律师、医生、演员等人的劳动。同时，斯密还对这两种劳动成果的特点进行了解释：制造业工人的劳动，可以固定并且在特殊商品或可买商品上实现，可以经历一些时候，不会随生随灭……反之，家仆的劳动，却不固定亦不在特殊物品或可卖品上实现。家仆的劳动，随生随灭，要把它的价值保存起来，供日后雇用等量劳动之用，是很困难的①。

法国古典经济学家萨伊于1803年在《政治经济学概论》一书中指出，无形产品（服务）是人类劳动的果实，同时也是资本的产物。因为大部分无形产品都是这种或那种技能的产物，获得一种技能，总须先做一番钻研，而从事钻研就非预付资本不可。萨伊是最早定义无形产品的，他所讨论的无形产品就是服务。

约翰·斯图亚特·穆勒于1848年在其名著《政治经济学原理》中也对服务做了界定。穆勒的观点为：服务是劳动产生的效用，它并未固定或体现在任何物体中。在这里，劳动是用于直接产生一种效用，而不是提供某种别的东西来给予效用。劳动生产的不是物品而是效用。此效用分为三种情况：其一是固定和体现在外界物体中的效用即能运用劳动使外物具有能使它们对人有用的性质（如制造）。其二是固定和体现在人身上的效用即劳动用于使人具备能使他们对自己和别人有用的品质（如教育、医疗）。其三是未固定或体现在任何物体中，而只存在于所提供的服务中，即给予一种快乐，消除不便或痛苦，时间可长可短，但不会使人或物的性质得到永久性改善（如运输）。

马克思对服务的定义：服务不过是指这种劳动所提供的特殊使用价值，就像其他一切商品也提供自己的特殊使用价值一样。但是，这种劳动的特殊使用价值在这里取得了“服务”这个特殊名称，是因为劳动不是作为物，而是作为活动提供服务的。马克思一方面肯定服务是使用价值，是劳动产品，是社会财富，可以进入市场进行交换；另一方面指出服务同其他商品的差别只是形式上的，商品具有实物的形式，而服务则体现一种活动形式。

富克斯于1968年在《服务经济》一书中对第二次世界大战之后的美国服务经济进行了研究。他的观点是，服务在生产的一刹那间消失，它是在消费者在场参与的情况下提供的，它不能运输、积累和贮存，缺少实质性。富克斯的定义实际上是一种特征性定义。

1977年，希尔从服务生产入手来解释什么是服务，他指出：服务是人或隶属于一定经济单位的物在事先合意的前提下，由于其他经济单位的活动所发生的变化，服务的生产和消费同时进行，即消费者单位的变化和生产者单位的变化同时发生，这种变化是同一的。服务一旦生产出来必须由消费者获得而不能储存，这与其物理特性无关，而只是逻辑上的不可能。希尔从“变化”入手，接近服务的本质，避免单纯描述服务的特征，强调服务生产与服务产品的区别，服务产出是相应的个体或商品状态的变化，不应与服务生产过程相混淆。

瑞德尔和佩蒂特在20世纪80年代分别提出了具有代表性的服务的定义。瑞德尔关注到服务所带来的时间、地点和形态方面的效用，他于1986年在《服务引致的增长》

① 亚当·斯密.国民财富的性质和原因的研究［M］.郭大力，王亚南，译.北京：商务印书馆，2008.

一书中指出，“在为服务接受者带来一种变化时，服务是提供时间、地点和形态效用的经济活动”。根据《新帕尔格雷夫经济学大辞典》，佩蒂特于1987年提出，新古典经济学关于商品与服务的区分无任何理论意义的见解并不令人满意，因为关于商品的一些命题难以扩展应用到服务上。他认为，服务表示使用者的变形（在个人服务的场合）或使用者的商品的变形（在涉及商品的场合），所以享用服务并不含有任何可以转移的获得物，只是改变人或其商品的特征。

（二）服务管理研究者对服务的界定

美国市场营销协会（1960）认为：服务是用于出售或者是同产品连在一起进行出售的活动、利益或满足感。Earl Sasser，R. P. Olsen 和 D. D. Wyckoff（1978）认为：对于商品和服务的精确定义必须根据它们的特征来区别它们。商品是有形的实物对象或产品，它能够创造和传递；它是一种超越时间的存在，因此能够在之后制造和使用。服务具有无形性和易逝性。它是一种形成和使用同时或者几乎同时发生的事件或流程。消费者不能在服务产出以后保留实际的服务，但是服务的结果是可以保持的。James Brian Quinn，Jordan J. Baruch 和 Penny Cushman Paquette（1987）认为：服务部门包括所有的产出不是实物产品或建构，它通常在生产的同时进行消费，并且以某种形式提供附加价值（如便利性、娱乐性、时效性，舒适或健康），它特别强调与顾客相关的无形性。Valarie A. Zeithaml 和 Mary J. Bitner（1996）提出：服务是行动、流程和绩效。James Fitzsimmons（2001）提出：服务是一种顾客作为共同生产者的、随时间消失的、无形的经历。Cengiz Haksever，Barry Render，Roberta S. Russell 和 Robert G. Murdick（2005）提出：服务，就是提供时间、空间、方式或是心理效用的经济活动。

ISO 9004—2 中对服务的定义：服务指为满足顾客需要，在与顾客的接触中，供方活动和供方的内部活动所产生的结果。

以上的定义反映出人们对服务理解的不同视角和逐步深化过程，也反映了经济学、现代管理学的先进思想和理念，但基于服务无形性等有别于实物商品的特点，以及科技进步所带来的服务模式和交付方式的变化，至今还没有形成一个被大家公认的权威定义。

要对服务进行定义，必须从服务产生的根源出发来了解服务的本质。

第一，服务是一种行为活动，是一方为另一方提供服务的活动。服务作为一种存在于服务提供者和服务消费者之间的经济活动，产生于消费者的需求，只有当服务消费者自身不能完成或本身不愿意去完成时，才需要服务提供者提供服务，服务才能产生。以理发服务为例，在还没有理发店的时候，人们常常是找亲朋好友帮忙理发。随着社会专业化分工的发展，理发店产生了，人们一般去理发店理发。两者的区别在于，前者是友情帮忙，不具有交易性质（经济性质），一般不被看作服务；后者是专业化分工的结果，具有交易性质，一般被看作服务。如果不考虑是否付费的问题，二者实质上都是一方为另一方提供的一剪子一剪子的理发行为。也就是说，理发服务在作为理发店销售的服务产品之前，“友情帮忙式”的理发行为就已经存在——先有理发行为，后有理发产品。从经营管理角度看，理发行为的流程、技术、标准等，不会因为是“友情帮忙”还是“理发店的理发交易”而有实质性的改变，因此，“友情帮忙”式的理发行为同样可以被看作服务行为。由此可以得出结论：理发行为是理发服务的核心，服务行为是服务产品的核心。

第二，服务活动的实现需具备三个基本要素：服务的消费方、提供方及服务接触（交互）。

（1）服务消费方。服务的消费方确定和提出服务的需求，既是服务流程的起点，又是流程的终点。传统服务管理研究的领域主要涉及的是个人消费者，但随着技术的发展和商务模式的演变，服务的消费方范围在逐渐扩大，涉及组织机构甚至是机器（或系统）。如外包服务中，服务的消费者主要是企业及其他组织机构；而在网络计算领域，一个系统可以向另一系统提出计算请求，另一系统接受任务且完成计算后返回结果，其服务的消费方和提供方即为机器（或系统）。

（2）服务提供方。服务提供方提供服务，用以满足服务消费方的需求。服务提供方具有服务所需的资源，通过一定的程序（流程）实施服务。同样，服务提供方可以为个人、组织或机器。

（3）服务接触。服务接触是服务的提供者与服务的消费者之间通过一定的媒介进行的交互过程。如果是实物的交换或商品的买卖，其接触环节简单明了，即使有一定的交互，也能快速地解决问题。但对于专业性较强或对服务需求的判断不甚明了时，服务接触就是一个复杂而漫长的过程，如医疗、企业咨询等。服务接触是服务的一个重要特征，无论服务的提供方和消费方是直接或间接的接触，它都是存在的且不可或缺。如学生在课堂上接受老师的教育是直接的服务接触，而通过网络进行教育可视为间接接触，但他们都有交互，如提出问题、解答问题、批改作业、师生及同学间的各种交流等。对于服务管理来说，服务接触是一个非常关键的环节，它涉及至少三个核心问题：对服务需求的理解、服务消费者与提供者相互协作并共同完成服务、服务质量及客户满意的评价。

基于以上对服务本质以及服务要素的分析，在本书中，我们将服务定义为：服务是指服务提供方使用一定的设备、知识和方法，为满足顾客需要，在与顾客的接触中，供方活动和供方的内部活动所产生的结果。

二、服务的特性

服务是一个与有形产品有着本质区别的研究对象，其特征与有形产品也截然不同，从而导致服务企业的运营管理具有特殊性。只有通过深入了解服务的特性，才能有助于我们更好地理解服务管理的概念，认识服务管理的规律，为服务生产率的提升打下理论基础。

随着研究人员对服务特性的总结和归纳，与有形产品相比，服务具有无形性、同时性、不可储存性、异质性和顾客参与五个最为明显的特性。

（一）无形性

商品是有形的物品，可以触摸它、感觉它，甚至能闻到它的气味。而大多数服务是无形的，不能被触摸，不能被品尝，不能被嗅到，亦不能被看到。这与商品的实质或有形性形成了鲜明的对比。虽然有些服务可以借助于实物或在实物中得以实现，但它们自身是无形的。服务的无形性主要体现以下三个方面：

（1）服务是有形和无形成分的组合。服务很少百分之百无形，在现实中，很多商品和服务的供应都包括有形和无形两种。比如一场音乐会，歌手优美动听的歌声是通过有形的音响设备进行传递的。软件开发商所提供的软件服务，软件中包含的电脑指令，通常是被保存在一定的介质中。在一个五星级饭店里，服务员的行为、情感、表达方式、处理问题的反应时效和质量等无形因素，以及智能化设备、优质的环境等有形因素共同构成良好的酒店服务。

（2）服务产品所有权的不可转让性。对于大多数服务而言，购买服务并不等价于拥有其所有权，而购买商品则是拥有了所有权。例如，消费者购买了一套音响，他就不仅拥有了其使用权还拥有其所有权，并且可以任意处置它，比如自己用来听音乐，或作为礼物赠予他人，或者卖了它。而服务的购买者则没有这种处置权。如果你买了一张音乐会演出票，你只可以在特定的时间观看那场演出。看过表演，你行使了这项权利，如果想再看一遍的话，只能重新买票。

（3）可信任特征。对于实物产品来说，在购买之前可以对产品的质量进行检测和评价，但对服务产品而言，比如去餐馆就餐，去理发店理发，进行法律咨询、医疗服务，在购买之前，我们很难去评价菜品的味道如何，发型是否合适，律师的专业水平高低，诊断和治疗的技术是否精湛，只有通过购买和体验之后才能做出评价。对于一些自身具有很强的技术特性的服务，消费者很难在消费前和消费后对其服务进行评价。例如，当医生对病人进行诊断和治疗时，大多数消费者不具备评估一个医生的治疗诊断正确与否的技能。因此，对于由那些专业人士或专家提供的服务，大多数消费者一般只有采取信任的方式接受服务。

（二）同时性

大多数情况下，服务的提供与消费是同时进行、不可分割的。而对于大多数商品而言，这两个过程可以而且通常是分开的。电视机可以在某个地方的工厂生产，然后被运往世界各地的批发商和零售商，最后卖给各地的消费者。但购买电视机以后并不要求消费者立即使用，它可以被无限期地存放在包装箱中。而医生给病人诊断这种服务却是即时消费的。

同时性的第二种形式，是消费者不能脱离服务过程，消费者必须当场享受服务。电视机的生产不一定要有消费者伴其左右，但是医生的诊断则必定要以病人的存在为前提。教室里的演讲，球场上的足球赛，摇滚音乐会，乘火车旅行，都体现出上述两种形式的不可分割性。这些服务的提供与消费是同步发生且不可分割的，要享受此类服务，消费者必须亲历。

同时性的第三种形式是对某些服务的共同消费。有些服务是大量消费者同时分享的。例如，一场戏剧表演、一场音乐会或是一次海上旅行都是针对一群消费者的。在此类服务中，虽然每个人的体验可能有所不同，但个人的经历与周围消费者息息相关。

（三）不可储存性

与商品不同，服务不能被存储。这不仅因为其无形性，而且因为它囿于生产和消费同时发生的局限。服务一旦生产出来，就必须被消费，否则就没有任何意义。如果飞机起飞时还有空座位，由于它们不能被储存起来，并用于次日销售，所以此时飞机上的空座位没有任何价值。同样的道理也适用于宾馆的客房、剧场里的座位及律师的咨询时间。但是，服务的不可储存性并不意味着服务不可被运输传递，如电力供应系统提供的服务；不可储存的服务产品的消费过程可能在时间维度上持续相当长的时期，如保险服务；现实生活中一些服务表现出物理性质方面的可储存性，如自动电话应答系统提供的服务。因此，服务的不可储存性不是物理性质上的不可能，而是逻辑上的不可能，这些现象大多归因于现代技术在服务领域的应用。随着现代技术水平的提高与发展，具有这些特殊形式的服务所占的比重会逐步增加。

（四）异质性

服务品质受到很多因素的影响，如消费群体的不同、服务人员的差异、外部环境及服务时间的不同等，这些因素都能对服务的品质产生一定的影响。有形产品的标准化生产无法在服务中精确地进行，由同一个服务人员进行的每一次服务给顾客带来的效用和感知都存在这样或那样的差异，造成这些差异的主要来源可以分为以下四种。

（1）服务人员的原因。人不可能像机器那样总是不犯错误地进行同一个动作，每个人都会有情绪起伏，这些都会影响到消费者的服务体验。例如，服务人员在情绪低落的时候就极有可能用不太友好的方式对待消费者。这种品质的差异性在很多服务性企业中都有体现。又如银行可以要求其职员行动一致，步调一致，但不同员工提供的服务在质量上却有很大的不同。员工的情绪会在很大程度上影响服务质量，银行没有能力控制其员工的情绪，只能采取一定的手段去调动员工的情绪。

（2）消费者的原因。每一位消费者都有各自的特点和个性特征，因此，即使是对于同一种服务，每位消费者感受到的服务质量都是不一样的。个性因素会极大地影响消费者的行为，更会影响到消费者对于服务质量的评价。在一个群体之中，某个特定消费者还会影响到其他消费者的行为和表现。例如，旅游团对于导游人员服务水平的感知就会受到旅游团中比较有影响力的游客的影响。又如教师给一个班的学生上课，有的人听得津津有味，有的人则是昏昏欲睡。如何给消费者一种持久而均衡一致的服务体验，已经成为摆在服务管理者面前的一大难题。

（3）环境因素。有很多外部因素都可能会影响到消费者对于服务质量的感知与评价。如天气因素，旅游者出去爬山的时候是晴天还是雨天，汽车在行驶过程中是否颠簸，消费者去银行是否要排队，等等。这些环境因素都会对消费者的心理产生很大影响，但是它们却又很难被服务提供者所控制。

（4）互动因素。很多服务都需要服务人员与消费者进行沟通。正是由于服务人员与消费者之间的相互作用，他们相互之间的情绪也会影响到对方，从而导致在由同一服务人员向同一顾客提供的多次服务中，顾客对于服务质量的评价也会各不相同。

（五）顾客参与

顾客参与是指顾客部分或全部地参与到服务过程中。该特性主要反映员工与顾客间的关系。产品生产者面对的是物品，生产过程完全按照工序进行，需要灵活处理的工作不多；服务人员在服务过程中面对的是最终消费者，需要根据顾客的需求灵活应对，员工与顾客之间的关系在这两种情况下是完全不同的。

需要从两个层面认识该特点：一是在服务过程中要充分发挥顾客的积极作用，如利用顾客的知识、经验、动机等提升服务的效果。教学服务能很好地说明这个特性，如果教师能充分发挥学生学习的主动性，而不是单纯地、填鸭式地讲授，教学的效果会有很大的提升。该特点同时还说明在服务管理中，不单单要对员工进行管理，还需要对顾客进行管理。二是重视顾客参与的重要性。有些服务中顾客的参与对服务的效果、效率都会有很大的提升。例如，从传统的商场到超市，顾客参与的程度变高，主动性变强，对商家和顾客都有益处。对于体验式的服务更需要强化顾客的参与，如旅游、拓展训练等。

顾客参与对服务系统的设计有较大的影响，如服务现场的设计、服务传递的设计、服务流程的设计等。有时候，可以借助新技术来改善顾客参与的方式，比如用网络银行替代传统的银行网点，提高服务的效率和质量。

三、服务包

服务包是指在某种环境下提供的一系列产品和服务的组合。我们将服务定义为：通过使用一定的设备、知识和方法来满足客户需求的一系列活动。这里有两个地方需要明确：一是服务过程中一般要伴随实物产品，如场地、建筑、工具、消费品等，离开这些东西，服务就无法进行；二是客户的需求，对于顾客来讲，他所接受的服务中除了主要的要求外，或许还有其他的要求，如旅行的舒适性、理发店的清洁度、餐厅的气氛等。由于在提供服务的过程中无法将它们分离开，所以就用服务包的概念来描述这些组合。

服务包包含四个方面的内容：①支持性设施。提供服务时必须具有的物质资源，如场地、交通工具等。②辅助物品。在服务中需要消费的物品，如食物、汽车零件等。③显性服务。可以用感官察觉到效果的部分，构成服务本质特征的利益，如航空运输、课堂讲授等。④隐性服务。无法用感官察觉的服务内容，一般为精神上的作用，构成非本质特征的利益，如空姐的热情、教师的亲切感、课堂气氛的活跃等。

显性服务一般是服务的主体，一个服务企业所能提供的服务也大多是可以描述，可以被感受的，甚至是可以测量的。隐性服务往往是企业在提供主体服务时为区别其他企业的服务而增加的内容，由于这些内容难以描述，无法度量，或是具有独特性，以至于其他企业不能模仿和学习。了解他们的结构有助于企业在服务营销过程中选取恰当的方式和方法去获得客户。在有形产品的营销中，产品本身的特性决定了客户选择的主要依据，只有在同质化比较严重的情况下，价格、促销等手段才会有较大的作用。对于服务企业来说，主体服务部分可能相同或相近，要获得更多的客源，增加隐性服务是一种不错的选择。

支持性设施和辅助物品对提高服务质量，提升顾客满意度也是非常重要的。这部分内容构成了服务的物化形象，并且这部分的质量大多可以被描述和被量化的，能够较为客观地反映事实的真相。

四、服务业的概念

由于不同经济类型国家的政府、国际组织及理论界的专家学者对产业分类方法的不同，至今对服务业尚无一个公认的定义，但就服务的内涵或其所包括的内容来看，这种分歧相差不大。其比较一致的定义是：服务业是生产或提供各种服务产品的经济部门或企业的集合。

提到“服务业”这个概念，就不得不提及“第三产业”，因为西方“第三产业”的概念是服务业概念的最早起源。最早提出“第三产业”这个概念的是英国经济学家、新西兰奥塔哥大学教授埃伦·费希尔。他在对世界经济历史发展的考察中发现，第一产业和第二产业并没有把所有的经济活动都包含进去。于是，在1935年出版的《安全与进步的冲突》中，提出了三次产业的分类方法。他认为，第一产业为人类提供满足其基本需求的食品；第二产业满足其他更进一步的物质需求；第三产业满足人类除物质需求以外的更高级的需求，如生活上的便利舒适、娱乐休闲等各种精神上的需要。费希尔的理论得到在澳大利亚政府担任多种高级职务的英国经济学家科林·克拉克的赞同，他在继承费希尔研究成果的基础之上，进一步地概括了三次产业理论，他在1940年出版的著作《经济进步的条件》中进行了详细阐述，他还详细而全面地划分出了国民经济的三大部门。他的观点从20世纪50年代后期开始就被西方经济学和资本主义各国的经济统计部门所接受。三次产业分类法在联合国经济统计中一直被使用。1985年中国也开始采用这种分类方法。服务业与第三产业有密切的联系，但并不等同，主要表现在以下几个方面。

（1）两者界定的方法不同。服务业的界定以是否提供或生产各类型的服务为标准，其产品的范围十分明确。第三产业的界定则是按照剩余法——除第一、第二产业以外的其他产业统称为第三产业，范围并不十分明确。比如，对于建筑业，有的国家将其归属于第三产业，而在我国2003年颁布的行业分类中属于第二产业。

（2）两者划分的依据不同。三次产业划分的依据是经济体系的供给分类，隐含着高层次产业的发展单向依赖低层次产业，即第二产业以第一产业的产品为原料，第三产业的发展则依赖于第一、第二产业的供给。服务业是以经济体系的需求分类为基础，从服务产品满足消费者的需求出发，强调服务产品的生产同消费的关系。所以，服务业与其他产业之间是相互依赖的关系，而不是单向依赖。

（3）两者的结构内涵不同。第三产业的经济意义主要针对一国国内经济发展的进程和产业结构的变迁，而服务业的经济意义是面向国内和国际两个市场，因此才出现以服务业为依托的国内服务贸易和国际服务贸易两个概念。

五、服务业的分类

（一）联合国统计署的国际标准产业分类（ISIC）

联合国统计署的国际标准产业分类自1948年制定以后，先后经历了1958年、1969年和1989年三次比较大的修订，1958年修订是在原有框架下的调整，1969年的修订将一级分类分为4种，二级分类分为14种。1989年的修订发表于1990年，修正后的分类结构发生了很大变化，其中服务业大类有11类，包括商业及零售业，酒店旅游业，交通仓储、通信业，金融中介，房地产、租赁和经济活动，公共行政与国防，教育，医疗及相关社会服务，其他社会社区服务，家庭雇佣服务，国际及跨国组织；小类有19类。随着经济的不断发展，联合国统计署已对ISIC又进行了第四次修订。修订版已于2008年8月发布，此次修订主要增加了信息和通信业、行政管理及相关支持服务、科学研究和技术服务、艺术和娱乐、其他服务业5个门类。这反映了服务业发展及其在经济活动中重要性增强的国际背景。

（二）按服务业在不同经济发展阶段的特点分类

1970年，M. A. Katouzian根据罗斯托的经济发展阶段理论，提出了一种服务业的三分法：新兴服务业、补充性服务业和传统服务业。

（1）新兴服务业一般出现在工业化的后期，相当于罗斯托所谓工业产品的大规模消费阶段。它是指工业产品的大规模消费阶段以后出现加速增长的服务业，如教育、医疗、娱乐、文化和公共服务等。

（2）补充性服务业是相对于制造业而言的，是中间投入服务业，它们的发展动力来自于工业生产的中间需求，主要为工业生产和工业文明“服务”。这类服务业主要包括金融、交通、通信和商业。此外，还有法律服务、行政性服务等。

（3）传统服务业有两层含义，其一是传统的需求，其二是传统的生产模式。这类服务通常是由最终需求带动的，主要包括传统的家庭与个人服务、商业等消费性服务。随着经济的增长和服务业结构的升级，传统服务业在服务业经济中的重要性和地位逐渐降低。

（三）按服务活动性质和功能分类

1978年，经济学家辛格曼在1975年分类的基础上，根据服务的性质、功能特征，对服务业重新进行了分类，将服务业分为：生产服务、流通服务、个人服务和社会服务4类。

（1）生产服务。该类服务主要是作为商品生产的中间投入而存在，并随着商品生产规模的扩大、专业化程度的加深及产业组织的复杂而不断从商品生产企业中分离扩大。银行、信托及其他金融业、保险业、房地产工程和建筑服务业、会计和出版业、法律服务、其他营业服务都属于生产服务。

（2）流通服务。这类服务在经济发展中起着流通和中介的重要作用，其规模随商品规模的扩大而扩大。流通服务具体包括交通运输业、仓储业、通信业、批发业、零售业（不含饮食业），广告业及其销售服务。

（3）社会服务。社会服务的需求主要来自于消费者的直接需求，其发展也主要由最终需求推动。这类服务的大规模发展出现在工业化后期，并且必须借助高度发达的物质生产条件和科技条件才有可能实现。社会服务包括医疗和保健业、医院、教育、福利和宗教服务、非营利机构、政府、邮政、其他专业化服务和社会服务。

（4）个人服务。个人服务属最终需求型服务，从事服务的企业一般规模小、人力资本和物质资本投入少、技术含量低、经营分散。在工业社会向“后工业社会”转型的过程中，服务的社会化程度不断增强，因此存在个人服务下降、社会服务上升的趋势。个人服务包括家庭服务、旅馆和饮食业、修理服务、洗衣服务、理发与美容、娱乐和休闲及其他个人服务。

（四）中国现有的服务业分类

为满足经济发展新常态和转型升级中对新产业、新业态、新商业模式的跟踪与监测，分析经济增长动力转换进程，反映科学发展、提质增效、转型升级对行业分类的要求，2017年10月1日，国家统计局正式发布实施了第四次修订版的《国民经济行业分类与代码》（GB/T 4754—2017），并对《三次产业划分规定（2012）》中行业类别进行了对应调整。第三产业共包括15个门类，50个大类。在第三产业中，为了体现新业态、新商业模式，主要增加了以下行业类别：批发和零售业门类中的互联网批发；交通运输、仓储和邮政业门类中的公共自行车服务、多式联运；住宿和餐饮业门类中的民宿服务、露营地服务、外卖送餐服务；信息传输、软件和信息技术服务业门类中的互联网生产服务平台、互联网生活服务平台、互联网科技创新平台、互联网公共服务平台、其他互联网平台、互联网数据服务、物联网技术服务、地理遥感信息服务；金融业门类中的小额贷款公司服务、消费金融公司服务、网络借贷服务、创业投资基金、天使投资；租赁和商务服务业门类中的园区管理服务、商业综合体管理服务、供应链管理服务；科学研究和技术服务业门类中的工业设计服务、新能源技术推广服务、环保技术推广服务、三维（3D）打印技术推广服务、创业空间服务；水利、环境和公共设施管理业门类中的土地管理业等。

第二节　现代服务业发展的特征与趋势

一、现代服务业发展的背景与动因

20世纪60年代，发达国家进入了“工业化社会”。随着信息技术和知识经济的发展，服务业在经济体系中的作用越来越显著。在此过程中，各国服务业的内部结构也发生了显著的变化，以金融服务、信息技术服务、教育和科学研究等为主要内容的，具有“技术含量高”“人力资本含量高”和“附加值高”的“三高”特点的现代服务业逐渐从传统服务业中分离出来，并在服务业中逐步占据主导地位。

21世纪以来，随着全球经济的飞速发展，各国的产业经济结构开始逐渐由第二产业经济向第三产业经济倾斜，呈现出由工业经济向服务业经济转型的趋势。在此背景下，服务业尤其是现代服务业在各国的经济发展过程中占据的地位日益凸显，成为产业转型升级的主要发展方向。如今，现代服务业的发展程度俨然成为衡量一个国家现代化水平和国民经济实力的重要标志之一。目前我国正处于产业经济结构转型变革的重要阶段，中国产业结构的变化也顺应了世界其他国家产业结构演变的基本规律，第二、三产业的比重逐步上升，而第一产业的比重则逐渐下降。与此同时，在第三产业内部也出现了更加精细的分工，新技术、新的生产方式、新的经营方式、新的服务方式、新的生活方式在第三产业的扩散和应用，逐渐构成人们新的消费基础，特别是知识经济时代的到来，第三产业内部结构分化日趋明显，新兴服务业不断涌现。现代服务业的发展有效带动了我国产业结构的转型升级和国民经济的快速发展，成为我国经济增长的重要动力。

经济发展的历史表明，现代服务业并不是突然出现的，而是经济发展到较高阶段的产物，或者是工业化后期才开始逐步显现。服务业向现代服务业的转变既有内在的动力，又存在外部推力，正是在这些内外力的共同作用下服务业才实现了转型升级。现代服务业的发展动因主要体现在以下四个方面。

（一）分工精细化

分工精细化是现代服务业发展的一个重要动因。现代社会生产已形成一个十分复杂的分工体系，随着分工不断深化，服务领域不断创造，新兴服务业便应运而生。面对日益激烈的市场竞争，生产企业将自己的主要精力集中在能形成核心竞争力的关键环节上，而逐步将价值链环节中的某些非核心业务剥离出去，外包给那些在该领域做得更专业的企业。原来附属于第一产业和第二产业的服务部门，如研发设计、营销服务、物流运输等，也不断地独立出来，成为独立的服务行业，由此导致了很多现代服务业类型的出现。当分工日益普遍化、专业化的时候，众多相同服务功能将逐步根据规模经济集聚起来，形成了大规模的服务业的空间集聚，从而推动了服务业向现代服务业的转型升级。

（二）技术进步

新兴科技的开发衍生出一些新兴产业。随着经济的迅猛发展，出现了大量新兴技术，这也导致了一部分新兴服务业的出现，并同时大幅度拓宽了传统服务业的服务种类和服务途径。信息产业就是随着信息技术的迅猛发展而出现的。随着企业对信息技术的需求日益加大，现代服务业中出现了一类新兴的基于信息技术的新型服务企业，诞生了电子商务、电子政务、网络电子游戏、信息服务业等新的服务业，随着科学技术的不断完善，以科技创新为核心支撑的物联网技术服务、移动互联网、云计算都将成为现代服务业的新亮点。信息技术也为现代服务业提供了新的服务途径和互动方式，在传统服务业发展的时代，由于技术的原因，服务的时间和空间具有不可分割性，服务消费具有短暂性，不可储存的特点。但随着技术的持续进步，服务的时空不可分割性开始逐步向时间和空间的分离性转变，服务消费的方式也逐步多样化。例如，传统银行业以存贷为主，具有固定的物质形态的场所，服务消费瞬间完成。随着信息技术的迅猛发展，网上银行电子支付的出现改变了传统服务模式，服务形式不受时间和空间的限制，随时可以展开服务，并具有持续性。

（三）需求拉动

需求是服务产生的直接诱因，无论是生产性服务业还是生活性服务业，都是以需求为源动力的。在服务业需求函数中，居民收入水平、社会消费倾向、生产技术水平等变化均可带来服务需求的变化。当前我国经济正处在转型发展的关键时期，新型工业化、产业融合、产业集聚等产业组织方式和生产方式的变化，直接导致生产性服务业需求变化，既带来新的服务业态产生，又会促使已有服务量的增减。随着人均收入水平的提高，人们生活质量的改善，消费需求也随之发生新的变化。不仅推动人们对物质享受的更高需求，而且能够刺激人们对精神生活的追求。从工业文明时代向信息文明时代的转变，服务业内部的产业结构也有了迅速的提升，改变了服务业的内容、性质及其在国民经济中的地位和作用，使现代服务业的市场不断扩大，并推动着现代服务业的创新与发展。从需求来看，消费者的消费方式、理念也发生了变化，需求逐渐个性化、多样化。例如，人们生活水平提高后，消费需求从原来主要集中于吃、穿、用的方面转向身体保健、教育培训、家庭理财、文化娱乐、出国旅游等方面，甚至转向高技术含量、技术密集型、高附加值和高管理水平的现代服务业，如精神产品、数字产品等方面。在消费需求不断升级的过程中也日益衍生出大量新兴服务业。

（四）经济全球化

经济全球化带动了现代服务业的全球化。工业生产的国际化产生了对会计、法律和管理等服务的需求，促进了现代服务业的出口和国际的直接投资。尤其是我国加入世贸组织之后，在开放环境下，国际现代服务业向我国的转移速度加快。仅以著名的跨国咨询和审计企业为例，麦肯锡、罗兰贝格、波士顿和四大会计师事务所已相继进入我国市场。现代服务业的国际转移在进入时机、地区和产业部门选择及进入方式方面有其自身的规律性，除了市场扩张以外，很多现代服务业的扩张活动都是为了更好地满足顾客的需求而跟随其顾客的全球化步伐。

二、现代服务业的概念与特征

（一）现代服务业的界定

现代服务业的提出最早可以追溯到20世纪70年代，1973年。美国学者丹尼尔·贝尔在其《后工业社会来临》一书中详细分析了后工业社会的特征，并突出强调了后工业社会中的现代服务业与在此之前的服务业的区别。贝尔认为，在后工业社会，服务业是以技术性、知识性的服务和公共服务为主。20世纪90年代以后，国外开始将那些新兴的具有鲜明的IT经济、知识经济特点的新型服务业划分出来，与传统意义上的服务业相区别。比如，国际经济合作组织（OECD）将信息服务业（包括通信）、金融服务业、教育服务业、专业技术服务业、健康保健服务业五大类服务业列为“知识密集型”服务业，又称“战略性服务业”；国外的相关研究也将现代服务业称为“知识密集型”服务业或“高级生产性服务业”，并对其进行了深入研究。彼得等学者（2014）指出高级生产性服务业是指，通过借助现代科技信息技术将服务网络全球化，并能够随时随地的提供创意策划、管理规划、专业知识建议等的服务业。塔基丘等学者（2016）将知识密集型服务业定义为，利用先进的科技知识专门为其他企业提供服务需要的知识密集型企业，其本质是通过知识输入增加企业的市场份额。这些虽都属于现代服务业范畴，但一直没有明确的现代服务业概念。

国内最早提出“现代服务业”一词，是在1997年党的十五大报告中，提出要对传统服务业进行改造，并发展现代服务业；2002 年在党的十六大报告中，再次提出了促进现代服务业的快速发展，并明确了要提高服务业在国民经济中所占比重的目标。自此，“现代服务业”成为我国经济产业中的一种正式提法。2017 年 4 月，我国科学技术部在《“十三五”现代服务业科技创新专项规划》中对现代服务业提出了明确的定义，现代服务业是指在工业化比较发达的阶段产生的、主要依托信息技术和现代管理理念发展起来的、信息和知识相对密集的服务业，包括传统服务业通过技术改造升级和经营模式更新而形成的服务业，以及伴随信息网络技术发展而产生的新兴服务业。2017 年 10 月，在党的十九大报告中提出贯彻新发展理念，建设现代化经济体系。支持传统产业优化升级，加快发展现代服务业，促进我国产业迈向全球价值链中高端。发展现代服务业已成为构建现代化经济体系的重要组成部分。

目前，使用较多并得到广泛应用和认可的定义为：现代服务业是伴随着信息技术和知识经济的发展产生。用现代化的新技术、新业态和新服务方式改造传统服务业，创造需求，引导消费，向社会提供高附加值、高层次、知识型的生产服务和生活服务的服务业。

（二）现代服务业的分类

现代服务业是一个相对动态的概念，它既具有服务业的基本特性，又以其高科技含量和高技术密集度区别于传统服务业。它所包含的范围和内容随着科技和生产力的发展而不断更新、深化。

综合各方面认识，笔者认为，现代服务业是为适应服务业现代化实践要求而提出的一个与传统服务业相对应的概念，是依托现代信息技术、应用现代管理理论组织经营、知识密集的服务业。既包括为生产提供中间投入的知识、技术、信息相对密集的新兴服务业，也包括通过技术改造升级和经营模式更新而形成的传统服务业。具体而言，主要包括四大部分：

一是基础服务，包括金融保险、通信服务和信息服务等为现代生产与生活提供基础服务的行业和部门。

二是生产性服务，包括物流交通、电子商务、研发设计、农业支撑服务及中介咨询等作为生产的中间环节的各种专业服务。

三是生活性服务，包括旅游、商业、娱乐、保健等支撑现代生活、提升生活品质的专业服务。

四是公共服务，包括公共管理服务、基础教育、公共医疗卫生、社会保障及公益性信息服务等作为公共产品、由政府组织提供的各种专业服务。

（三）现代服务业的特征

现代服务业属于服务业的范畴，它拥有服务业所具有的无形性、异质性、不可储存性等共性特征，但与此同时，它还拥有不同于传统服务业的特征，也正是因为这些特征的存在，才将其称为现代服务业。有关现代服务业的基本特征主要体现在以下四个方面：

（1）高科技含量。现代服务业是知识型经济的典型代表，其知识基础中包含了特殊领域的技术知识。一方面，现代服务业是新技术的积极使用者，如信息服务、研发服务、认证检测等。以物流业为例，通常以汽车等为交通运输工具、跨区域进行货物移动；货物的仓储成本在总成本比重中较高；随着卫星、电信、互联网等基础设施的完善，全自动化仓库的出现，自动搬运和分拣、无线扫描技术等高技术手段运用，传统运输业演变为现代服务业。另一方面，现代服务业是新技术产生、扩散的重要载体，如技术咨询、产权代理等。同时，现代服务业伴随着科学技术的持续创新，总是不断地将大量最新、最尖端的新知识、新技术运用到服务领域中。从这个角度看，现代服务业是以高新技术为支撑、技术关联性强、科技含量和技术密集度高的现代产业。

（2）高附加值、高增长性。高科技含量和高技术密集度的产业发展方式，大大提高了现代服务业的劳动生产率，拓展了产业的增值空间。科技创新使企业拥有更多自主知识产权，在市场竞争中更加具有核心竞争力。知识的增值、技术的增值、创新的增值，这一切决定了现代服务业高附加值的特性。同时，在科学技术的驱动下，面临日益增长的社会需求和巨大的发展空间，现代服务业呈现出裂变式的增长速度，成为现代社会成长性最高的新兴产业。

（3）高集群性。国内外有多项研究指出，现代服务业在其空间分布上具有相当高的集群性。现代服务业的出现和发展集中在少数大型的商业中心城市，具有明显的集群化特征，这可以从以下几方面进行解释。首先，顾客的地理接近性决定了现代服务业应以中心城市为基础来进行发展，现代服务业与顾客之间的高度互动在地理接近时比较有利于服务的完成，而大都市提供了大量的顾客群，因此现代服务业大量集中于少数大型商业中心城市。其次，中心城市完善的基础设施、及时的信息资源条件、宽松的政策和规范的宏观管理条件，为现代服务业的发展提供了良好的条件。最后，现代服务业的发展要求高智力的人力资源条件，中心城市劳动力市场发达，有更多合格的专业劳动力和人才专家可供选择。另外，由于功能上不同的现代服务业经常与其他现代服务业高度缠绕，不同类型的现代服务业之间存在相互依赖，如计算机服务、技术工程服务和法律服务、会计咨询服务间的相互依赖，因而，很多现代服务业会相互关联而形成“现代服务业集群”，集群中的成员之间存在着明显的合作与资源外取行为。

（4）高交互性。对于现代服务业而言，服务对象即客户扮演着生产资源、合作生产者、服务产品的购买者和使用者等角色。可以说，在向客户提供服务的过程中与客户互动是现代服务业的一个显著特征。现代服务业在很大程度上依赖于某一领域内的专业性知识，而不同的专业知识对应不同的部门，这是现代服务业区别于其他服务行业的显著特征。由于客户不具有也难以掌握这种高度专业的知识，这就需要服务提供者加强与客户之间的沟通，以更好地实现客户知识与服务提供者之间知识的生产和传播。通过互动，一方面，现代服务业通过吸收客户的知识不断扩大自己的知识储量，提高创新能力；另一方面，通过有效的互动，客户可以直接参与到新服务的创新过程中，丰富他们的专业知识，提高他们的决策和行动的能力。可见，现代服务业中的服务提供者与客户之间要形成不同类型的知识生产和流动，必须有大量的交互活动。

三、现代服务业发展的现状与趋势

（一）现代服务业发展现状

（1）现代服务业规模逐步扩大。2012年，服务业增加值在国内生产总值中的比重为45.5%，跃升为国民经济第一大产业。2013—2016年，服务业增加值年均增长8.0%，比国内生产总值增速高0.8个百分点。2016年，服务业增加值占GDP比重升至51.6%，比2012年提高6.3个百分点；服务业对经济增长贡献率达到58.2%，提高13.3个百分点。同时，现代服务业蓬勃兴起。2013—2016年，金融业增加值年均增长10.5%，比全部服务业增速高2.5个百分点。2016年，战略性新兴服务业营业收入比上年增长15.1%，明显快于规模以上服务业营业收入增速。旅游、文化、体育、健康、养老等幸福产业发展方兴未艾。2013—2016年，文化及相关产业增加值年均名义增长13.7%。2016年文化及相关产业增加值占国内生产总值比重为4.07%，比2012年提高0.59个百分点。

（2）现代服务业吸纳就业明显增加。2016年，服务业就业人数占总就业人数比重为43.5%，比2012年上升7.4个百分点。2012—2016年，城镇非私营单位的保险业、其他金融业、物业管理、房地产中介服务、租赁业、商务服务业、科技推广和应用服务业、娱乐业就业人员均实现了年均10%以上的高速增长，分别为11.1%、16.9%、18.6%、20.8%、16.9%、13.6%、10.8%和15%。

（3）对现代服务业消费需求增加。居民消费品质从中低端向中高端转变，消费形态由物质型向服务型转变，消费结构升级成为经济转型发展的重要驱动力。升级类商品消费快速增长，2013—2016年，汽车、家用电器等耐用品消费年均增长10.4%，增速高于同期非耐用消费品1.4个百分点。2016年，全国居民家庭每百户家用汽车拥有量27.7辆，比2013年增长63.9%。服务型消费渐成热点，文化娱乐、教育培训、健康养生类消费升温。2016年全国居民人均消费支出中，教育文化娱乐、医疗保健支出占比分别由2013年的10.6%、6.9%上升至2016年的11.2%、7.6%。娱乐休闲服务消费旺盛，2016年，我国国内旅游总花费3.9万亿元，比2012年增长73.5%；电影票房收入493亿元，增长1.4倍。新型消费发展壮大，网上零售保持快速增长，市场规模突破5万亿元大关。2016年，我国网上零售额51556亿元，比上年增长26.2%。其中实物商品网上零售额41944亿元，增长25.6%；在社会消费品零售总额中所占比重为12.6%，比上年提升1.8个百分点。个性、互动、体验等新型消费方式蓬勃兴起，电子支付、网络约车、共享单车、O2O（线上到线下）服务等，越来越多的消费者体验到新消费时代的便捷性。

（4）现代服务业成为投资热点。2013—2016年，服务业利用外资年均增长10.2%。2016年，服务业实际利用外资占比达到70.4%，比2012年提高16.5个百分点，投向信息传输、计算机服务和软件业，金融业，租赁和商务服务业等高附加值行业领域的外资明显增多。对外直接投资区域更加广泛，行业更加多元，投资遍布全球多个国家（地区）。行业覆盖全部国民经济行业门类，其中2013—2016年，信息传输软件和信息技术服务业、制造业、科学研究和技术服务业对外投资年均分别增长101.3%、37.6%和35.2%。

（5）现代服务业新业态、新模式层出不穷。基于大数据、云计算、物联网的服务应用和创新日益活跃，创意设计、远程诊断、系统流程服务、设备生命周期管理服务等新产业、新业态发展迅速；网上购物、网络约车、网上订餐、远程教育、在线医疗、数字家庭、智慧社区等新的服务模式快速发展。由于网上诚信机制逐步完善，电子商务快速发展，交易金额不断扩大。

（二）现代服务业发展趋势

（1）生产性服务业与现代制造业深度融合。生产性服务业是增加制造业附加值的关键。无论是服务于制造业前端的咨询、研发、设计、采购，还是服务于中端的财务、物流、计量、检测，以及服务于后端的营销、集成、安装、调试等，生产性服务都是制造业提升附加值、降低投资和运营成本的一个重要途径。制造业的创新与升级不仅要靠自身，同时还要依赖于相关产业的创新与发展。具有专业化程度高、知识密集等特点的现代服务业，能够通过研发、生产、销售、咨询等价值链关键环节与制造业进行融合和互动，发挥“推进器”的作用。

（2）生活性服务业蕴含巨大的市场潜力和发展空间。生活性服务业在工业化、信息化、新型城镇化和市场化深入推进形成的内生动力下，以及居民收入和生活水平逐步提升形成的消费结构升级下，在未来将具有更大的市场潜力和发展空间。首先，国民收入的持续提高将打开我国服务消费的发展空间。其次，劳动力供给的紧缺将使国民收入在分配上发生较大转变，劳动报酬占比将呈上升趋势，有利于拉动消费增长。最后，政府大力推动生活性服务业的发展。2015 年 11 月 19 日，国务院办公厅发布了《关于加快发展生活性服务业促进消费结构升级的指导意见》，这是我国推动生活性服务业发展的第一个系统性的政策文件。该意见按照符合城乡居民消费升级的方向，拓展增长空间这个思路，提出了服务消费、信息消费、绿色消费、时尚消费、农村消费和品质提升型消费六大领域，选择了贴近百姓生活、需求潜力大、带动作用强的居民和家庭、健康、养老、旅游、体育、文化、法律、批发零售、住宿餐饮、教育培训十个领域作为重点，推动生活性服务业向便利化、精细化、品质化发展。

（3）新技术、新产品、新业态和新模式不断涌现。在知识和新技术的带动下，传统服务业不断加快转型升级，具体表现在两个方面：一是在旅游、商贸等传统服务业领域中，涌现出许多新的商业模式；二是信息技术、信息资源和信息设备等在传统部门中的运用不断深入，促进了传统服务业走向专业化和知识化，并提高了管理化程度。同时，科技的快速发展使金融服务、文化创意、科技研发、信息服务和电子商务等产业成为服务业新的支柱，博客、移动游戏、版权交易、远程在线教育和新型网络金融系统等现代服务业的新产品、新业态和新模式层出不穷，引领了消费潮流，并指明了服务业的升级方向。

（4）互联网 + 服务业快速发展。“互联网 +”在现代服务业中的运用，不断孕育并催生出了新的服务模式与业态，推动大众创新，并且传统产业通过与“互联网 +”的结合，公共服务模式不断改造提升，为经济增长提供了持续动力。互联网的商业化应用极大地改变了社会的生产和生活方式，与生产生活紧密相连的服务越来越呈现出网络化趋向。电子商务、网上银行成为货物交易、资金转移的常态服务，远程教育正成为现代教育发展的基本形态，公共服务的网络化日益广泛和普及，软件业正由销售软件产品向提供基于网络平台的 SaaS（软件运营）模式转变，呼叫中心、销售中心、结算中心、数据计算等服务业务得以摆脱地理空间的限制在异地运行。

（5）现代服务业呈现集聚化与集约化趋势。现代服务业呈现了集聚化、集约化的发展趋势，城市集聚区经济正在成为现代服务业的主要集中地。产业集聚的外部性效应对现代服务业的发展显得更加重要。以科学技术为依托的现代服务业集聚化的发展，可以发挥现代服务业集聚区的规模效应、外部效应和创新效应，能够引起城市经济结构的变化、城市空间要素的优化及城市功能的提升，进而推动城市的转型发展。此外，科技、信息和人才等生产要素的充分流动，也可以有效促进现代服务业的发展。

（6）现代服务业双向开放稳步推进。为了加快服务领域开放的步伐，欧盟 27 国及澳大利亚、美国等国家或地区开始着力推动新的诸边《服务贸易协定》（TISA），以替代目前的 GATS，TISA 将一改 GATS“混合清单”的开放模式，采用“负面清单”的开放模式。贸易谈判的深入和服务业开放规则的“升级”，极大地推动了有关经济体服务业的市场化、自由化和国际化，全球服务业开放势在必行。“中美投资协定”谈判确立了有关服务业的“准入前国民待遇”和“负面清单”，而各地自贸区的先行先试，也使我国扩大了服务领域的对外开放。例如，在金融、航运、教育、医疗和文化等领域逐步实施对外开放，进一步扩大服务业利用外资的领域，提高服务业利用外资的质量和水平，鼓励有实力的服务企业“走出去”。

第三节　现代服务业对国民经济发展的作用

一、现代服务业发展环境

（一）国内外发展环境

从国际发展趋势看，新一轮科技信息革命引发世界经济深刻变革，国际贸易新规则带来全球服务分工格局深度调整，发达经济体致力于保持服务业领先优势，新兴市场国家在推动工业化进程中着力弥补服务业发展短板，产业结构服务化趋势日益明显，服务贸易和投资全球化快速发展，服务业已成为促进全球产业变革的重要力量和国际竞争与合作的主战场。

目前，我国正在迈向服务经济新时代。我国服务业增加值比重超过工业，服务品种日益丰富，新业态、新模式竞相涌现，服务业成为支撑国民经济增长和吸纳就业的第一大产业。经济发展处于转型期，新常态下经济发展动力从主要依靠资源和低成本劳动力等要素投入转向创新驱动，需要服务业的快速发展来支撑带动制造业的提质增效。但也应看到，我国现代服务业整体发展水平依然较低，在产业结构中的占比远低于发达国家，生产性服务业发展水平不高、结构不合理，科技、人才等要素竞争力还不强。推进供给侧结构性改革，需要补足服务业短板，促进生产性服务业向专业化和价值链高端延伸，促进生活性服务业向精细化和高品质转变。服务业成为新一轮对外开放的主要领域，文化、旅游、贸易、金融、交通等领域将加快“引进来”与“走出去”的步伐，实现服务要素在全球范围内的互联互通。

（二）现代服务业发展机遇

（1）产业技术革命催生新兴服务业快速发展。新一轮信息、人工智能等技术革命和产业变革正在兴起，信息互联网技术深入应用，产业融合趋势逐渐加快，将推动产业组织和商业方式产生重大变革，不断催生服务业新业态和新模式。

（2）服务贸易占全球贸易比重迅速提升。金融危机以来，全球经济进入深度调整中，经济和贸易增长放缓，国际产业分工格局重新洗牌，全球范围内资源配置效率进一步提升，发达国家服务业向新兴经济体扩展的趋势日渐明显，服务贸易占全球贸易比重正逐步提升，新兴经济体服务业发展面临重大机遇。

（3）国家“一带一路”战略实施为我国服务业发展提供了广阔发展空间。“一带一路”沿线国家和地区的建设将推动我国服务贸易发展和服务业“走出去”，中国自由贸易试验区建设为提升对外服务业合作开放水平、加快服务业发展创造了机遇。

（4）产业转型升级需求推动生产性服务业高端化发展。新常态下，经济增长由要素驱动向创新驱动转变，产业转型升级步伐加快，现代农业的发展、制造业的转型升级等都对生产性服务业提出了更多、更高的需求。

（5）居民消费水平提升推动生活性服务业高品质化发展。新型城镇化快速推进和生活消费水平提升，将有效扩大和提升商贸、餐饮、教育、文化体育、卫生保健等生活性服务业的需求，并将辐射带动物流、金融、信息、中介、技术服务等生产性服务业的发展。

二、现代服务业对国民经济发展的重要作用

（一）现代服务业发展是推动经济发展的新引擎

现代服务业尤其是现代生产性服务业中，密集地隐含着巨大的技术资本、知识资本和人力资本投入，因而其产出也是一种差异化极强的无形产品，这直接决定了使用这些产出的企业生产的市场竞争力。现阶段高技术服务业已融入传统行业的各个环节，其中，信息与制造技术的融合不断推动制造业的智能化、柔性化；创意设计、节能服务、远程诊断、远程技术支持、系统流程服务、设备生命周期管理服务、在线产业带等与制造业发展紧密融合的新业态，也为传统产业转型升级提供了支撑。现代服务业尤其是生产性服务业，是产业价值链中增值最大、最具竞争优势，也是最具战略性的高级环节。大力发展现代服务业有利于推动创新型经济发展，有利于转变经济发展的新动力。现代服务业尤其是现代生产性服务业是把日益专业化的知识技术引入商品和服务生产过程中的飞轮，同时也是这些资本进入生产过程的重要通道。

（二）现代服务业发展有助于扩大内需

服务业相对于非服务业尤其是制造业，是一种可贸易程度差、内需性强的典型产业，因此，大力发展现代服务业事实上就意味着主要应开拓国内市场，以内需拉动经济增长而不是主要靠外需，实现双向开放。中国经济过高的对外依存度，其实是由国内巨大的、过剩的制成品生产能力造成的。这些供给过度的制成品在巨大的竞争压力下，由于可贸易的程度较高，都通过国际贸易的方式消化到了别国的市场。而如果今后把资源主要投向服务业，不仅有利于缓解第二产业的竞争压力，减少资源、能源和环境的消耗，而且还可以利用其本地化、可贸易型差的特点，在本国市场就地消化，从而实现扩大内需、降低国际贸易摩擦、转换发展方式及最终提升人民幸福程度的目的。

（三）现代服务业发展有助于我国产业向价值链高端攀升

现代服务业成为技术、知识密集型产业的典型，不仅在广泛运用现代信息技术等成果和充分培育运用人力资源方面占据领先地位，而且事实上也成为现代产业链、价值链和创新链的高端环节。从产业升级的内容看，首先大力发展现代服务业既意味着从宏观上提升产业结构水平和效益，也意味着从微观上加快工艺升级、产品升级、功能升级、产业链升级和产业集群升级。就前者看，由于制造部门（即所谓的进步部门）的生产率相对增长较快，导致停滞的服务部门出现相对成本的不断上升，因此，服务业容易得“成本病”。而事实是服务业具有更高的生产率，其在各国经济发展中的地位不断上升，是当今世界经济发展的一个显著特征，主要表现为服务业增加值比重与就业比重的不断增加，从宏观上表现为产业结构的不断优化升级。就后者看，微观上所说的“功能升级”，可以形象地比喻为“攀升微笑曲线”，即攀升全球价值链的两端，其实就是发展非实体性的服务经济活动，如研发、设计、品牌、网络、营销、金融物流等。而产业集群升级，则往往是指提升集群中的现代服务水平，如研发设计、公共检测、技术维修、管理咨询和金融法律服务等。

（四）现代服务业发展有助于提高人民生活水平和国民素质

现代服务业的发展不仅使城乡居民的收入得到了大幅度的提高，而且为居民家庭服务、医疗服务、交通通信、文化、教育、娱乐等消费提供了更多方式和更优质的服务，大大改善了居民的生活条件，逐步满足了人们对生活、娱乐等更高层次的精神和文化需求。

（五）现代服务业的发展为城镇化水平的提高提供了后续动力

随着城镇的劳动力、土地等生产要素价格不断上升，传统工业的成本优势逐步消失，而完善的服务业体系将进一步提高城镇的聚集能力，城镇功能开始逐渐由生产中心向综合服务中心转变，服务业增长速度加快并逐渐取代工业成为城镇化向高级阶段发展的主要推动力。如果说工业化对城镇化的影响是量变，促进城镇数量增加、规模扩大、人口增多；那么服务业的发展对城镇化的影响则是质变，它对城镇功能的完善、居民生活质量的提高、城镇形象的提升等都具有决定性的作用。随着收入的提高和闲暇时间的增多，人们更多追求更丰富多彩的物质消费和精神享受，由此促进了城镇文化教育、体育娱乐、医疗保健、旅游度假等行业的发展。服务业的迅猛发展，赋予了城镇新的活力，使城镇化进入更高层次。因而，加快发展现代服务业是推进新型城镇化的加速器。

【案例分析】

Xpresso润滑油公司

查理·格林（Charlie Green）是Xpresso润滑油公司的所有者，他为自己的公司设计了与传统换油站不同的环境。他选择不与其他换油站进行面对面的竞争，而是改变这个“游戏”的规则。在业务发展期，查理注意到关于地区和国家经济的两件事——咖啡吧和换油站的市场都已经饱和。顾客将这些服务看成日常必需品，购买决策主要是基于价格。查理考虑到这些因素和现存的换油设施不具备吸引力的环境，再加上新的企业启示，决定将咖啡吧和换油服务结合起来。

Xpresso润滑油公司开始试图提供一种独特的、令人愉快的和诚实的经历。查理对于咖啡和换油业务都具有完备的知识，因此这两项业务的结合对他来说是自然的。由于他营造的气氛，查理不需要在速度上竞争，这就允许Xpresso润滑油公司采用升降机和两个工作台。此外，使用升降机还可以使员工向顾客指出其车辆的问题。顾客可以和技师一起走到车子下面看到问题所在。

在顾客不想等候时，Xpresso润滑油公司可以提供取送的工作。这种服务可以平衡下午的需求，因此，顾客不需要都在平时下午5点以后和星期六来。运送服务由在Xpresso润滑油公司后面的汽车服务中心提供，也是查理的产业。查理1984年创办的汽车大学是Xpresso润滑油公司的先驱，汽车大学为汽车架构和模型提供维修服务。在20世纪90年代初期加油站停业时，查理购买了它的所有权并在1996年创立了Xpresso润滑油公司。

奥斯汀是得克萨斯大学的所在地，一个繁荣的高科技企业园区，而且有全国最好的现场音乐，这些因素赋予了奥斯汀形形色色的人群。Xpresso润滑油公司坐落在大学旁的主要街道上，不仅吸引了大量顾客，也使得顾客可以在其车辆接受服务的同时步行去其他当地店铺。半价商店、Wheatsville Coop食品店、Amy冰淇淋和Toy Joy都坐落在步行容易达到的范围内。Xpresso润滑油公司给了查理巨大的满足感。“我爱工作，因为每天都有新的和不同的顾客走进我们的店铺”。

（资料来源：百度文库，https://wenku.baidu.com/view/66012f0df111f18583d05af7.html.）

思考题

1. 描述 Xpresso 润滑油公司的服务包。
2. 描述 Xpresso 润滑油公司提供的服务所具有的不同特点。
3. 根据 Xpresso 润滑油公司的例子说明，哪些附加的服务对于顾客产生价值增值？

课程实践

以小组为单位选择一个比较有代表性的服务企业，了解其经营现状，并对该企业提供的服务进行分析和讨论。

【本章小结】

本章首先介绍了服务的概念和特征，在此基础上，对服务业进行了界定和分类。其次详细阐述了现代服务业的产生背景及动因，并对现代服务业进行了界定和分类，最后对现代服务业的发展现状、特征、趋势，以及对国民经济发展的重要作用做了详细介绍。

【复习思考题】

一、名词解释

服务　服务包　现代服务业

二、简述题

1．服务的主要特征是什么？
2．现代服务业产生的动因是什么？
3．现代服务业的主要特征是什么？
4．服务包由哪些内容组成？

三、论述题

1．试述我国现代服务业的发展趋势。
2．试述我国现代服务业对国民经济发展的重要作用。

第二章

现代服务业管理的基本理论

【教学目标】

1. 掌握服务经济的相关概念；
2. 掌握服务管理理论的历史沿革；
3. 掌握服务管理的基本原理和应用；
4. 掌握服务管理理论的发展趋势。

章前导读

从新兴行业看服务经济发展

1. 物尽其用：专注互联网＋回收渠道的平台

案例定位：上门回收

最新融资：物尽其用正在进行500万天使轮融资，资金将主要用于区域、品类和业务类型的拓展上。

案例概述：物尽其用采取的是Uber的派送模式，居民发布回收需求之后，系统自动匹配附近的回收员上门服务，并直接根据称重完成支付，再将废品运到利废厂商等进行买卖处理。整套系统省掉了回收站、交易市场等中间环节，提高了运营效率。平台用三种方式连接居民用户，通过微信公众号直接下单，同时获取回收员位置、服务评价等信息；扫描每个回收员专属的二维码，跳转到相应支付界面；利用手提秤直接用蓝牙将数据上传到云端。

2. 微鸟：标准课程＋在线社交的语言学习平台

案例定位：在线教育

最新融资：2016年6月获得北京某机构约1000万Pre-A轮融资。

案例概述：微鸟现在提供中英文的标准化教学，贴合移动端教学的新趋势，利用自主研发的教材，聘请资深的雅思考官和中文教师进行授课。同时，课程如Uber一样随到随学，在教辅方面与英孚合作，保证纯正的英语教学效果。还融合了英、日、韩、俄、法等11国语言的强大数据算法，可实现聊天记录的即时翻译。目前微鸟的业务分为标准在线课程和11国语言自由聊两大板块。官方公布的数据显示，微鸟现注册用户达150万左右，平台日活量在1万上下。

3. 丸子地球：让环球旅行变得更容易

案例定位：旅游服务

最新融资：2016年1月完成数千万元的A轮融资，阿里巴巴为战略投资方，苏河汇、五岳天下和银杏谷资本跟投。

案例概述：丸子地球为用户提供个性化的陪游服务，成为撮合用户和业余导游的第三方平台，做细分旅游服务领域的淘宝，其不涉及旅行中的机票和酒店，而是直接对接目的地地接市场，提供包括当地留学生、华人华侨或者本地人的中文导游。游客可以在该平台与旅游目的地的向导对接，并由向导提供个性化的接机、翻译、陪游等服务，以及制订更有特色的旅行计划。目前丸子地球的业务已覆盖了50多个国家、500多个城市，海外接地导游多达两三千人[①]。

（资料来源：中国电子商务研究中心网，http://www.100ec.cn/.）

第一节　服务经济的基本理论

一、服务经济

服务经济是指服务经济的产值在GDP中的比重超过60%的一种经济状态。服务经济是指服务经济中的就业人数在整个国民经济就业人数中的相对比重超过60%的一种经济态势[②]。

服务经济是近50年来崛起的新的经济形式，它在国民经济构成中占有极其重要的地位，它涵盖了服务业乃至对外服务贸易的市场经济门类与形式。在国外，服务经济已基本形成相对成熟的体系，并有其自身的运作方式。在我国，随着市场经济的发展，服务经济在国民经济中的比重在逐渐加大。它是我国正在进行的产业结构调整升级的主要途径，关系到未来经济发展的走向与创新，具有十分重要的战略意义。

二、服务经济的的发展趋势

自20世纪50年代以来，全球经济经历着一场结构性的变革。对于这一变革，美国经济学家维克托·福克斯在1968年称之为“服务经济”。福克斯认为美国在西方国家

① 资料来源：http：//www.microbell.com/ecodetail_4207948.html.

② 马勇.现代服务业管理［M］.北京：北京大学出版社，2010.

中率先进入了服务经济社会。福克斯的宣言预示着始于美国的服务经济在全球范围的来临。伴随信息革命和技术的飞速发展，服务经济也表现出新的发展趋势。

（一）全球产业结构服务化

全球产业结构服务化表现为服务产业的大规模发展引致三次产业结构的转变，服务产业在经济体系中的地位不断上升。从世界银行的统计来看，无论是 GDP 的产业构成还是各国的就业构成，服务业在发达国家已普遍成为第一位的经济部门，并且这一经济服务化的潮流已开始向工业化水平较高的中等发达国家与地区扩散，在中等收入国家与地区的产业结构中，服务业也逐渐占据主导地位。

（二）生产型产业服务化

工业等生产型产业（非服务性产业）内部服务性活动的发展，改变了这些产业的单纯生产特点，形成生产—服务型体系，反映了服务活动在经济领域的广泛渗透。这种趋向在工业中表现得最为突出，如早在 1980 年美国工业增加值就已经有 75% 以上由工业内部的服务性活动所创造（Britton，1990）。

三、服务经济中服务业热点概念

（一）知识密集型服务业

知识密集型服务业最早于 1995 年由欧盟提出，是指称那些以技术密集、人才密集及知识密集为一体的高附加值的服务业。知识密集型服务业是指那些知识密集度高，依靠新兴技术与专业知识，具有较明显的客户互动特征的商业性公司或组织。主要包括金融业（银行业、证券业、保险业、其他金融活动），信息与通信服务业（电信和其他信息传输服务业、计算机服务业、软件业），科技服务业（研究与试验发展、专业技术服务业、工程技术与规划管理、科技交流和推广服务业），商业服务业（法律服务、咨询调查、其他商务服务）。

（二）高端服务业

高端服务业通常指智力化、资本化、专业化、效率化的服务业。由于各国统计口径不同，对高端服务业的解释是有区别的。相对统一的意见是：除了直接的工农业的生产制造部分、产品买卖及物流运输外，高端服务业已经成为经济发展的动力源和火车头，并且具有高智、高效、高资（本）、高收（益）、高时（尚）“五高”的特征。

（三）服务外包

服务外包是指企业将价值链中原本由自身提供的具有基础性的、共性的、非核心的 IT 业务和基于 IT 的业务流程剥离出来后，外包给企业外部专业服务提供商来完成的经济活动。因此，服务外包应该是基于信息网络技术的，其服务性工作（包括业务和业务流程）通过计算机操作完成，并采用现代通信手段进行交付，使企业通过重组价值链、优化资源配置，降低了成本并增强了企业核心竞争力。从价值创造的角度看，外包是企业将不直接创造价值的后台支持功能剥离，专注于直接创造价值的核心功能，也就是将企业的一部分内容转移出去。根据转移对象不同，可以分为制造业外包和服务外包，转移对象为服务活动或流程的，就是服务外包。

（四）服务贸易

服务贸易是指居民与非居民之间、国与国之间相互提供服务的经济交换活动。狭义的服务贸易是指一方以提供直接服务来满足另一方某种需要以取得报酬的活动；广义的服务贸易既包括有形的服务，也包括服务提供者与使用者无直接接触进行交易的无形服务[①]。

根据关税及贸易总协定乌拉圭回合的边贸易谈判达成的《服务贸易总协定》，服务贸易是指："从一成员境内向任何其他成员境内提供服务；在一成员境内向任何其他成员的服务消费者提供服务；一成员的服务提供者在任何其他成员境内以自然人的存在提供服务。"服务部门包括 12 个：①商业服务；②通信服务；③建筑及有关工程服务；④销售服务；⑤教育服务；⑥环境服务；⑦金融服务；⑧健康与社会服务；⑨旅游与旅游有关的服务；⑩娱乐；文化与体育服务；⑪ 运输服务；⑫ 其他服务。

四、服务经济学的研究对象与研究方法

服务经济学是一门新兴学科，是走向实践的跨学科研究。自 20 世纪 30 年代英国经济学家费希尔在《安全与进步的冲突》一书中提出"第三产业"的概念以后，人们开始对第三产业进行理论研究，这普遍被认为是对服务经济理论研究的开始。

这门学科的兴起是同资本主义国家出现经济服务化趋势相联系的。这些国家把国民经济产业结构分为农业、工业和服务业三大产业。从国民生产总值的比例来看，最早出现经济服务化的美国，20 世纪 60 年代服务业就业人口取得的收入就已超过国民生产总值的 60%，1994 年美国这项指标已高达 69%，其次为法国（67%）、英国（62%）、德国（59%）和日本 56%，这说明第三产业即服务部门在这些国家经济中已占有相当重要的地位。20 世纪 80 年代后期，不仅发达国家普遍出现了经济服务化的趋势，而且服务业在发展中国家所占比重也出现了持续上升的变化趋势。

随着产业规模扩大及结构升级，各种生产要素包括资本、技术、劳动力等必然要从农业向制造业过渡，进而再向服务业转移。当服务业扩展到一定规模和程度，即一国的服务业占国民生产总值和就业人口的比重均超过 50% 并继续增加时，就表明该国进入了经济服务化阶段。服务业的发展具体呈现以下特点：

第一，服务业逐渐取得经济主导地位。在经济全球化和信息化的推动下，自 20 世纪 70 年代开始，全球产业结构呈现出由"工业型经济"向"服务型经济"的重大转变，自此拉开了国际现代服务业突飞猛进的发展序幕。1970—1986 年期间，美国现代服务业的产值与就业分别增长了 173.3% 和 200.8%，远远高于同期服务业 91.0% 和 85.3% 的

① 安睿. 服务贸易与中国—东盟关系的发展［D］. 苏州：苏州大学，2012.

增长速度，也远远高于国民经济的整体增长速度。全球服务业呈现出快速增长的势头，使得各国的服务业产值在其国家的整个经济中的比重持续上升，如今多数国家的服务业产值在整个国家的经济活动中逐渐取得了主导地位。美国、德国、英国和法国等发达国家，其服务业产出比重近年来已经达到或接近 70%，这些原来以制造业闻名的国家，现在却是以服务业为经济的绝对主体和动力源泉。相比于这些发达国家，发展中国家的比重相对要小得多，但大都呈现出快速增长态势，对本国经济的发展同样起到了很强的促进作用。

第二，全球服务业人口持续增加。全球服务业就业比重和产出比重一样，从 20 世纪 80 年代以来就一直在稳步上升。例如，20 世纪 90 年代各国服务业就业比重的平均值与 1980 年相比，低收入和中等收入国家的比重增加了 3~4 个百分点，高收入国家的比重增加了近 10 个百分点。且在 1980 年低收入和中等收入国家服务业就业比重的平均水平不过 40% 时，高收入国家的比重就已经是 50% 了。而在 2000 年，发达国家服务业吸纳就业人口的比重达到了 60%~78%，中等收入发展中国家为 45%~62%，低收入发展中国家为 30%~45%。

第三，服务业和制造业形成良好的互动机制。服务业和制造业之间的关系正在变得越来越密切，并形成良好的互动机制。这主要表现在许多制造企业的专业服务呈现外包趋势，制造业中服务投入的大量增加，使制造业和服务业之间彼此依赖的程度日益加深。美国企业自 20 世纪 90 年代以来，就致力于提高企业的核心竞争力，把企业的专业服务进行全球外包，这一成功的运作，极大地提高了美国产品和服务的全球竞争力。这也进一步引发了其他国家制造业对服务业空前高涨的关注，这些制造商已充分认识到企业要进行全球竞争必须要提供优质的服务，这不仅是一个企业至关重要的竞争手段，也是企业获得竞争优势的潜力所在。

另外，生产性服务业迅速发展，它既为制造业发展提供了更大的空间并且大幅提高了其服务质量。近年来，国外许多原有的制造型企业通过大规模的进入或兼并工业生产性服务业来整合原有的业务，如 GE 通过进入金融业为其客户提供贷款，以刺激其产品的销售；HP 公司通过兼并服务性企业，从而为客户提供从硬件到软件、从销售到咨询的全套服务；IBM 公司在 20 世纪 90 年代由制造型企业成功转型为服务型企业，等等。这些均有力地说明了现代生产型服务业与制造业之间日益密切并相互促进的互动关系。

第四，全球范围内服务贸易加快。服务贸易的增长速度在 20 世纪 90 年代开始快于商品贸易。服务贸易加速发展体现在两个方面：一是服务贸易的增长速度快于货物贸易。1993—2002 年，全球服务贸易进口总额从 9531 亿美元增长到 15455 亿美元，年增长率为 5.5%；出口总额从 9413 亿美元增长到 15701 亿美元，年增长率为 5.8%，均高于同期的货物贸易增长速度。二是服务业正逐渐成为外国直接投资（FDI）的重点。以世界经济合作组织的国家为例，外国直接投资服务业的总额明显高于投资制造业的总额，且多集中在零售、金融、商务服务和电信业。

经济全球化分工也带动了服务贸易在世界范围内的快速发展。2008 年，仅全球计算机用户电话服务中心领域，就为印度提供了 110 万个就业岗位和价值 210~240 亿美元的服务收入。2015 年，美国将有 330 万白领工作岗位的企业转移到海外。在今后 20~30 年间，整个国际贸易中，服务贸易的比重大约每年会提高一个百分点，预计到21世纪30年代，服务贸易将成为国际贸易的主要对象和内容。

第二节 服务管理的基本理论

根据格罗路斯对服务管理特征的阐述，服务管理是指以顾客、顾客感知质量为导向，注重长期关系和内部开发的一种综合管理方法。服务管理的意义是很广泛的，不仅包括服务企业的营销、运作、人力资源管理等，而且包括其他任何组织中所存在的服务管理。20世纪中叶，随着西方发达国家陆续迈入服务经济时代，服务业开始扮演越来越重要的角色。因此服务管理成为西方管理学界一个重要的研究领域，其理论研究也日益成熟。

一、西方服务管理理论的发展历程

服务管理理论经历了长达几十年的研究过程，虽然至今尚未形成完整的学科体系，但在一些理论探讨方面取得了众多的研究成果。服务管理理论是伴随着西方管理学界对服务特征和服务管理的认识、理解而逐步形成和发展起来的。经历了一个从早期概念性的争论到如今对一些具体问题进行深入细致的研究的过程。

（1）第一阶段，奠基时期（20世纪70年代—80年代初）。20世纪70年代西方国家对服务业开始放松管制，服务业的竞争日益激烈起来，此时，越来越多的具有服务特性的新理论和新方法开始出现。产生于70年代的北欧诺丁服务学派对如何管理服务组织提出了全新的方法，这被称为“服务管理的开端”。Johnson1969年在其论文中首次提出“产品和服务真的不同吗”的疑问后，营销学者开始致力于服务同有形产品的比较及服务特征的识别和界定。其中由Bateson、Shostack、Berry等人归纳出的服务的四大特征，即无形性、同时性、差异性、易逝性，作为研究问题的理论基础被沿用至今。服务营销作为服务管理的一个研究领域，为服务管理理论体系的形成起到了重要的开创作用。而最早从理论上进行服务运作管理研究的代表人物是Levitt，1972年他在《哈佛商业评论》上发表了《生产线法在服务中的应用》一文，提出了“服务工业化”的观点，即将制造企业的管理方法用于服务企业的管理，使服务业的运作活动“工业化”，这一观点也代表了当时绝大多数生产管理学者的看法。这一时期服务管理研究主要集中在以制造业管理模式为基础的服务研究领域，学者们关注的是服务业的某些生产运作环节与制造业生产的相似之处，而没有从根本上意识到服务业与制造业在管理方法上的差异。因此，当时的理论研究成果在服务业也缺乏普遍的适用性，只是对于一些技术密集型、标准化的服务类型企业才有意义。此外，这个时期的服务业运作管理研究与营销研究是互不相关的，跨学科研究也很少，但这两方面的研究都为服务管理理论的发展奠定了基石。

（2）第二阶段，初步形成时期（20世纪80年代—90年代初）。进入20世纪80年代后，服务与产品是有区别的观点已得到普遍的认可，研究者也不再停留在一般性的描述上，而是通过提出一些概念模型使人们更好地理解服务和服务管理的特征。80 年代服务管理理论的发展呈现出了以下两个明显的特点。

其一，关于服务运作的研究开始摆脱制造业管理理论的框架，不同学科分支，如营销、人力资源管理、运营管理等相互渗透和融合。如：Normann 从组织理论角度提出了将营销和作业结合在一起的“服务管理系统”；Bowen 和 Lawler 将人力资源与营销联系起来的“授权”；Parasuraman 等人的《服务质量的概念模型及其动态研究》一文就认为服务质量涉及营销与运作两个领域，这篇文章也为服务管理跨学科发展起到了一定的促进作用。这一时期还有一个新的特点就是服务管理中的许多思想被反过来用于指导以产品为导向的生产运作管理，如顾客导向、服务战略、服务在混合产品（实体产品和服务）中的增值作用等。

其二，大量研究从服务的特征入手，展开了一系列的专题探讨，其中服务质量、服务接触与服务设计成为主要的研究主题。随着 Gronroos 的感知服务质量、Parasuraman 等人的服务质量差异模型等概念的提出，理论界对服务质量有了新的认识。服务质量领域的另一研究成果是 Parasuraman 等人的 SERVQUAL 量表，其至今仍然得到普遍的应用。自 Normann 将“关键时刻”这个概念引入服务管理理论之后，关于服务接触的研究也逐渐丰富起来，大量文献是围绕顾客与服务提供者之间的互动问题进行的，比如顾客如何评价服务接触、服务人员和顾客在服务传递过程中的参与作用等（如 Bowen，Schneider，Bateson）。现在服务设计的大部分研究成果仍然是以 Shostack 的服务蓝图为主。但大量其他学者（如 Fitzsimmons，Lovelock，Chase）也都提到过服务设计的概念，他们认为服务设计主要包括流程设计、工作设计、人员安排，以及服务系统规划、设施选址与布置等。

80 年代末期，服务运作管理作为研究各种服务业企业管理的一个专门分支开始被承认，如 1987 年美国的决策科学学会将服务运作管理正式列为一个学术分支；1990 年，世界第一个关于服务运作管理的国际学术会议召开，这次会议为了突出服务管理的多学科整合性，避免与制造业“运作”概念相混淆，大会决定将“运作”二字从“服务运作管理”中删除。至此，“服务管理”这门新兴的学科作为一个整体初步形成。

（3）第三创段，深入发展时期（20 世纪 90 年代至今）。这一时期，研究工作转向以行业为基础的调查、案例研究，大量研究者更倾向于采用实证、定量的研究方法。在原有理论深入发展的同时，服务管理理论的范畴被逐渐拓宽，各个学科领域的结合也更加密切。大量研究进一步对服务业中的具体问题进行了理论探索，研究的主题也越来越丰富，几乎涉及了服务管理问题的方方面面，如服务设计、服务生产能力和需求管理、服务修复等。在服务质量领域中，有些研究者运用 SERVQUAL 量表进行了大量的应用研究，并针对不同的行业和企业对该量表进行了修订（如 Guiry，Wetzels，Dabholkar）；还有一些研究者探讨了文化对服务质量的影响（如 Hofstede，Furrer）。关于服务生产能力和需求管理的研究主要涉及服务营销和服务运作管理两个领域，既有营销导向的研究（如 Meredith），又有作业导向的研究（如 Thompson，Goodale），而关于服务能力与服务质量关系的文献相对较少。1998 年 Gronroos 提出服务修复的定义之后，关于服务修复的研究成为一大热点。其研究大多集中在：服务修复与顾客满意的关系（如 Zemke，

Bell，Berry，Parasuraman），服务修复过程和措施（如 Boshoff，Stewart），以及对服务修复的评价（如 Chung，Hoffian）等。此外，一部分研究开始在寻找内部因素（服务质量、员工满意度、内部服务质量等）和外部产出（盈利、顾客满意度等）之间的联系，其中 Heskett 等人的服务利润链模型受到广泛的关注。服务利润链将内、外部营销相结合，从顾客角度重新审视服务企业长期的获利能力，它代表了一种以顾客为中心的服务管理模式。

80 年代以来，一些专业性期刊，如《服务行业月刊》《专业服务营销月刊》《服务营销月刊》《服务业管理国际月刊》陆续创刊，它们成为主要的服务管理学术研究成果的发表渠道。总而言之，西方发达国家的管理学界，已经将服务管理作为一个新的学科分支进行研究。从其发展历程可以看出，随着服务管理研究的具体化、跨学科的发展，服务管理理论得到不断完善，并在全球范围内形成了一股关注服务研究与发展的潮流。

二、国内服务管理理论的历史沿革

西方管理学界对服务管理的理论研究正在趋向成熟，然而国内关于服务管理的学术研究才刚刚起步。近几年，有学者开始尝试在生产管理学的著作中将研究范围扩大到无形产品上，但对具体的服务运作问题尚没有展开系统的研究，研究内容多集中在对国外的服务管理理论和方法进行应用研究和证实，所以根本谈不上理论和方法体系的建立。这一方面说明了我国服务业的发展水平比较落后，另一方面也说明了我国在这方面的研究存在的不足之处。但是随着西方服务管理理论的引入，服务管理的研究和实践已经引起了我国专家、学者和企业界人士的重视，他们对服务质量、服务设计、服务修复等关键问题进行了研究。

在国内服务管理相关文献中，服务质量依旧是研究的核心。大量学者从不同的角度、不同的行业探讨了服务质量的要素体系。例如，徐金灿在对大型商场研究的基础上，提出该行业的服务质量主要有保证、有形、售后服务、方便和可靠因素；朱沆、汪纯孝等人则从企业管理人员的角度将服务质量划分为技术、感情、关系和环境质量；王永贵和韩经纶进而指出不同服务企业的服务质量要素是不同的。关于服务质量的评价方法，差距理论和 SERVQUAL 量表也在国内得到了广泛的应用（如徐明，于君英，丁夏齐，徐金灿）。不少研究还探讨了服务质量与顾客满意度的关系，如朱沆、汪纯孝运用因果关系分析方法发现饭店不同服务部门的服务质量对宾客的总体满意程度的影响是不一样的；韦福祥对报业和酒店业进行了抽样调查和定量分析，验证了国外相关学者的研究结论，指出顾客感知服务质量对顾客满意和重复购买意向具有决定性的作用，而它与顾客保留的相关程度却很低。此外，其他关于服务质量的研究也较多，如范秀成的从服务交互过程入手，分析了交互质量的含义和改善交互质量的途径；戚安邦讨论了如何应用信息技术填补服务质量差异模型中的五类缺口；汪纯孝等人对服务质量、消费价值、顾客满意这三个因素与顾客行为意向的关系做了实证研究；韦福祥对 SERVQUAL 的跨文化适用性进行了研究，发现国内外顾客对服务期望和感知方面的差异；关晓光、姚辉提出用质量利润法改进服务质量，并运用财务指标衡量服务质量改进的效果。

国内关于服务设计、服务修复的理论性研究相对较少，但仍有少数学者做了相关的讨论。在服务设计的相关文献中，不少学者将制造业中的方法应用到服务企业中，比如孟宪华借用制造业中的 SLP（系统布置）和 QFD（质量机能展开）技术，提出了适用于服务作业系统的技术路线和方法体系；邹慧萍、汪应洛借鉴国外 LAF（灵活、精简、柔性）生产系统的思想，提出对旅游服务作业流程进行再造，建立起一种灵活、快速反应的生产服务系统。刘丽文则根据服务本身的特点，提出了把服务产品和服务提供系统作为一个整体，划分前台运作和后台运作、倡导内部顾客服务思想、员工授权管理等服务设计的新思路。一部分实际和理论工作者还意识到了服务修复的重要性，对服务修复相关概念、顾客抱怨行为、服务修复对顾客满意的影响，以及顾客对修复性服务公平性的评价做了一些研究（如汪纯孝，范秀成，韦福祥，温碧燕）。此外，服务管理理论中许多前沿问题也受到国内研究者的关注，比如服务创新（如吕飞，许庆瑞）、新服务开发（如汪纯孝，韩小芸）、服务品牌建设（如白长虹，范秀成，甘源）及收入管理（如萧柏春，彭杰蓝，周晓欧）等。

综上所述，国内学者在引进西方服务管理理论的同时，从各自的研究角度做了大量的研究。但许多理论研究缺乏操作性，因此如何将国内外较为成熟的研究成果运用到服务运作实践中去，建立起一套适用于中国服务业的服务管理方法，是国内研究工作者和企业界人士应该共同关注的一个迫切的问题。此外，在新的形势下有许多问题需要重新认识，因此为了进一步发展我国服务业的竞争力，学界和企业界有必要针对具体的问题进行深入的研究。

服务管理是从服务营销理论的研究中逐渐发展起来的，最初对服务管理的研究成果主要面向服务业区别于制造业的关键方面。后来随着研究范围和深度的不断扩展，逐步延伸至生产作业管理、组织理论和人力资源管理、质量管理等学科领域。近来，越来越多的学者进入测量、统计、决策支持模型的研究领域，今后将出现更多的定量化成果。然而要在这些领域内更全面深入地围绕服务管理的理论探讨，构建一个规范的整合化的服务管理理论体系，还要走很长的路和付出更艰苦的努力，还要经过大量的实践过程来总结其活动规律，完善服务管理学科体系。

第三节 服务管理的基本观点

一、人本管理原理及其应用

（一）人本管理的原理

把人本管理单独列出来，放在基本原理的首位，其主要原因有三点：第一，人本管理的提出是整个社会发展的大趋势；第二，人本管理的提出，在管理学发展史上也是一次重要的变革，它对科学管理过分强调“物”的作用进行了必要修正；第三，作为现代服务业必须把人本管理作为企业管理的根基来抓。人本管理的基本原理和基本理念对于企业的发展显得尤为重要，这是由服务行业重在与人打交道的特点所决定的。因此，在阐述现代服务业管理的基础理论时，有必要将人本管理放在首要位置。

1. 人本管理的概念及其思想演变

（1）人本管理的概念及内涵。

人本管理主要是指一种把“人”作为管理活动的核心和组织的最重要资源之一，把组织内全体成员作为管理的主体，围绕如何充分利用和开发组织的人力资源，服务于组织内外的利益相关者，从而实现组织目标和组织成员个人目标的管理理论和管理实践活动的总称。

人本管理的基本内涵是把人看成组织管理的中心和最重要的资源之一，组织的成员既是组织管理的第一客体，又是组织管理的主体，组织生存与发展的根本途径是获取、利用、开发人力资源，组织的宗旨和使命是服从服务于组织的利益相关者，协调统一地谋求组织目标和组织成员个人目标的共同实现。

（2）人本管理的思想演变。

任何一种管理理论方法或实践均以一定的人性假设为基础，如何认识人的本质或本性，是管理学上理论纷争及其发展的本源。人本管理是时代发展的产物，与“以物为本”“以技术为本”等传统管理思想有着根本区别，它是在20世纪的50年代提出的，并经过不断发展与完善，最终于20世纪80年代得以确立的，是对人性的假设。

从管理思想的发展史来看，对人性的认识假设大致经历了古典时期的“完全理性人”假设、西蒙的“有限理性人”假设、泰勒的“经济人”假设、梅奥的“社交人”假设、马斯洛的“自我实现人”假设、史克思的“复杂人”假设，以及基于这些假设二产生的X理论、Y理论、超Y理论（权变理论）等多种管理理论。人本管理的人性假定是“主观理性人”，这一观念融合了以上几种假设。它认为人具有客观理性——人的行为的客观后果有利于最充分实现自身的利益；还具有主观理性——每一个人都依据自我偏好对各种事物做出独立的主观价值判断，并依照这种主观价值判断做出趋利避害的行为决策，力求能最大化地实现自己的利益。这种客观与主观相统一的人性假定，既承认个体主观效用的多维性，又认识到客观上满足需要的实际效果，便于人本管理采用多种激励方法，运用经济的物质手段或非经济的精神手段，最大限度地创造企业员工的主观能动性。在现实中，这种“主观理性人”假设更符合个人价值取向多元化的现状，体现个人目标理性与工具理性的辩证关系，从而为企业人本管理奠定了较为全面且真实的思想基础。

2. 人本管理的基本原理

人本管理在不同的时代，不同的组织里表现出不同的形式，但其核心价值观即管理的基本原理始终围绕“以人为本”，重视人、尊重人、依靠人、发展人、服务于人，满足人的合理需要。

（1）人是管理的主体。在管理的要素构成中，人（尤其是普通员工）的地位和作用是逐步被认识的。直到人本管理思想形成，人（尤其是普通员工）在管理中的主体地位才被揭示。这个过程大致经历了3个阶段。

第一个阶段，要素研究阶段——人是机器的附属物。基于“经济人”的假设，管理科学的奠基人泰勒认为人只是为了经济上获得利益才去工作，缺乏主动性，因此，在工作中只能作为机器的附属物。泰勒全部管理理论和研究工作的目的，都是致力于从经济激励的角度挖掘作为机器附属物的人的潜能。他仔细研究工人操作的每个动作，精心设计出最合理的操作程序，要求所有工人严格地执行，而不用自己再去创造和革新。他坚信，工人只要按照规范程序去作业，就能实现最高的劳动生产率，从而获得最多的劳动报酬。这样对工人和企业双方都是有利的。

第二个阶段，行为研究阶段——人是管理的客体。第二次世界大战时期，有一部分管理学家和心理学家，开始认识到劳动者的行为对企业生产的影响作用。在此基础上，他们对影响劳动者行为的因素进行了大量的分析、研究，结果发现：在导致劳动者行为的动机产生过程中，需要来自于多个方面，经济需要只是其中的一个方面。所以他们强调，管理者要从多方面去激励劳动者的劳动热情，引导他们的行为，使其符合企业的要求。这一阶段的认识有其科学合理的一面，但其基本出发点仍然是把劳动者作为管理的客体。

第三个阶段，主体研究阶段——人是管理的主体。20世纪70年代以来，随着日本经济的崛起，人们通过对日本成功的经验剖析，进一步认识到以员工为代表的人在企业生产经营活动中的重要作用，逐渐形成了以人为中心的管理思想。中国管理学家蒋一苇在20世纪80年代末发表了著名论文《职工主体论》，明确提出职工是社会主义企业的主体的观点，从而把人（尤其是员工）在管理中地位和作用的认识提高到了一个新的高度。根据这种观点，人既是管理的客体，又是管理的主体；管理既是对人的管理，也是为人的管理。

（2）人的全面发展是管理的目标。人本管理的出发点和着眼点是“人的目的”。人的目的即人的全面而自由的发展是人追求的最高价值。人本管理就是以谋求人的全面自由发展为终极目的的管理。它是通过人在企业管理活动中以尽可能少地消耗获取尽可能多的产出的实践，来锻炼人的意志、智力和体力，通过竞争性的生产经营活动，完善人的意志和品格，提高人的智力，增强人的体力，使人获得超越受缚于生存需要的更为全面的自由发展。

同时需要指出的是，把人作为目的的人本管理在处理人与组织的关系时，并不否定和排斥组织的目标；相反，把人的自我发展和自我完善作为组织目标的组成部分，通过提高人的素质、发展人的才干、改善人的价值观念和人格系统、增强人的创造力和意志力，以及提高人的生活质量等来促进人类文明，加速组织目标的实现。以人为目的的人本管理是把人本身当作成就，奉行强者逻辑，认为人越强大，强大的人就越多，管理就越有效。因此，它致力于人的建设，把挖掘人潜在的创造力，并且将使其转化为贡献作为一个至高无上的目标来看待。

（3）员工参与是有效管理的关键。明确了员工在管理中的主体地位以及人与目的地管理核心，管理者通过实施适度分权、民主管理，依靠科学管理和员工参与，可以使个人利益与企业利益紧密结合，使企业全体员工为了共同的目标而自觉地努力奋斗，从而实现高度的工作效率。员工是家庭、企业乃至一个行业和整个社会的核心。

正是由于企业全体员工的共同努力，企业各项资源（包括劳动力本身）才得到了最合理的利用，才使企业生产经营活动得以正常进行，才创造出了产品、利润和财富。所以企业全体员工都有权参与企业管理。企业员工中的一部分（经营者和管理人员）其职业就是管理。所以，要特别重视非专职管理的员工（普通工人职员和技术人员）参与管理的问题。

在市场经济条件下，客户是企业存在的社会土壤，是企业利润的来源。销售收入与销售利润的实现是以市场消费者愿意接受和购买企业产品为前提的，而用户是否愿意接受和购买企业的产品，则取决于这些产品的消费和使用能否满足他们希望得到满足的需要。因此，为客户服务，满足用户的需要，是企业实现其社会存在的基本条件。在人本管理思想的指导下，企业管理向着满足客户需求、建立客户关系、形成客户忠诚的方向发展，企业竞争力得到不断提升。

（二）人本管理原理在服业中的应用

1. 树立人本化管理理念

（1）顾客服务人本化。对顾客服务树立“以人为本”的理念，从而在完全市场化的竞争条件下，赢得更多顾客，并增强顾客忠诚度。惠普企业、海尔企业都在产品设计中坚持以人为本原则，很快在市场上抓住顾客的心，迅速占领市场。这种人在现代服务企业的顾客服务中主要体现在服务产品的设计与提供上，充分考虑顾客的生理、心理的潜在需求及个性化消费需求，提供温情化服务。

（2）员工管理人本化。正确认识员工在现代服务企业发展中主导地位，人文关怀精神逐渐从“员工对顾客”延伸到“企业对员工”。对员工的管理体现人本化的理念表现为：企业以员工为第一，通过有效的激励与约束机制，培养员工对企业的忠诚，加强集团内部的凝聚力。深圳华侨城集团，按照21世纪大型跨国企业集团发展的目标要求，坚持“以人为本”的企业理念，致力于企业与员工共同成长，培养了一支观念新、素质较高、结构合理的集团骨干队伍，成为华侨城集团最宝贵的财富。未来市场，企业的竞争就是人才的竞争，通过人本化的员工管理提高企业的人才资源水平是国内外服务企业提升竞争力的有效途径。

2. 完善人本化管理组织

基于中国服务企业的现状，要想实现人本管理，必须建立并完善与之相适应的管理结构。

（1）突出人力资源管理部门在现代服务企业管理中的地位和作用，扩大和强化人力资源管理部门的职能。第一，在管理地位上，提升人力资源管理部门在管理组织中的层次，不再是与其他管理部门并列的业务工作部门，而是高于其他管理部门的决策部门。第二，在管理职能上，一方面强化原有的人力资源管理职能，尤其要强化人力资源规划、素质测评、激励、培训等开发性职能；另一方面扩大人力资源管理部门的职能，即在人力资源管理的基础上扩大到企业管理，要参与企业重大经营活动的决策，要对企业其他部门和单位的活动进行指导和监督。

（2）在服务企业内部建立学习型组织，所谓学习型组织，是指一种按照人性化原则建立起来的、具有浓厚学习气氛的、能够自我管理的、不断创新和进步的企业构成单元。它是知识经济时代促进服务企业人本化管理发展的优化组织形式。第一，营造开放式的学习氛围，激励员工自己学习、相互学习，在学习中认识自己，发现不足，增强能力。第二，塑造知识式的新型员工，改变对员工“只用不养”的陈旧观念，加强对员工的培训，特别是新知识、新方法、新技能的培训，使员工得到全面发展。

3. 实施人本化管理模式

（1）完善培训制度。首先，在培训目的上，着眼于提高员工对外部环境的适应性和对市场的驾驭能力及竞争能力，同时扩大员工的知识结构，提高员工的整体素质。充分考虑员工个人的发展规划，并使之与企业发展规划有机结合。其次，在培训内容上，从其企业的实际需要、员工的实际需要和社会的需求出发设置培训课程，既着眼于现在，又放眼于未来。同时充分考虑企业文化建设、企业发展方向、员工个人素质、企业现存主要问题等因素。最后，在培训方法上，针对不同的内容采用不同的方法，尽量采取“启发式”培训方法，培养员工的创新能力。

（2）优化激励机制。采取民主化、多样化的激励手段和方法，把以控制为主，让员工被动地行动的管理方式转变为以激励为主，鼓励人们发挥主观能动性的管理方式。强调让员工共同参与管理，强调企业的发展与员工共命运的关系，调动员工参加管理的积极性，增强员工的责任感，使员工感受到自己是企业的一员。在激励方法上完善日常交往中的融通式激励、布置工作时的发问式激励、委派任务时的授权式激励、令行禁止时的影响式激励及评价功过时的期望式激励等。

（3）加强沟通管理。保持服务企业内部良好的沟通管理，通过信息分享，缩短员工与企业的心理距离，增强感情交流，让员工参与决策，实现心理换位。长期坚持，可以增强员工对企业的认同感，从而在确定目标、制定政策、做出决策、实施重大计划等方面与员工取得共识。只有达成共识，才能达到共和，才能增强企业的凝聚力和应变力。这就要求现代服务企业建立良好的信息传递渠道，真正做到“上情下达”和“下情上传”，使企业的意图和员工的要求达到和谐统一。

（4）培育团队精神。团队精神是团队成员共同认可的一种集体意识，是显现的团队成员的工作心理状态和时期，是团队成员共同价值观念和理想信念的体现，是凝聚团队、推动团队发展的精神力量和共同意愿。团队精神的培育要通过企业文化建设逐步实现，包括精神文化建设、制度建设和物质文化建设三部分。其中，精神文化是企业文化深层次的、具有隐性的内核，决定了制度文化和物质文化。

二、系统管理原理及其应用

（一）系统管理的原理

任何社会组织都是由人、物、信息组成的系统，任何管理都是相对系统的管理，没有系统，也就没有管理。系统原理为认识管理的本质和方法提供了新的视角。所谓系统管理，是指依据系统论的思想，以确定的系统为研究对象，把所需要研究和管理的对象作为有机结合的整体，综合运用控制论、信息论、系统工程和运筹学的基本原理与方法，求得技术上先进、经济上合算、时间上最省的管理效果。

现代服务业具有区别于一般服务业的特征，但是，也有很多特点是与一般服务业相似的，如服务的无形性，以及生产和消费的同时性特征，那么这也就更加强调了系统管理原理在现代服务业中的重要作用。将每一个服务流程都当成一个系统来看，无论是在企业内部管理还是在对外服务上，都要充分发挥系统管理原理的作用。

1. 整体性管理原理

所谓整体性管理原理是指管理系统要素之间的相互联系及要素与系统之间的关系都要以系统整体为主进行协调，局部服从整体，整体效果最优。在它的指导下，服务管理要从整体着眼，部分着手，统筹考虑，各方协调，达到整体最优。

2. 动态管理原理

所谓动态管理原理，是指系统作为现实生活中的一个有机体，其稳定状态是相对的，运动状态则是绝对的。系统不仅作为一个功能实体存在，而且作为一种运动而存在。在它的指导下，可以预见服务管理系统的发展趋势，树立超前的管理意识，减少偏差，掌握主动，使系统向期望的目标顺利发展。

3. 开放性管理原理

所谓开放性管理原理是指在非理想状态下，不存在一个与外部环境完全没有物质、能量、信息交换的系统。即所有的系统都是开放的，在管理工作中，任何试图把系统封闭起来与外界隔绝的做法，都只会导致失败。系统管理的开放性源于系统自身的耗散结构。任何有机系统都是一个耗散结构系统，只有与外界不断进行物质、能量、信息的交流，才能维持其生命。并且只有当系统从外部获得的能量大于系统内部耗散的能量时，系统才能不断发展壮大。所以，对外界开放是系统的生命。在它的指导下，服务企业管理者应当充分估计外部对系统的种种影响，努力从开放中扩大系统从外部吸收的物质、能量和信息。

4. 环境适应性管理原理

所谓环境适应性管理原理，即表明系统不是孤立存在的，它会与环境发生各种联系，能够适应环境的系统才是有生命力的系统，同时，系统对环境的适应并不是被动的，它也有改善环境的能力行为。如构成社会系统的人同时也具有改造环境的能力，没有条件可以创造条件，没有良好的环境可以创造良好的环境。这种能动适应和改造环境的可能性，受到一定时期人类掌握科学技术（包括组织管理）知识和经济力量的限制。在环境适应性管理原理的指导下，服务企业管理者进行管理决策时既要清醒地认识到系统本身的局限性，又要根据能动地改变环境的事实求做出科学的判断和决策。

5. 综合性管理原理

所谓综合性管理原理是指任何一个系统都是由许多要素为特定目的组合而成的综合体，在进行系统管理时，要把系统所有要素联系起来综合考察其中的共同性和规律性。

综合性管理原理揭示了两种规律：一是系统可以分解。由于系统都是由许多要素综合起来形成的，因此，任何复杂的系统都是可以分解的。二是综合可以创造新事物。现有的事物或要素通过特定的综合可能生产新的事物和系统。“量的综合导致质的飞跃”正是基于这一规律[①]。

（二）系统管理原理在现代服业中的应用—现代服务管理系统

现代服务管理系统，是现代服务业管理者为了实现既定的服务管理目标而将管理对象内部相互作用、相互依存的服务管理要素组织起来形成的一种社会系统。它是系统管理理论在现代服务业管理中的运用。现代服务业微观管理系统按照管理内容的不同可以分为不同的种类，如组织管理系统、决策管理系统、财务管理系统、质量管理系统等。现代服务业宏观管理系统则是以上述系统为子系统的系统集合体，虽然不同的服务管理系统研究服务管理问题的角度不同，系统构成不同，具体的系统管理方法也不尽相同，但在系统构建上，它们具有相同的构建要素和构建特征，其系统管理方法可以统归为三大类[②]。

1. 现代服务管理系统的构建要素

（1）系统管理目标。不论是哪一类的服务管理系统，在构建时首先要明确系统管理的整体目标，然后通过目标导向对系统整体目标进行分解，形成各个子系统的分目标，再运用科学管理方法，促使各个子系统为实现既定目标努力工作，从而完成现代服务管理系统的整体管理目标。

（2）系统管理资源。系统管理目标一经确定，就要根据目标实现的要求和各子系统的实际需要，组织人、财、物等各种管理资源，使各种资源在各子系统的分布达到一个合理的比例，使资源的投入产出比达到最大化。现代服务管理系统只有在合理的管理资源组织保障下，才能高效实现管理目标，完成管理任务。

（3）系统管理控制。现服务管理系统属于人造系统，只有配备系统控制环节，才能保证各个子系统的工作切实地向着目标实现的方向协调发展。所谓系统管理控制是指以服务管理系统的信息反馈为前提，根据各个子系统功能和管理目标的不同，采取不同的控制方法对服务管理各子系统的运作过程实施监控，以确保现代服务管理系统的正常运行。

（4）系统管理环境。系统和环境有着不可分割的密切关系。任何一种服务管理系统都是存在于一定的环境之中的。现代服务管理系统在构建过程中的一项重要任务就是研究系统的管理环境，以及两者之间的互动关系，如市场环境、社会环境、地区经营环境等，以确保所构建的现代服务管理系统对外界环境有充分的适应性。

2. 现代服务管理系统的构建特征

（1）集合性。现代服务管理系统不是由单一的或固定数量的元素所组成的，而总是由两个或两个以上的相互区别的要素根据所解决问题的不同组成的各种集合体，体现了现代服务管理系统构建的集合性特征。集合性表达了现代服务管理系统构建要素的“大”“多”“杂”特点；表达了现代服务管理系统始终面对“群体”而不是“个体”，始终面对复杂的多方面的元素，而不是简单的单方面的元素的思想，如产品设计过程中也

① 周三多，陈传明，鲁明泓 . 管理学——原理与方法［M］.上海：复旦大学出版社，2005.

② 马勇. 现代服务业管理［M］.北京：北京大学出版社，2010.

应体现出系统管理理念的运用。

（2）相关性。现代服务管理系统的所有构建元素或子系统之间都是相互联系、相互作用的，充分体现了现代服务管理系统构建的相关性特征。具体而言，这种相关性表现在3个方面：其一，各子系统、各元素之间相互关联、相互依存；其二，各子系统、各元素与系统整体相互作用、相互影响；其三，各子系统、各元素对系统整体的影响方式和途径受其他元素制约。

（3）有序性。现代服务管理系统作为一个大的社会系统，有显著的结构上的序和运行上的序，体现了现代服务管理系统在构建过程中的有序性特征。结构上的序表现为一个现代管理系统包括多个子系统，每个子系统又由多个更小的子系统构成，依次分解，规范有序；运行上的序表现为服务管理过程的顺序性，现代服务企业管理者按照一定的程序开展各项服务管理工作。

（4）环境适应性。现代服务管理系统总是存在于一个不断变化的外界环境中，只有适应环境才能获得生存和发展。因此，现代服务管理系统在构建过程中体现出很强的环境适应性。具体表现为现代服务管理系统在资源组织上具备灵活性、转向性和适应性，随时根据系统环境的变化调整资源分配结构，始终保持管理资源投入产出的最大化。

（5）开放性。现代服务管理系统是一个需要与外界环境不断进行物质、信息交流的开放式系统，因此，在构建过程中体现出多维的和全方位的开放性特征。包括管理目标的不断调整，管理资源的不断更新，管理信息的输出与反馈，以及系统能量的开放与展示等。这种开放性是与现代服务业的产业特征相适应的，也是促进现代服务业发展的必然选择。

（6）社会性。现代服务管理系统是经济社会发展到一定阶段的产物，在系统构建上体现出极强的社会性：第一，从属性上看，它是一种人造系统，人是社会的元素，因此它是一种社会系统；第二，从要素上看，系统管理目标与现代服务业的社会发展息息相关，系统管理资源中的人、财、物都来源于社会，系统管理环境也是社会化的环境，其社会性不言而喻。

3. 现代服务管理系统的管理方法

（1）现代服务管理系统分析。所谓现代服务管理系统分析，是指在明确现代服务管理系统目标的前提下，分析和确定现代服务管理所应具备的功能和相应的环境条件，抓住现代服务管理的某些需要决策的关键问题，根据其性质和要求，相应地建立有关模型，再根据需要把有关模型进行仿真试验。进一步将所得信息通过反馈，使现代服务管理系统设计所需的资料和信息不断完善和充实，以保证系统最优方案的选择。

（2）现代服务管理系统工程。所谓现代服务管理系统工程，就是把现代服务管理看成一个整体，从系统观念出发组织各项服务管理活动，并正确处理现代服务业各方面的管理关系，保证管理活动的协调发展。一般按以下步骤来进行：

首先，要分析和确定现代服务管理的目的。分析围绕现代服务管理系统的环境等有关的约束条件，如环境、资金、材料、信息、技术等对现代服务管理系统的制约，在此基础上，建立管理系统的概率模型，并根据概率模型反复进行仿真实验，评价功能的完成程度，探讨现代服务管理目的和目的成功的可能性。

其次，搞好现代服务管理系统模型化。分析现代服务管理模型的使用目的和要求，并确定模型的功能，根据目的要求，从时间、空间等观点来明确系统和环境的边界条件，确定构成系统功能的最小单位，把系统划分为若干个可以模型化的要素，分析和掌握模型化对象的特性，建立模型。

再次，应用最优化理论和方法对现代服务管理模型进行最优化，求出几个替代解。

最后，从技术和经济两个方面对所设计的各种服务现代管理方案进行评价，通过分析和评价，从中选择出技术先进、经济合理的最优系统方案。

三、现代服务业管理新的理论趋势

现代服务业自身在不断发展的过程中，也在不断借鉴和吸收一些新的管理理论，即下面要介绍的现代服务业管理的新理论。

（一）现代企业理论

现代企业理论是由科斯最早提出来的，它又被称为“企业的契约理论”，该理论在过去的20年里发展极为迅速，是主流经济学研究中最富有成果的理论之一，它与博弈论、信息经济学、激励机制设计理论及新制度经济学相互交叉、极大地丰富了微观经济学的研究内容和研究领域，并进一步改进了人们对市场机制及企业运行制度的认识。

现代企业的核心观点主要有：企业是一系列（不完全）契约（合同）的有机组合，是人们之间进行产权交易的一种方式。该理论认为企业之间博弈的结果，是企业成员的目标函数在市场约束条件下的个人效用的最大化[①]。

现代企业理论主要用于解决三个问题：一是企业为什么存在？企业的本质是什么？如何界定企业与市场的边界？二是什么是企业所有权或委托权的最优安排？企业内谁应该是委托人？谁应该是代理人？三是委托人与代理人之间的契约是如何安排的？委托人如何管理和控制代理人？对于上述问题的不同回答将现代企业理论分成了两个分支——交易成本理论和代理理论。交易成本理论侧重于研究企业和市场之间的关系；代理理论则侧重于研究企业内部组织结构与企业具体成员之间的代理关系。两者都强调了企业的契约性和不完全性及由此导致的企业所有权的重要性。

现代企业理论从一种全新的视角出发，对企业的基本问题进行了探讨。帮助人们从企业的最根本问题——企业性质入手，探索企业的本质。运用现代企业理论对现代服务企业性质及其本质进行深入的认识，有助于按照经济学的客观规律来进行生产经营活动。

（二）柔性管理

“柔性管理”是相对于以“规章制度为中心”的“刚性管理”提出来的一种人性化管理方法。关于“柔性管理”，早在《墨攻》就有运用。它是依据企业共同的价值观和文化、精神氛围进行的人格化管理，它是在研究人的心理行为规律的基础上，采用非强制性方式，在员工心目中产生一种潜在的说服力，从而把组织意志变为个人的自觉

① 孙永波.现代企业管理的十大核心思想［M］.北京：知识产权出版社，2009.

行动。

柔性管理的实施必须具备三大要素，即人、组织结构和信息。这三大要素在企业的生产经营活动的各个环节都相互交错，其中人是企业的主体，人通过提高自己的创造能力，选择能力和分析能力具备了柔性，同时人能够主动地感觉、学习和适应环境；合理的组织结构能够促进企业的各个环节的柔性，适应外部环境的变化；信息是企业获取柔性，实施各项措施和行动的强有力支持，快速收集、储存、传播信息有助于企业迅速做出正确的决策并付诸实施。因此，企业应该与消费者建立有效的沟通渠道，生产满足消费者需求的产品，同时企业还应该加强内部组织之间的交流，尽量减少组织之间的信息不对称。从中可以看出柔性管理的一个最大的特点是主要依靠人性解放、权利平等、民主管理，从内心深处来激发每个员工的内在潜力、主动性和创造性，积极为企业开拓新的业绩，并在激烈的市场化竞争中取得优势力量源泉。

尽管柔性管理最早是在汽车制造业中提出来的，并在劳动密集型的制造企业中发挥着重要的作用，但不意味着它无法应用于现代服务业中来，从本质上，它要求企业在管理上更多地从人性管理的角度出发，创造出具有凝聚力和向心力的企业精神和企业文化，从而更好地激发员工的积极性和创造性。

（三）风险管理

风险管理是由美国宾夕法尼亚大学的所罗门·许布纳博士于1930年在美国提出的，该理论提出企业在科学系统全面的风险管理措施保障之下，通过科学地实施风险识别、评估、控制与预防，以最小的成本达到最大的安全保障的管理过程。该理论提出后受到各国政府以及经济学界、企业家的重视，因此迅速发展成为一门新兴的管理学科[①]。

现代服务业由于所处的环境有较大的变数，因此风险在所难免。企业所面临的风险一般包括决策风险、财务风险与运营风险，现代服务企业风险的大小主要是由其实际产出和预期目标之间的差距决定的。风险管理的目的，是对现代服务企业面临的不确定性进行更为积极主动的管理，从而使企业以更加有效的方式，达到目标并完成其使命。

现代服务企业所面临的风险虽然带有很多不确定性和偶然性，但应对风险的措施和步骤依然是有章可循的，这些措施主要包括：建立风险管理的机构、设定风险管理的目标、对风险进行有效测评、控制风险活动、进行信息沟通与反馈等。根据现代服务业面对风险的具体情况，还可以将风险处理的对策与方法分为风险防范、风险回避、进一步减少风险、接受风险、转移风险等，也就是说，要尽最大努力将风险的影响减少到最低程度，从而保持现代服务业的持续发展能力。例如，对于一些不可抗拒的灾害，接受风险，同时不断增强自身应对突发性事件的能力。

（四）核心能力

核心能力是由美国学者普拉哈拉德和英国学者哈默于1990年在《哈佛商业评论》上发表的《企业的核心竞争力》一文中提出，并且正式确立了该理论在管理学上的理论

---

① 易俊. 事故预防与分析［M］. 北京：中国劳动社会保障出版社，2010.

和实践地位。核心能力又被称为核心竞争力，普拉哈拉德和哈默认为：核心能力是在组织内部经过整合的知识和技能，尤其是关于怎样协调多种生产技能和整合不同技术的知识和技能。

企业自身核心竞争力的形成需要经过企业内部资源、知识、技术等的长期积累和整合，并且要等到这些资源显现出其价值性、稀缺性、异质性、垄断性等特质时，企业的核心竞争力才会真正被展示出来。企业核心能力理论认为企业竞争力来自于企业的竞争优势及其持续性。企业竞争优势是以企业资源和能力作为基础支撑的，持续竞争优势则来源于企业核心能力，因此，企业要表现出其长期竞争优势，企业核心竞争力是必不可少的条件。

（五）管理信息化

信息时代的到来以前所未有的速度改变着企业的经营方式和人们的消费观念，企业管理信息化正是应这一变化而产生的。随着网络技术的不断发展，它们为企业管理信息化提供了技术支持，并导致了管理信息化。企业的信息化也经历了好几个发展阶段，如电子数据处理阶段、综合数据处理阶段和系统数据处理阶段，目前正朝着网络化、信息技术集成化的方向发展。企业管理信息化实现了从个人计算机到群体计算机网络，从孤立系统到联合系统，以及从内部计算机网络到跨企业计算机网络的飞跃。

管理信息化对企业做出了重要贡献，它使企业能够突破传统生产模式的限制，灵活地安排企业内部资源，高效率地完成客户需要的产品，同时，可以节约大量的原材料和劳动力成本。目前出现的虚拟企业也是基于信息技术诞生的，是管理信息化的最直接应用。通过信息技术连接和协调把不同地区的现有资源迅速组合成一种超越时空约束、依靠信息网络手段联系和统一指挥的经营实体，以最快速度提供高质量、低成本的产品和服务。服务产品与其他产品相比具有无形性的特点，使其成为信息化比较适宜发展而且发展比较迅速的领域。如会展业、物流业、电子商务就是基于管理信息化平台而建立起来的，它为现代服务企业与客户之间、现代服务企业与合作企业之间及现代服务企业内部管理构建的服务于管理网络，以整合现代服务企业技术、资金、人力资源和管理等资源，将有效的资金、先进的技术、适合的人才与高校的管理运行系统有机结合，从而实现现代服务业、顾客与合作商的协调发展。

（六）项目管理

项目是一项具有独特主体性的工作。在现代经济社会中项目随处可见，常见的有贸易洽谈、研讨会、联谊活动等。项目具有目标性、独特性、约束性、对象性、不可逆转性等特点。它要求人们按照某种特定的规范及应用标准去导入或生产某种新产品或新服务。

由于项目在社会经济生活中的广泛存在，项目管理也逐渐被提炼成了一种具有普遍规律的现代化理论模式。项目管理是 20 世纪 50 年代管理学的一个重要分支。所谓项目管理，就是在特定的组织环境中，为有效实现项目而制定得一整套原则、方法、辅助手段和技巧。企业项目管理强调企业不同部门的合作，通过整合资源，达到完成企业任务的目的。

现代项目管理与传统的经验性项目管理有很大的区别。主要体现在管理理念、管理组织、管理方法和管理手段上，因为项目管理是在有限的资源条件下进行的，所以它具有复杂性、创造性、专业性等特征。基于这些特征，在实施项目管理时应该注意的要素主要有：企业的资源基础；规范化的工作执行程序；具有团队精神的企业文化；合理有效的授权体系；矩阵式组织结构；有效的沟通渠道；集成化项目管理技术。

（七）业务流程再造

业务流程再造是一种重要的管理思想，它是由美国麻省理工学院教授迈克尔·哈默提出的，此概念的产生对于传统的改善生产经营系统、管理组织结构的思想都提出了挑战。该思想强调以业务流程为改造对象和中心，以关心客户的需求和满意度为目标，来对现行的业务流程进行根本的再思考和彻底的再设计，并且利用先进的制造技术、信息技术，以现代化的管理手段，最大限度地实现技术上的功能集成和管理上的职能集成，从而实现企业经营在成本、质量、服务和速度等方面的巨大改善。其中心就是认为企业必须采取激烈的手段，彻底改变工作方法①。

业务流程再造对企业的作用主要体现在：①它使企业能够更加全面地贴近市场，了解市场需求，并对市场的变化做出及时的反应；②有助于减少成本，业务流程再造将全面质量管理贯穿于整个过程中，从市场调研就开始注意成本的投入，剔除了无效作业，从而降低了成本；③全面提升了质量；④进一步提高了服务质量和水平。

（八）学习型组织

放眼望去，全球各个企业无论是运用什么理论来进行管理，都可以被归结为两种类型：①等级权利控制型；②非等级权力控制型，即学习型企业。等级权力控制型企业的最大特点就是强调要以等级为基础，以权利为主要特征，是一种垂直单向线性系统。它强调制度在企业中的重要作用，这种权利控制型企业管理模式在工业及国际时代前期发挥了重要的作用，但是在进入知识经济、信息经济时代后，这种管理模式越来越不能适应科技发展和市场变化的需要。因此，很多管理学家、经济学家在探讨一种能够顺应发展需要的新的管理模式，即非等级权力控制型管理模式，学习型组织理论就是在这样的背景下诞生的。

学习型组织最初的构想源于美国麻省理工学院佛瑞斯特教授。1965 年，他发表了一篇题为《企业的新设计》的论文，运用系统动力学原理，非常具体地构想出未来企业组织的理想形态——层次扁平化、组织信息化、结构开放化，逐渐由从属关系转向为工作伙伴关系，不断学习，不断重新调整结构关系，这是关于学习型企业的最初构想。1990 年美国学者彼得·圣吉在其所著的《第五项修炼》一书中首次将其理论化、系统化。他强调"21 世纪企业间的竞争，实质上是企业学习能力的竞争，而竞争唯一的优势是来自

① ［美］迈克尔·哈默，詹姆斯·钱皮. 再造企业——工商业革命宣言［M］. 纽约：哈珀·柯林斯出版集团，1993.

于比对手更快的学习能力。”由此学习型组织受到越来越多的企业的推崇。

所谓学习型组织，是通过培养整个组织的学习气氛、充分发挥员工的创造性思维能力而建立起来的一种有机的、高度柔性的、扁平的、符合人性的、能持续发展的组织。这种组织具有持续学习的能力，具有高于个人绩效总和的综合绩效。

“学习型组织”理论认为，要把企业从传统的“权利控制组织”改造成为“学习型组织”的企业，必须进行五项修炼：①建立共同的愿景目标，进行这一项修炼的目的是建立生命共同体，它包括企业愿景、企业价值观、企业目的和使命以及具体目标等内容。②加强团队学习，其目的是为激发群体智慧，强化团体的向心力。③改善心智模式，这项修炼要求企业领导者和职工打破旧的思维障碍，用创新的眼光看世界。④培养系统思考能力，将企业看成一个系统，考虑问题既要看到全局，又要顾及整体；既要看到当前利益，又要兼顾长久利益。⑤追求自我超越，鼓励人们不断挑战自我，挖掘潜力，实现人生价值。

【案例分析】

“最佳雇主”的服务管理秘诀

“最佳雇主”，这无疑是对一个企业内部管理，尤其是人力资源管理工作的最高赞赏，因为“人才”是知识经济时代，软件企业最核心的竞争力之一。只是，成长不过10年的金蝶，何以高居“中国IT行业10佳雇主”之榜首？

1. 持续创新：学习型组织帮助重塑“自我”

《执行力》一书曾提出现代企业成功的要素有三个：战略、人、运营。知识经济时代，人才无疑是第一竞争力。而金蝶学习型组织的建立，就体现了其对人才的重视和尊重。

学习型的组织是通过培养整个企业的学习气氛，充分发挥员工的创造性思维能力而建立起来的一种有机的、高度柔性、横向网络式的、符合人性的、能持续创新发展的组织。具体为：将个人的愿景整合为企业的共同愿景，将全体员工凝聚在同一旗帜下，形成企业强大的生命力；同时，公司将通过整合个人的学习，形成企业前进的动力。在这一过程中，公司要创造良好的学习环境，使员工终身学习。因为，只有学习才能提高素质、持续创新。加强对员工的培训，建立学习型组织，是金蝶产品、理念不断出新，与用户、合作伙伴共同成长的动力源泉。

2002年年底，金蝶启动了“TOP100计划”。根据“二八原则”，将全员总数20%左右的比例列入关键员工关注计划和接班人计划，将80%的资源投入到他们身上，对他们进行重点培养，作为今后提拔、任职的主要人选来源。主管人事的副总裁罗明星在解释“TOP100”计划时说：“这是金蝶对员工进行个性化培养的一种措施。我们要让有价值的员工得到更多关注，给他更好的培训，为他量身定做职业发展计划，管理层会定期和他交流，他的名字、背景、能力特长、思想动态将随时被公司管理层掌握，他感受到一种被聚集式的关注。这些关注让他感受到公司的期待，他会成长得更快，发展得更好。”

而每年，金蝶都会从销售额中提取3%~5%用于员工培训，而这种培训紧密围绕当年公司长期战略所需要提升的组织能力展开，一般每年都着重在提升几项能力上。比如2003年，金蝶着重提升的就是产品经理的产品管理能力、管理人员素质能力及渠道销售能力等。此外，所有管理者的绩效考核纬度里面都有能力纬度的要求，要求其主动提升下属团队的能力和自身能力。并不定期地委派技术骨干出国培训，委派一定数量的管理人员参加EMBA培训；特别设置“总裁学堂”，邀请企业家、社会知名人士为员工授课，开阔视野，广博见识。真正构建起一个开放自由的学习型组织。而这，恰恰是从事创造性工作的金蝶员工的深层次精神需要。

2. 激情管理

“激情管理”是金蝶文化的核心，也是其有别于其他IT企业最显著的“性格”。不断的打破现有的条条框框，永远追求创新，向员工发放期权、建立学习型组织，就都是金蝶“激情文化”的体现。

针对金蝶员工平均年龄不到28岁，IT人才流动性大，并且年轻人总希望在最短的时间内最大限度地实现自我的特点，金蝶认识到，对知识员工以及知识“资本”的管理，传统的“控制”或“限制”管理模式已经不适应了，强调开放与授权的“激情管理”应运而生。

“激情管理”是指通过建立一种以激发知识工作者潜能为主要特征的管理模式，给知识工作者注入激情，使知识工作者更富有创造力和灵感，并为知识工作者提供足够能力和平台，获得企业效益的最大化，知识资本＝能力×激情。并且，金蝶注重将“激情管理”与另一管理模式为“数字化管理”相结合。“数字化管理”是指以数字和信息化的手段，建立企业预测修正体系，使企业面向市场需求，及时调整各项业务，同时以工作流方式控制企业的业务过程。数字化管理的技术手段，加上激情管理的文化元素形成了金蝶所倡导的现代化管理体系。

如今，“激情文化”已经融入金蝶每一位员工生活和工作的点滴中。在金蝶，爱心、诚信、创新是激情文化的内核。爱心就是满足需要、真情回报，推崇真心关心员工职业发展的人，反对自私自利的人；诚信就是诚实、忠诚、信任，推崇实事求是、言而有信的人，反对弄虚作假、挖公司墙角的人；创新就是敢想、敢干、敢当，推崇胆大心细、勇挑重担的人，反对畏首畏脚、逃避责任的人。

（资料来源：科学咨询，http://www.gwyoo.com/qilkan.）

思考题

运用人本化管理的有关知识，分析金蝶软件成为IT行业十佳雇主榜首的原因。

课程实践

以小组为单位对服务业管理论进行梳理，并做出文献综述，培养学生的研究能力。

【本章小结】

本章从服务经济学入手主要阐述了现代服务管理的基本理论和应用。服务经济是近50年来崛起的新的经济形势，它在国民经济构成中占有极其重要的地位，它涵盖了服务业乃至对外服务贸易的市场经济门类与形式，服务经济学是一门新兴学科，它是随着服务经济的发展而发展起来的一门交叉学科。服务管理活动由来已久，凡是不以有形产品生产和经营为主的经济活动都是服务活动，服务作为一种新的生产力与生产方式已经越来越成为社会运行与社会发展的思维工具，其中服务能力、服务方式构成了社会发展的重要动因，本章在对服务管理理论和应用进行描述的基础上，也介绍了服务管理学的一些前沿理论。

【复习思考题】

一、名词解释

服务经济学

二、简述题

1. 服务管理的理论有哪些？
2. 现代服务业实施人本化管理的途径是什么？
3. 现代服务业管理系统的构成要素有哪些？
4. 简述现代服务业管理理论的发展趋势？

第三章

服务企业经营管理概论

【教学目标】

1. 掌握服务企业经营管理的相关概念；
2. 掌握服务企业经营管理的基本职能；
3. 掌握服务企业经营管理的过程和相关要素；
4. 了解服务企业经营管理的宏观和微观环境；
5. 掌握服务企业经营管理的思想、目标和机制；
6. 了解当前服务企业经营管理发展的趋向。

章前导读

汽车售后服务业经营管理的新理念——顾客（车主）满意经营理念

1. 顾客（车主）满意的CS战略含义

汽车售后服务是汽车产业链中的关键环节，汽车维修又是汽车售后服务链的关键环节，汽车维修企业为了使顾客（车主）能完全满意自己的产品或服务，必须要综合而客观的测定顾客（车主）的满意程度，所以顾客（车主）的满意程度的高低，是企业生死存亡的关键。这就要求整个维修企业应作为一个整体来改善产品、改善服务及改善企业的文化。这样的经营战略，它要建立的是顾客（车主）至上的服务，它要做的是使顾客（车主）百分之百满意的服务。

2. 顾客第一与利润第一的关系

现代汽车维修企业的生产经营目的是为顾客（车主）服务，不断满足各个层次车主的需求，从而实现企业自身的经营目的。虽然任何一个企业都是以追求经济效益为最终目的的，但是企业如何才能实现自己的利润目标？从根本上讲必须满足顾客（车主）的需求、愿望和利益，才能获得企业自身所需的利润。顾客满意可以为企业创造价值，顾客满意可以为企业带来持久的利润；如何实现顾客满意，这就要求维修企业生产经营活动的每一个环节中都必须做到眼里有顾客（车主），心中有顾客（车主），全心全意为顾客（车主）服务。只有最大限度地让顾客（车主）满意，企业才能在激烈的市场竞争中获得持久的发展。

3. 员工至上与顾客至上的对立统一

在CS理论中，员工至上和顾客（车主）第一，他们是统一的，相辅相成的。员工是以劳动技能和智慧作为投资，投入企业。劳动力是一种智慧资本、知识资本、技能资本，是企业资产的组成部分，是企业的股东和主人。员工希望企业发展，自身也能发展；顾客也是企业的最大投资者，他们投资了车源，投资了维修对象，也希望企业发展能更好地给自己的车辆做好售后服务，所以投资关系上他们是统一的。

“员工也是上帝”的思想告诉我们，一个维修企业老板善待员工，员工才能理解顾客（车主）第一的理念，才会善待老板和企业的顾客（车主）。满意的员工才能创造顾客的满意。对于尚处于原始管理的许多维修企业来讲，这一点更值得老板深思。

满意的顾客（车主）希望满意的员工为其服务，满意的顾客（车主）愿意挑选满意的员工来服务。只有满意的员工才能创造满意的顾客（车主）。无论从投资关系、服务生产关系来看，还是从资源关系来看，顾客满意和员工满意都是统一的、相辅相成的。

（资料来源：刘晓冰．汽车售后服务体系可持续发展的经营管理理念［J］．汽车维修，2003（4）：6–7.）

第一节　服务企业经营管理概述

自20世纪60年代，世界主要发达国家的经济重心开始转向服务业，全球产业结构呈现由“工业型经济”向“服务型经济”转型的宏观趋势。在今天，随着互联网信息技术的高度发展和普及，一个国家第三产业的发达程度，即服务产业的发达程度代表了这个社会的发达程度，人类社会已进入服务经济时代，服务经济在全球范围内迅猛增长，世界发达国家服务产业占GDP份额的70%以上。在中国，现代服务业也得到了前所未有的重视：1985年国民经济统计里面列入第三产业的统计；1997年，十五大报告里提出要加快发展现代服务业；2005年，“十一五”规划纲要中详细地讨论了加快发展现代服务业的问题；而在“十二五”规划纲要及“十三五”规划纲要中更是针对服务产业的发展做了专项规划。随着国内外对服务经济的日益关注，经营管理在服务企业中的地位也日益受到重视，如何提升客户的满意度，同时保持较低的成本和较高的效率，已成了服务企业经营管理的核心问题。

一、经营的概念

（一）经营的概念

经营通常指筹划并管理企业，关于经营的概念，不同的学者有不同的认识，管理先驱法约尔将管理和经营做了区别，他认为企业经营活动可分为6个方面。有人认为经营的本质就是创造，经营就是从无到有、从小到大、从不发展到发展、从不安定到安定的创造过程。经营通过创造的方式，取得发展①。

有学者从企业的角度进行分析后，认为经营是根据企业的资源状况和所处的市场竞争环境对企业长期发展进行战略性规划和部署、制订企业的远景目标和方针的战略层次活动。它解决的是企业的发展方向、发展战略问题，具有全局性和长远性②。

还有学者从市场的角度进行分析，认为经营是商品生产者以市场为对象，以商品生产和商品交换为手段，为了实现企业的目标，使企业的生产技术经济活动与企业的外部环境达成动态均衡的一系列有组织的活动③。

综上所述，企业经营就是根据外部环境和内部环境条件确定企业的生产方向、经营目标，以及实现这一目标的经济活动过程④。

经营主要对企业生产前、生产后的供应、销售活动的组织、企业与外部关系问题的处理等进行经营预测、决策和计划。经营主要解决企业的经营目标、生产方向等根本问题，同时对企业所拥有的人力、财力、物力、市场、信息、客户等生产要素进行合理分配和组合，确定合理的生产结构和规模等。

法约尔区别了经营和管理，他认为这是两个不同的概念。通过对企业全部经营活动的分析，法约尔将管理活动从经营职能中提炼出来，成为经营的6项职能，即企业的全部经营活动可以分为6种：技术活动（生产、制造、加工等活动）；商业活动（购买、销售、交换等活动）；财务活动（筹资、投资等活动）；会计活动（财产清点、资产负债、成本、统计活动）；安全活动（保护财产和人员安全的活动）；管理活动（计划、组织、指挥、协调和控制）。

（二）经营的要素

（1）经营者。这是经营活动的主体，没有经营者就不可能有经营活动。物质资料的经营者可以是单个人，也可以是几个人的集合，也可以是团体——企业董事会。社会的经营者一般是团体，如总统委员会或政治局。

（2）经营对象。这是经营的客体，经营对象是经营者把自己的经营活动加于其上的东西。例如，企业的经营对象是物质资料，企业是经济的载体；政府的经营对象是人类

---

① 张俊伟. 极简管理：中国式管理操作系统［M］. 北京：机械工业出版社，2013.

② https://baike.baidu.com/item/经营管理/6088712?fr=aladdin.

③ 全国经营师就业教材编审委员会. 企业经营管理实务［M］. 北京：清华大学出版社，2010.

④ 韩伟. 现代企业经营管理［M］. 北京：化学工业出版社，2010.

本身即社会，政府是政治的载体。

（3）经营权。这是实现经营的手段，指经营者对经营对象的占有、支配、使用和处理或强制、规范并承担经营责任的权力。物质资料的经营权称为经济权力，一般表现为企业经营权；社会的经营权称为政治权力，一般体现为政府经营权。

（4）经营的载体。这是经营活动得以进行的组织，如经济的载体一般是家庭、企业，而政治的载体只能是政府。

二、管理的概念

（一）管理的概念

管理是由计划、组织、指挥、协调及控制等职能要素组成的活动。“科学管理之父”弗雷德里克·泰罗（Frederick Winslow Taylor）在《科学管理原理》中认为：管理就是确切地知道你要别人干什么，并使他用最好的方法去干[①]。在泰罗看来，管理就是指挥他人能用最好的办法去工作。诺贝尔奖获得者赫伯特·西蒙（Herbert A. Simon）在《管理决策新科学》中对管理的定义是：管理就是制定决策[②]。彼得·德鲁克（Peter F. Drucker）在《管理——任务、责任、实践》一书则认为：管理是一种工作，它有自己的技巧、工具和方法；管理是一种器官，是赋予组织以生命的、能动的、动态的器官；管理是一门科学，一种系统化的并到处适用的知识；同时管理也是一种文化。亨利·法约尔（Henri Fayol）在其名著《工业管理与一般管理》中对管理却给出了另外的定义，他认为：管理是所有的人类组织都有的一种活动，这种活动由五项要素组成，即计划、组织、指挥、协调和控制[③]。法约尔对管理的看法颇受后人的推崇与肯定，对西方管理理论的发展产生了重大的影响力，并逐渐形成了管理过程学派。

根据法约尔的观点，一般认为管理是社会组织中，为了实现预期的目标，通过计划、组织、领导、控制和创新，协调以人为中心的活动过程。管理的概念包括以下 4 个方面的含义。

（1）管理的目的是实现预期目标。所有的管理行为都是为实现目标服务的。

（2）管理的手段是计划、组织、领导、控制和协调。管理是一个动态过程，要实现管理目标就必须实施计划、组织、领导、控制和协调等管理的行为与过程，这是一切管理者在管理实践中都要履行的管理职能。

（3）管理的本职是协调。协调就是使人的努力与集体的预期目标相一致。协调是社会组织不可缺少的活动。协调的中心是人，协调的方法是多样的。

（4）管理的主体是管理者。美国管理学家德鲁克认为，管理者的第一个责任是管理一个组织。管理者应明确，组织是什么，它的目标是什么，如何实现目标。管理者的第二个责任是管理管理者。对管理者应该通过目标管理和自我控制进行管理；管理者应该培养其下属。管理者的第三个责任是管理工作和员工，主要是激励组织成员发挥其创造

---

① 弗弗雷德里克·泰罗. 科学管理原理［M］. 马凤才，译. 北京：机械工业出版社，2013.

② 赫伯特·西蒙. 管理决策新科学［M］. 北京：中国社会科学出版社，1982.

③ 亨利·法约尔. 工业管理与一般管理［M］. 北京：机械工业出版社，2007.

的热情，以求得组织的最佳效果。

（二）管理的职能

管理的职能是指管理承担的功能。法国管理学者法约尔最初提出把管理的基本职能分为计划、组织、指挥、协调和控制。后来，又有学者认为人员配备、领导激励、创新等也是管理的职能。

（1）决策。决策是组织或个人为了实现某个目的而对未来一定时期内有关活动的方向、内容及方式的选择或者调整过程。简单地说，决策就是定夺、决断和选择。决策是计划的核心问题，只有对计划目标和实施方法等要素进行科学的决策，才能制订出科学合理的计划。一般认为决策是管理工作的本质。

（2）计划。计划就是确定组织未来发展目标及实现目标的方式。

（3）组织。服从计划，并反映着组织计划完成目标的方式。

（4）人员管理。对各种人员进行恰当而有效的选择、培训及考评，其目的是为了配备合适的人员去充实组织机构规定的各项职务，以保证组织活动的正常进行，进而实现组织既定目标。人员配备与管理的其他四个职能——计划、组织、指导与领导、控制，都有着密切的关系，直接影响到组织目标能否实现。

（5）指导与领导。即对组织内每名成员和全体成员的行为进行引导和施加影响的活动过程，其目的在于使个体和群体能够自觉自愿而有信心地为实现组织既定目标而努力。指导与领导所涉及的是主管人员与下属之间的相互关系。指导与领导是一种行为活动，已形成了专门的领导科学，成为管理科学的一个新分支。

（6）控制。按既定目标和标准对组织的活动进行监督、检查，发现偏差，采取纠正措施，使工作能按原定计划进行，或适当调整计划以达预期目的。控制工作是一个延续不断的、反复发生的过程，其目的在于保证组织实际的活动及其成果同预期目标相一致。

（7）创新。随着科学技术的发展，社会经济活动空前活跃，市场需求瞬息万变，社会关系日益复杂，使得每一位管理者时刻都会遇到新情况新问题。迫切的变化要求创新。创新在管理循环中处于轴心地位。

三、经营与管理的关系

经营与管理两个概念之间，既有区别又有联系。经常听有人统称经营管理，这是经营和管理本身密不可分的一个体现。这两者从不同侧重点看又有明显的区别，具体包括以下几点。

（1）产生不同。经营是由市场经济的产生和发展而引起的一种调节和适应社会的职能，同时又随着市场经济的发展而发展。管理是因为人们的共同劳动所引起的组织协调的职能，随着社会的发展而发展起来。

（2）概念不同。经营是筹划、谋略的意思，企业的经营是根据企业外部环境和内部环境，来明确生产方向、经营总目标，以及实现这一目标的经济活动过程。而管理是指对整个系统的计划、组织、领导、控制与协调的活动。企业管理就是为了有效实现经营管理目标而对企业各要素及其组成的系统进行计划、组织、领导、控制与协调的综合活动。

（3）性质不同。经营主要解决企业的经营目标、生产方向，以及经营思想、经营机制等一系列重大问题，一般属于战略性和决策性活动。管理主要解决如何组织企业各要素实现战略目标，属于战术性和执行性的活动。

（4）范围不同。经营要将企业作为一个整体来看待，用系统的观点分析、处理企业管理问题，追求企业的综合、总体、系统效果。管理侧重内部各要素、各环节的合理组合、使用，以促进其有效地完成生产经营任务。

（5）目的不同。经营关系到企业生产经营的各个方面，如经营方向、出发点、市场等。解决各种经营过程中遇到的战略问题，追求的是企业的总体效益。而管理则是为了实现经营目标，解决企业中各个要素的合理配置问题，提高劳动生产效率的问题。

（6）对象不同。经营主要针对的是企业目标、企业方向、经营机制等问题，解决企业内部条件与外部环境相适应的问题；而管理的对象则主要是通过计划、组织、控制、领导、协调等职能体现出来的。

经营与管理是密不可分的，同时，经营与管理也相互依赖、相互作用。如果一个企业存在忽视管理的经营是不能长久的，而忽视经营的管理是没有任何活力的，是僵化的。总之，管理是基础，管理必须为经营服务。

企业经营管理的定义是对企业整个生产经营活动进行决策，计划、组织、控制、协调，并对企业成员进行激励，以实现其任务和目标一系列工作的总称①。

第二节　服务企业经营管理的基本职能

服务企业经营管理职能包括五个方面的内容，即战略职能、决策职能、开发职能、财务职能和公共关系职能。

一、战略职能

战略职能是服务企业经营管理的首要职能。因为，企业所面对的经营环境是一个非常复杂的环境。影响这个环境的因素很多，而且竞争激烈。在这样一个环境里，企业欲求得长期稳定的生存与发展，就必须高瞻远瞩，审时度势，也就是需要实行战略经营。所谓战略经营，实际上是没有得到准确的答案之前就采取行动。这一行动按照一个系统的模式进行循环：了解经营环境—对环境信息（机会与风险）做出评价—制订行动方案和规划—实施结果反馈。每经过一次循环，对环境的认识都更接近实际，从而使对策更具适应性，最终使企业能在变化不定的环境中拓展自己独特的道路。战略职能的具体体现是经营者要树立战略观念和制定经营战略。经营管理的战略职能包括五项内容：①经营环境分析；②制订战略目标；③选择战略重点；④制订战略方针和对策；⑤制订战略实施规划。

① 百度百科. 经营管理的相关概念 .

二、决策职能

服务企业经营管理职能的中心内容是决策，甚至可以说经营管理一定程度上就是经营决策。决策中最重要的莫过于经营管理的战略。上述经营管理战略职能的每一项内容无不属于决策范畴。决策的主体不仅仅只是企业的最高领导层，而应包括整个企业的所有管理者和全体职工，因为企业的经营战略须经由所有管理者和职工长期不懈的努力才能最终实现。可以说，企业经营管理的优劣与成败，很大程度上取决于决策职能。若决策正确，企业的优势将能够充分发挥企业经营的优劣与成败，完全取决于决策职能。决策正确，企业的优势将能发挥，企业将扬长避短，从而做大做强；若决策失误，企业的经营可能会出现问题，将使企业长期陷于困境之中。

决策职能主要是通过环境预测、制订决策方案并进行方案优选、方案实施等过程来完成。

三、开发职能

有效的经营管理必须善于有效地开发和利用各种资源，企业战略职能的发挥在很大程度上取决于开发职能的作用，如果把资源开发仅限于人、财、物，这是极其狭隘的。作为经营管理的开发职能，其重点在于产品的开发、市场的开发、技术的开发，以及能力的开发。企业要在激烈的市场竞争中稳操胜券，企业就必须拥有第一流的人才、第一流的技术，制造第一流的产品，创造出第一流的市场竞争力。只有企业在技术、人才、产品、服务、市场适应性方面都出类拔萃，企业才能在瞬息万变的市场竞争中，得心应手，应付自如。因此，人才或能力开发、技术开发、产品开发、市场开发四位一体构成了经营管理开发职能的主体。

四、财务职能

企业的经营管理过程自始至终都伴随着财务过程。所谓财务过程，是指资金的筹措、运用与增殖的过程。财务职能集中表现为资金筹措职能、资金运用职能、增殖价值分配职能、经营分析职能。企业经营的战略职能、决策职能、开发职能，都必须以财务职能为基础，并通过财务职能做出最终的评价。

五、公共关系职能

企业同它赖以存在的社会经济系统的诸环节保持协调，这种同外部环境保持协调的职能，被称为社会关系职能或公共关系职能。公共关系的内容包括：企业与投资者的关系、与往来厂商的关系、与竞争者的关系、与顾客的关系、与职工的关系、与地区社会居民的关系、与公共团体的关系、与政府机关的关系等。

第三节 服务企业经营管理的要素

企业的最终目标是获得高额利润，服务企业也不例外，而要获得高额利润，就要不间断地从事商品生产经营活动，而从事商品生产经营活动就必须具备一定的条件，如人、财、物、信息、市场及客户等企业经营管理的要素。企业经营管理要素指企业从事经营活动所拥有的经营管理资源和经营管理能力。

一、服务企业经营管理资源

（一）人、财、物

人、财、物指企业经营必需的劳动力、资金和物质，是服务企业经营管理要素的硬件。这些要素如果不足或短缺，企业生产经营活动马上就会停顿，企业就无法生存下去。同时，只有正确运用人、财、物这些经营管理的要素，才能发挥各自的优势，提高服务企业的竞争能力。

人是企业的主体，人才是企业的财富，也是企业的核心竞争力。曾有一家大公司买下了一家生意兴隆的快餐饭馆，并解雇了该公司的管理人员，用自己的人去管理。1 年半后，这家利润很高的企业竟出现了赤字。买方公司未能意识到，他们应该买下的不是几百万的饭馆及设备，而是卖方公司最宝贵的财产——管理人员。

财是指资金。资金是资产的货币表现，其可以用于购买经营资料、支付劳动报酬等。所以，资金的数量和周转速度是企业生存和发展的保证，要把钱花在刀刃上。那么，如何筹集资金、管理资金、加快资金周转速度是摆在每个经营管理人员面前的首要任务。

物也是企业生产经营活动的重要保证，特别是原材料、生产设施、设备等生产经营活动的资料对企业尤为重要，它们对于提高企业服务效率、减轻劳动强度等都起到非常重要的作用，所以要对其进行合理利用，从而提高服务企业的经济效益。

人、财、物这三个要素的有效结合直接关系到服务企业的生存与发展。

（二）信息、市场、客户

信息、市场、客户是服务企业经营管理的软件要素，它们对企业的生存和发展具有十分重要的作用。

信息在服务企业经营管理中是一种重要的经济资源，无论是确定企业的经营管理方针，还是经营管理目标等都必须有可靠的经济信息。企业如果没有准确、及时、适用的经济信息，就无法进行科学预测，当然也就不会有正确的决策。

市场是服务企业生存的重要外部环境，企业从事生产经营活动一时一刻也离不开市场，企业要从市场上获得生产经营所必需的劳动力、原材料、机械设备等，还要通过市场把产品卖出去，实现企业目标。所以，市场是企业生产经营活动的出发点和归宿点。在市场经济条件下，企业经营管理的好坏，方向是否正确，劳动消耗是否合理，产品是否适销对路，都要通过市场来检验。对于处在第一线的服务企业来说，更是应该了解市场、熟悉市场，同时引领市场。只有这样，服务产品才有竞争力，企业才能有所发展。

二、服务企业经营管理过程

企业经营管理得好，不仅取决于人、财、物、信息、市场及客户等企业经营管理的关键要素，还取决于企业经营管理思想、经营管理目标及经营管理战略的优劣。而经营管理思想、经营管理目标及经营管理战略等的制定是人们了解经营管理过程和经营管理环境的前提下做出的。

经营管理过程是指企业从事商品生产经营活动的全过程，主要包括以下4个过程。

（一）供应过程

商品生产者生产经营前需要有一个物资供应过程，包括生产资料的采购、运输、储存、保管等。生产同用兵作战一样，正所谓“兵马未动，粮草先行”，故企业经营管理首先要搞好物资的供应。

（二）生产过程

它是劳动者运用劳动工具作用于劳动对象，使之发生预期变化，从而生产出产品的过程。生产过程在整个生产经营过程中具有重要地位，只有生产过程顺利进行，才能创造出商品，从而实现交换和分配。

（三）销售过程

商品生产出来以后，必须把商品卖出去，这样才能换取货币，以重新购置生产经营资料和支付劳动报酬，维持企业再生产的进行。因此，企业商品畅销与否是企业经营管理成败的关键，必须加强销售管理和营销活动。

（四）分配过程

企业通过销售产品，换取货币之后，就要补偿生产中的消耗，这样才能使企业进行扩大再生产，同时完成国家的税收任务。反之，企业就难以维持简单再生产。

三、服务企业经营管理环境

任何企业都不是孤立地存在的，而是要与周围环境发生各种各样的关系。环境是企业生存的土壤，企业要生存和发展，就要适应其周围环境的变化。影响和制约企业经营活动的所有因素总和称为企业环境，其可分为企业外部环境和企业内部环境。影响制约企业经营管理活动的外部诸因素集合称为经营管理环境。企业必须从经营管理环境中输入各种资源，经过内部转化机制的转化过程，将资源转变为商品，再把它输入到经营管理环境中去，然后又开始下一个周期的循环。若没有经营管理环境，企业就成了无源之水、无本之木，就会失去生存的土地和条件，所以现代企业与经营管理环境是相互依存、相互制约、相互促进的。研究企业经营管理环境的重要性主要是企业经营管理环境是企业经营管理活动的背景，是企业战略的出发点、依据和限制条件。

（一）宏观环境

（1）政治因素是影响企业经营管理思想和目标的重要因素。在国内主要指党和国家的有关路线、方针、政策、法律等。在国际交往中则涉及各国的体制、不同政党的政策、政权的更改，以及战争和国际法规等。

（2）经济因素是决定企业规模发展方向的主要因素。比如国家的税率、货币投放量、银行的存利率，及国家经济建设的方针、战略布局，以及人民币汇率、关税税率等。

（3）技术因素是企业发展诸因素中最活跃的因素。技术进步是企业发展的强大动力。新技术的产生和运用往往会带动新的产业形成。当前，世界正处在新的技术革命时期，新产品、新品种、新技术、新工艺层出不穷。这一切既是企业不断发展的有利条件，又是威胁企业生存发展的“异己力量”。也就是说，企业要研究科学技术发展的动向，不失时机地采用新技术，开发新产品并推向市场，才能获得成功，反之则会被淘汰。

（4）社会因素对企业的经营管理活动也起着至关重要的作用，主要包括人口因素和文化因素。前者是指人口数量和质量水平、人口布局、年龄结构等；后者是指人们在特定社会中形成的特定习惯观念、风俗及宗教信仰等。

（5）地理因素是指客观存在的自然界，其对企业发展也有很大影响。不仅应考虑地理环境对企业发展的制约，还要考虑到生产经营活动对周围自然环境的影响。

（二）微观环境

（1）市场因素。市场因素是经营管理环境中对企业具有直接影响的因素。在市场经济条件下，由于人民生活水平的提高，消费需求出现了多样化的特征，其变化也很快。而市场需求的状况对企业产品的发展方向、价格数量等都有导向作用。企业只有以市场需求为依据，生产适销对路、物美价廉的产品，才能有较强的竞争能力。

（2）资源因素。资源是企业生产经营必要的物质基础，企业对所需各类资源的获得方式、质量和保证程度都予以很大关注，它们关系到企业经营管理的成败。

（3）竞争因素。企业在取得资源或销售产品时，不可能只面向单一特定的市场或资源供应者，而是要面向广阔的市场空间和众多的资源供应商，这就必然导致企业为争夺市场和获得适合的资源与其他同行企业进行竞争。因此，企业切不可忽视对竞争对手各方面情况的分析研究，据此制定自己的目标和策略，正所谓“知己知彼，百战不殆”。

第四节　服务企业经营管理的思想、目标和机制

一、服务企业经营管理思想

经营管理思想是指企业从事经营管理活动，处理各种经营管理问题的指导思想。它是指导企业进行经营管理活动的方向盘，贯穿于经营管理活动的全过程，是办企业的哲学，也是企业家价值观的反映，对企业全部经营管理活动起着指导作用。因此，经营管理思想的正确与否是企业成败的关键。世界上优秀企业都有自己独特、简明而又深刻的经营管理思想。

（一）企业确定经营管理思想应处理好的各种关系

企业在确定经营管理思想时应处理好企业内外的各种关系，因为它们是企业的基石，是企业的源泉，关系到企业的生存与发展。

（1）正确处理经营与市场的关系。企业是市场的主体，市场是企业的活动空间，二者犹如鱼水关系。随着市场经济的确定，企业经营观念必须由生产导向转为经营导向、销售导向、顾客导向，根据市场需求安排企业生产经营管理活动。

（2）正确处理经济效益、生态效益和社会效益的关系。

（3）正确处理国家、企业和内部员工的各种关系。

（4）正确处理物质文明和精神文明的关系。

（二）经营管理思想的基本内容

服务企业最基本的经营管理思想就是扬长避短，发挥优势，以优质产品和服务满足社会需要，取得最好的经济效益。总体来说，服务企业经营管理思想内容相当广泛，因为企业在经营管理过程中需要处理的关系涉及方方面面，对某一方面的认识和态度，就是某一方面的观念，这一系列观念的总和就是企业的经营管理思想。具体而言，包括以下 12 个方面的内容。

（1）全局观念。全局观念即指企业经营管理应从企业整体出发，彼此协调，统筹兼顾企业内、外部关系，兼顾企业发展与国民经济大局。

（2）市场观念。市场观念是企业处理自身与顾客关系之间的经营管理思想的凝练。即企业以市场为导向，以市场需求为中心展开生产经营活动。顾客需求是企业经营管理活动的出发点和归属，是企业的生存发展之源。

（3）竞争观念。竞争观念是企业处理自身与竞争对手之间关系的经营管理思想。市场竞争是在市场经济的条件下，各企业之间为争夺更有利的生产经营地位，从而获得更多的经济利益的斗争。企业对这方面的认识和态度，反映出企业竞争观念的表现方式和强度。

（4）效益观念。效益观念是企业处理自身投入与产出之间的关系的经营管理思想，

即企业的经营管理活动要服从社会主义生产目的，把创造更多的使用价值放在首要地位，同时要节约劳动和物质消耗，以最少的劳动和物质消耗取得最大的经济效益。

（5）创新观念。创新观念是企业处理现状和变革之间的关系的经营管理思想，包括三个方面的内容：一是技术创新，包括新产品开发、老产品的改造、新技术和新工艺的采用及新资源的利用；二是市场创新，即开拓新市场；三是组织创新，包括变革原有的组织形式，建立新的经营组织。

（6）用户观念。用户观念即指企业站在用户的立场考虑问题，为用户服务，对用户负责，为用户提供优质服务，树立用户至上的观念。另外，通过对用户反馈信息的收集和整理，了解市场的潜在需求，找到市场机会，发展企业。

（7）长远观念。长远观念是企业处理自身近期利益与长远发展关系的经营思想。近期利益和长远发展是一对矛盾统一体，商品生产的特点是扩大再生产，然而投资者和职工当前的利益又不能不考虑。企业领导者如何兼顾这一对立的矛盾统一体，是长远观念的核心。

（8）社会观念。社会观念是企业处理自身发展之间的关系的经营管理思想。现代企业越来越感到社会责任的重要性。企业的发展为社会做出了贡献，社会的发展又为企业创造了一个良好的外部环境，所以社会观念也称生态平衡观念。推而广之，生态观念是指企业与利益相关者互惠互利，共同发展的观念。社会观念的本质，就是谋求企业与社会的共同发展。

（9）信息观念。信息观念就是指企业要重视信息、关注信息，同时学会合理利用信息。时刻注意收集与自己企业相关的诸如政策信息、客户信息、市场信息等信息资料在企业经营管理活动中的有效使用，从而为企业创造价值。

（10）质量观念。质量观念是指企业通过控制产品质量，不断提升服务品牌知名度和客户满意度，加强质量文化建设的根本观念和执着追求。科学的质量理念是支撑企业在市场竞争取胜的基石。

（11）人本观念。人本观念是指企业在经营管理活动中，坚持一切从人出发，以调动和激发人的积极性和创造性为根本手段，以达到提高效率和人的不断发展为目的的观念。它具体表现为：人的因素第一；尊重知识、尊重人才；以人的不断解放和全面发展为最高追求目标；“人和第一”。

（12）开发观念。开发观念即企业经营者要善于有效地开发和利用企业的各种资源。

二、服务企业经营管理目标

服务企业经营管理目标是指企业生产经营活动在一定时期内预期要达到的成果与水平，是经营管理思想的具体化。正确的经营管理目标直接反映企业追求的价值，可以引导企业员工奋发向上，使企业不断发展壮大，反之就会使企业失去活力和动力，所以其是企业经营管理的出发点和归宿点。企业的经营管理目标一般由市场目标、贡献目标、发展目标、利益目标组成。

（1）市场目标。市场是企业的生存空间，企业在生产经营中必须把新市场的开发、传统市场的渗透、市场占有率的提高及产品销售收入增长率的提高作为市场目标。

（2）贡献目标。一个企业所以能够生存和发展，就在于能够不断地为社会做出贡献，其是通过为社会创造使用价值和价值而体现的。因此，贡献目标不但表现在为社会提供的产品品种、质量、数量，上缴的税金上，还表现在对自然资源的合理利用，降低能源消耗，保护生态环境等方面。

（3）发展目标。发展目标体现企业的发展方向和长远利益。对经营者来说，发展是事业成功的标尺；对其成员来说，能激励成员奋发向上；对投资者来说，发展就是资产的增值。发展目标主要包括产品质量的提高、物耗和成本的降低、资产的增值速度，以及经营者和劳动者素质提高的程度。

（4）利益目标。利益目标是企业生产经营活动的内在动力，是企业生存和发展的条件，是衡量企业经营管理效益的重要尺度。可通过利润、利润率、资金水平等指标体现。

三、服务企业运行机制

服务企业运行机制是指服务企业在服务过程中各个业务环节的相互依存、相互制约的关系及其赖以运行的方法、手段和机构的总和。它是企业经济运行和经营管理活动的全过程。企业运行机制总体由目标机制、动力机制、决策机制、竞争机制和约束机制构成。

（一）目标机制

目标机制反映企业运行基本经济规律和价值规律的要求，企业运行要满足社会某一方面对其的需求，适应这一目标的企业受到社会的推崇和支持，企业之所以承担社会责任就是目标机制的作用。企业的目标机制决定了企业定位于什么样的目标取向，是追求短期利益的唯利是图型，还是追求企业利益与社会利益协调的社会贡献型，企业的目标取向形成了企业的目标机制。

（二）动力机制

企业以利润为主要经营动机、以实现企业家人生抱负和员工的个人价值实现与利益追求为辅助动机，在动机驱使下，企业会努力经营企业。动力机制使企业的经营能够和社会对企业的期望结合起来，企业在为自身赚得利润和声誉的同时，实现了社会期望，这是企业经营管理的最重要机制。企业之所以要自主经营、自负盈亏才能够产生积极性，也就是动力机制的作用。

（三）决策机制

企业的决策机制是指企业能够自主地做出为实现自身经营管理目标的政策性决策。决策机制作用于企业的决策环节，科学的决策机制可以避免决策的主观随意性，可以使企业决策更加理性和符合客观规律，但过分强调科学的决策机制有时会由于决策程序的僵化而使决策延误时机和失去灵活性。政治化的决策机制可使决策由政治压力带来的权威感而使决策的实施快速、一贯化，但政治压力会使人产生工作中的不受重视感，在员工的自主需要较强烈时，这种机制会使员工的工作热情下降。直觉化的决策机制容易捕捉商机，因挑战风险而带来机会，但因决策的随意性往往使企业经营类似于博采而有失稳健。因此，不同的决策机制使企业形成不同的风格，但任何一个企业都不可能只采用一种决策机制，只是在一定时间内，有些决策机制会占主导地位，这使企业形成自己的风格。

（四）竞争机制

在社会资源有限的情况下，竞争是企业作为社会上追求利润的组织存在而面临的必然选择，也是个体在承担社会角色获得个人收益时的必然选择。企业构建竞争机制，一方面可使企业经营管理具有危机感，通过应对来自市场各方面的竞争压力来与社会各方面分享收益。另一方面，企业的竞争机制主要表现在企业内，要使企业有序运行，内部要有竞争机制，通过内部竞争机制的构建，提升企业的活力。企业内部的竞争机制主要表现在人力资源管理上的竞争氛围的构建上。

（五）约束机制

约束企业行为的各种条件及其对企业行为的约束作用，构成企业行为的约束机制。约束机制可分为企业外部约束和企业内部约束。企业外部约束机制也就是市场约束，可分为供给约束、需求约束、法律约束和行政约束，其中需求约束是最主要的。企业内部约束主要有预算约束，其基本要求是企业必须用自己的收入补偿自己的支出，也就是自负盈亏的约束。

第五节　国内外服务企业经营管理的发展趋向

服务业是现代经济中的重要产业，世界上各发达市场经济国家经济结构变化的突出特点是服务业在经济结构中的地位迅速上升，经济合作与发展组织（简称经合组织，OECD）的30个成员国中，服务业增加值占GDP的比重均达到了70%以上，服务业就业人数占就业人数也达到了69%，即使在发展中国家，这个比重也在不断攀升，目前发展中国家GDP服务业增加值的比重也在50%左右，服务业就业人数占比已达40%。而国内外服务业能迅速发展除了外部市场环境、宏观政策等因素外，服务企业自身的经营管理也是服务企业迅速发展的重要因素，现从服务企业核心竞争力、国际化程度和现代技术条件下的大型服务企业经营方式入手比较我国与发达国家服务企业经营管理的差距，展望当前我国服务企业经营管理的发展趋势。

一、信息技术成为现代服务企业经营管理的核心竞争力

服务企业的核心竞争力与制造业不同，制造企业的核心竞争力来自规模、产量和技术领先，新产品开发及相对应的技术专利是制造业企业核心竞争力的体现。而服务企业

的核心竞争力则在于高价值的服务产品研究、设计、销售、市场及品牌管理等。纵观当前国内外服务企业的发展，其经营管理的核心也逐渐转变为以信息技术为载体，以供应链管理思想为主导，将整个供应链有机整合起来，形成各自独特的商业运行模式，进行企业的升级和扩张。例如，在零售业核心技术中，采购管理技术、店铺营运管理技术、信息管理技术、防损防盗技术等都是大型零售企业的重要经营管理技术，每个大型零售集团公司不是简单地购买软件，而是根据业务流程形成独特的商业运作方式进行经营管理。现代服务业经营管理的核心竞争力必须以信息技术作为基础和支撑，主要缘于以下3个方面的原因：

第一，信息技术使许多不可贸易的服务变成可以贸易的服务。例如，通过信息技术使研究和开发服务产品通过全球网络的方式进行，这使中间产品形成模块化和标准化，在全球之间进行研发资源的配置，一方面为国内市场服务，另一方面为全球研发价值链提供载体。

第二，传统的服务业通过信息技术进一步提升核心竞争力。例如，过去的传输媒介是分离的，服务内容也彼此区别，它们在不同的网络中，使用不同的技术平台运作，每一种都易于受到不同的法律和法规的管理，并且基本上局限在一个国家的内部水平上。而现在媒体产业已逐渐实行数字化模式，它采用一个统一的传输通道，使得所有传统的和现代的服务内容都可通过网络平台，实行全球用户共享。

第三，服务规模和范围的提升需要通过信息技术手段进行有效的控制。例如，大型零售超市的射频识别（RFID）技术，俗称电子标签，是一种非接触式的自动识别技术，通过射频信号自动识别目标对象并获取相关数据，识别工作不受人工干预，可工作于各种恶劣环境。全球最大的零售商沃尔玛公司早在2004年就宣布全面实施射频识别技术，沃尔玛不仅仅将射频识别技术应用于供应商在商品上贴电子标签，还用在整个业务流程中。射频识别有效地解决了零售业两个最大的难题：商品断货和损耗（因盗窃和供应链被搅乱而损失的产品）。而现在单是盗窃一项，沃尔玛一年的损失就差不多有20亿美元，研究机构估计，这种射频识别技术能够帮助把失窃和存货水平降低25%。服务性企业投入大量的信息技术必须以服务市场容量为前提，没有超大规模的数量，就难以支撑企业对信息技术的投入。而跨国服务企业由于拥有超大的服务市场，其市场不仅包括众多的服务产品数量、服务产品品种，还包括不同的服务区域（世界市场），大规模定制也是跨国服务企业主要的市场经营方式，而对所有这些资源进行有效的管理必须借助信息技术。因而以信息技术为载体，以供应链管理思想为主导，将整个供应链有机整合起来，形成具有自身特质的商业运行模式，进行企业的升级和扩张，已成为当前跨国服务企业经营管理的总思路。

而国内的服务企业首先在规模和范围上没有达到一定的总量，因而没有足够的资金购买技术。其次每个环节的管理技术也没有形成整体的效率。最后由于很多商业企业规模小，经营商品品种多样，经营业态繁杂，难以使用标准化的管理技术对整个集团的业务流程进行设计和再造，因而国内的很多服务企业尚未形成以信息技术为基础和支撑的现代企业经营管理模式。

二、服务企业经营管理的模式呈多元化趋向

由于信息技术在服务业的广泛应用，许多服务性企业的商业模式正在发生重大的变化，跨国公司在全球设立网络分支机构进行连锁经营已成为商贸类企业、品牌制造商的主要经营模式。服务型跨国公司将通过设立网络性分支机构进行对外扩张和自身的升级。这种分支机构有的使用股权控制方式（如金融保险服务业、专业服务业等），有的则采用契约控制方式（如商贸业）。大多数商贸类企业采用契约控制方式进行经营，即主要通过契约对加入企业的产品定义及市场推广等业务流程进行控制来完成企业的经营管理。

这些服务型跨国公司对契约式企业进行业务流程控制具有以下一些特点：①市场业务的推广。总公司根据企业规划与主要协会和组织建立市场业务推广网络。②产品定义。产品定义是目前跨国公司研发方面的重点业务，总公司主要研发工作是形成产品的框架，至于具体的产品设计和生产都由契约企业完成。③对契约合同商的控制。主要是标准控制和信息流程控制。面对如此巨大的贸易量和数以万计的产品品种，为了形成高效率的业务运行，必须实行业务标准化，将业务通过一定的标准进行细分，只有标准化的商业模式，才能不断复制，形成规模经济和范围经济。同时只有专业化，才能形成企业内部的效益。

这些服务企业的资源配置模式完全面向全世界，根据各国不同的资源配置优势，形成不同的贸易方式和贸易模式。这其中，发展中国家主要成为这些产品的制造地，而发达国家则主要从事产品定义方面的开发和市场研究。销售则通过网络式分支机构面向全世界市场。

三、服务企业的国际化程度日益提高

当前服务业国际化，服务业国际转移已成为重要趋势。近几年，在全球经济不景气的大背景下，跨国公司开始了新一轮全球产业布局调整。制造业的国际转移仍是产业布局调整的重心，而服务业向新兴市场国家转移的趋势也渐趋明显，成为新的热点。服务业国际转移表现为三个层面：一是项目外包，即企业把非核心辅助型业务委托给国外其他公司；二是跨国公司业务离岸化，即跨国公司将一部分服务业务转移到低成本国家；三是一些与跨国公司有战略合作关系的服务企业，如物流、咨询、信息服务企业，为了给跨国公司在新兴市场国家开展业务提供配套服务而将服务业进行国际转移，或者是服务企业为了开拓东道国市场和开展国际服务贸易而进行服务业国际转移。对于东道国而言，第二和第三层面的服务业国际转移都表现为服务业外商直接投资。

（一）服务业全球化的进程已超过制造业全球化

自 20 世纪 80 年代起，国际服务贸易进入快速发展阶段，在国际贸易中的比重不断提高。根据世界贸易组织（WTO）的统计数据，1980—2014 年，全球服务贸易出口从 3671 亿美元扩大到 49400 亿美元，增长 13.5 倍。从统计数据看，服务贸易发展快于货物贸易发展，占全球贸易出口总额的比重从 15.3% 上升到 20.9%。联合国贸易和发展会议（UNCTAD）发布的全球价值链最新研究结果显示，服务部门贡献了全球出口增值部

门的近一半。近年来，随着信息通信技术的发展，服务的可贸易性不断增强，大量的新业态从制造业中分离出来，形成独立的服务行业，全球的服务贸易正迅速从以自然资源或劳动密集型为基础的传统服务贸易，向以知识、技术密集型或资金密集型为基础的现代服务贸易发展。

（二）服务企业的对外投资迅速增加

20 世纪 90 年代以来，服务企业的对外投资迅速增加，截至目前，服务业跨国投资已接近全球跨国投资的 2/3，其主要原因包括：一是制造业全球化对服务业企业的推动；二是服务业开放以后，全球对服务产品的需求增加，使得服务企业的跨国化程度提高。

近年，中国对外投资规模高速增长。最新统计，中国对外投资规模在 2015 年达到历史最高值 1412 万亿美元，连续三年位列全球第三，世界排名仅次于美国和日本，较 2014 年 1010 亿美元同比增长 14.7%。中国已成为净对外投资国，这标示着改革开放几十年来，中国经济发展主要依靠出口推动和吸引外资的局面将发生重大转变。对外投资成为中国产业升级和经济增长的重要动力。

【案例分析】

芭莎网的服务经营管理模式创新

作为芭莎网的总裁，曼红蕾在礼品册市场已经打拼了多年。目前，芭莎已经成为这个市场的优秀品牌，拥有四五百个企业级大客户，但是，从给客户提案到礼品册设计再到后期的配送等售后服务，这小小礼品册背后隐藏着一个巨大的以供应链管理为基点的服务经营管理模式的创新。

1. 芭莎网的契机

几年前，企业的礼品采购往往不需要个性化定制，直接提供给礼品册，企业付我们酬劳即可。而目前，越来越多的企业需要个性化的定制，芭莎网快速地瞄准了这一商机。但是，服务企业级客户不是一件容易的事情。企业级客户选定的礼品册基本上服务于企业商务往来，企业内部员工的福利发放。所以，芭莎网需要根据每个企业不同需求来设计，企业客户会先确定哪几种商品是适合自己企业需求的，由芭莎网帮这些企业做出方案。

2. 芭莎网的商业模式

芭莎网的商业模式是传统与电商的有机结合："一半是传统，一半是电商"，也就是所谓的 B2B2C。前半部分是 B2B 的生意，通过礼品册的策划和设计，实现并满足的是企业客户对送礼的个性化需求。例如，礼品的策划、礼品册的设计创意等。后半部分则是 B2C 的生意，当客户拿到礼品册后，从礼品册或者网站上选择喜欢的礼品，芭莎网要做的是如何配送及良好售后服务的实现，这些则有一套电商服务的系统来支撑。

3. 芭莎网的渠道

芭莎网起初就将礼品册定位于做一些中高端的、有品位的礼品及品牌礼品。芭莎并没有走礼品行业的传统做法，比如用一些代工厂做礼品。在供应商方面，芭莎网选择一些大家熟悉的品牌，通过集中采购的方式，建立长期的合作关系，比如施华洛世奇、星巴克、哈根达斯等都是他们的合作伙伴。芭莎网的采购团队成员大多有着大公司的专业工作背景，整个团队在做供应商的关系接洽，供应商层面的管理工作。供应商会给芭莎网一个渠道的价格，然后，芭莎网再以一个价格卖给客户，中间的就是利润。

4. 芭莎网的物流管理

每逢佳节，芭莎网需要同时服务几百个企业级客户，面对各种不同的需求和服务项目，还要有条不紊地满足每个企业级客户和最终用户的需求，这对公司的管理及团队的效率是一种非常大的考验。

其实，对于礼品册服务提供商而言，最难的地方是如何保证礼品册上的商品随时都有货。因为当礼品册发出去以后，你不知道用户会什么时候来订货，订哪款货。很多礼品公司常常面临用户来选择礼品的时候却没有货的尴尬，这样往往让服务形象大打折扣。

基于以上现状，芭莎网积极构建仓库。目前，芭莎网在北京有一个仓库，那么随着公司规模的不断扩大，业务的不断扩展，芭莎网也会陆续在全国建立仓库的点。而对于仓储管理，芭莎网采用了一个方法，将礼品册礼品的种类和网站上可供收礼人选择的礼品做了一定的区分，首先确保礼品册上的礼品库存都充足，网站上的某些礼品，可能库存量相对会少些，这样一方面可以应对库存压力，另一方面确保兑换时尽量有现货。对于礼品的库存量，根据以往客户兑换礼品的种类和数量和芭莎网多年积累的经验，会有一个最优化的库存配比。

此外，采购团队每年都会做全面的数据分析和系统建设，以便掌握客户需求，了解客户最感兴趣的礼品需求。得益于此，目前芭莎网首单满足率可以达到80%，也就是说用户下一个订单，库存有货的概率是80%。

芭莎网为了确保服务品质，物流体系是在坚持自建的基础上，与第三方物流公司进行合作，因为芭莎网在后续服务中属于B2C的模式，服务的重要性是毋庸置疑的，从公司的人力和财力投入角度来讲，“让客户满意”被提到一个战略的高度，让客户的客户和员工满意，才是芭莎网品牌做大的口碑保障。另外，芭莎网也在自建物流体系，并在礼品的配送层面积极寻求与快递公司合作，尽最大可能使芭莎网为客户提供的服务得到保障。

曼红蕾强调，如果首单没有满足客户的需求，我们尽可能地承诺在一定的服务期限内去达到，当然还有极少的比例需要跟客户协调退换货，我们的客服团队也会针对这个问题向客户道歉，并会有赠送小礼物的流程化服务。对于任何企业或个人而言，不犯错是不可能的，那么重点在于犯错之后是不是让客户仍然感觉舒服，这是通过我们的努力可以做到的。

（资料来源：易观网，http://www.chinawuliu.com.cn/xsyj/201209/27/187528.shtml.）

思考题

1. 芭莎网的服务经营管理模式有哪些创新之处？
2. 从芭莎网的案例中，你认为电子商务在改进服务经营管理方面有什么意义？

课程实践

通过资料查询了解麦当劳、肯德基等服务企业的经营管理思想、经营管理机制、经营管理宗旨及经营管理目标，并撰写一份研究报告。

【本章小结】

本章主要阐述了服务企业经营管理的基本概念、基本职能，并对服务企业经营管理的要素、经营管理的内容及经营管理的思想做了解读。进一步对服务企业经营管理模式的新趋向做了展望。

服务企业经营管理职能包括五个方面的内容，即战略职能、决策职能、开发职能、财务职能和公共关系职能。

服务企业要不间断地从事商品生产经营活动，就必须具备一定的条件，如人、财、物、信息、市场、客户等企业经营要素。同时在一定的宏观、微观环境下，通过供应过程、生产过程、销售过程及分配过程等来完成企业的经营管理活动。

一个企业要想长足发展，企业的经营管理思想、经营管理目标、经营管理机制是企业的核心。服务企业经营管理思想内容相当广泛。企业的经营目标一般由市场、贡献、发展、利益 4 个方面组成。企业运行机制总体由目标机制、动力机制、决策机制、竞争机制和约束机制构成。

当前服务企业经营管理模式的大体趋向是：信息技术成为现代服务企业经营管理的核心竞争力；服务企业经营管理模式呈多元化趋向；服务企业的国际化程度日益提高。

【复习思考题】

一、名词解释

经营　　管理　　企业经营管理

二、简述题

1. 经营与管理有什么样的区别与联系？
2. 服务企业经营管理的职能是什么？
3. 服务企业经营管理的内容有哪些？
4. 服务企业经营管理的要素是什么？
5. 服务企业经营管理过程有哪些？
6. 服务企业经营管理思想的内涵是什么？
7. 服务企业经营管理的目标是什么？经营管理的运行机制有哪些？

三、论述题

试述当前我国服务企业经营管理的现状及发展趋势。

第四章

服务企业战略管理

【教学目标】

1. 掌握现代服务业战略管理的概念、意义和特征；
2. 掌握传统战略管理思想的形成及现代战略的发展；
3. 掌握现代服务战略管理理论；
4. 掌握现代服务业战略管理的过程及内容；
5. 掌握现代服务业的主要竞争战略。

章前导读

创新驱动苹果

纵观苹果的发展历史，其中固然有乔布斯个人的巨大贡献，更重要的还是抓住了重要的发展机遇，以持续的创新取得了成功。

1976 年 4 月 1 日，21 岁的乔布斯和 26 岁的沃兹尼亚克与朋友韦恩在乔布斯养父家的车库中决定成立一家高科技公司，研发个人电脑，并命名为美国苹果电脑公司。1946 年发明的计算机经过 30 年的不断改进，技术趋于成熟，但主要用于商业领域，作为主机或工作站放在机房中，没有人意识到这个革命性的产品能够进入家庭，成为个人的工具，直到苹果公司诞生才真正开启了电脑大众化的进程。

在乔布斯的带领下，1996 年亏损 10 亿美元的苹果公司，1998 年盈利 3.1 亿美元。但是乔布斯清醒地认识到，苹果电脑在个人电脑市场上的份额只有 5%，要想突围，就必须在产品上寻求突围。2003 年他做出一个令人大吃一惊的决定，推出一个跟电脑几乎不相关的产品——iPod，也就是音乐播放器。配合其独家的 iTunes 网络付费音乐下载系统，iPod 一举击败索尼公司的 Walkman 系列成为全球占有率第一的便携式音乐播放器，随后推出的数个 iPod 系列产品更加巩固了苹果在数字音乐市场不可动摇的地位。iPod

的主要创新不是体现在硬件上，而是借助互联网打造了全新的平台商业模式。

2007 年 1 月，乔布斯宣布把苹果电脑公司改名为苹果公司，意味着苹果开始全面拓展非电脑业务，其中的典范就是苹果的 iPhone 手机，它引起了手机业的革命。苹果的 iPhone 进入市场时，诺基亚、三星、摩托罗拉和 LG 等领先者共同控制了产业 90% 的盈利。在那个时代，诺基亚和其他产业领先者拥有强大的战略优势，然而到了 2015 年，iPhone 以不到 20% 的市场占有率实现了世界智能手机市场 92% 的盈利，诺基亚被微软收购，摩托罗拉手机业务则成了联想旗下的子公司，三星受累于手机业务，整个集团陷入困境。

iPhone 的全新商业模式是战胜竞争对手的法宝。iPhone 的硬件并没有技术上的重大突破，无论是触摸屏、芯片，还是电源（电池），都是成熟技术，甚至待机时间还成为 iPhone 的短板。iPhone 的款式单一，不如其他品牌有丰富的产品线。iPhone 真正的竞争优势来自平台商业模式，iPhone 沿用了 iTunes 在 iPod 上的应用。苹果在 2008 年推出了 App Store，并与 iTunes 无缝对接。iPhone+App Store 的组合，把平台商业模式进一步发扬光大。

由端到网，苹果围绕 iOS 操作系统构建了由硬件制造商、软件开发商、移动通信运营商组成的网络也就是平台，居于价值网核心的苹果就拥有了无可匹敌的竞争优势。

史蒂夫·乔布斯于 2010 年在众人的欢呼下推出了第一代 iPad，时任苹果 CEO 将其称之为“真正充满魔力的和革命性的产品，它将带给你前所未有的最佳浏览体验”。乔布斯的这番话在 2010 年显然是见效的，当时智能手机的屏幕尺寸普遍较小，而笔记本电脑又太重且缺乏触摸屏。可以说 iPad 是真正将平板电脑概念传达给千万消费者的设备。尽管 iPad 并不是世界上的第一款平板电脑，但它让“平板电脑”这一品类真正地为人所熟知。

当今世界，市场竞争异常激烈。在中国市场上，苹果面临着华为、小米等厂商的挑战，未来的发展仍然存在很大的不确定性。

（资料来源：朱利民，李玉辉，牛树海 . 战略管理［M］. 2 版，大连：东北财经大学出版社，2017.）

第一节 服务企业战略管理概述

“运筹帷幄，决胜千里”，战略问题是关系到企业或组织机构发展前景的全局性、根本性问题，服务业的战略管理问题同样是服务企业发展的关键。当今世界上众多成功的现代服务业企业，无一不是科学地运用了战略管理理论。由此可见，现代服务业战略管理在企业发展过程中起着举足轻重的作用。因此学习战略管理的内涵和意义，掌握其特征，是未来现代服务业深入运用战略管理理论与方法的坚实基础。

一、现代服务业战略管理的概念和意义

（一）现代服务业战略

"战略"（Strategy）一词最早是军事方面的概念。在西方，"Strategy"一词源于希腊语"Strategos"，意为军事将领、地方行政长官。后来演变成军事术语，指军事将领指挥军队作战的谋略。"战略"一词被用于管理学是在20世纪60年代。巴纳德在西方经营学名著《经理的职能》一书中，为充分说明企业组织的决策机制，从分析有关企业要素中产生了"战略"因素的构想，但当时该词语并未得到广泛应用。直到1965年美国经济学家伊戈尔·安索夫所著《企业战略论》一书受到关注后，企业战略一词才得以流行。安索夫在战略管理中的特殊贡献主要是对战略管理的开创性研究，他首次提出公司战略、战略管理、战略规划等系统理论、企业竞争优势概念以及把战略管理与混乱环境联系起来的权变理论。由于他的开创性研究，管理学界把安索夫尊称为战略管理的鼻祖。

此后，"战略"一词还被广泛应用于社会、经济、文化、教育等诸多领域。纵观当今世界，众多经营得比较成功的现代服务企业，无一不是正确应用战略管理理论所获得的结果。现代服务业战略是指在市场经济条件下，现代服务企业为谋求长期生存和发展，在外部环境和内部条件分析的基础上，以正确的指导思想，对企业的主要目标、经营方向、重大经营方针、策略和实施步骤做出长远的、系统的和全局的谋划。

（二）现代服务业战略管理

企业战略管理是确定企业使命，根据企业外部环境和内部经营要素确定企业目标，保证目标的正确落实并使企业使命最终得以实现的一个动态过程。如图4–1所示，它是一种崭新的管理思想和管理方式，其关键是动态的管理。

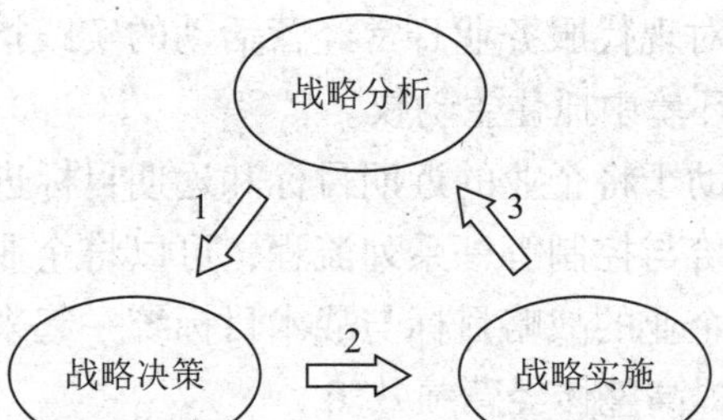

图4–1 战略实施的三角闭合环

基于现代服务企业自身的特色和战略管理的基本理论，可将现代服务业战略管理定义为：现代服务企业为确定其使命，根据组织外部环境和内部条件设定企业的战略目标，为保证目标的正确落实和实现进行谋划，并依靠现代服务企业内部能力将这种谋划和决策付诸实施，以及在实施过程中进行控制的一个动态管理过程。从中可以看出，现代服务企业战略管理是一个动态的过程，是对现代服务企业经营全过程的管理，需要根据现代服务企业经营的内外部环境和条件的变化来进行调整；是对环境变化、企业目

标、员工努力和竞争者行为等多因素的整合。

（三）现代服务业战略管理的意义

总体而言，企业管理经历了由传统的生产管理、经营管理向战略管理的逐渐演变。无论是生产管理、经营管理，还是战略管理，都是应市场条件而诞生的。在市场经济发展的初期，市场主要是卖方市场，企业只要生产，产品就一定能卖出去，所以生产管理在这一时期大行其道。而随着经济的发展和技术的进步，市场上的产品越来越多，种类也越来越新颖，市场开始由卖方市场向买方市场转变，企业的发展方式也开始有所转变，企业管理的侧重点开始由简单的生产管理转向综合考虑经营的管理方式。但是随着市场经济的发展，企业之间的竞争越演越烈，经营管理已经不能适应市场的激烈竞争态势。在这种情况下，战略管理理论诞生并开始在一些企业逐渐被使用，自20世纪70年代中期开始，以美国为首的西方国家大规模采用战略管理帮助高层管理者进行战略决策，取得了良好的效果。随着中国现代服务业的发展，战略管理作为一种重要的企业管理方式也日益受到服务企业管理者的重视。现代服务企业采用战略管理具有以下意义。

（1）实施战略管理有助于实现企业资源的合理有效配置。实施战略管理可以将现代服务企业的各项发展活动纳入日益变化的市场环境之中，将未来的环境也考虑进来，有助于企业管理者未雨绸缪，重视对企业内外部环境的研究，以便能够更加准确地对企业未来的发展方向和经营领域进行定位，从而规避可能出现的风险，进而合理有效地配置企业资源，增强企业对环境的适应性，实现企业的可持续发展。

（2）实施战略管理可以更好地指导现代服务业的日常经营活动。战略实施是现代服务业进行战略管理很重要的一部分，在日常生产经营活动中充分发挥着纲领性的作用。在现代服务企业的外部环境和内部经营条件发生变化的情况下，战略会根据环境的变化被调整和修改，逐步得到完善，再在战略实施的过程中加以检验，这种不断调整完善的过程大大增加了战略管理对现代服务业日常经营活动的实践指导性。因此，实施战略管理可以帮助企业在变化的环境中抓住主动权。

（3）实施战略管理有助于将企业的近期目标和远期目标进行有效的结合。通过战略计划、战略实施、战略评价与控制等一系列流程，可以将企业的长远目标与近期目标有机结合起来，也有利于将企业的战略目标与战术目标统一起来，从而充分调动各级管理人员的积极性和创造性，提高整体经营绩效。

（4）实施战略管理有助于增强企业的创新意识。现代服务企业战略是现代服务企业对自身总体和长远发展的分析和规划，它是在对现代服务企业所面临的内外部环境进行深入分析的基础之上制定的，同时还随着环境的变化而变化，这就使企业能够自始至终站在新的起点上对外界环境和企业战略进行及时更新，从而增强创新意识。

二、现代服务业战略管理的特征

（一）全局性

战略管理并不是以现代服务企业里的某一个事业部或者某一个职能部门作为重点规

划对象，而是以现代服务企业这个整体作为研究对象，根据企业总体发展情况制定相应的战略。它所追求的是现代服务企业发展的总体效果，企业的一些局部活动仅仅是总体活动的有机组成部分。因此，现代服务企业必须以整个企业的全局作为对象，来制定和实施企业发展的总体战略。

（二）科学性

从战略设计阶段来讲，由于每一个企业的资源都是有限的，这就要求从科学准确的角度提出一个企业的专门产品市场占有率与开发研究技术的可能性和可行性，以及确定长期的竞争优势。经验表明，较高的决策成功率是建立在科学的基础的。

从战略评估的阶段来讲，如何科学地、客观地判断战略实施过程的成绩和不足，这对一个企业或机构今后发展目标的确定关系重大。随着信息高速公路的不断发展，战略管理的决策更加依赖于信息来源的准确性。分析过程的科学和准确，对战略实施关系重大，如果设计的目标没有建立在较科学的基础上，这样的目标注定是不能够实现的。

（三）长远性

战略管理是对企业未来较长时间内的生存和发展问题进行的统筹规划，是以企业所处的现实外部环境和内部条件作为依据而对企业未来发展方向进行的判断。尽管这种决策对于现代服务企业当前的生产经营活动具有一定的指导作用，但是其最终目的是为了实现长远发展，是以企业长远发展作为出发点的。因此，可以说战略管理是面向未来的管理，在迅速变化和竞争性的环境里，长期性的战略规划对于一个不断追求卓越的企业来说是必不可少的前提条件。

（四）系统性

战略管理是一个过程管理，包括战略设计、战略实施和战略评估等几个阶段。战略设计是战略实施的基础，战略实施又是战略评估的依据，而战略评估反过来又为战略设计和实施提供经验和教训，因此这几个阶段是相互联系、相辅相成、融为一体的，不能将其割裂开来。只有通过这几个阶段的系统设计和衔接，才可以保证取得整体效益和最佳结果。

（五）复杂性

战略管理涉及企业大量资源的配置问题。企业的资源，包括人力资源、实体财产和资金，或者在企业内部进行调整，或者从企业外部来筹集。在任何一种情况下，战略决策都需要在相当长的一段时间内致力于一系列的活动，而实施这些活动需要有充足的资源作为保障。因此，这就需要为保证战略目标的实现，对企业的资源进行统筹规划，合理配置。同时，现代服务企业实行战略管理还需要考虑企业外部环境中的诸多因素。现今的企业都存在于一个开放的系统中，它们影响着这些因素，但更多的是受到这些因素的影响。因此，在未来的竞争性环境中，企业要使自己占据有利地位并取得竞争优势，就必须考虑与其相关的诸如竞争者、顾客、资金供给者、政府等外部因素，以使企业的行为适应不断变化中的外部力量，从而使企业能够继续生存下去。内部资源的复杂性和外部环境的不可控性决定了战略管理的复杂性特征。

第二节　服务企业战略管理理论

一、传统战略管理理论的形成

（一）早期战略管理思想

在早期战略思想阶段，虽没有出现完整的战略理论体系，但已产生了很精彩的战略思想。美国哈佛大学的迈克尔·波特教授对此做了精辟的概括，总结了早期战略思想阶段的三种观点。

企业战略思想的第一种观点：20 世纪初，法约尔对企业内部的管理活动进行整合，将工业企业中的各种活动划分成六大类：技术活动、商业活动、财务活动、安全活动、会计活动和管理活动，并提出了管理的五项职能：计划、组织、指挥、协调和控制，其中计划职能是企业管理的首要职能。这可以说是最早出现的企业战略思想。

企业战略思想的第二种观点：1938 年，美国经济学家切斯特·巴纳德在《经理人员的职能》一书中，首次将组织理论从管理理论和战略理论中分离出来，认为管理和战略主要是与领导人有关的工作。此外，他还提出管理工作的重点在于创造组织的效率，其他的管理工作则应注重组织的效能，即如何使企业组织与环境相适应。这种关于组织与环境相“匹配”的主张成为现代战略分析方法的基础。

企业战略思想的第三种观点：19 世纪 60 年代，哈佛大学的安德鲁斯对战略进行了四个方面的界定，将战略划分为四个构成要素，即市场机会、公司实力、个人价值观和渴望、社会责任。其中市场机会和社会责任是外部环境因素，公司实力、个人价值观和渴望则是企业内部因素。他还主张公司应通过更好地配置自己的资源，形成独特的能力，以获取竞争优势。

（二）战略管理的概念阐释

安索夫在其 1976 年出版的《从战略规划到战略管理》一书中提出了“企业战略管理”。他认为：企业的战略管理是指将企业的日常业务决策同长期计划决策相结合而形成的一系列经营管理业务。

斯坦纳在他 1982 年出版的《企业政策与战略》一书中则认为：企业战略管理是确定企业使命，根据企业外部环境和内部经营要素确定企业目标，保证目标的正确落实并使企业使命最终得以实现的一个动态过程。

战略管理有广义和狭义之分：广义的战略管理是指运用战略对整个企业进行管理，其代表人物是安索夫。狭义的战略管理是指对战略管理的制定、实施、控制和修正进行的管理，其代表人物是斯坦纳。

居主流地位的是狭义的战略管理。狭义战略管理包括以下几点含义：①战略管理是决定企业长期问题的一系列重大管理决策和行动，包括企业战略的制定、实施、评价和控制。②战略管理是企业制定长期战略和贯彻这种战略的活动。③战略管理是企业处理自身与环境关系过程中实现其愿景的管理过程。

战略管理是一个不确定的过程，因为公司对于危险和机遇的区别有不同的理解。战略管理是指企业确定其使命，根据组织外部环境和内部条件设定企业的战略目标，为保证目标的正确落实和实现进度谋划，并依靠企业内部能力将这种谋划和决策付诸实施，以及在实施过程中进行控制的一个动态管理过程。战略管理大师迈克尔·波特认为，一项有效的战略管理必须具备五项关键点：独特的价值取向；为客户精心设计的价值链；清晰的取舍；互动性；持久性。

战略管理是依据企业的战略规划，对企业的战略实施加以监督、分析与控制，特别是对企业的资源配置与事业方向加以约束，最终顺利达成企业目标的过程管理。

（三）明茨伯格的战略 5P 模型

加拿大麦吉尔大学教授明茨伯格对企业战略指出，人们在生产经营活动中不同的场合以不同的方式赋予企业战略不同的内涵，说明人们可以根据需要接受多样化的战略定义。在这种观点的基础上，明茨伯格借鉴市场营销学中的四要素（4P）的提法，整合各家观点，提出企业战略是由 5 种规范的定义阐述的，即计划（Plan）、计策（Ploy）、模式（Pattern）、定位（Position）和观念（Perspective），这构成了企业战略的“5P”。这 5 个定义从不同角度对企业战略这一概念进行了阐述。

第一，战略是一种计划。战略是一种有意识、有预计、有组织的行动程序，是解决一个企业如何从现在的状态达到将来位置的问题。战略主要为企业提供发展方向和途径，包括一系列处理某种特定情况的方针政策，属于企业“行动之前的概念”。根据这个定义，战略具有两个本质属性：战略是在企业发生经营活动之前制定的，以备人们使用；战略是作为一种计划写进企业正式文件中的，当然不排除有些不公开的、只为少数人了解的企业战略。

第二，战略是一种计策。战略不仅仅是行动之前的计划，还可以在特定的环境下成为行动过程中的手段和策略，一种在竞争博弈中威胁和战胜竞争对手的工具。例如，得知竞争对手想要扩大生产能力时，企业便提出自己的战略是扩大厂房面积和生产能力。由于该企业资金雄厚、产品质量优异，竞争对手自知无力竞争，便会放弃扩大生产能力的设想。然而，一旦对手放弃了原计划，企业却并不一定要将扩大能力的战略付诸实施。因此，这种战略只能称为一种威胁竞争对手的计策。

第三，战略是一种模式。战略可以体现为企业一系列的具体行动和现实结果，而不仅仅是行动前的计划或手段。即无论企业是否事先制定了战略，只要有具体的经营行为，就有事实上的战略。如福特汽车公司总裁亨利·福特要求“T 型”福特汽车漆成黑色的行为，就可以理解为一种战略。企业行为模式是在历史中形成的，因此，在制定企业战略过程中就必须了解企业发展史，在选择战略时要充分考虑并尊重企业原有的行为模式，因为它会在很大程度上决定企业未来战略的选择和战略实施的有效性。若要改变企业的行为模式，首先必须充分认识到推行这种变革的难度。明茨伯格认为，战略作为计划或模式的两种定义是相互独立的。实践中，计划往往没有实施，而模式却可能在事先并未计划的情况下形成。因此，战略可能是人类行为的结果，而不是设计的结果。因此，定义为“计划”的战略是设计的战略，而定义为“模式”的战略是已实现的战略，战略实际上是一种从计划向实现流动的结果。那些不能实现的战略在战略设计结束之后，通过一个单独的渠道消失，脱离准备实施战略的渠道。而准备实施的战略与自发的战略则通过各自的渠道，流向已实现的战略。这是一种动态的战略观点，它将整个战略看成是一种“行为流”的运动过程。

第四，战略是一种定位。战略是一个组织在其所处环境中的位置，对企业而言就是确定自己在市场中的位置。企业战略涉及的领域很广，可以包括产品生产过程、顾客与市场、企业的社会责任与自我利益等任何经营活动及行为。但最重要的是，制定战略时应充分考虑到外部环境，尤其是行业竞争结构对企业行为和效益的影响，确定自己在行业中的地位和达到该地位所应采取的各种措施。把战略看成一种定位就是要通过正确地配置企业资源，形成有力的竞争优势。

第五，战略是一种观念。战略表达了企业对客观世界固有的认知方式，体现了企业对环境的价值取向和组织中人们对客观世界固有的看法，进而反映了企业战略决策者的价值观念。企业战略决策者在对企业外部环境及企业内部条件进行分析后做出的主观判断就是战略，因此，战略是主观而不是客观的产物。当企业战略决策者的主观判断符合企业内外部环境的实际情况时所制定的战略就是正确的；反之，当其主观判断不符合环境现实时，企业战略就是错误的。

战略是一种观念的定义，强调了战略的抽象性，其实质在于同价值观、文化和理想等精神内容一样为组织成员所共有，战略观念要通过组织成员的期望和行为而形成共享，个人的期望和行为是通过集体的期望和行为反映出来的。因此，研究一个组织的战略，要了解和掌握该组织的期望如何在成员间分享，以及如何在共同一致的基础上采取行动。

二、现代战略理论的发展

（一）战略管理理论十大学派

1965 年，安索夫出版了第一本有关战略的著作《企业战略》，成为现代企业战略理论研究的起点。此后，很多学者积极参与了战略理论的探索研究，形成了多种不同学派。明茨伯格、阿尔斯特朗和拉蒙珀等，将战略管理的各种理论梳理成十大学派。设计学派（Design School）、计划学派（Planning School）、定位学派（Positioning School）、企业家学派（Entrepreneurial School）、认识学派（Cognitive School）、学习学派（Learning School）、权势学派（Power School）、文化学派（Cultural School）、环境学派（Environmental School）、结构学派（Configuration School）。

1. 设计学派

设计学派认为战略制定是个确切定义的过程。这一学派以安德鲁斯教授及其同仁们为代表。设计学派认为，企业战略的形成必须由企业高层经理负责，而且战略的形成应当是一个精心设计的过程，它既不是一个直觉思维的过程，也不是一个规范分析的过程；战略应当清晰、简明，易于理解和贯彻。设计学派发展于20世纪五六十年代，在整个发展过程比较波折，到20世纪80年代仅剩下哈佛大学为代表的设计学派，并形成了独具特色的"哈佛战略思想"。它以SWOT分析为基础，倡导"企业内外匹配"为座右铭。1962年，钱德勒在其所著的《战略与结构》一书中指出，企业的经营战略要适应环境的变化，企业的组织结构形成必须随企业的战略需求的变化而改变。

设计学派认为战略制定是领导者有意识的但非正式的构想过程，并建立了知名的SWOT（Strength、Weakness、Opportunity and Threat）战略形成模型。这一模型也是计划学派的基础。该模型表明，形成战略最重要的因素是对外部因素和组织因素进行匹配。正如安德鲁斯所指出的那样，战略是对公司的实力和机会的匹配。这种匹配将一个公司定位于它所处的环境之中。因此，该模型考虑了企业面临的威胁与机会（外部评价）和企业本身的优势与劣势因素（内部评价）。

2. 计划学派

计划学派认为战略制订是个正式规范的过程。计划学派以安索夫为杰出代表。计划学派认为，战略的形成是一个受到控制的、有意识的、规范化的过程。战略行为是对其环境的适应过程以及由此而导致的企业内部结构化的过程。计划学派最早的代表著作当属安索夫1965年出版的《企业战略》。安索夫提出，战略应当包括四个构成要素：

（1）产品与市场范围，即确定企业在所处行业中的产品与市场的地位。

（2）增长向量，企业经营的方向和趋势。

（3）协同效果，即"大于由公司各部分资源独立创造的总和的联合资源回报效果"。在各业务间存在资源、技术、管理和价值链活动的各环节间的匹配关系时，可以实现各因素的联合、共享和节约，产生2+2＞4的效果。

（4）竞争优势，是指企业及其产品和市场所具备的不同于竞争对手的能够为企业奠定牢固竞争地位的特殊因素。这不仅发展了战略理论，而且对当时西方企业的管理活动以至现在的企业管理都起到了很重要的指导作用。从战略要素的内容可以看出，设计学派和计划学派都将市场环境、定位和内部资源能力视为战略的出发点，并且这两个学派对于战略形成的看法也是很相似的。

3. 定位学派

定位学派认为战略制订是个分析研究的过程。其杰出代表人物是迈克尔·波特。定位学派认为企业在制定战略的过程中必须要做好两个方面的工作：一是企业所处行业的结构分析；二是企业在行业内的相对竞争地位分析。

定位学派将战略分析的重点第一次由企业转向了行业，强调了企业外部环境，尤其是行业特点和结构因素对企业投资收益率的影响，并提供了诸如五种竞争力模型（供应商、购买者、当前竞争对手、替代产品厂商和行业潜在进入者）、行业吸引力矩阵、价值链分析等一系列分析技巧，帮助企业选择行业并制定符合行业特点的竞争战略。

波特五力模型是迈克尔·波特于20世纪80年代初提出，认为行业中存在着决定竞争规模和程度的五种力量，这五种力量综合起来影响着产业的吸引力以及现有企业的竞争战略决策。五种力量分别为同行业内现有竞争者的竞争能力、潜在竞争者进入的能力、替代品的替代能力、供应商的讨价还价能力、购买者的讨价还价能力。

4. 企业家学派

企业家学派认为战略形成过程是一个直觉思维、寻找灵感的过程。企业家学派又称为译创新学派、创意学派、创业学派。成立于20世纪50年代初期，主要代表人物及著作有：奈特的《企业家精神：处理不确定性》、克林斯和摩尔的《组织的缔造者》。创意学派认为战略形成过程是一个直觉思维、寻找灵感的过程。

该学派将战略形成过程绝对地集中在个别领导者身上，最核心的概念就是远见。该学派提出了“企业家精神”与“内部企业家精神”（Pinchot，1985）。这一学派的前提：战略是企业家的一种观念，是对组织未来的远见；战略的形成最好不是一个完全有意识的过程；企业家一心一意发展远见；战略是可以变化的；组织同样是可以变化的；企业家式的战略具有某种特殊的位置，这个位置不受市场竞争的冲击。不少学者认为，企业家学派使用的研究方法是很危险的，它是以企业家个人的健康和幻想作为赌注，企业家的个人能力被过分夸大了。

5. 认知学派

认识学派认为战略制订是个思维的过程。认知学派认为，战略的形成是基于处理信息、获得知识和建立概念的认知过程——其中后者是战略产生的最直接、最重要的因素，而在哪一阶段取得进展并不重要。

认识学派最早起源于西蒙等的研究，成立于20世纪40年代末期，形成于20世纪80年代中后期，代表人物为赫伯特·西蒙。该学派认为：认识是无序的；认识是信息处理的过程；认知是制图过程；认识是概念形成过程；认识是构建过程。认识学派认为了解战略形成过程，最好了解人的心理和大脑，从这个意义上讲，该学派研究内容对认识心理学有很好的借鉴作用，但对战略管理研究贡献是有限的。认识学派从认知心理的角度出发，认为战略制定不仅是一个理性思维的过程，而且也包括一定的非理性思维，并且后者常常更为重要。因而，战略的形成是一个精神活动过程。

6. 学习学派

学习学派将战略形成看作一个应急的过程。学习学派成立于20世纪50年代末期，代表人物及著作有：查理·林德布罗姆的《“蒙混过关”的科学》（1959）、詹姆斯·布雷恩·奎因的《应变战略：逻辑渐进主义》（1980）、彼得·圣吉的《第五项修炼》（1990）等。

学习学派认为战略形成是一个应急的过程。查理·林德布罗姆的《“蒙混过关”的科学》是这一流派的开始，詹姆斯·布雷恩·奎因于1980年出版的《应变战略：逻辑渐进主义》是该学派的新起点。该学派认为战略的形成是不断学习的过程，战略规划和执行界限变的不可辨别；学习以应急的方式进行；在管理战略学习过程可能出现新战略。但是，学习的过分强调可能会使一个连续的和完美的可行战略遭到破坏。这一学派的主要贡献是：在学习的过程中理解战略。

学习学派认为组织环境具有复杂和难以预测的特性，战略的制定首先必须采取不断学习的过程，在这一过程中，战略制定和执行的界限变得模糊不清、不可辨别。这种学习过程更多表现为集体学习，领导的作用变得不再是预想深思熟虑的东西，而是管理战略学习的过程。学习学派带来了研究战略形成过程这样一个现实，而这一点正是前面学派所缺乏的：战略是一个共同学习的过程，企业在学习过程中理解和制定战略。但它可能导致战略的分散问题，比如没有战略、抛弃正确的战略、学习的无目的性。学习学派认为，战略是人们开始研究形势时与其组织应付局势的能力一起出现的，有时以个人方式表现，而多数时候则以集体行为的方式出现，最后集中成为组织成员的行为模式。战略管理不仅仅是对变化的管理，而是通过变化来进行管理。学习学派认为传统战略构造方式，尤其是设计、计划和定位模式，仅仅是一种幻想，不能真正解决组织内发生的问题。

总之，学习学派与以往学派的不同之处在于，它认为战略是通过渐进学习、自然选择形成的，可以在组织上下出现，并且战略的形成与贯彻是相互交织在一起的。学习学派实际是将战略视为一个复杂的、进化的、渐进的、文化和政治的、想象的过程，这些为高层管理人员的决策提供了更全面的视野。

7. 权力学派

权力学派认为战略制订是个权力权衡的过程。权力学派成立于20世纪70年代初期，主要代表人物及著作有：Mac Millan《论战略形成：政治概念》(1978)、普费弗和萨兰西克《组织的外部控制》(1978)。

权力学派将战略形成看作一个受到权力影响的过程，强调权力和政治手段应用于战略谈判以利于获得特殊利益。这一学派存在两个分支，即微观权力和宏观权力。微观权力是用来应付组织内部的政治对策；而宏观权力关心的是组织对权力的应用。

权力学派存在的几个前提：①权力和政治使战略形成具体化，无论是组织内部的过程还是其外部环境中组织本身的行为；②战略往往是应急的，并且采用定位和策略的形式而不是观念的形式；③微观权力把战略决策看作在狭隘利益集团和诡诈的联盟之间，通过说服、讨价还价甚至直接对抗所表现出的相互作用；④宏观权力将组织看作采取控制或与其他组织合作的方法，通过战略操纵和联盟中的集体战略，促进自身利益。

权力学派认为，战略制定不仅要注意行业环境、竞争力量等经济因素，而且要注意利益团体、权力分享等政治因素。

8. 文化学派

文化学派将战略形成看作一个集体思维的过程。文化学派认为，企业战略根植于企业文化及其背后的社会价值观念，其形成过程是一个将企业组织中各种有益的因素进行整合以发挥作用的过程。

文化学派成立于20世纪60年代后期，代表人物和著作有：艾瑞克·莱恩曼的《长远规划的组织理论》(1973)、Peters和Waterman的《追求卓越》(1982)、博格·沃纳菲尔德的《资源为本理论》(1984)。

文化学派认为战略是一个集体思维的过程。英国安德鲁·佩蒂格鲁等揭示了文化因素在战略中的重要性。美国学者巴内（1986）提出文化是企业对付对手最有效、最坚固的壁垒。文化学派认为：战略形成是社会交互的过程；个人通过文化潜移默化适应过程；组织成员只能部分描述巩固着的组织文化信念；战略采取观念而非立场的形式；组织观念体系不鼓励战略改变。文化学派的缺点是其概念的模糊性，此学派的一个危害是可能阻止组织的必要改变。

9. 环境学派

环境学派认为战略制订是个对环境反映的过程。环境学派强调的是企业组织在其所处的环境里如何获得生存和发展，其所起的作用不过是让人们关注环境因素。

环境学派成立于20世纪70年代后期，代表人物有：Hannan、Freeman。该学派将战略管理完全变成了一种被动的过程，企业战略管理就是企业观察了解环境并保证自己对环境的完全适应。两个组织在一个类似的环境中怎么能够成功地采用完全不同的两种战略。与其他学派相比，环境学派没有将战略的制定归结为组织内部的某个成分，而是将注意力转移到组织外部，重点研究组织所处外部环境对战略制定的影响。在他们的研究中，组织和领导成为被动成分，战略源于组织受环境影响的被动反应。组织必须适应环境，并在适应环境的过程中寻找自己生存和发展的位置。他们认为，事实上并不存在组织内部的战略者，也不存在任何内部的战略过程和战略领导；环境迫使组织进入特定的生态位置，从而影响战略，拒绝适应环境的企业终将死亡。

10. 结构学派

结构学派认为战略制订是个系统转化的过程。结构学派把企业组织看成一种结构，是由一系列行为和特征组成的有机体。它把战略制定看成一种整合，由其他各种学派的观点综合而成的体系。结构学派又称构造学派、综合学派，成立于20世纪70年代早期，代表人物及著作有：Chandler、普拉迪普·坎德瓦拉、亨利·明茨博格、米勒《“里卡洛斯”的悖论》(1990)。

结构学派认为战略是一个转变的过程。结构学派研究起始于Chandler（1962），其后从事该领域研究的有Mintzberg、Miller等人。结构学派包含了其他学派的所有内容，但它却运用了自己的独特视角，它和其他学派的根本区别在于：它提供了一种调和的可能，一种对其他学派进行综合的方式。这一学派一方面将组织和组织周围的状态描述为结构，另一方面将战略形成过程描述为转变。它们反映了事物存在的两个方面：状态和变迁。

在结构学派中，有对组织结构的研究，如个人组织、机械组织、专业组织、多部门组织、AD组织、教会式组织及政治组织等；有对组织发展的战略时期的研究，如发展期、稳定期、适应期、斗争期及革命期等；有对组织演化模式的研究，也有对组织再造过程的研究。结构学派提供了一种调和不同学派的方式，认为不同学派都有自己的时间、自己的位置，为战略管理的研究带来了秩序。

总的来说，结构学派给战略形成这个混乱的领域带来了某种秩序。但是组织从结构中获益的同时，也会从中受到损害。因为它可能会让我们忽视混乱世界的细微差别，而不能真正深入揭示事物之间的复杂关系。选择合适的结构程度是一种复杂的平衡行动。管理者们既要避免平庸和避免结构太少的混乱，同时不能过于迷恋结构。

（二）竞争战略理论

在企业战略理论的发展过程中，10 种战略学派都曾在一定时期内发挥过一定作用。但随着企业战略理论和企业经营实践的发展，企业战略理论的研究重点逐步转移到企业竞争方面，特别是 20 世纪 80 年代以来，西方经济学界和管理学界一直将企业竞争战略理论置于学术研究的前沿地位，从而有力地推动了企业竞争战略理论的发展。回顾近 20 年来的发展历程，企业竞争战略理论涌现出了三大主要战略学派：行业结构学派、核心能力学派和战略资源学派。

1. 行业结构学派

行业结构学派的创立者和代表人物是迈克尔·波特教授。波特的杰出贡献在于实现了产业组织理论和企业竞争战略理论的创新性兼容，并把战略制定过程和战略实施过程有机地统一起来。波特认为，构成企业环境的最关键部分就是企业投入竞争的一个或几个行业，行业结构极大地影响着竞争规则的确立及可供企业选择的竞争战略。为此，行业结构分析是确立竞争战略的基石，理解行业结构永远是战略制定的起点。波特创造性建立了 5 种竞争力量分析模型，他认为一个行业的竞争状态和盈利能力取决于 5 种基本竞争力量之间的相互作用，即进入威胁、替代威胁、买方讨价还价能力、供方讨价还价能力和现有竞争对手的竞争，而其中每种竞争力量又受到诸多经济技术因素的影响。在这种指导思想下，波特提出了赢得竞争优势的三种最一般的基本竞争战略：总成本领先战略、差异化战略、专一化战略。

2. 核心能力学派

1990 年，普拉哈拉德和哈默尔在《哈佛商业评论》上发表了《企业核心能力》一文。其后，越来越多的研究人员开始投入企业核心能力理论的研究。所谓核心能力，就是所有能力中最核心、最根本的部分，它可以通过向外辐射，作用于其他各种能力，影响着其他能力的发挥和效果。一般说来，核心能力具有的特征包括：①核心能力可以使企业进入各种相关市场参与竞争；②核心能力能够使企业具有一定程度的竞争优势；③核心能力应当不会轻易地被竞争对手所模仿。

核心能力学派认为，现代市场竞争与其说是基于产品的竞争，不如说是基于核心能力的竞争。企业的经营能否成功，已经不再取决于企业的产品、市场的结构，而取决于其行为反应能力，即对市场趋势的预测和对变化中的顾客需求的快速反应，因此，企业战略的目标就在于识别和开发竞争对手难以模仿的核心能力。另外，企业要获得和保持持续的竞争优势，就必须在核心能力、核心产品和最终产品三个层面上参与竞争。在核心能力层面上，企业的目标应是在产品性能的特殊设计与开发方面建立起领导地位，以保证企业在产品制造和销售方面的独特优势。

3. 战略资源学派

战略资源学派认为，企业战略的主要内容是如何培育企业独特的战略资源，以及最大限度地优化配置这种战略资源的能力。在企业竞争实践中，每个企业的资源和能力是各不相同的，同一行业中的企业也不一定拥有相同的资源和能力。这样，企业战略资源和运用这种战略资源的能力方面的差异，就成为企业竞争优势的源泉。因此，企业竞争战略的选择必须最大限度地有利于培植和发展企业的战略资源，而战略管理的主要工作就是培植和发展企业对自身拥有的战略资源的独特的运用能力，即核心能力，而核心能力的形成需要企业不断地积累战略制定所需的各种资源，需要企业不断学习、不断创新、不断超越。只有在核心能力达到一定水平后，企业才能通过一系列组合和整合形成自己独特的、不易被人模仿和占有的战略资源，才能获得和保持持续的竞争优势。

尽管波特的行业结构分析及稍后出现的核心能力和资源观在企业战略研究的侧重点上各有不同，但鉴于它们把市场以买方市场为主要经济特征，环境呈现复杂多样性的变化作为战略研究的时代背景，而将市场竞争作为战略研究的主要内容，以谋求建立和维持企业的竞争优势作为战略目标，可以将它们统称为竞争战略。

（三）动态竞争战略理论

随着 21 世纪的到来，全球众多企业面临的竞争环境更加易于变化和难以预测。面对竞争环境的快速变化、产业全球化竞争的加剧、竞争者富于侵略性的竞争行为，以及竞争者对一系列竞争行为进行反应所带来的挑战，传统战略管理的理论方法无法满足现实商业生活中企业战略管理决策的需要。于是，一些管理学者提出了新的战略理论，动态能力论和竞争动力学方法。

1. 动态能力论

该理论的提出主要基于以下的认识：过去的战略理论是由从企业战略的层次上对企业如何保持竞争优势的分析构成的，而对企业怎样和为什么要在快速变化的环境中建立竞争优势却论述不多。动态能力论则主要是针对基于创新的竞争、价格 / 行为竞争、增加回报及打破现有的竞争格局等领域的竞争进行的。它强调了在过去的战略理论中未能受到重视的两个方面：第一，“动态”的概念是指企业重塑竞争力以使其与变化的经营环境保持一致的能力，当市场的时间效应和速度成为关键、技术变化的速度加快、未来竞争和市场的实质难以确定时，就需要企业有特定的、对创新的反应。第二，“能力”这一概念强调的是战略管理在适当地使用、整合和再造企业内外部的资源和能力以满足环境变化需要。

2. 竞争动力学方法

竞争动力学方法是在竞争力模式理论、企业能力理论和企业资源理论的基础上，通过对企业内、外部影响企业经营绩效的主要因素——企业之间的相互作用、参与竞争的企业质量、企业的竞争速度和灵活性进行分析，来回答在动态的竞争环境条件下，企业应怎样制定和实施战略管理决策，才能获得超过平均水平的收益和维持的竞争优势。

竞争动力学的研究和分析在国外受到越来越多的关注，而且有关这方面的研究成果被普遍地应用在战略管理的实践中。第一，它研究处于竞争状态的企业之间的竞争作用，以及这种竞争作用产生的原因和竞争作用发生的可能性；第二，它研究和分析影响企业竞争或对竞争进行反应的能力要素；第三，它还对不同条件下的竞争结果进行了分析和对比。

3. 动态竞争的主要特点

（1）动态竞争是高强度和高速度的竞争，每个竞争对手都在不断地建立自己的竞争优势和削弱对手的竞争优势，竞争对手之间的战略互动明显加快。

（2）任何一个抢先战略都有可能被竞争对手的反击行动所击败。

（3）任何竞争优势都是暂时的，而不是长期可以保持的。

（4）竞争战略的有效性不仅取决于时间领先，更主要的是及时地建立新优势。

（5）在静态竞争条件下竞争战略的主要目的是建立、保持和发挥竞争优势，主要对成本与质量、时间和专有技术、建立进入障碍、规模优势四个领域的竞争有直接贡献，但在动态竞争条件下，上述四个领域所建立起来的优势都是可以被打破的。

成熟的战略管理理论认为，战略管理是由环境分析、战略制定、战略实施、战略控制四个不同阶段组成的动态过程，这一过程是不断重复、不断更新的。理论上通常都是按上述的顺序对企业的战略管理进行分步研究。但是，在实际应用中，这几个步骤往往是同时发生的，或是按照不同于上述步骤进行的。这要求企业的管理者们必须创造性地设计、应用战略管理系统。并且，这一系统应该有足够的弹性以适应企业所面临的时刻变化着的外部环境。这一动态过程理论上称之为战略管理过程。以战略管理过程理论为依据，进行的动态企业战略管理研究，在国内外开始的时间并不是很长，正处于发展阶段。我国企业应当高度重视战略管理理论研究，指导企业在激烈的竞争中立于不败之地。

三、服务战略管理理论

从以上列举的战略理论来看，目前企业战略理论的研究主要采用的是“理论导向型”的思路，即按照企业战略理论体系分类的要求，沿着企业战略发展的逻辑，分析企业战略理论面临的问题。这样在具体的企业竞争战略的制定和形成上尚难对企业的生产有针对性的指导作用，尤其是对于服务企业。

具体到服务企业，相关的研究成果主要是从市场营销的角度来进行的，除此之外，还有许多学者就此问题进行了探索和研究，其中较有影响的主要有以下几位。

（一）詹姆斯·A·菲茨西蒙斯传统战略模型

菲茨西蒙斯是美国德克萨斯大学的教授，长期从事服务管理工作的研究，曾为兰德公司、灰狗长途汽车公司、麦当劳等一些著名企业提供咨询服务，并担任《服务管理国际学报》的编委。他和另一位作者合做出版的《服务管理——运营、战略和信息技术》已成为美国许多大学商学院的经典教材。在这部著作中，作者对服务企业的竞争战略进行了分析，采用的是波特的一般竞争战略选择模型，即成本领先、差别化和集中。众所周知，波特的竞争战略分析是建立在产业价值链分析基础上的，这些分析均以适当的实例说明，较好地解决了服务企业的竞争战略选择问题。

（二）鲍姆和毕特内的 7Ps 组合策略

两位专家于 1981 年在《服务营销》杂志上发表了篇题为《服务企业的营销战略和组织结构》的论文，文中阐述了服务营销组合策略，即在传统的营销组合策略（4Ps）基础上增加三个策略要素：一是参与者（People）；二是有形证据（Physical Evidence）；三是服务过程（Process）。这样，就形成了服务营销的 7Ps 组合策略。该策略从某种程度上解决了服务企业的营销策略问题，对服务企业的市场运作提供了很好的策略支持。但对于服务企业而言，营销仅是企业竞争战略的一个方面，营销策略的有效实施并不一定能给企业带来持续的竞争优势，单从营销策略入手解决服务企业的竞争力问题显然是不够的。

（三）瑞查德和塞斯的 4Ps+3Rs 模型

长期以来，企业都是靠产品、价格、促销和分销的营销组合来参与竞争，把 4P 要素作为增加企业利润的关键。而瑞查德和塞斯两位学者在 20 世纪 80 年代对市场份额与利润的关系进行了系统研究，发现两者的关系已大大减小，相反，在对其他变量进行测量时，发现顾客满意与忠诚已成为决定利润的主要因素。这一发现动摇了传统的 4Ps 营销组合理论的前提，使人们开始认识到以顾客忠诚度为标志的市场份额的质量比市场份额的规模对利润有着更大的影响，这就使公司将营销重点放在如何保留顾客，如何使他们购买相关产品，如何让他们向亲友推荐公司的产品上来，这就产生了所谓的 3Rs，即顾客保留（Retention）、相关销售（Related Sales）和顾客推荐（Referrals）。新的营销组合即为 4Ps+3Rs。这一营销组合模型强调营销努力应侧重于为客户提供服务，于是将服务置于该模型的中心。这一模型完善了营销组合策略，充分考虑到了顾客的感受，但并非是顾客导向的，其出发点是企业的利润，而非顾客的利益或价值，因此，此模型存在较大程度的局限性。

（四）阿布里奇服务三角形模型

习斯蒂文·阿布里奇在其著作《服务、服务、服务——企业成长的秘密武器》中，提出了“服务三角形”的概念和模型，包含了策略、系统、人员和顾客四个要素，不但将顾客要素作为所有要素的中心，而且形成了以顾客为中心的合围结构，如图 4–2 所示。这一模型强调了顾客在服务企业的重要地位，并且鲜明勾画出了服务策略、服务系统、服务人员对顾客的影响及其相互关系。与其他模型相比，阿布里奇这一模型对服务企业的竞争战略问题考虑的更加全面了一些，并以顾客为中心，这符合企业市场导向的战略原则，较好地说明了企业的竞争战略问题，其模型的缺陷在于针对性不强，即对任何一个企业都适用。此外，该模型并未对构成服务三角形的各项要素进行系统分析和论证，也未对此模型同企业的其他战略要素的关系进行必要的阐释。

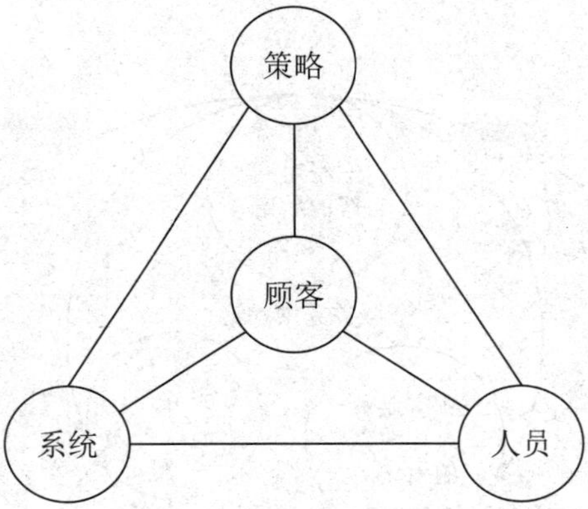

图 4–2 服务三角形

（资料来源：韩顺平.服务企业竞争战略研究［D］.南京：南京大学，2005.）

（五）服务质量轮

雷蒙德·P·菲斯克在其著作《互动式服务营销》中建立了服务质量轮模型。它强调了服务过程中的人员互动，比以往的研究更加注重与顾客交流以保证顾客的价值满足。

该模型将顾客与服务提供者用三条链连接：服务提供链、顾客满意链和顾客—提供者链，如图 4–3 所示。顾客满意链反映出顾客满意度与顾客忠诚度的联系；顾客—提供者链反映出顾客与服务提供者之间的互惠互利关系，结果导致顾客与服务提供者维系在一起。这些链将三个领域的活动连接在一起，三个领域也可称为三个轮子，分别表示顾客轮、服务提供者轮和服务遭遇轮。服务质量轮由这三个轮子来驱动，它们之间由三条链来连接。菲斯克的服务质量轮进一步完善了服务企业的服务质量体系，为服务企业的服务质量战略提供了较为完整和清晰的理论依据。但是服务质量同样是服务企业竞争力研究的一个方面，因此，这个服务质量轮将为服务质量战略提供很好的理论指导，但仍需对服务企业竞争力决定因素进行更加全面系统的研究。

（六）服务利润链

服务利润链思想是由美国哈佛大学商学院的詹姆斯·赫斯克特、厄尔·萨塞等人提出的，认为利润增长、顾客忠诚度、顾客满意度、顾客获得的产品及服务的价值、员工的能力、员工的满意度及忠诚度、劳动生产率之间存在着直接、牢固的关系。其内在逻辑关系为：利润和回报的增长来自忠诚的顾客。顾客忠诚基本上是顾客满意的直接结果，而顾客满意很大程度上受服务感知价值的影响。而企业提供给顾客的服务价值是由那些满意忠诚和高生产力的员工创造的，员工满意忠诚和高生产力则来源于企业内部为员工提供的高质量的服务。服务利润链理论结合服务业特征对服务企业竞争力的形成过程做出了有益探索，为服务企业如何通过资源利用、过程再造和核心能力的构筑来提升竞争力提供了一种有效模式并特别强调顾客感知价值对服务企业获利能力，即竞争能力的重要决定作用。

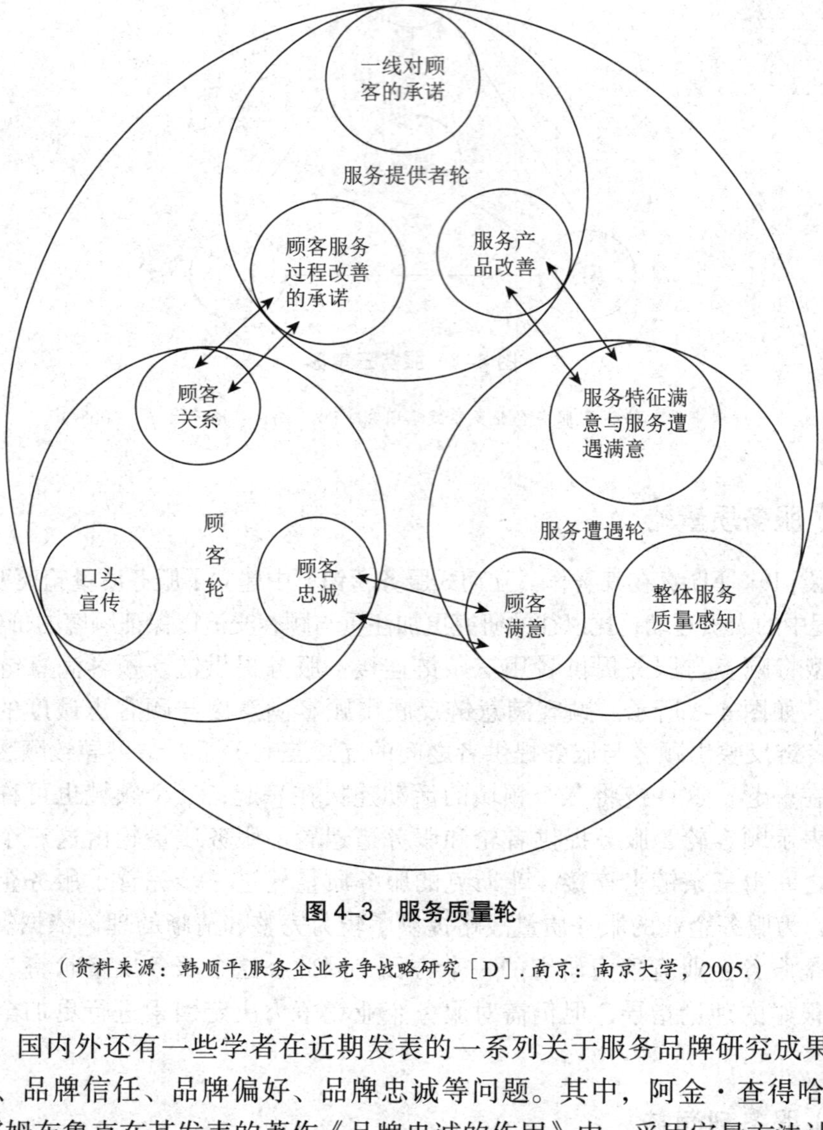

图 4–3 服务质量轮

（资料来源：韩顺平.服务企业竞争战略研究［D］.南京：南京大学，2005.）

此外，国内外还有一些学者在近期发表的一系列关于服务品牌研究成果，也涉及品牌表现、品牌信任、品牌偏好、品牌忠诚等问题。其中，阿金·查得哈瑞和莫里斯·B·霍姆布鲁克在其发表的著作《品牌忠诚的作用》中，采用定量方法计算出了品牌忠诚对于企业经营绩效的贡献，突出了品牌忠诚对企业竞争力的重要作用。

第三节 服务企业战略管理的过程及内容

“战略”自 20 世纪 60 年代初被引入经济学领域以后，便很快地被运用于企业管理。战略既是企业全局性的行动方针，又是企业的发展指南。因此，战略管理过程的得当与否，关系到企业经营的成败，它决定了企业在未来一段较长的时期内的经营方案和目标。具体来讲，战略管理在战略的制定、实施、评估等方面都需要有明确的界定，以确保企业健康、快速、持续地发展。

一、战略制定

（一）战略目标确定

战略目标的确立是企业的首要任务，战略目标要解决的主要问题有：现代服务业是否放弃某种旧的业务、进入新的领域，是否应该利用现有资源扩大业务或多种经营，是否进入国际市场，是否兼并企业或举办合资企业，如何避免被别的企业收购等。战略目标的制定是指在对现代服务企业内外部环境进行分析的基础上，根据企业自身的资源和能力，结合现代服务企业的目标愿景来确定企业的经营方向和发展任务。战略目标是对于企业愿景和使命的阐述，战略目标的确立是实行战略管理的首要任务。

（二）战略管理分类

战略管理的概念适用于现代服务企业，只是在具体的行业实施时有所差异，现代服务业主要包括金融业、会展业、物流业等行业，它们各自有适合自身的不同的战略管理体系和管理方法，但无一例外的是，它们都是为消费者服务的。

美国战略学家安索夫将战略管理分为：企业总体战略和企业经营战略。总体战略是指导性、宏观性、长远性战略，它决定着企业的远景和生命，经营战略是微观性、操作性战略，它是为总体战略服务的，总体战略是经营战略的基础。总体战略研究的对象是由一些相对独立的业务部门组成的现代服务业的整体。总体战略是企业整体的战略总纲，是现代服务企业最高管理层决定企业发展方向的依据。现代服务企业的部门发展战略是为执行并支持公司战略与经营战略而在企业特定的职能管理领域制定的战略。现代服务企业的部门战略主要包括：（1）财务战略，即财务预算与控制、投资与资金融通战略、资产管理战略。（2）营销战略，即市场细分战略、市场定位、市场进入战略、产品战略、定价战略、促销战略等。（3）人力资源战略，即人力资源规划、员工的选拔、培训、考核及发展等。企业战略也可按时间跨度分为短期、中期、长期战略。

（三）战略管理的原则

（1）环境分析原则。战略的制定与实施必须与企业发展的环境相适应，企业发展的环境分外部环境和内部环境。现代服务企业必须重视企业与其所处环境的互动关系，这是为了企业能够更加适应和改造外部环境必须坚持的一项重要原则。

国家经贸委企业研究中心的一项课题研究表明：中国绝大多数优势企业已从过去那种无意识的经营管理逐步转变以现代经营战略为导向的有意识行为，并初具一些特征：①在战略制定中开始注意对市场的调研和对企业内外环境的分析；②一些公司的领导层已开始重视经营战略的实施；③注重在战略实施中不断进行修改和完善。

战略的要点可以用“少就是多”和“小就是大”八个字来概括。前一句点出了企业内部发展的优势所在，即如果用较少的 20% 的资源去做更多的事，实际会得到那更多的 80%。后一句则点出了企业外部扩张的新诀窍，指在大企业中培养小企业的企业精神，使每个员工成为企业家。大企业在大发展中，也出现了一些致命的弱点：一是必然需要秩序井然的等级架构和系统完整的规范原则，它们却会扼杀企业的创造力；二是大企业由于有长年的成功作后盾，非常容易形成一种天下唯我独尊的自大心理；三是大企业的规模庞大，如果遇上困难和危机，则易运转失灵。要摧毁它的最好方法是把大企业分散成一个个脱体的小企业，进行“扁平化”管理，使之各自能专注于自己的核心能力。

（2）系统性原则。战略管理包括战略制定、战略实施、战略控制和评价等过程，然而整个战略管理过程的各个环节并不是相互独立的，它们是一个互相联系的系统。现代服务企业的优秀管理者大都是将企业战略的制定、实施、控制、评价作为一个完整的过程来进行管理的，充分体现了现代服务业战略管理的系统性。

（3）整体最优原则。最优原则是指在战略制定、战略实施过程中要着重强调企业整体价值的最大化。这就要求管理者在制定和实施战略的过程中将企业当作一个整体来看待，目的是要提高企业整体水平，不是强调企业某一个战略经营单位的重要性，而是重视企业整体效益的最大、最优。

（4）全员参与原则。全员参与原则，包括两层含义：①战略的制定过程要有尽可能多的员工参与；②战略的实施过程需要全员参与。这样在战略制定和实施的过程中才能发挥企业员工的积极作用，减少阻力，从而增强战略实施的效果。事实上，很多时候战略管理的效果在很大程度上取决于中下层是否认真贯彻执行。

（5）反馈修正原则。战略管理涉及的时间跨度较大，一般在五年以上。战略的实施过程通常分为多个阶段，因此分步骤实施整体战略。在战略实施过程中，环境等因素可能会发生变化。此时，企业只有不断地跟踪反馈，才能保证战略的适应性。

（6）从外往里原则。卓越的战略制定是从外往里而不是从里往外的，这就要求企业在进行战略管理时坚持从外往里的原则。

二、战略实施

在战略实施过程中，要求现代服务企业制订好年度目标、政策，督促各个职能部门制订出与总体战略相对应的具体战术，以便使制订的战略得以贯彻执行。战略实施需要通过战术的具体运用来实现，主要包括培育支持战略实施的现代服务业文化、建立有效的组织结构、制定预算、建立和使用各种现代服务信息系统等方案和具体计划措施。战术运用往往被称为战略管理的行动阶段，意味着动员雇员和管理者将已制定的战略付诸行动，战略的具体实施受到现代服务企业组织结构、战略变革等因素的影响，而战术运用活动也会受到现代服务业中的所有雇员及管理者的素质和行为的直接影响，往往被看成战略管理过程中难度最大的一个关键环节之一，因此，在该阶段中要特别重视人力资源的开发和利用，通过制定相应政策，调动每一位员工的积极性。

制定企业战略实质上就是根据情况选择做最恰当的事，然而做恰当的事比恰当地做事更为重要。企业的战略实施与控制中如果说战略制定是“做正确的事”，那么战略实施就是“正确地做事”。战略的选择可以让企业能够更加准确地明确自己的客户是谁，哪些事情能做，哪些事情不可以做，因此战略管理的核心也可说是防止“南辕北辙”的事情在企业发生。

三、战略评估

战略评估是战略管理中的最后一个阶段。由于现代服务企业外部及内部各要素都处于不断地变化之中，因此，所制定出来的战略需要不断地调整和修改才能适应环境。战略评估包含的工作有回顾和评价外部和内部的因素，作为战略方针选择的基础，判断战略实施的成绩和争取正确的行动解决实施过程中所出现的未曾预料的各种问题。评估的重要性从根本上讲是告诫每一位企业管理者，企业需要不断进步和创新，因为今天的成功并不代表明天会继续成功，成功的背后同样会存在各种各样的问题，实践证明：自我满足的企业必然会走向灭亡。

总而言之，战略管理的 3 个阶段是相辅相成，融为一体的。其中，战略制定是战略实施的基础，战略实施是战略评估的依据，而战略评估反过来又为战略制定和实施提供经验和教训。通过 3 个阶段的衔接，确保组织取得整体效益和最佳结果。

第四节　服务企业的主要竞争战略

知识经济时代中的服务企业追求的不仅是如何提升生产力，更重要的是如何运用科学的竞争战略来创造竞争优势，从而增加企业经营的效益。现代服务企业需根据自身的特点和所处的发展环境来制定不同的发展战略，这里重点介绍三种基本经营战略。

一、集中经营战略

集中经营战略是指现代服务企业应将经营活动集中于供应链的某一特定的环节，或者是将目标集中于某一个特定的购买集团或者抓主要客户，其关键在于对特定的目标能够比竞争对手提供更为有效的和更为优质的服务。集中经营战略也可以呈现出多种形式。这种战略比较适合于现代服务企业中规模较小的企业，同时要求企业在某一特定的业务领域，如市场销售、广告宣传、供应链系统等方面具有一定的比较优势，或者对于某个专项服务市场有非常深厚的经验。

现代服务企业采用集中经营战略的优势主要表现在:（1）它有利于将企业有限的资源和力量集中起来，在特定的业务范围内形成比较优势，能够在某一项业务上做专做强，从而增强企业的竞争力。（2）它能使企业的发展目标不断聚焦，管理过程更加容易控制，经济效果相对而言也比较易于评价。（3）现代服务企业实施集中经营战略可以将有限资源集中在特定的目标市场，以便更好地研究特定消费者的需求情况，并进行有针对性的技术开发，从而持续地巩固市场，实现逐步规模化及可持续发展。

与此同时，现代服务企业实施集中经营战略也存在一定的风险和劣势。这些风险主要表现在:（1）现代服务企业将全部资源集中在一个特定市场或特定产品，则当目标市场的需求发生变化，或者在市场有创新替代产品出现时，企业往往会受到很大的冲击。

（2）现有竞争者可能会凭借其规模或其他优势占领企业选定的特定市场，而使企业失去足够维持生存的市场份额。（3）特定市场对产品或服务需求的不断更新，可能使企业为维持足够的市场而背负较高的成本负担，进而使获利空间不断缩小。

二、总成本领先战略

总成本领先战略又称低成本战略，即现代服务企业的总成本低于竞争对手的成本，甚至达到同行业的最低成本水平，成本控制管理是实施该战略的重要核心环节，围绕这一核心需要进行一系列的具体战略活动，诸如紧缩成本开支，控制间接费用，尽量减少研发、广告、服务、销售等方面的投入，但是有一个值得注意的关键点就是很多企业往往以牺牲和降低服务质量为代价来获取成本最低的效果，这很可能使企业面临失去市场份额的危机。

总成本领先的理论基石是规模效益，即产品或服务成本随着生产规模的增大而下降。对于特定的现代服务企业而言，实施总成本领先战略需具备一定的条件：第一，现代服务企业自身需具有较大规模。以现代物流行业为例，这就要求其在业务领域范围内及供应链的各个环节都要节约成本。第二，企业自身产品或服务拥有较高的市场占有率。这一方面可以降低企业由于市场开发、吸引客户的成本开支，另一方面又可以使企业在开发新的市场和拓展新业务方面获得较为廉价的资源。第三，现代服务企业必须拥有经验较为丰富的专业员工。对于现代服务企业来说，员工经验的积累对于降低成本的贡献比其他行业更加明显，因为这样不仅可以提高劳动效率、节约时间、改善服务质量，而且可以使对生产要素的投入更为合理有效，减少操作服务中不必要的开支，从而使成本得到合理、有效的控制。

对于现代服务企业而言，成本领先战略的优势主要有：（1）处于低成本领先地位的现代服务企业可以拥有比竞争对手更多的让利空间，即在竞争对手不能赢利，甚至是亏损的价格条件下，企业仍然会有一定的利润。（2）可以增强现代服务企业与消费者，也就是卖方市场讨价还价的能力。（3）当供应链上的供方因某种原因而抬高价格时，处于低成本地位的现代服务企业还会有更大的灵活性来处理困境。（4）现代服务企业还可以利用已经造成的规模和成本优势造成行业进入的障碍，减少新兴行业进入的竞争。

同样，现代服务企业实施成本领先战略也存在一定的风险，这些风险主要表现在：（1）如果企业只是集中力量于如何降低成本，可能会导致预见市场变化的能力较弱，导致即使在产品价格降低的情况下也不能满足市场的需要，一旦不为消费者所认同，企业不可能经营成功，这也是企业在实施总成本领先战略时会遇到的一个瓶颈。（2）竞争对手会模仿企业的行为，采用类似战略使成本更低，这时企业就会丧失其原有的成本领先地位。（3）企业投入的成本有限而技术和经验又没有得到及时更新，这在很大程度可能会被其他新的技术经验所有者所替代而成为无效资源。

三、服务产品差异化战略

服务产品差异化战略是指现代服务企业致力于将自己的产品或服务与竞争对手的产品或服务区分开来，使企业更好地为市场所识别进而被认同而取得竞争优势。在实施该战略时，企业可以选取多方面来体现差异，如产品品牌的差异化、企业形象的差异化、设施技术的差异化、以及营销方式、营销渠道的差异化等。

一般而言，实施差异化战略的现代服务企业也需要具备一定的条件。主要包括：（1）现代服务企业要有较强的研发能力，同时研发人员还需具备较强的市场洞察力和创造性思维。（2）现代服务企业的研发部门应该加强与组织策划部门、市场营销部门间保持较强的协调性。（3）现代服务企业还应具备较强的市场宣传及营销能力。（4）现代服务企业还应具有较高的市场声誉或者拥有市场认同度较高的品牌。

现代服务企业实施差异化战略的优势主要有：（1）实施差异化战略可以使该现代服务企业与竞争对手之间得以有效区分，而且一旦企业的服务为市场所接受，则可以建立起较为稳固的竞争地位，并使企业获得高于同行业平均水平的收益。（2）现代服务企业差异化战略还有益于建立起客户对产品或者服务的认识和信赖，降低服务的价格弹性。同时，还可以使买方具有较高的转换成本而对企业及其服务产生一定的依赖。（3）差异化战略可以使现代服务企业的产品或服务对竞争对手形成一定的壁垒。同时，还增加了新进入者参与竞争的难度。（4）现代服务企业通过差异化战略获得的高收益，可增强与供方和买方讨价还价能力。

当然，现代服务企业在实施差异化战略时也面临着一定的风险。主要表现在：（1）实施差异化战略的现代服务企业往往需要在设计、研发、宣传等方面需要进行较大的投入，而这种投入如果不能使产品的吸引力对价格产生足够的替代效应，则可能使购买者宁愿放弃差异而选择价格较低的产品或服务。（2）伴随着现代服务业整体的发展与进步，差异化产品或者服务也很可能为竞争对手所模仿，而使企业失去原有的竞争优势。

总而言之，上述的每一种战略都有其自身的优势和劣势，也有其自身适用的条件，现代服务企业在选择战略时应根据其自身的条件和内外部环境进行选择。一般实力雄厚的大公司宜采用此战略。

【案例分析】

星巴克蓝海战略成功因素研究

自霍华德·舒尔茨于 1987 年收购星巴克开始，一个全球范围的咖啡帝国开始崛起。自 1992 年在纳斯达克公开上市以来，星巴克的销售额平均每年增长 20% 以上。过去十几年，星巴克的股价上涨了 5000%。星巴克已经在全球 39 个国家开店数量达到 13500 多家。过去 300 多年来，没有咖啡馆公司能够做出这种规模，这是史无前例的！

1. 星巴克开创“蓝海”的关键战略因素

在一个技术含量和进入壁垒较低的咖啡馆行业中，星巴克之所以能成为全球成长最快的品牌，是因为它实施了蓝海战略，避开陷入“红海”的血腥竞争，集中全力开创“价值创新”，为企业和买方都创造了价值的飞跃，使企业彻底摆脱了竞争对手，并将新的需求不断释放出来。

（1）第三空间。企业要实现价值创新，找到“蓝海”机会，必须冲破那些限制企业竞争的现有边界。星巴克开创的蓝海战略，源于霍华德·舒尔茨的“第三个去处”的创意。他认为星巴克应该成为客户生活的一部分，成为他们每天除家和办公室之外的“第三个去处”，他们可以在一个安全的场所放松下来，还能享受到一种社区的感觉。在运用“第三个去处”创意基础上。星巴克以过硬的咖啡品质和顾客至上的服务塑造了独特的星巴克文化。并且成功地将星巴克塑造成一个与众不同的、恒久的、承载价值的品牌。

（2）独辟蹊径的营销传播。营销传播是企业塑造品牌的有效途径。星巴克很少使用传统的广告方式，而是通过已有的店面来营造口碑，星巴克通过口碑相传做到了妇孺皆知。星巴克通过“熟客俱乐部”“咖啡教室”和“咖啡一刻”这三大独特内涵的法宝，玩转了口碑传播，让广大消费者锁定了这个品牌。星巴克也有意识地把培育品牌的权利下放给每一位员工以强化品牌的口碑传播。

（3）人的事业。外部顾客满意和内部员工满意是事业成功的根基。传统的咖啡馆通常只关注顾客需求，而忽视了内部员工。星巴克开创的“蓝海”，则是一种新型的以情感关系为核心战略，不仅高度关注每一个顾客，同时高度关注员工。舒尔茨有句名言：我们不是用人经营咖啡的事业，而是用咖啡经营人的事业。星巴克总是把员工放在首位，并对员工进行了大量的投资。事实上，关系理论作为星巴克的核心价值观，同烤制有品质的咖啡豆一样重要。1991 年星巴克开始实施“咖啡豆股票”。这是面向全体员工股票期权方案。使每个员工都持股，都成为公司的合伙人，这样就把每个员工与公司的总体业绩联系起来。员工利益放在第一位，尊重他们所做出的贡献，将会带来一流的顾客服务水平，自然会取得良好的投资回报。因此，舒尔茨认为“星巴克的成功完全建立在员工和企业的关系上”。

（4）星巴克美学。店址选择是咖啡馆经营成功的关键因素。星巴克选址极为挑剔，其基本原则是进入大饭店、大商场等高档区域，以使得星巴克和巷道中散的咖啡馆严格区分开来。星巴克的美国总部，有一个专门的设计室，拥有一批专业的设计师和艺术家，负责设计全世界范围星巴克店面。走进任何一家星巴克，迎面而来的是柔和的灯光和整洁，以及扑鼻的咖啡香味。看似随意摆着软软的木沙发和光滑的木桌子，光滑的大理石吧台上摆着考究的咖啡制作器。而灯、墙壁、桌子和美人鱼商标都是从绿色到咖啡色深浅不一，营造出一种人与自然和谐相处的氛围，非常贴合“第三空间”的理念。

星巴克将音乐上升到了仅次于咖啡的位置，星巴克音乐已经不单单是“咖啡伴侣”，其本身已经成了星巴克商品的主要组成部分。星巴克播放的大多数是自己开发的有自主知识产权的音乐。迷上星巴克咖啡的人很多也迷恋星巴克音乐。顾客可以悠闲地欣赏音乐，翻阅报纸杂志，使用自己的具有无线功能的电脑在网上冲浪。

所有这一切，使顾客在听、看、嗅的过程中，产生喜欢的特殊“浪漫”氛围，星巴克把咖啡作为载体将这种独特的氛围传送给顾客。星巴克努力把顾客在店内体验化为一种内心的体验，建立了极强的纽带关系。

2. 星巴克的战略布局图

战略布局图是建立强力蓝海战略的诊断框架和分析框架，横轴显示的是产业竞争和投资所注重的各项元素价值曲线标绘出一家企业在各元素上表现的相对强弱。星巴克的战略布局图可总结为：蓝海战略的制定要体现三个互为补充的特点，即重点突出、另辟蹊径、令人信服。这样就能开启企业组织中各类人员的创造性，把企业的视线引向蓝海战略，并且这样的战略更易于理解和沟通，便于有效地执行。星巴克的战略布局图显著体现了蓝海战略的三个特点，所以星巴克超越了竞争对手，并取得了巨大的成功。

星巴克的成功对我国企业非常有启发意义。长期以来，我国企业在进行同质化竞争，依靠低成本、低价格争夺市场，创新能力非常有限。如今，我国面临着产业升级改造，企业应该突破原有的竞争思维，开创一片真正的蓝海市场。

（资料来源：http：//www.xzbu.com/2/view-613993.htm.）

思考题

1. 星巴克“蓝海”战略具体包含哪些内容?
2. 通过该案例，你认为战略管理对企业具有什么样的重要价值?

课程实践

以小组为单位，对知名度较高的企业发展战略进行解读，再做成 PPT 进行课堂分享。

【本章小结】

战略是基于对重大系统变化规律和发展趋势的思考，根据外部环境、内部资源和能力状况，为求得生存和长期稳定发展，为不断获得新的竞争优势，对实现发展目标的途径和竞争手段的总体谋划。本章从战略管理的概念及现代服务战略管理的特征入手，对传统战略管理思想的形成及现代战略的发展进行了梳理，并进一步阐述了现代服务业战略管理的过程及内容，同时对现代服务业的主要竞争战略做了详细解读。

【复习思考题】

一、名词解释

战略　　战略管理　　现代服务业战略

二、简述题

1. 简述现代服务业战略管理的意义。
2. 服务企业的竞争战略是什么?
3. 简述服务企业战略管理的过程。
4. 现代服务业战略管理的特征是什么?
5. 现代服务业战略管理的原则主要有哪些?

三、论述题

试述战略理论的形成与发展。

第五章 服务企业设施选址与布置

【教学目标】

1. 说明服务设施选址的重要性；
2. 讨论服务设施选址的影响因素；
3. 领会服务设施选址的方法；
4. 理解服务设施布置的基本类型。

章前导读

星巴克选址

对星巴克来说，首先是市场开发部门通过一系列考量列出备选的项目之后，实地考察各个项目周边有无喝咖啡的人群，确定该区域的咖啡人群消费量，这是开设新店的第一前提。显然，如何在人流中判断出喝咖啡人群的大致数量显得至关重要。通常而言，可以从项目地理位置和周边物业的档次来推算。基于有喝咖啡习惯的人们大多有一定经济实力，因而在高档写字楼集中的商务区域、休闲娱乐场、繁华的商业区等地方喝咖啡的人群一定会比城市其他地方数量多。

星巴克选址首先考虑的是诸如商场、办公楼、高档住宅区此类汇集人气、聚集人流的地方。因为咖啡店不像其他娱乐、休闲业态，人们不会只为喝一杯咖啡而跑得很远，一般都是就近选择。同时，对于有巨大发展潜力的地点，星巴克也会把它纳入自己的版图，即使在开店初期的经营状况很不理想。此外，对于咖啡店而言，为准备开店所做的市场调查是必不可少的工作。

市场调查对象需要包括消费者情况、竞争者情况及商圈内的基本状况等等一系列将与开店密切相关的方面。通常可以分为两个阶段：第一阶段主要是针对开店的可能性作范围广泛的调查，最终作为设店意向决定参考之用，重点在于设店预定营业额的推定及商店规模的概要决定，所以此阶段的内容应涵盖调查设店地区的市场特性，同时还要对该地区的大致情形有所了解。第二阶段主要是根据第一阶段的结果，对消费者生活方式做深入的研讨，作为决定咖啡店具体的营业方针的参考，重点在于咖啡店具体的商品构成、定价及促销策略的确定，所以此阶段应该提供深入分析消费生活方式及确定咖啡店格调等方面的基础资料。

星巴克的选店模式更多倚重于当地星巴克公司，选店流程分为两个阶段。

第一阶段是当地的星巴克公司根据各地区的特色选择店铺。这些选择主要是来自三个方面：公司自己的搜寻，中介介绍，以及各大房产公司在建的商务楼也会考虑主动引进星巴克来营造环境。在上海，这三种选择方式的比例大概是1:1:2。

第二阶段是总部的审核。一般来讲，星巴克的中国公司将店面资料送至亚太区总部由他们协助评估。星巴克全球公司会提供一些标准化的数据和表格，来作为衡量店面的主要标准。而这些标准化数据往往是从各地的选店数据建立的数据库中分析而来的。

商圈的成熟和稳定是选址的重要条件，而选址的眼光和预测能力更为重要。比如，星巴克上海的新天地店和滨江店，一开始都是冷冷清清、而非成熟的商圈，然而新天地独特的娱乐方式和滨江店面对黄浦江、赏浦西风景的地理优势，使得这两家店面后来都经营得风生水起，成为上海公司主要的利润点。

（资料来源：百度，http://analyse.tbshops.com/.）

第一节　服务企业设施选址

对于服务性企业而言，长期的收益决策中最重要的部分就是进行设施选址。服务设施选址既是新企业必须做出的决定，也是老企业在改建、扩建、搬迁、扩张兼并或选择新的合作伙伴时不得不面临的问题。这是服务企业从事服务经营活动关键的第一步，带有较大的风险性，因为服务设施选址一旦选定，企业的固定资产就很难转移，其经营费用也大致限定；如果选址出了问题，就会给以后的工作造成不便，甚至带来无法挽回的损失。所以，选址时要做系统全面的分析、采用科学的方法，做出正确的决策。

设施是指生产运作过程得以进行的硬件手段，通常是由工厂、办公楼、车间、设备和仓库等物质实体所构成。设施选址是指如何运用科学的方法决定设施的地理位置，使之与企业的整体经营运作系统有机结合，以便有效、经济地达到企业经营的目的。它不仅关系到建立设施的投资和建设速度，还影响着企业提供产品或者服务的成本，从而影响企业的经济效益。特别是服务设施选址，直接关系到营业额的多少。

选址可以分为两个层次进行：一是选位。即选择什么地区（区域）设置设施。一般应从政治、经济、社会、地理等多种因素进行考察，来确定企业建设的地区。二是定址。即在地区选定后，具体选择在该地区的什么位置设置设施。一般应根据企业的特点，分析产品的成本结构，结合社会和环境条件进行仔细分析后再定址。

一、服务设施选址的重要性

（1）服务设施选址决定了投资的多少。建设新的服务设施需要大量资金投资，在不同的地点建设服务设施所需的投资有着很大的差异。显然，在城市中心建设服务设施，地价很高，以至于“寸土寸金”；在城郊建设服务设施，投资则相对较少。

（2）服务设施选址影响服务成本。不同的选址会影响到提供产品或服务的成本，从而影响到价格和竞争力。如果在远离原料供应地或远离市场的地方选址，原料或产品的运输成本会很高；如果在城市或经济发达地区选址，容易找到协作厂家，但职工工资较高，这些都会影响到成本。

（3）服务设施选址影响职工的积极性。不同的选址会影响到职工的生活进而影响职工工作的积极性。不同地方的风俗习惯、气候条件、生活标准、教育水平、精神风貌不同，对职工生活、平常的娱乐活动、子女上学都会有影响。这些问题，在过去的一些“三线”企业表现特别突出，致使一些内迁职工长期不能安心工作，极大地影响了工作积极性。

（4）错误的服务设施选址难以挽回损失。服务设施选择是一件巨大的永久性投资，一旦服务设施建成，如发现地址选择错误，则为时已晚，难以补救。因为新建的服务设施既然不利于经营，那么，出售也会无人问津；将设施移动是不可能的，而易地重建更是耗资巨大；如果继续维持下去，投资大、成本高、员工队伍不稳定，企业将永远处于不利地位，一旦市场发生突变，企业就很可能面临倒闭的风险。因此，可以说，选址不当，将“铸成大错”。

二、服务设施选址的影响因素

对服务企业而言，区位的选择不仅取决于许多因素，而且要在收益和成本之间进行权衡。然而，其中必定有起决定性作用的因素，它们不但左右着位置和地点选择的进程，同时也严格限制了位置和地点选择的可行性。

因此，应该从系统的观点来考虑选择问题，因为整个生产活动是一个整体，每个企业不可能孤立存在。任何企业选址既要考虑供应厂家，又要考虑顾客，还要考虑产品分配。从系统观点看，选址决策应该使得整个生产分配链的成本最低；从一个企业看，选址决策应该使得它所能控制的那段生产分配链的成本最低。因此，企业选址决策要考虑以下几方面因素的影响。

（一）交通运输条件和是否接近市场及原材料供应地等问题

企业一切生产经营活动都离不开交通运输，它不仅承载着原材料、工具和燃料的输入，以及产成品、废弃物的输出，而且影响着职工上下班和生活。

在企业输入和输出过程中，有大量的物料进出。有的企业输入运输量大，有的企业输出运输量大。在选址时，要考虑是接近原材料供应地，还是接近消费市场。如表 5-1 所示，原材料笨重或运输不便的生产企业，选址适合接近原材料产地；产品运输不便或不宜运输的生产企业，选址应接近消费市场。

表 5-1 接近原材料产地和接近消费市场的选址①

	影响因素	典型企业
接近原材料产地	原料笨重而价格低廉 原料易变质的企业 产品由原料中的一小部分提炼而成，原料运输不便	砖瓦厂、水泥厂、木材厂等 水果、蔬菜罐头厂等 金属冶炼厂、制糖厂等
接近消费市场	产品运输不便 产品易变化、变质 大多数服务业	家具厂、预制板厂等 食品厂、制冰厂等 餐厅、商店、医院等

在运输工具中，水运运载量大，运费较低；铁路运输次之；公路运输运载量较小，运费较高，但最具灵活性，能实现门到门的运输；空运运载量小，运费最高，但速度最快。在考虑运输条件时，要注意产品的性质，如生产粗大笨重产品的工厂，要靠近铁路车站或河海港口；制造出口产品的工厂，厂址应接近码头。

（二）以消费者为基础

对于服务业，所选择的位置能方便消费者购物、办理银行业务或就餐的话，那么就可以说其位置的选择是以消费者为基础的。这意味着服务业的选址应尽可能地靠近消费者。诸如零售店、医疗机构，以及其他为个人服务的机构、剧院、银行和中介机构的营业点和餐馆等，以上这些都是以消费者为基础来选址的服务性行业。

（三）劳动力资源的供给情况

在不同的地区，劳动力素质的高低及其工资水平各不相同，有些特殊情况下，或许某些特定地区容易提供符合某种特定要求的熟练劳动力资源。在经济全球化的今天，许多企业尤其是跨国公司都试图在全球范围内寻找劳动力成本最低的地区。

劳动密集型的企业，人工费用占产品成本的大部分，应在劳动力资源丰富、工资低廉的地区设厂建址，这样可以降低人工成本。

知识、技术密集型的企业，对于劳动力资源的素质要求比较高，人工成本占制造成本的比例很大，而且员工的技术水平和业务能力又直接影响产品的质量和产量，劳动力资源的可获性和成本就成为选址的重要条件。这类企业一般应在大城市选址，这样有利于获得高水平的劳动力资源。

（四）竞争者和支持系统问题②

有些企业偏向于在靠近其竞争者的地方进行选址，原因在于，它们认为这样做一方面可以密切关注竞争者的一举一动，另一方面也可以分享当地的有利资源，保持对消费者的吸引力。比如，在制造业中有诸如服装街、家具城和纺织品交易中心等一系列的交易市场。同样，在服务业中也存在着汽车经销中心、古董交易中心及快餐中心等。

① 张淑君，林光. 企业运作管理［M］. 北京：清华大学出版社，2004.

② 森吉慈・哈克塞费. 服务经营管理学［M］. 北京：中国人民大学出版社，2005.

有许多企业之所以选择某一地区，主要是考虑到那里有完善的支持系统。比如，宾馆会建在大学医学研究中心附近；金银首饰店最好选择警力较强的地区；对于像迪士尼乐园这样的企业，最好选址在交通方便、供电有保障的地方。

（五）基础设施和自然条件

自然因素主要是指地势和地质条件、气候条件、水资源状况，基础设施主要指企业生产运作所需的水、电、气等的保证。此外，还应考虑到“三废”的处理等环保要求。

对于海滨度假村、滑冰度假村、室外温泉、滑草场等服务场所而言，自然条件对服务设施选址起决定性的作用。

（六）社会因素和政治因素

社会因素包括周边居民的宗教文化信仰、风俗习惯、文化教育水平和生活水平及周边的社会环境等。企业的产品要适合当地的需要，符合当地的习惯。文化教育水平高，不仅可以提供符合企业要求的人才，而且这种良好的氛围有助于吸引其他地区的人才。选址地区的位置，能否方便利用城市原有的公共设施，为职工提供良好的生活环境也是非常重要的。

政治因素包括政治局面是否稳定，法制是否健全，税赋是否公平等。尤其是在国外，必须慎重考虑这些政治因素。政治局面稳定是发展经济的前提条件，在一个动荡不安，甚至打内战的国家投资建厂，要冒极大风险；有些国家或地区的自然环境很适合投资，但其法律变更无常，资本权益得不到保障，则不宜进行投资；若税赋太重，使企业财务负担过重，也不宜进行投资。相反，一些国家为了吸引外资，制定了地价从优、保障外商合法权益、减免税收等政策。在这些国家或地区投资，会在政策、法规上得到一些优惠待遇，这也是当今跨国企业在全球范围内选址时要考虑的重要因素。

第二节　服务企业设施选址的实施

一、服务设施选址的步骤①

选址没有固定不变的程序，一般步骤为：选择某一个地区→商圈分析→客源和客流量分析→选择适当的地点→比较不同方案，得出最佳结果。

（一）选择某一个地区

按照企业发展战略，选择若干地区新建设施或扩建设施要综合考虑经济因素、政治因素、社会因素和自然因素等，最后确定某一个地区。可以选择在城市、农村或城郊设厂。

① 于千千，秦德智. 服务企业经营管理学［M］. 北京：北京大学出版社，2008.

（1）城市设址。城市人口稠密，人才集中，交通便利，通信发达，各种企业聚集，协作方便，动力供应便利，资金容易筹集，基础设施齐备。但是，城市高楼林立，地价昂贵，生活水平高，对环境保护要求高。综合比较，以下情况较适宜于在城市设址：①企业规模不大，需大量受过良好教育和培训的员工；②设施占用空间少，最好能设置于多层建筑内；③对环境污染小。

（2）农村设址。在农村设址与城市设址的优缺点相反，以下情况较适宜于在农村设址：①企业规模大，需占用大量土地；②生产对环境污染较大；③需大量非技术性粗工；④有高度制造机密，需与周围隔离。

（3）城郊设址。城郊具有城市和农村的优点，且由于现代交通和通信发达，将是越来越多的企业的投资热点。

（二）商圈分析

商圈是指以服务现场所在位置为中心，将向四周辐射所能吸引到的最远顾客距离联结，形成的一个封闭曲线形态。简单的说，也就是来店顾客所覆盖的地理范围。商圈的形态可能根据附近地形、交通条件、建筑布局等因素，表现为各种不同形态的封闭曲线。为便于分析，我们把商圈视为以服务组织所在位置为中心的同心圆形，并把商圈分为三个层次：核心商圈、次级商圈、边缘商圈。

由于服务场所位置、服务类型、规模的差异，商圈的范围、形态及商圈内顾客分布密度都存在差异，但是还是有一定规律可循的。

例如，位于居民区商业街的超市或美发店，其商圈面积较小，从结构看，核心商圈顾客密度最大，即其主要客源来自于周边的居民；次级商圈相对密度较小。而位于城市商业中心区的超市或美发店，其商圈辐射范围较大，从结构看，核心商圈的顾客密度较小并且不是主要客源，次级商圈和边缘商圈的人数多，辐射距离远，特别是同时处于主要地铁口或交通要道的超市，其边缘商圈可能辐射到全城。对于一些著名的旅游景点如迪士尼乐园、深圳的世界之窗，借助于品牌的广泛传播，其边缘商圈可能跨越了地理的界限，扩展到全世界。

（三）客源和客流分析

1. 客源分析

商圈内客源的构成可以分为以下 3 部分：

（1）居住人口。指那些居住在服务传递地点附近的常住人口，这部分人口是核心商圈基本顾客的主要来源。如超级市场、学校、医院、餐馆等的顾客基本都是附近的常住人口。

（2）工作人口。指那些并不居住在服务地点附近但是在附近工作的人口。这部分人口中不少利用休息时间或在上下班前后前来接受服务。如一位白领女士利用午休时来到附近的美容店接受服务，或在下班后在附近的咖啡厅约朋友一起喝咖啡。星巴克咖啡厅开设在办公写字楼密集处的分店，就是以这部分工作人口为主要目标顾客。

（3）流动人口。指在交通要道、繁华商业中心、公共活动场所来往的人口，他们构成了在此处经营的服务组织（如零售、餐饮、娱乐）的主要客源。某处的流动人口越多，潜在顾客就越多，同时竞争者云集，寸土寸金，竞争激烈，这就要求营销者高度讲求竞争策略，寻求经营特色。

2. 客流分析

客流量大小是很多服务组织经营成功的关键因素，客流包括现有客流和潜在客流。对于零售店和咖啡馆，总是力图选择潜在客流最多、最集中的位置，以便使顾客能就近购买服务。但是，对于一些专业性服务组织，客流规模的大小也许没有意义。

首先，我们分析客流的结构，可以将客流分为3种主要类型。

（1）自身客流。指那些专门前来消费本项服务的顾客所形成的客流，这是服务组织客流的基础，是主要的收入来源，在选址时应重点评估自身客流的大小和发展潜力。

（2）分享客流。这种客流往往产生于经营项目相类似或相互补充的服务组织之间，或存在于一条商业街沿线的各种店铺之间，以及大店和小店之间。如前往电脑城购买电脑主机的顾客，会顺便去附近的专业配件店或软件店购买打印机及一些光盘。不少餐饮店依傍大的购物中心而设，也是为了利用这种分享客流，如哈根达斯冰淇淋、星巴克、麦当劳餐厅常选择一些大型购物中心和大型超市，开设店中店或店中货架。

（3）派生客流。指那些顺路进店消费的顾客所形成的客流，在一些交通枢纽、旅游景点、公共场所附近设立的服务营业点，主要利用的就是派生客流。

其次，分析客流的目的、速度和滞留时间。不同地点的客流量虽然可能相同，但客流目的、流向、滞留时间可能差异很大，在进行选址时要考虑以下几条基本规律。

（1）城市交通主要干道两侧车流量大，但是停留困难，客流速度快、停留时间短。

（2）理想的商业街应该便于步行购物者穿越，车流量小，流速快，街道中间没有隔离护栏，街道宽度介于两车道和四车道之间。

（3）同一条街道两侧的客流量由于受到交通条件、人行道宽度、采光、公共场所设施、日照方向等因素影响而有所差异。

（4）交叉路口由于视野开阔，并汇集了两条街道的客流，对多种类型的服务都是最佳开业地点，称为黄金角位。

（5）有些街道由于交通的单行限制等原因，客流主要来自街道一端，表现为一端客流集中、纵深处逐渐减少的特征，这时候选址应优先考虑客流集中的一端。

（6）有的街道中间地段的客流规模大于两端，此时应优先考虑选择中间地段以争取到更多的潜在顾客。

（7）受到生理结构的影响，在环形商业布局中，顾客到达后习惯于向右转并以逆时针方向前进。

（四）选择适当的地点

地区选定之后，在经过了商圈分析与客源和客流分析后就要确定在哪片土地建立设施。这时要针对企业的特点，更深入地分析研究各种有关因素，具体要求如下。

（1）尽可能全面地考虑选址地点的情况，尽量做到最优的选择。为了尽可能接近最多的目标顾客，适应潜在顾客的分布和流向，方便顾客接受服务，扩大潜在客源，大部分服务组织都将地点选择在城市繁华商业中心、人流必经的城市要道和交通枢纽、城市住宅区附近和市郊的交通要道、村镇等地区，从而形成了以下几类主要的选择。

①城市中央商业区。而整个城市最重要、最繁华、人流量大的商业中心区，如北京的王府井，上海的城隍庙和南京路等。这里云集着各种著名的百货公司、商业中心、酒楼食肆、休闲娱乐场所，是接待性服务组织的首选位置。对于一些专业性服务组织，如律师事务所、管理咨询公司等，这些地方则不适合。

②城市交通要道和交通枢纽的商业区。这里所指的交通要道和交通枢纽包括城市的直通街道、地下铁道的大中转站，是大城市的次要商业街。这些地点是人流必经之处，逢节假日、上下班时间人流如潮，店址选在附近是为了便利来往人流。医院、餐馆、银行等服务组织可以考虑。

③城区居民区的中心商业街。主要客源是附近的常住居民，一些与居民日常生活息息相关的服务，如零售、餐饮、美发、健身等，可以考虑在此处选址。

④城市边缘快速路两侧。由于交通便利，经营空间大，停车方便，这里是大型仓储超市、汽车美容修理、汽车销售、物资批发、学校等服务机构的理想选址。

（2）整理选址地点环境的费用。不能只考虑基础设施的建设费用，还要考虑周围环境、道路、供水、下水道及废料堆放处理的场地等费用。尤其在远离城市的地方设址，公共设施缺乏，一切都需自理，所需费用往往很大。

（3）员工生活方便。在远离城市的地区设址，还要考虑员工的住房问题，在城市或城郊设址，要考虑员工上下班的交通问题。

（五）比较不同方案，选出最佳结果

在进行了以上众多的分析比较后，企业要根据目前自身的发展状况，结合制定的中长远期目标从众多的选址方案中选出最优的，以进行后续工作。

二、服务设施选址的方法

对于服务设施选址，既要考虑服务提供者的经济效益，又要兼顾消费者的实际需要，在保证服务提供者获得合理回报的条件下，使消费者以尽可能低的消费成本得到方便快捷的服务，实现整个服务系统功能的总体最优。

服务设施选址时有多种多样的方法，以下为几种最常用的方法。

（一）重心法

重心法是一种布置单个设施的方法，这种方法要考虑现有设施之间的距离。在最简单的情况下，这种方法假设运入和运出成本是相等的，它并未考虑在不满载的情况下增加的特殊运输费用。首先要在坐标系中标出各个地点的位置，目的在于确定各点的相对距离。在选址中，经常采用经度和纬度建立坐标。其次，根据各点在坐标系中的横纵坐标值求出成本运输最低的位置坐标。最后，选择求出的重心点坐标值对应的地点作为我

们要布置设施的地点。

问题：在一个现有的设施系统中要布置一个新设施，新设施与原设施系统有密切联系：运输量、运费、服务人数、产品需求量等方面的联系，新设施布置在何处为好？

现在就以奎因公司所属的折扣商店为例来加以说明。这是 4 家凯玛特风格的连锁商店。这家商店已经在芝加哥、匹兹堡、纽约和亚特兰大开有分店。目前，这几家店都由位于匹兹堡的仓库供货。仓库是第一家连锁店所在地，现在不但陈旧，而且货物供给也不足。表 5–2 所示就是这 4 个分店货物需求量。

表 5–2　奎因公司折扣连锁店的需求量

商店的区位	每月的集装箱货运量（个）
芝加哥	2000
匹兹堡	1000
纽约	1000
亚特兰大	2000

奎因公司决定找一处“中心”点，重新建一个仓库。由于每个月大量的集装箱运输影响了经营成本，因此单纯的距离问题并不是决定新位置选择的主要标准。重心法计算的前提就是假设运输成本与距离和运输量成正相关。所以在该方法下得到的理想区位应该是仓库与零售网点之间的距离加权以后的最小值，其中距离要被运输的集装箱数加权。

重心法中第一步要做的就是将已经存在的零售店的位置放在坐标系中进行分析，如坐标图 5–1 所示。坐标系的原点和尺度是任选的，只要能正确地确定每个零售店的相对位置即可。如果这样做完的话，就可以通过网格在地图上确定每一个零售店的位置了。然后根据公式（1）和（2）就可以求出重心的位置了。

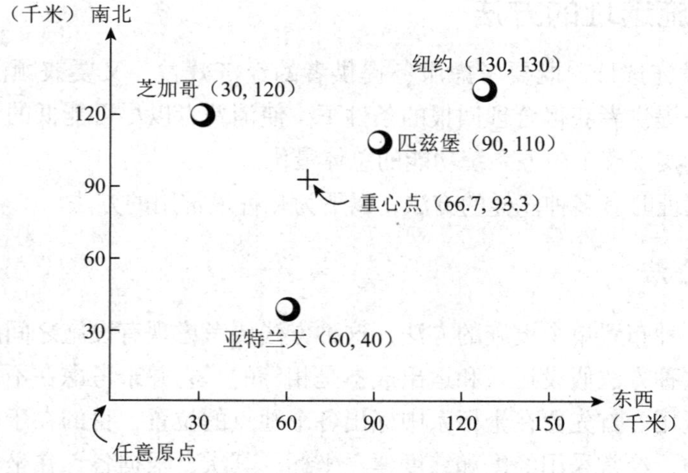

图 5–1　四家奎因公司折扣商品店的位置坐标

$$C_x = \sum_i d_{ix} W_i / \sum_i W_i \qquad \text{公式（1）}$$

$$C_y = \sum_i d_{iy} W_i / \sum_i W_i \qquad \text{公式（2）}$$

上式中，C_x 代表重心在 X 轴上的坐标；

C_y 代表重心在 Y 轴上的坐标；

d_{ix} 代表位置 i 在 X 轴上的坐标；

d_{iy} 代表位置 i 在 Y 轴上的坐标；

W_i 代表从位置 i 处运出和向区位 i 运入的货物量。

（二）因素加权法

因素加权法在选址方法中也许是使用得最广泛的一种，因为它以简单易懂的模式将各种不同因素综合起来。因素加权法的具体步骤如下：

（1）决定一组相关的选址决策因素。

（2）对每一因素赋予一个权重以反映这个因素在所有权重中的重要性。

（3）对所有因素的打分设定一个共同的取值范围，一般是 1~10，或 1~100。

（4）对每一个备选地址的所有因素，按设定范围打分。

（5）用各个因素的得分与相应的权重相乘，并把所有因素的加权值相加，得到每一个备择地址的最终得分。

（6）选择具有最高总得分的地址作为最佳的选址。

运用这种因素加权法应注意：在运用因素加权法计算过程中可以感觉到，由于确定权数和等级得分完全靠人的主观判断，只要判断有误差就会影响加权数值，最后影响决策的可能性。目前关于确定权数的方法很多，比较客观准确的方法是层次分析法。

表 5–3 所示就是利用因素加权法对某一新造滑雪场所进行位置选择的一个简化了的图解过程。表中，管理人员列举了一些他们认为不易量化的重要因素，以及他们的权数和 3 个可选位置（加利福尼亚、科罗那多、新英格兰）中各个因素的得分情况。最终，加权因素的分析结果显示，新英格兰的区位得分为 147，高于加利福利亚、科罗那多地区的得分。如果对结论还存在疑虑的话，可以通过改变各个因素的权数对结果灵敏性进行分析。

表 5–3　因素加权法在为滑雪场所进行区位选择时的应用

因素	各个区位得分				加权得分		
	重要性权数	加利福尼亚	科罗拉多	新英格兰	加利福尼亚	科罗拉多	新英格兰
平均年降雪量	8	5	4	3	（8）（5）= 40	（8）（4）= 32	（8）（3）= 24
地形地貌	9	4	5	4	（9）（4）= 36	（9）（5）= 45	（9）（4）= 36
附近市场规模	7	3	2	5	（7）（3）= 21	（7）（2）= 14	（7）（5）= 35

续表

因素	各个区位得分				加权得分		
	重要性权数	加利福尼亚	科罗拉多	新英格兰	加利福尼亚	科罗拉多	新英格兰
交通情况	5	4	4	5	（5）（4）= 20	（5）（4）= 20	（5）（5）= 25
政府鼓励机制	3	3	4	4	（3）（3）= 9	（3）（4）= 12	（3）（4）= 12
竞争者数量及规模	3	2	5	5 总计	（3）（2）= 6 132	（3）（5）= 15 138	（3）（5）= 15 147

（三）多设施选址定位①

对于多设施的定位问题要复杂一些，对公共设施的定位可考虑在某一特定的服务距离内能满足所有需求点的设施最小需要的定位问题（用最小的设施服务特定范围）。对商业设施而言，可考虑就某特定设施能够服务的范围的最大化的定位问题（某特定设施服务最大范围）。

（1）完全覆盖问题。完全覆盖一般多为公共设施采用。对公共设施定位效果的评测量比较困难，一种测度就是对顾客到达设施所必须的最远距离的测量，即服务设施的最大服务范围。对于公共设施的定位就是要研究并发现在特定的最大服务距离内，能满足所有需求点的设施的最小数量及设施的定位。

第三节　服务企业设施布置

服务设施布置是服务运作管理过程中一个经典问题，是指在一个给定的服务设施范围内，对多个经济活动单元进行位置安排。所谓经济活动单元，是指需要占据空间的任何实体，也包括人。例如，机器、工作台、通道、桌子、储藏室和工具架等。所谓给定的设施范围，可以是一个工厂、一个车间、一座百货大楼、一个写字楼或一个餐馆等。当服务设施的布置一旦确定下来，其影响是永久性的。服务系统投入运行后才发现问题，再想改就十分困难了。

对于服务设施来说，其布置在为顾客和服务者提供方便方面非常重要的。布置的目的是要将服务企业内的各种物质设施进行合理安排，使他们组合成一定的空间形式，从而有效地为服务企业的运作服务，获得更好的经济效果。设施布置在设施位置选定之后进行，它要确定组成企业的各个部分的平面或立体位置，并相应地确定物料流程、运输方式和运输路线等。

① 于千千，秦德智. 服务企业经营管理学［M］. 北京：北京大学出版社，2008.

一、服务设施布置的原则

服务设施布置的目的在于，合理安排服务作业单位及其辅助设施的相对位置和面积，以有利于提高服务效率，满足消费需求。在进行设施布置时，应遵循以下原则：

第一，减少员工在各部门之间往返的时间以提高效率，在服务中尽可能为客人提供方便。

第二，服务设施的布置满足服务过程的要求，以避免互相交叉和迂回运输，缩短距离，节省服务费用。

第三，要留有余地。除了空间的充分利用，同时要平衡满足日后扩张发展的需要。因此，要留有部分空间以备今后发展之需。而且在建筑物的建设中也要留有今后可能增加楼层、扩大面积的余地。

第四，按照服务的性质、防火和卫生要求，合理划分各种服务区域，如热加工车区域、冷加工车区域、动力设施区等。

第五，为顾客及员工提供舒适的环境，包括空调设备、良好的照明设备、卫生间和安全通道等。比如，在服务大厅或办公室里用花草树木作为工作区域隔离。

二、服务设施布置的类型

（一）产品布置

产品布置是指用来向大批消费者逐一提供专门性服务的场所设施配置方式。对于标准服务，可以分解为一系列相对独立的步骤或操作，这些步骤或操作是顾客所必须经历的。比如自助餐厅，就餐者按顺序自己搭配食品。安排这样的服务需要在服务者之间分配任务，以使生产的工作步骤需要近似相等的时间。为每个顾客花费时间最多的工作成为瓶颈，并且限定了服务线的能力。对服务线能力的任何改变都需要注意瓶颈作业，要注意服务过程各步骤之间的平衡。

要使得服务线能够平衡运行，可以通过在工作人员在移动传送带的方式来实现。生产配置规划的中心问题是如何找到这个理想的平衡点，从而能够做到尽量减少各工作点的闲置时间，使得顾客可以在各服务部门顺畅流动。

假设你来到餐厅，递上餐盘，然后点上你所需要的东西。有时，这个过程并不一定能很流畅地进行，因为有些服务有特定的分工，不能由其他人来担任（要经过专门训练才能上岗的收银员）。所谓理想的平衡的工作流程是指其中每道服务的工作所花费的时间都应该是均等的。表 5–4 所示是餐厅服务的时间测算。

表 5–4　餐厅服务的时间测算

步骤	服务类型	平均的服务时间
1	供应蔬菜	20秒
2	供应主菜	30秒

续表

步骤	服务类型	平均的服务时间
3	供应汤	20秒
4	供应甜食	15秒
5	供应饮料	10秒
6	结账	60秒

图 5-2（a）向我们展示了目前安排在各点上的 5 位员工的工作表现情况。图中第 4 工作台的服务员负责提供甜食（15 秒）和饮料（10 秒）。问题在于整条供餐线的流程相当不平衡。在工作台 5，收银员给 1 位顾客结账时间平均需要花费 60 秒。这意味着，在 1 个小时内这名收银员只能服务 60 名顾客。这样，其他的员工在 1 分钟的工作时间（也可以看成一个顾客的服务周期）中竟然有 30~40 秒钟的闲暇时间。

图 5-2（b）中，管理层为了降低成本，减少了 2 个工作台（2 名员工），将供应蔬菜和供应主菜服务合并成一个步骤（50 秒），汤、甜食、饮料服务作为第二个步骤（45 秒），最后一步是结账（依然是 60 秒）。虽然经过这次调整之后成本降低了，但是服务速度还是太慢，平均 1 个小时只能服务 60 名顾客，即 1 分钟 1 名。

如果想从真正意义上去提高待客量，那么就得使用第 2 和第 3 套方案，如图 5-2（c）中，前面的服务配置不变，只是在最后一步中安排了 2 名收银员。这样做的结果是消除了瓶颈，使得 1 小时之内有 120 名顾客可以得服务。不过由于新增了一名员工，劳动力成本也会提高一点。

最后一种调整方案是将饮料服务部分放在了整个服务的开始，如图 5-2（d）所示。由原本负责供应蔬菜的员工负责，汤和甜食的服务并入第三步，剩余的那名员工或经过培训之后作为第二名收银员。虽然说由于服务结构的调整会有部分成本的支出，但是劳动力成本不会增加。采用这套服务流程，每小时可以为 103 名顾客提供服务。但是与此同时新问题也出现了。在第三个工作台，由于每位顾客在这里要花费 35 秒的时间，所以导致整个服务时间在此产生“瓶颈”现象。

有许多的服务业，虽然它们不像上述例子中那样拥有完备的流水线操作程序，但是也可以被认为是与生产配置有关。比如，一家汽车机油调换商店，不但能提供各种周到的服务，而且针对不同的服务类型采用不同的设施配置，同时在劳动力分工方面也做得很出色。还需指出的是，服务设施的布局是受到行动最慢的工作的制约的。

（二）过程布置

过程布置研究的是相似过程之间的妥善安排，根据设施的类型布置，联系密切的设施相距较近，即把同类的或联系密切的尽量放在一起。这样，员工执行相似任务或承担相同责任的员工应该相距较近，顾客在各部分之间的移动距离较短，可以减少员工或顾客的行进距离，节省时间。大多数服务企业采用的都是这种方法，因为这样做可以在同一时间内对各种服务内容进行处理，所以对于那些诸如法律事务部、旅行社和保险公司

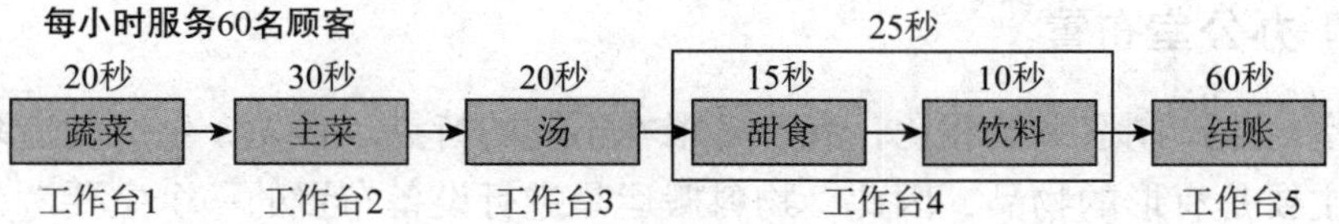

（a）本方案需要5名工作人员

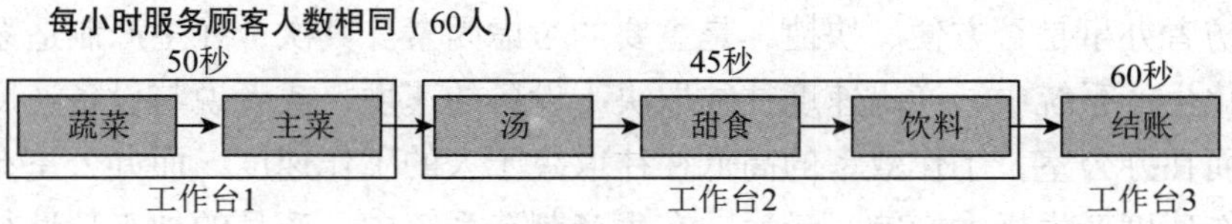

（b）本方案需要3名工作人员

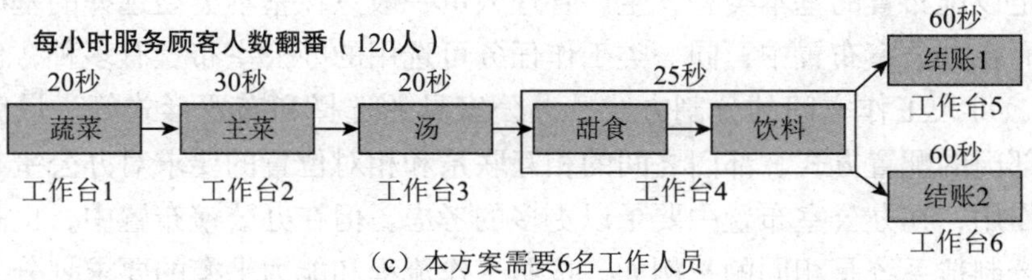

（c）本方案需要6名工作人员

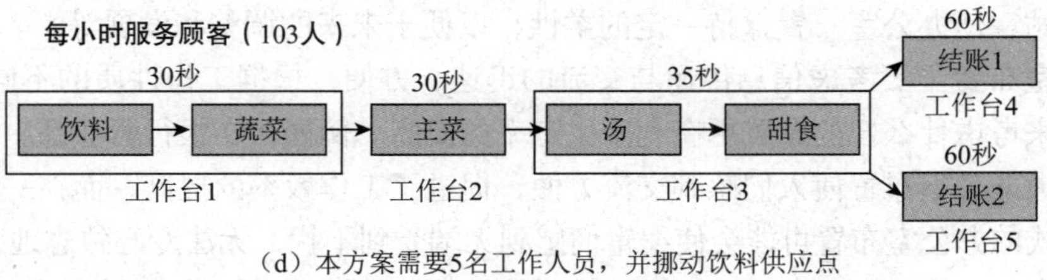

（d）本方案需要5名工作人员，并挪动饮料供应点

图 5-2　餐厅服务布置的平衡

等服务部门特别有效，因为他们面对的顾客是需求各异的。除此之外，医院或是诊所也应该是用这个方法的很好场所，对于源源不断的病人，每个人的需要都不一样，但是他们却又都要经过一套固定的程式，比如，挂号、登记、化验、就诊、重病护理、取药和打针等。

过程布置方法最大的优点是设备使用的灵活性及员工工作安排的灵活性。比如，在一家医院可能会安排几位产科医生值班，应对早产儿的情况。然而，如果在紧急情况下暂时无法找到专门的医生，只要有这方面技术的医生就应该承担起这份责任。在整个服务过程中，个性化程度越高，对服务的要求越高。

在过程布置方案中，最常用的一种方法就是将服务部门或服务中心放在最便于提供服务的地方，这就要求将涉及跨部门操作的人员或是文案工作的各个部门依次排列。按这种方式操作，可能发生的成本主要有：①一段时间内各个部门间人员或文件的流量。②各个部门间的距离。通过下面这个例子来介绍这种方法。

（三）办公室布置[①]

办公室与生产制造系统相比，有许多根本不同的特点。首先，生产制造系统加工处理的对象主要是有形的物品，因此，物料搬运是进行设备布置的一个主要考虑因素；而办公室工作的处理对象主要是信息及组织内外的来访者，因此，信息的传递和交流方便与否，来访者办事是否方便、快捷，是主要的考虑因素。其次，在生产制造系统中，尤其是自动化生产系统中，产出速度往往取决于设备的速度，或者说与设备速度有相当大的关系。而在办公室，工作效率的高低往往取决于人的工作速度，而办公室布置，又会对人的工作速度产生极大影响。最后，在生产制造系统中，产品的加工特性往往在很大程度上决定设施布置的基本类型，生产管理人员一般只在基本类型选择的基础上进行设施布置；而在办公室布置中，同一类工作任务可选用的办公室布置有多种，包括房间的分割方式、每人工作空间的分割方式、办公家具的选择和布置形式等。最后，组织结构、各个部门的配置方式、部门之间的相互联系和相对位置的要求对办公室布置有更重要的影响作用，在办公室布置中要予以更多的考虑。但在办公室布置中，也有一些考虑原则与生产制造系统是相同的，例如，按照工作流程和能力平衡的要求划分工作重心和个人工作站，使办公室布置保持一定的柔性，以便于未来的调整和发展等。

办公室布置主要考虑信息传递与交流的迅速、方便，根据工作性质的不同、工作目标的不同来考虑什么样的布置更有利于生产率的提高。例如，在银行营业部、贸易公司，开放式的大办公室布置使人们感到交流方便，促进了工作效率的提高；而在一个出版社，这种开放式的办公室布置可能会使编辑们感到无端受到干扰，无法专心致志地工作。

尽管办公室布置根据行业的不同、工作任务的不同有多种，但仍然存在几种基本的模式：一种是传统的封闭式办公室，办公楼被分割成多个小房间，伴之以一堵堵墙、一个个门和长长的走廊。显然，这种布置可以保持工作人员足够的独立性，但却不利于人与人之间的信息交流和传递，使人与人之间产生疏远感，也不利于上下级之间的沟通。而且，几乎没有调整和改变布局的余地。另一种模式是开放式办公室布置。在一间很大的办公室内，可同时容纳一个或几个部门的十几人、几十人甚至上百人共同工作。这种布置方式不仅方便了同事之间的交流，也方便了部门领导与一般职员的交流，在某种程度上消除了等级的隔阂。但这种方式的一个弊病是有时会相互干扰，会带来职员之间的闲聊等。因此，后来进一步发展起来的一种布置是带有半截屏风的组合办公模块。这种布置既利用了开放式办公室布置的优点，又在某种传递上避免了开放式布置情况下的相互干扰、闲聊等弊病，而且，这种模块式布置有很大的柔性，可随时根据情况的变化重新调整和布置。有人曾估计过，采用这种形式的办公室布置，建筑费用比传统的封闭式办公建筑能节省 40%，改变布置的费用也低得多。实际上，在很多组织中，封闭式布置和开放式布置都是结合使用的。20 世纪 80 年代，在西方发达国家又出现了一种称之为“活动中心”的新型办公室布置。在每一个活动中心，有会议室、讨论间、电视电话、接待处、打字复印、资料室等进行一项完整工作所需的各种设备。每一项相对独立的工作集中在这样一个活动中心进行，工作人员根据工作任务的不同在不同的活动中心之间

① 张淑君，林光. 企业运作管理［M］. 北京：清华大学出版社，2004.

移动。但每人仍保留有一个小小的传统式个人办公室。显而易见，这是一种比较特殊的布置形式，较适用于项目型的工作。

20世纪90年代以来，随着信息技术的迅猛发展，一种更加新型的办公形式——“远程”办公也正在从根本上冲击着传统的办公布置方式。所谓“远程”办公，是指利用信息网络技术，将处于不同地点的人们联系在一起，共同完成工作。例如，人们可以坐在家里办公，也可以在出差地的另一个城市或飞机、火车上办公等。可以想象，当信息技术进一步普及、其使用成本进一步降低以后，办公室的工作方式和对办公室的需求，以及办公室布置等，均会发生很大的变化。

（四）零售商店布置①

对零售企业而言，它们的经营目标就是使营业点的净利润达到最大化。由于零售杂货店的分布遍及全国各地，而且为众多学者所关注，所以本节就以它的布局设计为例来加以说明。大多数零售业主要是以招揽各类客户为经营之道，所以我们在此要讨论的零售业的布局配置问题就以此为前提。然而，招揽客户也不是唯一的经营战略，零售业在配置、设计时也可能专门考虑一部分特殊客户的需求。比如，埃姆斯公司的经营战略就是一个特例。埃姆斯公司是一家成功经营折价商品的连锁百货店。他们的经营对象主要是收入有限的一批顾客，如年收入大约在2.5万~3.5万的服务员、文员、体力劳动者和退休职工等。埃姆斯公司除了供应低价商品之外，它们还专门为商店进行布局配置的设计，以方便目标顾客的光顾。埃姆斯公司的零售点的面积一般较小，因为老年人不愿意去大商场，拖儿带女的职业女工大都来去匆匆。埃姆斯公司的商店往往围绕着服装区开辟一条“快速通道”，方便老年顾客和有急事的购买者很容易取到想要的商品。

零售业的人们都相信这样一种假设：销售量与顾客接触到的商品量有直接的关系。所以，为了能提高收益，零售商店总是想尽一切办法为顾客提供多种商品的选择。

研究结果确实表明，商品的覆盖面越广，销售业绩就越好，投资回报率也就随之升高。服务业的管理人员可以改变两个明显的变量：其一，商店的整体布局，或者说是商店的流动模式。其二，在这一模式下各类商品的空间分配。

虽然有许多学者认为，现在对商店进行布局设计已经不存在什么固定的模式了，但以下列举的6个方面将有助于许多商店的总体布局。

（1）沿商店的四周放置热销商品。所以人们总是会在超市的一角找到乳制品，而在另一角找到面包和糕点。

（2）在显眼的位置（比如在过道的头尾）摆放诱人的商品或是高利润的商品，如家用器皿、化妆品和洗发用品等。

（3）尽量减少方便顾客走捷径的机会。货架的长度应该与售货厅的长度相一致，更为极端的做法是只让顾客从商店的一头进，从另一头出。

（4）把行业内称作“龙头商品”的货物（就是顾客愿意走几步去取的商品）分散摆

① 森吉兹·哈克塞费，等.服务经营管理学［M］.中国人民大学出版社，2005.

放，摆在走道的两面，这样顾客就会对其他的商品看上一眼。用这种方法，商品会“弹出”，增加了顾客感知的机会，摆在龙头商品周围的货物销量就上去了。

（5）使用过道末尾定位法，因为这个区域顾客光顾得比较多。

（6）谨慎选择主打商品的定位，以此来树立商店的形象。商店里人们往往主要考虑商品，但是如果管理层希望向顾客传递低价的信息，他们就会把低价商品在门口一字排开。也有一些商店把面包和熟食安排在进门的地方，这样做的目的是吸引为备餐而图方便的顾客。

零售服务业的经营目的是使每件商品在每单位面积内的收益达到最大化。这一基本标准可以根据产品种类的不同而调整。调整的方式是在一定面积的基础上向深度开拓。一些所谓的“大单子”商品，也就是价格较高的商品，虽然售价很高，但是从每单位面积的收益来看却并不高。此外，判断每件商品真正的成本时还要考虑变质、招窃、破损，以及顾客退货和储存、销售所需的劳动力投入等诸多因素。当然，有时为了凑齐商品种类，就不能过多考虑利润。零售商店如果仅销售利润很高的商品，当然能符合收益达到最大化的经营标准，但是它也会遇到另一类的问题。

利用计算机信息，各种精确的报告及收银台的数据，再通过迅速的分析，各个零售店的管理人员是能够判断出最理想的区位的。同时，目前有许多电脑程序也能帮助他们对各类商品的盈利情况进行判断。

【案例分析】

沃尔玛的选址原则

沃尔玛在短短几十年时间里从一家默默无闻的小杂货店发展壮大成为世界最大的零售企业，可以称得上是世界零售业的一大奇迹。沃尔玛的成功取决于经营管理的许多独到之处，其中之一就是它的独特的选址原则。

（1）选择经济发达的城镇。选择经济发达、居民生活水平较高的城市是兴建大型商场和超市的首选。有关机构曾专门作过调查，结果表明，有沃尔玛连锁店的城镇，一般比没有沃尔玛的城镇经济更发达。

（2）连锁发展计划。沃尔玛设立门店要从发展战略出发，综合考虑连锁发展计划，以防设店选址过于分散。沃尔玛门店分布有长远规划，并且具有一定的集中度，这利于总部实行更加精细科学的管理，节省人力、物力、财力，并使每一个门店的设立都为整个企业的发展战略服务。

（3）独立调整门店。沃尔玛一般不与其他大型零售店聚集在一起。在选址中注意与其他仓储式超市、大型综合超市及批发市场等保持一定的距离，至少他们之间在核心商圈不能重叠，以免引发恶性竞争，导致两败俱伤。

（4）选择城乡接合部。对以中小零售店和居民为主要目标市场的沃尔玛山姆俱乐部，一般选在远离市中心的城乡接合部、次商业区或新开辟的居民区中，在该商场周围要有20~30万的常住人口，该地点土地价格和房屋租金要明显低于市中心，交通便利，符合城市发展规划。

（资料来源：百度文库，https://wenku.baidu.com/view/8cf5bd627cd184254a35354a.html.）

思考题

1. 制造业与服务业企业设施选址有何区别？
2. 服务业企业设施选址应注意哪些要点？

课程实践

以小组为单位分别调查某个餐厅、超市的选址和布局以及某个公园、酒店和办公室的布局，撰写分析报告，用数码相机拍摄照片和视频，结合报告进行展示和讲解。

【本章小结】

设施选址是指如何运用科学的方法决定设施的地理位置，使之与企业的整体经营运作系统有机结合，以便有效、经济地达到企业经营的目的。服务设施选址的重要性表现为：决定了投资的多少、影响服务成本、影响职工的积极性等。服务设施选址的影响因素主要包括：消费者、劳动力资源、竞争者、基础设施、社会因素和政治因素。服务设施选址步骤为：选择某→个地区→商圈分析→客源和客流分析→选择适当的地点→比较不同的方案。服务设施选址的方法有：多设施选址定位；因素加权法；重心法。服务设施布置应考虑方便顾客等原则，服务设施布置的类型有：产品布置；过程布置；办公室布置；零售店布置。

【复习思考题】

一、名词解释

设施选址

二、简述题

1. 讨论服务设施选址的重要性。
2. 影响服务设施选址的主要因素有哪些？
3. 服务设施选址的方法主要有哪些？
4. 如何进行办公室的平面布局？

三、论述题

1. 试述服务企业设施选址的重要意义。
2. 试述服务企业应如何进行设施选址。

第六章

服务企业人力资源管理

【教学目标】

1. 掌握人力资源、人力资源管理的概念；
2. 了解服务员工在服务企业中的关键作用；
3. 了解绩效、薪酬、培训的内容及主要职能；
4. 了解当前中国当前服务企业人力资源的现状与发展。

章前导读

人力资源管理

自从诺贝尔经济学奖获得者西奥多·舒尔茨在20世纪60年代初提出人力资本的理论后，越来越多的经济学家开始认识到人力资源已经成为企业、社会、国家致富的根本源泉。进入21世纪，人类加速了知识的生产和应用，经济和社会的发展也越来越依赖于知识。人是知识生产和应用的承担者，是任何企业经营活动不可缺少的钥匙，是经营过程中的第一资源，人力资源和知识资本的独特优势成为企业的核心能力。因此，人力资源对于企业来说，越来越重要。彼得·德鲁克曾经说过：企业只有一项真正的资源，那就是人。日本著名企业经营大师松下电器的创始人松下幸之助也曾对员工要求：到外面去，如果人家问你你们企业生产什么？你应该回答说："松下电器企业是造就人才的，也是生产电器产品的，但首先是造就人才的。"造物之前先造人，是松下幸之助的名言。著名服务专家伦纳德·贝里曾写道：员工的成功投资是许多公司持续成功经验的关键驱动因素。由此可见，人才的培养和人力资源的管理是企业管理的首要问题。

（资料来源：https://wenku.baidu.com/view/1bbce229ee06eff9aef8079d.html.）

第一节　人力资源管理概述

一、人力资源管理的内涵

所谓人力资源，是与自然资源，物质资源或信息资源想对应的概念，有广义与狭义之分。广义的人力资源，是指以人的生命为载体的社会资源，凡是智力正常的人都是人力资源。狭义的人力资源，是智力和体力劳动能力的总称，也可以理解为创造社会物质文化财富的人①。

人力资源管理（Human Resource Management，HRM）是管理学中的一个崭新的、重要的领域。加里·德斯勒（Gary Dessler）认为人力资源管理是指为了完成管理工作中涉及人和人事方面任务的实践活动和策略。

本书认为，人力资源管理是指根据组织的战略目标制定相应的人力资源战略规划，并为实现组织的战略目标进行人力资源的获取、使用、保持、开发、评价与激励。强调人力资源管理的战略性和操作性。

二、服务企业人力资源管理的主要职能

服务企业人力资源管理的主要职能如图 6–1 所示，具体包括以下几个方面。

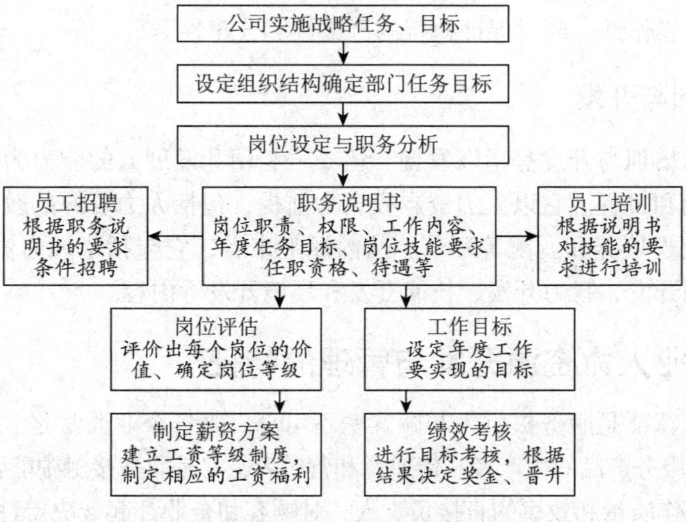

图 6–1　服务企业人力资源管理建设框架

（一）人力资源配置

首先，人力资源管理部门必须根据组织任务和环境制定人力资源战略，进行工作分

① 张春瀛. 人力资源管理［M］. 北京：中国铁道出版社，2004.

析，并制订与组织目标相适应的人力资源需求与供给计划，然后开展一系列的招募、选拔、录用、调配、晋升、转岗等工作。

（二）绩效考核

绩效考核是对员工在一段时间内对组织的贡献做出评价的过程，它通过建立有效的考核体系，对员工工作绩效进行及时的考核和评价，并把考核结果反馈给员工，以此改进和提高员工的工作绩效。只有建立有效的绩效管理系统，才能真正激发员工的工作积极性，提高组织的整体绩效水平。

（三）薪酬体系

薪酬、福利不仅是激励机制的重要组成部分，而且也是组织竞争力的体现。合理、科学的工资报酬福利体系关系到组织中员工队伍的稳定与否。相比竞争对手而言，支付较高的薪资、福利通常能够保证组织吸引和留住高素质的员工。同时，把薪资、福利与绩效挂钩，还能有效地诱导员工达到较高的绩效水平。

（四）制度建设

管理优秀的服务企业应该是制度健全、纪律严明；员工训练有素、综合能力强；系统化管理，职责分明；合理分权、充分授权，员工参与面广、层次深；最大化地发挥人力资源的价值。要想实现这些方面，必须强化人力资源管理的制度建设。制度的设计要科学、符合整体战略，要追求效率，也要兼顾公平；管理制度要集激励、约束、竞争三位一体，要有可操作性，同时保证执行的严肃性和公正性。

（五）培训与开发

人力资源的培训与开发是指以发掘、培养、利用和发展人的能力为主要内容的一系列有计划的活动和过程。它以人力资本投资为前提，包括人力资源的教育、培训以及人才的发现、使用、培养和调配等环节。从内涵上来看，它包括了人力资源的生理开发、心理开发、伦理开发、智力开发、技能开发和环境开发等内容。

三、服务企业人力资源开发与管理的特征

服务的一大特征是服务提供人与顾客密不可分。服务企业通常是“劳动密集”型组织。服务员工是服务产品的生产者、传递者和营销者，它是服务接触中能否赢得顾客满意、能否赢得服务工作质量和效率的直接负责人，对顾客和企业都起着决定性的作用。对于服务企业来说，他们可以是唯一的使服务有别于竞争对手的方式，也可能是失去顾客的原因所在。“公司—员工—顾客”之间的链式关系正说明了员工在服务管理中的地位和作用。

服务企业的人力资源管理围绕服务质量的提高展开，要想做好服务质量的提高，必须确保服务员工愿意并有能力实施优质服务，而且需要不断激励员工以顾客为导向，以服务为理念。为了实现这一目标，企业管理者必须开发总的战略，通过人力资源决策和制定战略，激励和促使员工成功实现顾客导向的服务承诺，逐步缩小服务提供水平和服

务标准之间的差距。

服务企业人力资源开发与管理主要围绕5个方面进行：招聘正确的人员；培训人员，保证服务质量；提供所需的支持系统；通过内部营销策略，留住最好的员工；授权给员工[①]。

（一）招聘正确的员工

服务企业人力资源管理必须从招聘做起，企业应根据市场竞争的需要及企业的发展目标，确立招聘的标准，引入多样化的招聘方式，发现招聘者的潜能，挑选人才。在招聘过程中，企业不仅应考虑应聘者的专业知识和专业技能，更应重视应聘者的择业价值取向，选聘那些积极向上、奋发向上、有事业心、有互助合作能力、能够不断学习、有敬业乐业精神的人员。

（二）培训人员，保证服务质量

要维护和发展一支实现顾客导向、关注服务质量的员工队伍，组织必须为提高优质的服务去培训员工。一旦招聘到正确的员工，组织必须着手培训并与这些员工一起工作，从而确保服务绩效。服务企业应重点培训员工的交际能力、合作能力、学习能力、教育、说服能力、文化修养和技术性能力。

（三）提供所需的支持系统

要使员工的工作高效并有成果，必须建立内部的支持系统，并与以顾客为中心的需要相一致。实际上，没有以顾客中心的内部支持和顾客导向的系统，无论员工意愿如何强烈，也几乎不可能执行优质服务。

（四）通过内部营销策略，留住最好的员工

企业的内部销售是一种全面的管理过程，其核心是培养有服务意识和顾客意识的员工。企业的服务及特定的对外营销活动在推向市场之前必须先在内部员工中展开营销，把员工当作顾客，将员工纳入公司的共同愿景之中，评估并奖励优秀员工。每个企业和组织都拥有一个由该组织内部员工构成的内部市场，它应该首先得到重视。如果企业内部的市场营销活动做得不好，企业的外部市场运作也会受到制约。

（五）授权给员工

授权意味着把为顾客服务的意愿、技能、工具和权利交给员工。实践表明，一线人员对企业成功的贡献很大，除了职业能力和不断培训之外，对员工对顾客关系上的授权也是影响最终服务效果的重要因素。授权可以为组织带来几项重大收益，其中包括：更快速地对顾客需求做出反应，更快速地对不满意顾客做出反应，更高的员工满意度，更好地发挥员工的创造性，提高员工及顾客忠诚度等。

---

① 丁宁. 服务管理［M］. 2版，北京：北京交通大学出版社，2012.

四、发达国家服务企业人力资源管理的模式

（一）美国模式

美国模式的基本特点是：注重市场调节和制度化管理，劳资之间的关系是对抗性的。美国服务企业注重市场调节。美国劳动力市场非常发达，对分配社会的劳动力资源起着极为关键的作用。该国服务企业的人力资源管理，对市场的依赖性很强，企业所需的任何人员，均可通过规范的招聘程序在劳务市场聘用到。企业不需要的人则毫不留情地给予解雇，由市场重新安排。企业雇主和雇员之间是直截了当的市场买卖关系，职工流动性很大，因此企业职工队伍的稳定性也较差。

美国服务企业注重制度化管理。美国服务企业制度化的程度很高。在人力资源管理上，具有分工明确、责任清楚，对常规问题处理的程序和政策都有明文规定的特点。在这种精细和明确的分工条件下，服务企业内部实现垂直领导，等级关系明确，下级对上级的指示必须执行。

美国服务企业中的劳资关系是对抗性的。这种关系表现在管理者一方认为管理是自己的事，至于工人和一般技术人员的劳动贡献，已经用工资给付了，员工不应该再有别的要求，不应该参加管理，也无权过问服务企业的经营情况。

（二）日本模式

日本模式的基本特点是：合作性劳资关系。日本注重服务企业内部劳资之间的合作关系，"重视素质、内部提拔、终身就业、年度弹性工资、合作性劳资关系"是日本服务企业独特的人力资源管理模式。

日本服务企业聘用员工时，不看重个人的具体技能，而是强调基本素质。雇主认为高素质的员工可以通过服务企业自己的培训而胜任各种岗位的工作。为了保证获得高素质的员工，日本非常注重与各类学校的合作，在招聘时重视个人素质而不是特殊技能。因此，日本服务企业培训新员工需要很大的投入。

日本服务企业若有新的岗位需求，首先想的是重新培训现有的员工，通过内部调节工作岗位来满足。之所以如此，一是由于日本劳动力市场资源匮乏；二是由于现有的员工显然已经具备了工作需要的软知识和软技能。服务企业认为，对已具备本服务企业工作所需的软知识和软技能的员工进行培训，让其学习某项硬技能，比让一个具备某项硬技能的外来人重新学习和掌握本服务企业的软知识和软技能，来得更快、更合算。

日本服务企业这种"对内部员工重新培训，使其掌握新的技能，以满足服务企业内部新的需要，以及按部就班地提拔人才"的人力资源管理模式，使日本的二次劳动力市场非常不发达，同时导致各服务企业对更换工作者也有相当的歧视，就是对中途更换工作者本身，也会造成巨大的经济损失。这就形成了日本大型服务企业人事制度上著名的"终身就业制度"。

不同的国家有着不同的价值观、道德标准、风俗习惯、政治与经济制度和法律。组织的成功来自不同的实践活动，一个企业的管理办法需要在社会背景下来理解。人力资

源管理也必须开发有助于多元化员工一起工作的机制。由于背景、语言、习俗或年龄差异变得更加普遍，员工冲突可能增加。人力资源管理者必须努力使不同的团体相互适应，找出建立团队的方式，以减少冲突。

第二节　服务企业绩效评估管理

一、概述

（一）绩效的定义

所谓绩效，就是指员工在工作过程中所表现出来的与组织目标相关的并且能够被评价的工作业绩、工作能力和工作态度。其中，工作业绩就是指工作的结果；工作能力和工作态度则是指工作的行为。理解这个含义，应当把握以下几点：

第一，绩效是基于工作而产生的，与员工的工作过程直接联系在一起，工作之外的行为和结果不属于绩效的范围。

第二，绩效要与组织的目标有关，对组织的目标应当有直接的影响作用。由于组织的目标最终都会体现在各个职位上，因此与组织目标有关就直接表现为与职位的职责和目标有关。

第三，绩效应当是能够被评价的工作行为和工作结果，那些不能被评价的行为和结果也不属于绩效。

第四，绩效还应当是表现出来的工作行为和工作结果，没有表现出来的就不是绩效。这一点和招聘录用的选拔评价是有区别的，选拔评价的重点是可能性，也就是说要评价员工是否能够做出绩效，而绩效考核的重点则是现实性，就是说要评价员工是否做出了绩效。

（二）绩效的特征

一般来说，绩效具有多因性、多维性和动态性三个主要的特点。

绩效的多因性，是指绩效的优劣不是取决于单一因素，而是要受制于主客观的多种因素影响。图 6-2 所示的工作绩效模型，列出了影响工作绩效的四种主要因素。其中，前两者是属于员工自身的主观性影响因素，后两者则是客观性影响因素。

这个模型也可以用公式表示为：$P=f(S, O, M, E)$ 公式中，P 是绩效；S 是技能；O 是机会；M 是激励；E 是环境。绩效是技能、激励、机会与环境四个变量的函数。激励是指员工的工作积极性。它本身取决于员工个人的需要结构、感知、学习过程与价值观等个人特点，其中需要结构的影响最大。技能是指员工工作技巧与能力的水平，它取决于个人天赋、智力、

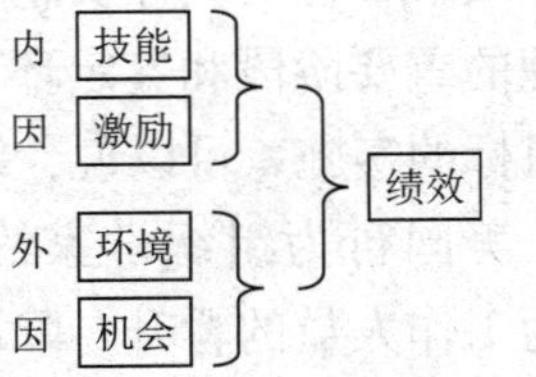

图 6-2　工作绩效模型

经历、教育与培训等个人特点。

影响工作绩效的客观因素，即环境与机会，虽然只起间接作用，却也不容忽视。环境因素首先指企业内的客观条件，如劳动场所的布局与物理条件（室温、通风、粉尘、噪音、照明等），任务的性质，工作涉及的工具、设备与原材料的供应，上级的领导作风与监控方式，公司的组织结构与环境政策，工资福利、培训计划，以及企业的文化、宗旨及氛围等。环境因素当然也包括企业之外的客观环境，如社会政治、经济状况、市场竞争程度等宏观条件，但这些是较间接的。机会则是偶然性的，现实生活中不可能做到真正的彻底而完全的平等，这一因素完全是不可控的。

绩效的多维性是指需要从多个维度或方面去分析与评价绩效。通常，在进行绩效考核的时候应综合考虑员工的工作能力、工作态度和工作业绩三个方面的情况。但并不是所有的情况下都需要考虑所有可能的考核维度，而是要根据不同的考核目的，选择不同的维度和不同的考核指标，而且，各个维度的权重也可能不同。

工作绩效的动态性是指员工的绩效水平不是持久不变的，它是处于一个动态的变化过程中的。员工的工作绩效只是一段时间内工作情况的反映，会随着激励状态、能力水平及环境因素的变化而变化。

理解了绩效的多因性、多维性和动态性，可以使管理者在进行绩效考核时，能以全面、客观、权变的眼光考察下级的工作绩效，有意识地防止片面、主观和僵化。

（三）绩效评估

绩效评估又称考核、考评或绩效评价等，是指按照一定的程序、方法及标准，定期对组织中工作人员的工作绩效状况进行科学的评估，以利于工作人员改进工作。绩效评估是绩效管理过程中最能体现管理效果的重要环节，是人力资源管理的一项常规性的重要内容，甚至被认为是人力资源管理过程中的中心环节。因为人力资源管过程中的其他环节，如人员招聘及配置、职业生涯管理、培训安排、工作中的职位调整、职位晋升、薪酬发放等，都需要并且应该以绩效评估的结果为客观依据。绩效管理过程包括设定绩效目标、督导绩效目标的具体实施、进行绩效评估、通过反馈改进绩效目标四个基本环节。

作为绩效管理的重要阶段和鉴定环节，绩效评估不仅可以完善绩效目标，而且能够检查和促进绩效目标的实施，可以说，绩效评估是控制和指导绩效管理全过程的重要的检查程序。

成功实施绩效管理，不但能帮助组织提高管理效率，帮助管理者提升管理水平，而且可以提升人力资源的价值，实现组织的目标战略。绩效管理过程包括设定绩效目标、督导绩效目标的具体实施、进行绩效评估、通过反馈改进绩效目标四个环节。作为绩效管理的重要阶段和鉴定环节，绩效评估不仅可以完善绩效目标，而起能够检查和崔健绩效目标的实施，可以说，绩效评估是控制和指导绩效管理全过程的重要检查程序①。

美国行为组织学家约翰·伊凡斯维奇认为，绩效评估可以达到8个方面的目的：①为工作人员的晋升、降职、调职和离职提供依据；②组织对工作人员的绩效评估的反

① 吴志华. 人力资源开发与管理［M］. 北京：中国高等教育出版社，2004.

馈；③就工作人员和团队对组织的贡献进行评估；④为工作人员的薪酬决策提供依据；⑤对招聘选择和工作分配的决策进行评估；⑥了解工作人员和团队的培训和教育的需要；⑦对培养和工作人员职业生涯规划效果的评估；⑧对工作计划、预算评估和人类资源规划提供信息。

现代人类资源管理中的绩效评估与传统人事考核有较大差异。绩效评估和传统人事考核在评估目的、目标设定、绩效督导、参与主体、评估方法、结果表示、反馈和个人感受等诸多方面存在不同（见表 6–1）。

表 6–1 绩效评估与传统考核的区别

项　目	绩效评估	传统考核
目的	组织整体目标、绩效管理	人事管理
目标或指标设定	被评估者参与	被考核者不参与
绩效督导	有	无
参与主体	360° 反馈	人事部门或上级
方法	按照客观标准全方位评估	主观概况、孤立考核
结果表示	绩效目标达到程度	优点或缺点
反馈	绩效状况	缺点或指责
个人感受	指导性改进绩效	惩罚性威慑

二、绩效评估管理的程序

绩效评估需要按照一定的程序进行。应用不同的绩效评估办法，其程序的繁简程度及展开的内容都会有所差异。一般来说，完整的绩效评估过程通常包括三个基本阶段，即绩效评估的准备阶段、绩效评估的实施阶段和绩效评估结果的处理阶段，每一阶段又包含若干具体环节。

绩效评估准备阶段包含四个基本环节，即在设定绩效目标的基础上制定评估计划和政策、确定评估标准和方法、加强广泛宣传和持续沟通、培训评估人员；绩效评估实施阶段的重要工作是收集数据信息并形成文档记录；绩效评估结果处理阶段包含两个基本环节，即分析数据信息和绩效诊断提高。

三、绩效评估管理

绩效评估中存在各类误差，影响绩效评估新都的因素很多，归纳起来不外乎三大类，即评估者的主体误差、被评估者的客体误差、绩效评估中的标杆误差。

评估者在对被评估者进行评价时可能会出现一些导致评判失误的心理倾向或心理障碍，评估者的主体误差就是指由于评估者的个体心理素质原因而产生的评估误差。除评估者的主体因素外，被评估者的客体误差也会影响到绩效评估的信度，包括不配合误差、结果无反馈误差和心理误差等。标杆管理作为人力资源管理重要工具和组织绩效评估得以顺利实施的重要前提。标杆的设立为组织绩效评估提供了基准，标杆误差同样会影响绩效评估的信度。涉及评估标准不明确、评估工具设计部现实，选择评估方法不当等方面的内容。

针对绩效评估中出现的各类问题，组织必须采取相应的措施，使预先控制环节、现场控制环节和反馈控制环节密切配合，建立三环式控制系统。三环式控制系统包括三项基本措施，即预防性措施、处理性措施和协调性措施。这些措施相互支持补充，保证绩效评估过程和行为的科学性，使绩效评估成为组织价值创造的实践活动之一[①]。

第三节　服务企业薪酬体系设计

一、薪酬体系概述

员工为企业工作，按照企业的要求付出劳动，创造出绩效，企业就应该给予合理的回报。作为个人劳动的回报，员工从企业中获得各种形式的酬劳就是薪酬。企业提供给员工的薪资、奖金、福利及工作满足感等的总和，构成了薪酬体系。

在服务企业以及所有企业的人力资源管理中，如何给员工支付薪酬是一个重大课题。合理而有效的薪酬制度不仅有助于吸引高素质的人才，降低人才的流失率，而且可以激发员工的工作积极性，促使员工发展企业所需要的技术和能力，从而增强企业的竞争力，使企业获得长足发展。但是，薪酬设计与管理是整个人力资源管理中最为复杂的工作，而且，从国内企业的现实情况看，无论是国有企业、外资企业还是民营企业都不同程度地在薪酬领域面临这样或那样的问题。同时，伴随着社会经济的发展和人们生活水平的提高，企业员工的需求变得越来越复杂和多样化，正如马斯洛需求理论所指出的，当人的生理需求、安全需求得到满足以后，他们便会更加重视自身的名誉和自我价值的实现，对工作追求成就感和挑战性，而不是简单的衣食温饱，养活一家老小。不仅如此，人们的需求也各不相同。薪酬体系的构建及薪酬制度的选择和设计正是基于有效地满足正变得复杂化、多样化的企业员工需求的考虑[②]。

二、薪酬体系的构成

薪酬体系的构成有广义和狭义之分。广义的薪酬体系是一个完整的薪酬体系，既包括货币薪酬，也包括非货币薪酬。狭义的薪酬体系则仅指货币薪酬。所谓货币薪酬，就是直接或间接地以货币收入形式来表现的外在薪酬，故货币薪酬常又被划分为直接货币薪酬、间接货币薪酬。所谓非货币薪酬，就是以非货币收入形式来表现的内在薪酬。因此，一个广义的、完整的薪酬体系应由直接货币薪酬、间接货币薪酬、非货币薪酬三部

① 吴志华. 人力资源开发与管理［M］. 北京：中国高等教育出版社，2004.

② 陈东健，等. 人力资源开发与管理［M］. 苏州：苏州大学出版社，2004.

分组成（见图 6-3）。

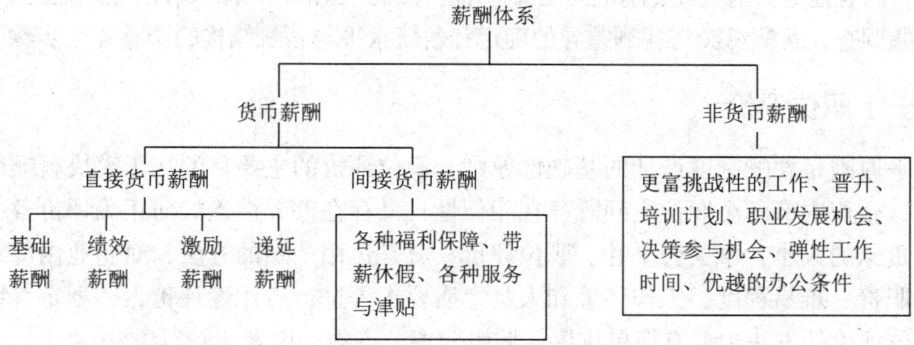

图 6-3 薪酬体系构成

三、薪酬体系设计

薪酬体系设计根据企业的实际情况，并紧密结合企业的战略和文化，系统全面科学的考虑各项因素，并及时根据实际情况进行修正和调整，遵循按劳分配、效率优先、兼顾公平及可持续发展的原则，充分发挥薪酬的激励和引导作用，为企业的生存和发展起到重要的制度保障作用。一个设计良好的薪酬体系直接与组织的战略规划相联系，从而使员工能够把他们的努力和行为集中到帮助组织在市场中竞争和生存的方向上去。薪酬体系的设计应该补充和增强其他人力资源管理系统的作用，如人员选拔、培训和绩效评价等。

组织在设计薪酬体系时，可从战略层、制度层和技术操作层三个层面来考虑，即美国布朗德提出的以战略为导向的薪酬管理体系模型（见图 6-4）。

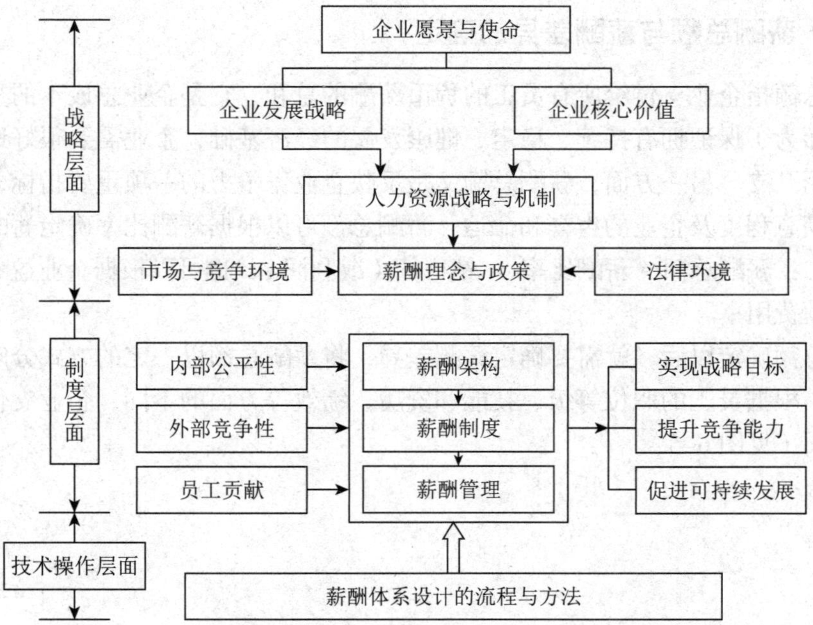

图 6-4 薪酬管理体系模型

一种良好的薪酬制度必然能公平对待企业内部的所有员工，同时在外部市场上又具有竞争性，而且还有具有一定的弹性和控制功能。因此，薪酬系统的设计一般应包括职位评价、薪酬调查、薪酬总额与薪酬差异的确定和薪酬水平与薪酬结构的调整 4 个步骤[①]。

（一）职位评价

公平原则是薪酬制度设计的基础性原则，职位评价的主要目的在于解决薪酬的公平性问题，企业内部各个职位之间既存在相似性，又存在差异性，如何正确评价各个职位对企业贡献的大小，事关公平性。职位评价，就是运用一定的方法，对企业内部每一种职位的职责、难易程度、工作环境和人员素质要求等进行可比性评价，并划定等级的过程。职位评价的方法主要有简单排序、职级分离、点数、因素比较等方法。

（二）薪酬调查

薪酬调查的主要目的在于解决薪酬的对外竞争力，了解相关企业的相同或相近职位的薪酬水平和在劳动力市场上的流行工资率，在进行比较分析的基础上确立本企业的薪酬标准和各项员工的福利。

企业通过两种方式进行薪酬调查，一是由企业人力资源部门采用与相关企业的员工面谈、电话或调查问卷的方法进行正式调查或非正式调查。二是依靠现有的社会调查资料、调查报告，如政府有关部门定期公布的统计资料或委托专门的调查机构、比较专业的咨询公司进行的调查。

薪酬调查的结果是根据调查数据绘制薪酬趋向。运用职位等级—工资等级坐标图，可以整理出各被调查企业的薪酬曲线。通过该项工作，可以比较各个被调查企业的薪酬水平的高低。

（三）薪酬总额与薪酬差异的确定

薪酬总额指企业支付给所有员工的货币薪酬的总和，它是企业总成本的重要组成部分。一方面为了保证拥有持续、稳定、健康发展的经济基础，企业需要很好地控制薪酬总额的费用开支。另一方面，薪酬总额又是反映企业竞争力的一项重要指标，直接影响到员工的满意程度及企业的声誉和命运。薪酬总额可以根据薪酬比率确定薪酬总额。其计算公式为：薪酬总额 = 薪酬比率 × 销售额（或利润），也可以根据企业盈亏平衡点推算薪酬总额费用率。

薪酬总额确定以后，就需要确定薪酬差异，将薪酬总额以一定的方式分解到不同的员工身上。根据员工的职位等级、技能和资历、绩效等方面的不同，企业支付的薪酬必然有所不同（见图 6–5）。

---

① 陈东健，等. 人力资源开发与管理［M］. 苏州：苏州大学出版社，2004.

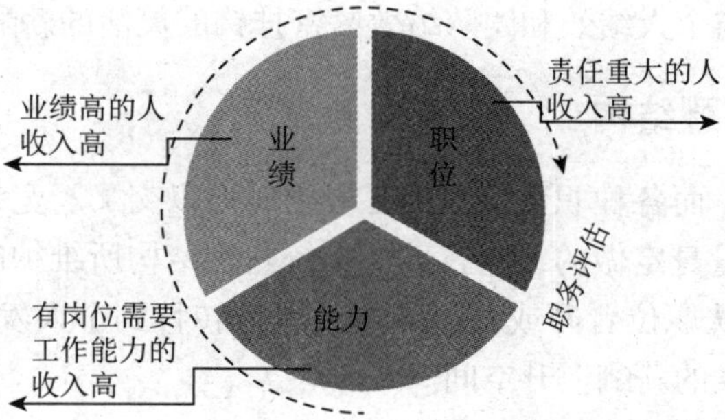

图 6-5 三薪工资导向体系

（来源：华恒智信）

（四）薪酬水平与薪酬结构的调整

在对相关企业相同或近似职位的薪酬水平和在劳动力市场上的流行工资率进行调查以后，企业还需要分析所获得的薪酬数据，并在此基础上根据自身发展的实际情况，综合考虑影响薪酬体系构建的内外部因素，据此调整本企业的一般薪酬水平和薪酬结构。企业通常是依据市场薪酬水准、物价指数、年资和个人绩效等因素来调整薪酬水平的。调整发生在两个方面：一是对某一个等级的人员进行薪酬调整；二是对整个工资关系进行调整，即对薪酬等级、薪酬级差进行调整。

四、服务企业薪酬体系的发展趋势

薪酬制度对于企业来说是一把“双刃剑”，使用得当能够吸引、留住和激励人才；而使用不当则可能给企业带来危机。建立全新的、科学的、系统的薪酬管理系统，对于服务企业在知识经济时代获得生存和竞争优势具有重要意义；而改革和完善薪酬制度，也是当前服务企业面临的一项紧迫任务。与传统薪酬体系相比较，21 世纪以来的薪酬体系设计出现了新的发展趋势，熟悉和把握这些新趋势对及时调整薪酬体系设计，提高服务企业的绩效至关重要。

（一）全面薪酬制度

薪酬不是单一的工资，也不是纯粹的货币形式的报酬，它还包括精神方面的激励，比如优越的工作条件、良好的工作氛围、培训机会、晋升机会等，这些方面也应该很好地融入薪酬体系中去。内在薪酬和外在薪酬应该完美结合，偏重任何一方都是跛脚走路。物质和精神并重，这就是目前提倡的全面薪酬制度。

（二）薪酬与绩效挂钩

单纯的高薪并不能起到激励作用，这是每一本薪酬设计方面的教科书和资料反复强调的观点，只有与绩效紧密结合的薪酬才能够充分调动员工的积极性。而从薪酬结构上看，绩效工资的出现丰富了薪酬的内涵，过去的那种单一的、僵化的薪酬制度已经越来越少，取而代之的是与个人绩效和团队绩效紧密挂钩的灵活的薪酬体系。

（三）宽带型薪酬结构

工资的等级减少，而各种职位等级的工资之间可以交叉。宽带的薪酬结构可以说是为配合组织扁平化而量身定做的，它打破了传统薪酬结构所维护的等级制度，有利于企业引导员工将注意力从职位晋升或薪酬等级的晋升转移到个人发展和能力的提高方面，给予绩效优秀者比较大的薪酬上升空间。

（四）雇员激励长期化、薪酬股权化

目的是为了留住关键的人才和技术，稳定员工队伍。其方式主要有：员工股票选择计划、股票增值权、虚拟股票计划、股票期权等。

（五）重视薪酬与团队的关系

以团队为基础开展项目，强调团队内协作的工作方式正越来越流行，与之相适应，应该针对团队设计专门的激励方案和薪酬计划，其激励效果比简单的单人激励效果好。团队奖励计划尤其适合人数较少、强调协作的组织。

（六）薪酬制度的透明化

关于薪酬的支付方式到底应该公开还是透明，这个问题一直存在比较大的争议。从最近的资料来看，支持透明化的呼声越来越高，因为保密的薪酬制度使薪酬应有的激励作用大打折扣。而且，实行保密薪酬制的企业经常出现这样的现象：强烈的好奇心理驱使员工通过各种渠道打听同事的工资额，使得刚制订的保密薪酬制度很快就变成透明的了，即使制定严格的保密制度也很难防止这种现象。既然保密薪酬制度起不到保密作用，不如直接使用透明薪酬制度。

（七）有弹性、可选择的福利制度

公司在福利方面的投入在总的成本里所占的比例是比较高的，但这一部分的支出往往被员工忽视，认为不如货币形式的薪酬实在，有一种吃力不讨好的感觉；而且，员工在福利方面的偏好也是因人而异，非常具有个性化。解决这一问题，目前最常用的方法是采用选择性福利，即让员工在规定的范围内选择自己喜欢的福利组合。

（八）薪酬信息日益得到重视

外部信息：指相同地区和行业，相似性质、规模的企业的薪酬水平、薪酬结构、薪酬价值取向等，外部信息主要是通过薪酬调查获得的。能够使企业在制定和调整薪酬方案时，有可以参考的资料。

内部信息：主要是指员工满意度调查和员工合理化建议。满意度调查的功能并不一定在于了解有多少员工对薪酬是满意的，而是了解员工对薪酬管理的建议以及不满到底

是在哪些方面，进而为制定新的薪酬制度打下基础[①]。

第四节　员工培训

一、员工培训概述

人力资源管理中的员工培训，是指组织为了实现组织自身和员工的发展目标，根据组织实际工作情况和员工发展情况，有目的、有计划、有组织地对全体员工进行培养、教育和训练活动，使之提高与工作相关的知识、技艺、能力及态度等素质，以适应并胜任职位工作[②]。

作为人力资源管理的一项基本职能，员工培训是人力资源实现增值的一条重要途径。随着人力资源对价值所创造的贡献逐渐增加，人力资源的这种增值对企业的意义也日益重要，因此越来越多的企业开始重视员工培训工作。现在已经有许多公司将培训与开发员工提升到了一个新的水平，即自己创办大学来培训公司的员工，有些学校不仅培训自己的员工，而且对外开放，为顾客、零售商及其他公司的员工提供接受培训的机会。据美国《培训》杂志的报告，美国商业街每年对员工正式培训的投资超过 520 亿美元。总体而言，每年有将近 5000 万人接受企业提供的正式培训，每人每年接受培训的平均时间超过 30 个小时。

对于服务行业，人力资源培训和开发项目因对象的不同而有所区别。但随着技术的进步和对成本的考虑，培训的形式和实质还会有所改变。以计算机为基础的虚拟系统变得越来越普遍。此外，远程教育模式逐步取代传统的课堂授课形式，越来越多的企业依靠可视会议和卫星传播等方式进行工作现场培训。

二、建立有效的培训体系

培训的根本作用是使受训者在知识、技能、态度等各方面得到明显改善，由此带来工作效能和效率的提高，产生明显的经济效益和组织文化效应。培训活动要花费一定的费用、时间和精力，所以必须精心设计、组织与实施。要做好职业工作，必须把它视为一项系统工程，即采用一种系统的方法，使培训活动能符合企业目标，让其中的每一个环节都能实现员工个人、工作和企业三方面的最优化。一般来说，培训体系可以分为五个部分：培训需求分析、培训目标的确定、培训项目的设计、培训项目的实施、培训效果评估[③]。

① 资料来源：武汉麦立金管理咨询有限公司培训材料。
② 吴志华. 现代人力资源管理［M］. 上海：中国纺织大学出版社，1996.
③ 陈东健，等. 人力资源开发与管理［M］. 苏州：苏州大学出版社，2004.

（一）培训需求分析

各级主管部门特别是人力资源部门应该对员工需要哪种类型的培训做认真的分析，弄清哪些方面需要培训、谁需要培训、采用哪种方式向员工传授所需的知识和技能。培训需求分析关系到培训的方向，对培训质量起着决定性的作用，为确保培训的及时性，并注重优先顺序，企业一般通过组织分析、任务分析和人员分析来进行培训需求分析。

（二）培训目标的确定

培训目标是指培训活动的目的和预期成果。培训目标将为培训计划提供明确的方向和依循的框架。有了目标才能确定培训的对象、内容、时间、方法等具体内容，并在培训之后，对照此目标进行效果评估。培训的目标必须与企业的事业进步、发展战略目标相联系，只有切实可行，其培训结果才是可以测评的。通过培训，企业要到达的目标一般有：员工工作态度转变，从而加大提高企业利润的可能性；提高整个企业员工的工作知识和技能水平，以便带来更高的生产效率；使员工之间更好地合作，改善上下级关系，使员工理解并执行企业的政策、制度以及发展目标，促使企业的发展，使企业能更有效地解决困难；开发、培养管理人员的领导技能、管理水平、忠诚度，提高工作效率及质量，降低成本等。

（三）培训项目的设计

企业应根据既定培训目标，制定科学有效的、可操作的培训实施方案。培训项目的设计主要包括以下一些内容：选择、设计适当的培训项目和内容；确定培训对象；选择适当的培训场地与设施；制定培训经费的预算；确定培训的方式和方法；制订教学计划；物色恰当且有水平的任课教师等。

培训项目的设计必须考虑企业的具体情况，如行业类型、企业规模、客户要求、技术发展水平与趋势、员工现有水平、政策法规、企业文化等。最关键的因素之一则是企业领导的管理价值观和对培训重要性的认识。

（四）培训项目的实施

培训项目的实施是员工培训的关键环节。在实施员工培训时，培训者要完成许多具体工作，企业要保证培训的效果与质量，就必须把握以下几个方面：选择培训项目的具体负责人，选择培训教师，确定培训课程、课程计划，选择培训教材，确定培训时间。

（五）培训效果评估

在企业培训的某一项或者某门课程结束后，一般要对培训的效果从培训对象的反应、学习效果、行为改变、培训结果四个方面进行一次总结性的评估或检查，以检验培训的成效，找出培训的不足，总结经验与教学，发展新的培训需要，因此效果评估又是下一轮培训的重要依据。

三、员工培训应注意的几点事项

员工培训是组织进行人力资源开发与管理的主要组成部分，是“终生教育”“终生学习”新理念的具体体现。培训的对象不同，培训的特点也不同，企业中的人员总体上可以分为普通人员和管理人员两大类。新进入企业的员工需要接受职前培训；在工作岗位上适应以后，又将根据工作任务的需要，接受在职培训；管理人员则接受更高层次的培训。

服务人员的培训包括：培训课程（在总公司）、岗位培训（在店内）、纪律培训（如军训）、团队协作培训和积极心态培训等。服务人员培训方法包括：情景教学法、角色扮演法、专人指导法、示范讲座与直观教学法、对话训练法、组织比赛、对营业场所实地评估等。而服务企业在培训过程中除了遵循有计划有组织的原则外，想要取得培训和开发的人类资源成功还必须考虑以下几点[①]：①加强特殊技能的培训，使服务更有特色。②培训所有员工时都将他们作为专职员工对待。③在培训方面应不惜投入资金和时间。④有规律地进行再培训。⑤无论员工目前处在何种岗位，都要对他们进行各种技能的全面培训。⑥不断更新培训计划。⑦传播企业的管理理念以及价值观。

无论员工学习的是什么理论，在实践中都需要努力去明确每个人的目标，并尽量做到将培训与开发人力资源的任务与个人的目标及企业的整体目标密切联系起来。

第五节 中国服务企业人力资源管理概述

一、中国服务企业人力资源管理现状及存在的问题分析

服务型企业传统人事管理的不足与当前加快发展服务业不相适应的是：服务型企业尤其是中小服务型企业还没有实施现代意义上的人力资源管理，还处于传统的人事管理阶段，这类企业实施的传统人事管理存在以下三个方面的不足：

（一）传统人事管理侧重于事务性管理，没有上升到企业战略管理的高度

传统人事管理侧重于对本企业员工的人事档案、劳动工资等事务性管理，为企业提供的是一种被动式的基本服务。现代人力资源管理立足于人力资本的理念，从战略管理的高度来审视作为一种资源的人力在企业中的重要作用。根据企业的整体发展战略规划、设计、训练、提升、调配人力，人力资源管理的好坏成为企业能否稳健发展的关键性环节，做好人力资源管理工作也成为企业战略管理的重要内容。

（二）传统人事管理没有真正确立以人为本的管理理念

总体上看，传统人事管理是一种静态的、被动式的管理，漠视人的潜能，不太注重

① Tom Peters. 乱中取胜：管理革命手册［M］. New York：Pan Books，1987.

对人的有系统的教育培训。虽然有些企业也会在各种场合倡导以人为本，但往往流于形式，难以真正做到尊重人才，给人才的价值以充分的肯定，在企业内部形成真正的、良好的人才引进、使用、评价、培训等环境，人力资源所具有的创造性得不到正常、合理的发挥。

（三）传统人事管理难以为企业发展提供稳定、可持续的支持

人力资源是服务型企业中最具活力和创造性的资产，一项很好的创意、策划、发明、技术等往往是服务型企业走向成功的关键所在。传统人事管理往往使得企业真正的人才得不到重视，企业急需的人才得不到引进，企业现有人才的积极性、创造性难以得到充分的施展，企业发展缺乏稳定、可持续的人力资源保障。

二、完善中国服务性企业人力资源管理的对策

传统人事管理所具有的不足制约和限制了服务型企业的发展，加快服务型企业发展就必须加快实现从传统人事管理向人力资源管理的转型。对中小型服务企业来说，要实现从传统人事管理向人力资源管理的转型，必须切实做好下列三个方面的工作。

（一）切实树立人才是“第一资源”的观念

与生产制造企业不同的是，服务型企业出售的是无形的服务，如物流企业向客户提供的物流管理服务，农村合作金融机构所提供的授信服务等，这些服务往往容易受到国家政策、法律、社会习俗和风尚等因素的影响，具有很高的易变性，对服务提供者个人和团体的综合素质要求很高，正是从这个意义上讲，服务型企业更要确立人才是“第一资源”的观念。服务型企业确立人才是“第一资源”的理念包括三方面的内容：一是每个关键的业务单元要有核心的灵魂人物；二是要有出色的人力资源部负责人；三是团队成员的协作协调精神要强。在每个关键业务单元都有发现和配备1~2名核心人物，这些核心人物引领团队员工创造性地工作。出色的人力资源部负责人知道如何说服管理层接受人力资源管理转型的方案，并能够成功地推动人力资源管理转型的整个过程。员工间的团结协作对服务型企业经营的成败至关重要，虽然员工的素质都很高，但协作性差势必造成企业价值链运转的不衔接，导致客户抱怨并选择离开。

（二）完善人力资源管理的基础管理工作

要成功实现从传统人事管理向人力资源管理的转型必须先从人力资源管理的基础工作做起，服务型企业尤其是中小服务型企业重点要做好三方面的工作：一是定岗定员定编；二是初步搭建起规范的绩效考核体系；三是做好员工的培训。在理顺业务流程的基础上，设定企业所需的各类岗位，规定好每个岗位对员工的特定要求，在此基础上确定好企业总体编制数量。人力资源管理部门首先要为企业内部每个部门 / 业务单元确定好明确的组织绩效目标，确保组织的绩效目标与公司整体业务目标相一致，同时明确个人目标及行为方式以实现上述目标。在定岗定员定编和建立绩效考核体系的过程中，必然

会有部分员工担心自己的技能难以满足企业发展的需要，势必引发一些员工的抵触情绪，这就要求企业必须及时地为这些员工提供必要的培训支持。要使培训真正发挥对人力资源管理转型的推动作用，就必须从企业的实际出发，逐步从注重对员工的技能培训转向对员工的潜能开发转变，切实将员工的个人成长与企业成长结合起来，形成个人与企业之间的良性互动循环。

（三）建立适合业务特点的人力资源管理体系

服务型企业在一定程度上讲就是“人”的企业，人力资本质量、人力协作水平的高低对企业的发展显得至关重要。传统人事管理向人力资源管理转型的最终目的是要形成一套适合自身业务特点的人力资源管理体系，所以在推进人力资源管理转型的过程中就必须注重对经验教训的总结工作，力争在人才招募、考核、薪酬、培训、晋升、淘汰等环节形成一套规范化、制式化的管理办法和规章制度，以充分发挥人力资源管理对企业运营效能的提升作用。以薪酬制度为例，较高水准和差异化的薪酬固然对调动员工的积极性具有明显的成效，但这种效果还是短期的，从长期来看，能够为员工尤其是部分关键员工提供股权激励计划就是将员工的职业发展与规划和企业的发展联系在一起，能够实现企业和员工共同成长的双赢效果。

三、中国服务企业人力资源管理的发展方向

21 世纪的企业将面临前所未有的变革和激烈竞争。全球化已经彻底改变了竞争的范围，使企业面临前所未有的强烈挑战。全球化蕴涵着对新市场、新产品、新观念、企业竞争力和经营方式的思考。

大多数的服务企业都是劳动密集型的，服务人员与顾客的交互活动也非常频繁。对这些始终可以自主行事的人员的管理方式就应该区别于对制造业工人和对后台员工的管理。因此，虽然一些人力资源管理的内容（如工资支付、津贴发放等）与其他行业的员工一样，但是在人员的选拔、培训、开发和利用奖励等方面，对这些与客户接触密切的员工是要有一些特殊措施的。

近年来，由于国际和国内的竞争，国内很多服务企业不得不通过缩小企业规模来降低劳动力成本。尽管可以通过技术更新来解决问题，但是寻找和利用低成本劳动力资源已经变得越来越重要，这也是导致机动性员工（比如兼职员工、临时工、外包工等）数量增多的原因。由于企业规模不断缩小，服务企业中采用授权的方法和团队工作的方法的现象越来越普遍。这一现象出现的另一原因是企业开展质量运动，试图为顾客提供更加优质的商品和更加周到的服务。

一个服务企业的组织结构也必须利于服务文化建设，因为服务文化要保证高水平的服务质量。在大多数情况下，这种服务文化就意味着管理权力分散、管理层次减少、管理方式灵活。

【案例分析】

餐厅的困境

张凯经营的法国餐厅开张有一段时间了，生意一直很好。最初，张凯亲自做所有的菜，但是后来他无法再这么做了，他不得不训练和监督他人做菜。张凯努力要求每个员工干到最好，提供最好的服务，做出最好的菜肴。有几个职员拒绝学做法国菜，张凯只好开除他们。张凯不在乎开除人，因为他的要求是完美，无论饭菜还是服务，在他看来都应当完美无缺。但是张凯手下有了很大一批专职的职员，他担心这些人联合起来。有几个烹饪组的管理人员答应按他要求的方式干，但随后又改变了一些具体的东西，并未完全按照他说的去做。张凯的另一个麻烦就是他的几个服务员，他们总想和顾客套近乎。

张凯还有一个麻烦就是他的员工的穿着问题。每一个烹饪服务组的管理人员有责任检查这个组每一个职员的穿着，要保证衣服绝对整洁，并且穿着要按规定，手套应是洁白的。每个管理人员手中都应有清洁布，以保证随时清洁衣服、鞋子和手套。张凯的这些措施还未完全实施，就听到了一些抱怨。

张凯也开始听到一些顾客的抱怨，比如饭是冷的；服务员上菜的速度太慢。张凯竭尽全力试图加强所有职员的服务水平，但他们并不合作。

另一个困难来自烹饪，其中有一件这样的事，张凯亲自制作的生日蛋糕居然会被搞错，张凯用了某种专门材料烹制的小蛋糕，上面还印上了“米格罗生日快乐”，但最后居然还是被搞错了。张凯为此大怒，显然是管理人员搞错了。但张凯难以理解的是，他那天并未指令给其他人蛋糕，为什么还会搞错？张凯不得不免收顾客的钱，并还向顾客道歉。最后，张凯只得把这记为亏损。

各种工作都堆在张凯身上，等他去处理。张凯知道这是不行的，他必须做出一些改变。张凯决定应选择好的厨师，把烹饪的质量和服务提上来。他的一位朋友建议他可以尝试利润分成的方法，但张凯断然拒绝了。最后，发生了这样一件事情，管理人员走到张凯身边，告诉张凯他们将不会再继续忍受他的方式，他们不满他的批评与指责，不满他对整洁的挑剔，也不满意他所给的工资。他们还抱怨工作时间太长，如果张凯不改变这些，他们威胁说他们将离开这里。张凯听了这些，火冒三丈，从未有员工敢以这样的方式对他说话。但是张凯忍住了怒火，他表现得很平静，并感谢他们的真诚。他答应过几天答复他们。张凯现在不得不严肃地处理他的整个职员问题。而现在，包括厨师在内，他总共有 47 名员工。

（资料来源：http://www.wangxiao.cn/gl/309380345689.html.）

思考题

1. 你觉得案例中张凯的管理模式出了什么问题？
2. 请为张凯设计一套新的人力资源管理方案。

课程实践

以小组为单位，对你们感兴趣的某一服务企业的人力资源管理进行调研，完成《__________公司人力资源管理调研报告》。要求涵盖：①企业背景介绍；②人力资源管理的背景和目标；③人力资源管理的具体项目、内容和过程；④人力资源管理存在的问题、下一步的调整方案；⑤结合调研项目的成败得失总结服务型企业进行人力资源管理过程，经验教训，注意事项等。

【本章小结】

服务的一大特征是服务提供人与顾客密不可分。服务企业通常是劳动密集型组织，服务是顾客与员工之间发生互动的一个系列过程。员工的形象与举止处在顾客的密切关注之下。服务员工的形象（即他们的着装、服饰、魅力等）与举止（即他们的服务意识、专业技能、礼仪等）会影响顾客对所接受服务的评价。因此负责与顾客接触的服务企业的员工，对顾客和企业都起着决定性的作用。对于服务机构，他们可以是唯一的使服务有别于竞争对手的方式，也可能是失去顾客的原因所在。他们是顾客眼中的公司代表，同时也扮演了营销者的角色，能够直接影响到顾客的满意度。

因此，要想提高服务质量，必须确保员工愿意并由能力实行优质服务，而且需要不断激励员工以顾客为导向，以服务为理念。为了实现这一目标，企业必须开发综合战略，通过人力资源决策和制定战略，激励和促使员工成功实现顾客导向的服务承诺，逐步缩小服务提供水平和服务标准之间的差距。

【复习思考题】

一、名词解释

人力资源管理　　绩效　　薪酬　　员工培训

二、简述题

1. 服务企业的人力资源管理包含了哪些内容？
2. 绩效的特征有哪些？
3. 薪酬体系的设计包括哪些步骤？
4. 培训体系包括哪些部分？
5. 我国目前服务企业人力资源存在哪些问题？

三、论述题

1. 服务业的人力资源规划与制造业的人力资源规划有什么区别？
2. 列举并解释成功开展培训的几个要素。
3. 为什么服务型企业的工作水平总体上较低，但依然能使员工长期留在企业中？

第七章

服务企业财务管理

【教学目标】

1. 理解正确选择财务管理目标对服务企业财务管理工作的意义；
2. 了解服务企业财务管理工作的环节和组织管理；
3. 掌握服务企业资金筹集渠道和方式的正确选择；
4. 掌握服务企业投资决策的基本程序和基本评价方法；
5. 掌握服务企业对现金、存货、应收账款等主要营运资金的日常管理；
6. 了解对服务企业成本控制的基本方法；
7. 掌握对服务企业利润分配的原则和分配政策的选择。

章前导读

美国雷曼兄弟破产启示

财务管理是通过价值形态对企业资金运动进行决策、计划和控制的综合性管理，其实质是通过价值形态的管理实现对服务企业具体业务的管理。它贯穿服务企业经营的各个环节，担负着为决策者提供企业实时、准确的财务数据的重要任务。其内容包括服务企业资金筹集、运用、投资、分配等。从实践来看，管理水平高的服务企业都离不开财务管理作用的发挥。而许多经营失败的企业，原因虽是多方面的，但与企业对财务管理在企业管理中的中心地位认识不够、财务管理意识弱、缺乏财务约束机制和监督机制导致财务管理在企业管理中的作用没有发挥好是分不开的。

2008 年 9 月 15 日，美国第四大投资银行，拥有 158 年历史的雷曼公司却申请了破产保护，等待清算。创建于 1844 年的雷曼兄弟初期以经营棉花等为主业，美国内战结束后雷曼兄弟看到，代表工业化的北方取得了胜利，南部农庄日益衰退。他们敏锐地洞察到，今后棉花交易不再有利可图，而工业化大潮的到来必然会带来金融市场的繁荣，于是在1870年将总部迁至纽约，开始从事债券和金融咨询业务。

1899年，雷曼兄弟承揽了第一笔IPO生意，20世纪初期美国金融市场强劲的IPO需求，使得雷曼兄弟快速积累了资本，成为一家纯粹的金融公司。20世纪30年代美国大萧条中，在其第二代掌门人罗伯特·雷曼的精心打理下，雷曼兄弟不仅度过了危机，还巩固了自己在金融业的地位。在“9·11”事件中，虽然因雷曼在世贸中心北楼拥有多达三层的办公室，遭遇重创。但是，第三代掌门人CEO富尔德依然成功领导雷曼兄弟走出了危机。

当2007年美国出现次贷危机时，雷曼兄弟乐观地认为，自己拥有丰富的处理固定收益证券的经验，又有很强的调整资产负债表的能力，并无太大风险。当2008年一季度的业绩显示，雷曼兄弟在冲减资产后盈利下滑，但并没有出现亏损时，这不仅没有引起其最高管理层的警觉，却使得投资者强化了对CEO富尔德的能力的信心，又发行了19亿的优先股。但是，次贷危机的发展，还是让雷曼出乎预料，2008年第二财政季度雷曼爆出28亿美元的亏损，股价跌破了净资产，在寻找买家未果的情况下，不得已在2008年9月15日递交了破产保护申请。

雷曼兄弟的破产究其原因固然有多方面，但是其中一个很重要的原因就是忽视财务约束机制和监督机制建设，当危机发生时，公司未能及时审时度势，对其业务进行调整，最终导致雷曼公司的后续资金无法及时到位，财务管理方面的不足在雷曼兄弟走向衰败的过程中起了推波助澜的作用。

（资料来源：张云华.内部控制目标导向的选择——基于雷曼兄弟破产案件的思考［J］.商业会计，2009（4）:31-32.）

第一节　服务企业财务管理概述

一、服务企业财务管理的目标

（一）研究财务管理目标的重要意义

财务管理目标是财务管理各种决策的起点和标准，是财务管理所要实现的最终目的。财务管理目标决定了服务企业建立什么样的财务管理组织、遵循什么样的财务管理原则，运用什么样的财务管理方法、建立什么样的财务指标体系。财务管理目标是财务决策的基本准则，每一项财务管理活动都是为了实现财务管理的目标。因此，确立科学的财务管理目标，有助于服务企业财务管理的规范化，促进服务企业财务管理效率的提高和服务企业的可持续经营。

（二）对几种典型财务管理目标的评述

对于企业究竟应选择什么样的财务管理目标，目前主要有以下观点。

1. 利润最大化

一般认为，利润最大化是对财务管理的最原始的目标描述。根据亚当·斯密、大卫、马歇尔等的经济理论，企业财务目标应是利润最大化。因为利润是服务企业剩余产品的价值表现，利润越多，企业的财富就增加得越多。服务企业追求利润的最大化，就必须合理配置并有效运用资金、提高劳动生产率、降低成本，全面加强服务企业的财务管理。利润最大化目标虽然指示了服务企业财务管理为履行作为代理活动所必须具备的义务关系，但在也存在以下不足。第一，利润是指服务企业一定时期实现的税后净利润，它没有考虑资金的时间价值。第二，没有反映创造的利润与投入的资本之间的关系。第三，没有考虑风险因素，高额利润的获得往往要承担过大的风险。第四，片面追求利润最大化，可能会导致服务企业短期行为，与服务企业发展的战略目标相背离。

2. 股东财富最大化

股东财富最大化是指通过财务上的合理经营，为股东带来最多的财富。股东财富由其所拥有的股票数量和股票市场价格两方面决定，在股票数量一定时，当股票价格达到最高时，则股东财富也达到最大。所以，股东财富最大化，又演变为股票价格最大化。与利润最大化目标相比，股东财富最大化目标有其积极的方面，主要体现为：股东财富最大化目标科学地考虑了风险因素，因为风险的高低，会对股票价格产生重要影响。股东财富最大化在一定程度上能够克服企业在追求利润上的短期行为，因为不仅目前的利润会影响股票价格，预期未来的利润对股票价格也会产生重要影响。股东财富最大化目标比较容易量化，便于考核和奖惩。但应该看到，股东财富最大化也存在一些缺点：它只适合上市公司，对非上市公司则很难适用。它只强调股东的利益，而对企业其他关系人的利益重视不够。股票价格受多种因素影响，并非都是公司所能控制的，把不可控因素引入理财目标是不合理的。

3. 企业价值最大化

企业价值就是企业的市场价值。从理论上讲，企业价值是企业所能创造的预计未来现金流量的现值。企业价值最大化就是指通过企业财务上的合理经营，采用最优的财务决策，考虑资金的时间价值和风险与报酬的关系，在保证企业长期稳定发展的基础上使企业总价值达到最大化。其基本思想是将企业长期稳定发展摆在首位，强调在企业价值增长中应满足各方利益关系，具体内容包括：风险与报酬的均衡，将风险限制在企业可以承担的范围之内；创造优美和谐的工作环境；不断加强与债权人的联系，重大财务决策请债权人参加讨论，培养可靠的资金供应者；关心客户的利益，在新产品的研制和开发上有较高投入，不断推出新产品来满足顾客的要求，以便保持营业收入的长期稳定增长；讲求信誉，注意企业形象的宣传；关心政府政策的变化，努力争取参与政府制定政策的有关活动，以便争取出对自己有利的法规，而一旦法规颁布实施，不管是否对自己有利，都会严格执行。

（三）服务企业财务管理目标的选择

从以上评述可以看出，单一的财务管理目标总是存在一定的片面性，考虑到这种情况，本书认为现代服务企业的财务管理目标应是一个以提高效益为核心、多元化的目标结构体系。具体地说，它应包括以下三个部分。

（1）效益目标。既包括经济效益目标，也注重提高社会效益，履行社会责任。

（2）能力目标。即科学、有效地组织服务企业的财务活动，不断提高服务企业的营运能力、偿债能力和盈利能力。

（3）协调各方利益目标。服务企业应正确地处理和协调服务企业与各方面的财务关系，使各方的合法利益得到保障。

这三部分目标是紧密相关的。要提高服务企业的经济效益和社会效益，就必须科学合理地组织财务活动，保证偿债能力、营运能力和盈利能力的提高，并以协调好各种财务关系、平衡各方面利益为前提。只有在理论上明确这种统筹兼顾的财务管理目标体系，才能在实际的财务管理工作中做好各项财务管理工作。

二、服务企业财务管理的环节

（一）财务预测

财务预测是根据财务活动的历史资料，考虑现实的要求和条件，对企业未来的财务活动和财务成果做出科学预计和测算的一项工作。只有对企业未来的财务状况进行科学预测，才能在此基础上做出科学的财务决策，编制出切实可行的财务预算。服务企业通常可以按以下步骤进行财务预测。

（1）明确预测目标。财务预测的目标根据财务预测的对象、目的的不同而不同。因此，为了达到预期的效果，必须根据管理决策的需要，明确预测的具体对象和目的，从而确定预测的范围。

（2）收集相关资料。根据预测的目的，广泛收集与预测目标相关的各种资料信息，包括内部和外部资料、财务和生产技术资料、计划和统计资料等。对所收集的资料除进行可靠性、完整性和典型性的检查外，还必须进行归类、汇总、调整等加工处理，使资料符合预测的需要。

（3）建立预测模型。根据影响预测对象的各个因素之间的相互联系，建立相应的财务预测模型。常见的财务预测模型包括因果关系预测模型、时间序列预测模型、回归分析预测模型等。

（4）确定财务预测的结果。将经过加工整理的资料代入财务预测模型，选取适当的预测方法，进行定性、定量分析，确定预测结果。

（二）财务决策

财务决策是指财务人员在财务目标的总体要求下，采用专门的方法从各种备选方案中筛选出最佳方案的过程。财务决策过程主要包括以下步骤：

（1）确定决策目标。由于各种不同的决策目标所需的决策分析资料不同，所采取的决策依据也不相同，因此，只有明确决策目标，才能有针对性地做好各个阶段的决策分析工作。

（2）提出备选方案。根据决策目标，运用一定的预测方法，对所收集的资料进行进一步加工、整理，提出实现目标的各种可供选择的方案。

（3）选择最优方案。备选方案提出后，根据决策目标，通过进行综合权衡，从中选择出最优方案。

（三）财务预算

财务预测和财务决策的具体化，是控制财务活动的依据。财务预算的编制一般包括以下几个步骤：

（1）分析财务环境，确定预算指标。根据企业的外部宏观环境和内部微观状况，运用科学方法，分析、确定与经营目标有关的各种因素，按照总体经济效益的原则，确定出主要的预算指标。

（2）协调财务能力，组织综合平衡。要合理安排人力、物力、财力，使之与经营目标的要求相适应，使资金运用同资金来源平衡、财务收入同财务支出平衡。同时还要努力挖掘企业潜力，从提高经济效益出发，对企业各方面生产经营活动提出要求，制定好各单位的预算指标。

（3）选择预算方法，编制财务预算。以经营目标为核心，以平均先进定额为基础，编制企业的财务预算，并检查各项有关的预算指标是否密切衔接、协调平衡。

（四）财务控制

财务控制是指在财务管理的过程中，利用有关信息和特定手段，对企业财务活动施加影响或调节，以便实现预算指标，提高经济效益的一项工作。实行财务控制是落实预算任务、保证预算实现的有效措施。一般而言，财务控制要经过以下步骤。

（1）制定控制标准，分解落实责任。按照责权利相结合的原则，将预算任务以标准和指标的形式分解落实到部门、科室、班组乃至个人。从而让企业内部各个单位、每位员工都有明确的工作要求，便于落实责任，检查考核。

（2）实施追踪控制，及时调整误差。在日常财务活动中，应采取各种手段对资金的收付、费用的支出、物资的占用等实施事先控制。凡是符合标准的，就予以支持，并给予机动权限；凡是不符合标准的，则加以限制，并进行处理。在预算执行过程中，要详细记录预算的执行情况，将实际数与预算数或其他标准数进行对比，考察可能出现的变动趋势，确定差异的程度和性质，明确造成差异的责任归属，随时调节，掌握进度，以消除差异，顺利实现预算指标。

（3）分析预算的执行差异，搞好考核奖惩。企业在一定时期终了时，应对各责任单位的预算执行情况进行分析、评价，考核各项财务指标的执行结果，把财务指标的考核纳入各级岗位责任制，运用激励机制，实行奖优罚劣。

（五）财务分析

财务分析是指根据核算资料，运用特定方法，对企业财务活动过程及其结果进行分析和评价的一项工作。通过财务分析，可以掌握各项财务预算的完成情况，评价财务状况，研究和掌握企业财务活动的规律性。完善财务预测、决策、预算和控制，提高企业管理水平和经济效益。一般而言，财务分析包括以下步骤。

（1）收集资料，掌握信息。开展财务分析首先应充分收集有关资料和信息。财务分析所需的资料通常包括财务预算等计划资料、本期财务报表等实际资料、财务历史资料及市场调查资料等。

（2）指标对比，揭露矛盾。对比分析是揭露矛盾、发现问题的基本方法。财务分析要在充分收集资料的基础上，通过数量指标的对比来评价企业业绩，发现问题，找出差异。

（3）分析原因，明确责任。影响企业财务活动的因素，有生产技术方面的，也有生产组织方面的；有经济管理方面的，也有人文文化方面的；有企业内部的，也有企业外部的。这就要求财务人员运用一定的方法从各种因素的相互作用中找出影响财务指标的主要因素，以便分清责任，抓住关键。

（4）提出措施，改进工作。财务分析要在掌握大量资料的基础上，去粗取精、去伪存真、由此及彼、由表及里，找出各种财务活动之间及财务活动同其他经济活动之间的本质联系，然后提出改进措施。措施应当明确具体、切实可行，通过改进措施的落实，推动服务企业财务管理的发展。

三、服务企业财务管理工作的组织

服务企业财务管理工作的组织，是合理有效地开展财务管理工作的保证。其主要内容包括服务企业的财务制度、服务企业财务管理体制和服务企业财务管理机构。

（一）服务企业的财务制度

服务企业的财务制度是服务企业组织财务活动、处理财务关系的规范和准则，包括三个层次。

第一层次，服务企业财务通则。服务企业财务通则是我国整个服务企业财务制度中基本的法规，是服务企业从事财务活动必须遵守的基本原则和规范。它在财务制度体系中起着主导作用，是制定行业财务制度和服务企业内部财务制度的根据。

2007 年 1 月 1 日，我国新修订后的《服务企业财务通则》已由财政部颁布实施。修订后的服务企业财务通则适应了我国经济形势变化的需要，有利于服务企业明晰产权，并以此为基础建立和完善治理结构，通过强化服务企业财务管理中财务战略、资金筹集、资产运营、成本控制、收益分配、重组清算和信息管理的作用来适应现代服务企业财务制度发展的需要。

第二层次，服务企业财务制度。服务企业财务制度，是在服务企业财务通则的基础上，根据各个行业的不同特点制定的适合行业内各服务企业的分行业的财务制度。

第三层次，服务企业内部财务管理制度。服务企业内部财务管理制度是服务企业管理层在服务企业财务通则及行业财务制度的规定之下，结合服务企业自身经营管理的实际情况与具体特点制定的用来规范服务企业内部财务行为、处理服务企业内部财务关系的具体规则。服务企业在制定服务企业内部财务管理制度时应体现以下要求：

（1）明确财务主体的具体范围。通过明确服务企业内部财务管理的级次、内部各经营部门之间及其与服务企业财务部门的关系、服务企业与联营单位、投资与被投资单位、内部承包单位的财务管理关系实现。

（2）划分内部财务管理的岗位，明确相应的责任。具体包括财务管理体制的确立、财务机构的设置、财务管理岗位的设立、内部分工、各岗位责权利及其相互衔接关系。

（3）明确财务管理的内容与方法。具体包括货币资金、存货、固定资产、销售与收款、工资、筹资、投资、收益分配等的管理与牵制办法和程序，以及固定资产折旧方法、存货计价方法、费用提取标准等的选择。

（4）规定财务管理与内部责任单位的相互衔接关系。包括责任单位的划分、责任核算、责任控制、责任考核、责任奖惩等。

（5）规定财务规划与财务评价的方法与程序。包括服务企业进行财务规划和财务评价的程序、方法、时间，各经营部门在规划和评价中的职责。

具体来说，服务企业的财务制度主要包括：预算管理制度、统计工作制度、经济活动分析制度、物价管理制度、内部控制制度、资金管理制度、固定资产管理制度、成本管理制度、物资管理制度、低值易耗品管理制度、定额管理制度、合同管理制度、会计档案管理制度、采购管理制度、会计信息化管理制度、零星费用报销制度等。

（二）服务企业财务管理机构

为了有效地组织服务企业财务管理工作，提高财务管理水平，服务企业应该设置财务管理的专职机构。不同规模的服务企业，采用的财务管理组织形式是不同的。一般来说，小型的服务企业不涉及筹资和投资问题，财务管理工作比较简单，主要是对应收账款和应付账款的管理，因此财务管理工作是作为会计工作的一部分来完成的，不单独设置财务部门。对大中型的服务企业来说，财务管理的内容包括了资本筹集、资本投资、收益分配等，每一项决策对服务企业的经营发展都十分重要，因此需要设立专门的财务管理机构来负责财务管理工作。

第二节　服务企业资金运筹管理

一、服务企业筹资决策管理

筹资是服务企业根据其经营、对外投资及调整资本结构的需要，通过筹资渠道，运用筹资方式，经济、有效地筹集服务企业所需资金的财务活动。其主要内容包括筹资渠道和筹资方式的选择。

（一）筹资的动机与原则

1. 服务企业筹资的动机

资金是服务企业发展的根本，没有资金的支持，就没有服务企业的生存与发展。服务企业筹集资金的动机有很多种，归纳起来一般分为三种。

第一，扩展性动机。扩展性动机指服务企业因扩大经营规模或追加对外投资而产生的筹集资金的动机。服务企业要扩大规模，往往需要购置更多的相关设备材料，开发新的服务产品，建设更强大的管理团队，为了满足服务企业扩展的资金需要，服务企业必须筹集资金。一般有良好前景，又正处于成长期的服务企业都会产生这种筹资动机，其主要需要的是长期资金。扩展性筹资动机会使服务企业资产和负债的规模都有所扩大，既给服务企业带来了收益增长的机会，又给服务企业带来了大的风险。

第二，偿债性动机。偿债性动机是指服务企业为了偿还债务或调整资本结构而筹集资金的动机。偿债性筹资一般可分为两种情况。一是调整性偿债筹资，即服务企业虽然有能力支付到期的旧债，但为调整原有的资本结构，通过增加负债比重，从而使资本结构更加合理化。二是恶化性偿债筹资，即服务企业无法偿还到期债务，被迫重新举债偿还。偿债性筹资动机的直接后果是，并没有扩大服务企业资产的总体规模，只是改变了服务企业原有的资本结构。

第三，混合性动机。

混合性动机指服务企业因同时需要长期资金和现金而形成的筹资动机。服务企业在生产经营过程中，可能因扩大经营规模需要资金，同时又因为现金短缺而无法偿还到期债务，从而需要筹集资金。通过混合性筹资，同时满足了扩大经营规模和及时偿还债务的需要。显然，这种筹资混合了扩展性筹资和偿债性筹资的双重动机。

2. 服务企业筹资的原则

第一，合理确定资金需要量，控制好资金投放时间。这一原则要求筹资时考虑资金的数量和时间两个因素。服务企业经营活动的正常进行离不开一定数量的资金。资金欠缺，经营无法正常进行；资金太多，也会降低资金的使用效果。在确定资金需要量的前提下，还要灵活地控制资金的投放时间．在不需要投放的时候进行投放会造成资金闲置和浪费，在需要投放的时候不能保证投放又会影响经营活动的正常进行。例如，饭店经营活动在某种程度上其有较强的季节性特征，接待游客的服务企业更明显一些。这样便造成资金需要量在不同季节是不同的。因此，筹资时要预测不同季节的资金需要量，以便合理安排资金的投放数量和投放时间，为加速资金周转、提高资金使用效果奠定基础。

第二，考虑资金成本与资金效益的比例关系。这一原则要求筹资时要将资金成本的高低作为筹资决策的一个主要参考标准。资金的稀缺性决定了筹集资金必须付出代价，这一代价就是资金成本。资金来源的渠道不同，资金成本高低也不等，而资金成本的高低是影响服务企业盈利水平高低的重要因素。服务企业筹资的目的是通过运用资金获得经济上的效益。资金成本是对资金的耗费，资金效益是使用资金的所得，所得大于所费，才能有经济上的效益可言，超过的越多，实现的效益越大。因此，服务企业在筹资时一定要比较各种来源的资金成本，选择最有利的筹资方式组合，争取以最低的资金成本获取最佳的资金效益。

第三，优化资本结构，处理好筹资风险。这一原则要求筹资时要将负债的比例控制好，以控制财务风险。服务企业资金来源不外乎是所有者权益资金和负债资金两种。在市场经济条件下，利用较多负债资金来经营是一种普遍的情况。使用负债资金虽然能带来经营上及财务上的利益，但如果控制不严，规模过大，造成了资金链的断裂，就可能造成债务危机，甚至有破产的危险。因此，服务企业在筹资时，必须掌握好负债资金的比例，注意筹资风险的防范。

（二）筹资渠道的选择

筹资渠道是指筹措资金来源的方向与通道，服务企业的筹资渠道主要包括以下方面。

（1）国家财政资金。国家对服务企业的直接投资是国有服务企业的主要资金来源，特别是国有独资服务企业更是如此。我国现有国有服务企业的资金来源中，其资本部分大多是国家以直接拨款的形式形成的，除此以外，还有国家对服务企业“税前还贷”或减免所得税和各种税款形成的。从产权关系看，这些资金部属于国家作为所有者投入的资金，产权归国家所有。

（2）银行信贷资金。向银行贷款筹资是当前服务企业筹资的主要渠道之一。银行一般分为商业性银行和政策性银行。前者为各类服务企业提供商业性贷款，追求贷款的营利性；后者主要为特定服务企业提供政策性贷款，营利不是其主要目的。

（3）非银行金融机构资金。这是指信托投资公司、保险公司、租赁公司、证券公司、服务企业集团财务公司等。它们所提供的各种金融服务既包括信贷资金的投放，也包括物资的融通，还可能包括服务企业承销的证券等金融服务。

（4）其他服务企业资金。服务企业在生产管理过程中，往往会有部分暂时闲置的资金，服务企业之间会相互投资；另外，在市场经济条件下，服务企业间的相互投资和商业信用服务企业资金也成为服务企业资金的重要来源。

（5）居民个人资金。居民和职工个人的结余资金作为“游离”于银行和非银行金融机构之外的社会资金，也可被服务企业利用，成为服务企业资金的补充渠道。

（6）服务企业自留资金。这是指服务企业内部形成的资金，包括服务企业计提的折旧、公积金和未分配利润等。这是服务企业生产管理中自然形成的资金，不需要服务企业去筹集。

（7）外商资金。外商资金是指外国投资者及我国香港、澳门、台湾地区投资者投入的资金，是我国外商投资服务企业管理资金的重要来源。服务企业利用外资筹资不仅指货币资金筹资，也包括设备、原材料等有形资产筹资与专利、商标等无形资产筹资。利用外资包括利用国际性组织、外国政府、外国社团、外国服务企业与个人的资金。

（三）筹资方式的选择

筹资方式是指服务企业筹措资金所采用的具体形式，体现着资金的属性。目前我国服务企业可以选择的筹资方式，主要有以下几种。

（1）吸收直接投资。吸收直接投资是指服务企业按照“共同投资共同经营、共担风险、共享利润”的原则，以协议等形式吸收国家、其他服务企业、个人和外商等主体直接投入服务企业资本的方式。它不以股票为媒介，因此，它是非股份制服务企业筹集主权资本的重要方式。

服务企业吸收直接投资的对象可以是国家、服务企业、事业等法人单位、城乡居民、服务企业内部职工、外国投资者和我国港澳台地区投资者。其出资形式可以采用现金、实物资产、无形资产、土地使用权等形式。采用吸收直接投资方式筹资的优缺点如表 7–1 所示。

表 7–1 吸收直接投资方式筹资的优缺点

直接投资方式筹资的优点	直接投资方式筹资的缺点
①吸收直接投资所筹集的资金属于企业的自有资金，能提高企业的资信和借款能力，对扩大生产经营、增强经济实力具有重要作用 ②能直接获得所需的先进设备和技术，有利于尽快形成生产能力 ③有利于降低财务风险，企业可以根据其经营状况向投资者支付报酬，经营状况好，向投资者多支付一些报酬，反之，则少支付报酬	①资金成本高 ②容易分散控制权

（2）发行股票筹资。随着服务企业实行多元化产权的经营和产权重组的需要，通过上市发行股票筹资，正越来越成为当前服务企业筹集资金的一种主要方式。股票按持有人的权利与义务分为普通股股票和优股股票。采用发行股票筹资的优缺点如表 7–2 所示。

表 7–2 利用普通股方式筹资的优缺点

普通股筹资的优点	普通股筹资的优点
①普通股筹资形成稳定而长期占用的资本，有利于增强公司的资信，为债务筹资提供基础 ②筹资风险小，不用还本付息 ③没有偿还期	①筹资成本高 ②新股发行会稀释原有股权结构，分散公司的经营控股权 ③股票发行过量会直接影响到公司股票的市价，导致每股净收益额降低，从而引起公司股价的下跌。

（3）银行贷款筹资。银行贷款以贷款是否需要担保为标准，可分为信用贷款与抵押贷款。信用贷款主要凭贷款服务企业或担保人的信誉，没有实物担保，只能用于拥有良好信誉的优秀服务企业；抵押贷款则是由贷款服务企业提供一定的固定资产抵押、证券抵押来作为抵押品，也有少数情况可用名牌商标等的无形资产价值进行抵押，如果贷款方违约，不能如期归还贷款，则可拍卖商标权等无形资产进行还贷。银行贷款还有短期、中期与长期贷款之分，利率各不相同。服务企业应根据贷款的用途与期限，选择恰当的贷款种类。

（4）商业信用筹资。商业信用是指在商品交易中由于延期付款或预收货款所形成的服务企业间的借贷关系。它是服务企业之间一种直接信用关系，产生于商品交换之中，又称为“自发性筹资”。在市场经济条件下，商业信用运用广泛，是服务企业最重要的一项短期资金来源。服务企业利用商业信用融资的具体形式，主要有应付账款筹资、应付票据筹资和预收账款筹资等形式，其优缺点如表 7–3 所示。

表 7–3　信用筹资方式的优缺点

利商业信用筹资的优点	普通股筹资的优点
①商业信用属于自然筹资，随商品交易自然产生，事先不必做出正式的规划安排，因而该筹资方式简便易行 ②商业信用相对于银行借款的筹资方式，没有复杂的手续和各种附加条件，也不需要抵押，利用商业信用筹资，使用也比较灵活，有弹性 ③筹资成本低，因为在没有现金折扣或公司不放弃现金折扣的条件下，利用商业信用筹资，就不会发生筹资成本	①与其他短期筹资方式比较，商业信用筹资的使用期限较短，如果享受现金折扣，则使用期限更短 ②对付款方而言，如果到期不付账款，或长期拖欠账款，将会缺乏信誉感，造成今后筹资的困难；对收款方而言，长时间不回收账款，会影响资金周转，造成生产经营困难陷入僵局，在体制不健全的情况下，也容易转成公司之间账款的相互拖欠，出现严重的“三角债”，甚至“多角债”的现象

（5）发行企业债券筹资。债券是债务人为筹集资金而发行的，承诺按期向债权人支付利息和偿还本金的一种表明债权债务关系有价证券。债券按不同的标准分为很多种类，例如，按是否记名分为记名债券与不记名债券，按是否具有抵押品分为抵押债券与信用债，按利率是否固定分为固定利率债券与浮动利率债券等。其筹资的优缺点如表 7–4 所示。

表 7–4　债券筹资的优缺点

债券筹资的优点	债券筹资的
①与股票的股利相比，债券的利息允许在所得税前支付，公司可享受税收上的利益，故公司实际负担的债券成本一般低于股票成本 ②无论发行公司的盈利多少，持券者一般只收取固定的利息，若公司用资后收益丰厚，增加的收益大于支付的债息额，则会增加股东财富和公司价值 ③持券者一般无权参与发行公司的管理决策，因此发行债券一般不会分散公司控制权	①债券通常有固定的到期日，需要定期还本付息，财务上始终有压力，在公司不景气时，还本付息将成为公司严重的财务负担，有可能导致公司破产 ②发行债券的限制条件较长期借款、融资租赁的限制条件多且严格，从而限制了公司对债券融资的使用，甚至会影响公司以后的筹资能力 ③公司利用债券筹资一般受一定额度的限制，筹资规模受制约

（6）融资租赁筹资。融资租赁以专业性的租赁公司为出租人，租赁公司按承租服务企业的要求，由租赁公司向银行借款，再从国外或国内购入承租服务企业选定的新设备，并租赁给承租服务企业使用。租赁公司一般先收设备价款的 15%~20% 作定金，其余租金则在设备投产后，分期收取。承租服务企业所交的租金内容则包括设备的价款、租赁公司应取的利润及租赁公司借款所付的利息三部分。在租金交情之前，所租设备的所有权属租赁公司，所租设备的使用权归承租公司；在租金全部付清后，租赁公司出具产权转移证书，把设备的所有权让渡给承租服务企业。这种将“融资”与“融物”结合起来的租赁方式，其形象化的表述就是“借鸡下蛋，以蛋还钱，最终得鸡”。

融资租赁方式使承租服务企业不必依靠借款筹资，依托具有直接进口能力与经验的租赁公司便能很方便地获得所需的设备，并减少风险损失。对服务企业来说，无疑是开拓了一条“小钱办大事，零钱办整事，暂时没钱也能办好事”的融资融物的途径。

（7）利用留存收益。留存收益是通过资本循环积累自有资金，让资本最大限度地增值。要搞好商品经营的资本循环，必须从市场需求的实际出发，通过服务产品的科技附加值、销售附加值与名牌附加值，加速资金周转，提高资金周转次数来实现。

此外，服务企业还可以通过吸收风险投资、BOT方式、PPP方式筹资等新兴的筹资方式获得资金。但是，各种筹资方式各有利弊，各有其适应的情况，服务企业应根据自身实际选用适当的方式。

筹资渠道和筹资方式存在着紧密的联系，一定的筹资渠道往往对应着相应的筹资方式，一定的筹资方式又往往对应着相应的筹资渠道，但又不是单纯的一一对应关系，两者的对应关系如表7-5所示。掌握两者的对应关系，对于服务企业合理选择筹资渠道与筹资方式的配合方式，保证资金以最佳方式运作具有重要意义。

表7-5 筹资渠道与筹资方式的对应关系

	吸收直接投资	发行股票	银行借款	发行债券	商业信用	融资租赁	留存收益
国家财务资金	*	*					
银行信贷资金			*				
非银行金融机构资金	*	*	*	*		*	
其他企业资金	*	*		*	*	*	
居民个人资金	*	*		*			
自留资金	*	*					*
外商资金	*	*				*	

（四）资金需要量的确定

企业在筹资之前，应当采用一定的方法预测需要资金的数量，才能使筹集到的资金既能保证满足生产经营的需要，又不会有太多的闲置。资金需要量预测的方法一般可以分为定性预测法和定量预测法两类。

（1）定性预测法。定性预测法是一种较为传统的预测方法。它是指利用直观的资料，依靠个人的经验和主观分析、判断能力，预测未来资金需要量的方法。这种方法通常在企业缺乏完备、准确的历史资料的情况下采用。其预测过程为：首先聘请熟悉财务情况和生产经营情况的专家，根据过去所积累的经验，进行分析判断，提出预测的初步意见；然后，通过召开座谈会或者发出各种表格等形式，对上述的初步意见进行修正补充。这样经过一次或几次以后，得出预测的最终结果。该种方法尽管非常有用，但它并不能揭示资金需要量与有关因素之间的数量关系。

（2）定量预测法。定量预测法是指根据资金需要量与有关因素之间的数量关系来预测资金需要量的一种方法，主要有因素分析、高低点法等。

二、服务企业投资决策管理

无论服务企业是为了取得规模效益，还是为了分散风险，如果服务企业有足够的资金，就要想办法寻找投资机会，选择投资项目，考察企业是否具备投资项目需要的基本条件，并进行初步财务可行性的评估。其分析评估方法主要有两大类：一类是考虑了资金时间价值的贴现法，主要包括净现值法、现值指数法、内含报酬率法等；另一类是不考虑资金时间价值的非贴现法，主要包括投资回收期法和会计收益率法（平均投资报酬率）等。

（一）净现值法

所谓净现值，是指某一特定方案未来现金流入量的现值与未来现金流出量的现值之间的差额。净现值法所依据的原理是：假设预计的现金流入在年末肯定可以实现，并把原始投资看成按预定贴现率借入的，当净现值为正数时偿还本息后该项目仍有剩余的收益，当净现值为零时偿还本息后一无所获，当净现值为负数时该项目收益不足以偿还本息。其计算公式如下：

$$NPV=\sum_{t=1}^{n}\frac{C_t}{(1+r)^t}-C_0$$

式中：NPV——净现值；C_o——初始投资额；C_t——t年现金流量；r——贴现率；n——投资项目的寿命周期。

净现值法应用的主要问题是如何确定贴现率，一种办法是根据资金成本来确定，另一种办法是根据企业要求的最低资金利润来确定。相比之下，根据资金成本率确定贴现率，资金成本率的计算比较困难，应用范围有限；根据企业要求的最低资金利润率确定贴现率，比较简单易行。

使用净现值法应注意的问题包括：一是折现率的确定。净现值法虽考虑了资金的时间价值，可以说明投资方案高于或低于某一特定的投资的报酬率，但没有揭示方案本身可以达到的具体报酬率是多少。折现率的确定直接影响项目的选择。二是用净现值法评价一个项目的多个投资机会，虽反映了投资效果，但只适用于年限相等的互斥方案的评价。三是净现值法是假定前后各期净现金流量均按最抵报酬率（基准报酬率）取得的。四是若投资项目存在不同阶段有不同风险，那么最好分阶段采用不同折现率进行折现。

（二）现值指数法

现值指数法，又称净现值率法，是指投资方案现金流入量的总现值与现金流出量的总现值之比。用以说明每一单位的现金流出，可以获得的现金流入量的现值是多少的一种投资方案的评价方法。如果把现金流出看作投资成本，把现金流入的现值看作收益，现值指数亦被称为贴现后成本收益率，或称获利指数。其计算公式如下：

$$PVI=\sum_{t=1}^{n}\frac{C_t}{(1+r)^t}\div C_0$$

式中：PVI——净现值；C_o——初始投资额；C_t——t年现金流量；r——贴现率；n——投资项目的寿命周期。

现值指数法的一般规律是：现值指数大于1，说明以现值表示的现金流入量不仅能还本付息，而且还有剩余收益。如果现值指数等于1，说明以现值表示的现金流入量刚好够还本付息，没有剩余收益。如果现值指数小于1，说明以现值表示的现金流入量不仅没有剩余收益，而且不够还本付息。

净现值法和现值指效法虽然是两种不同的评价方法，两种方法所确定的指标所起的作用也有所不同，但都是用投资方案的现金流入量现值和现金流出量现值相比较的结果。净现值法是以绝对数表示投资方案的预期经济效益；现值指数是以相对数表示投资方案的相对获利能力。两种方法都考虑了资金时间价值，但是两种方法都只能确定未来的投资报酬率是否大于或小于最低的投资报酬率，而不能确定各个投资方案的实际投资报酬率。

（三）内含报酬率法

内含报酬率是指投资项目未来的净现金流量的现值等于项目的初始现金流出量的贴现率。也就是当以内含报酬率作为贴现来计算项目的净现值时，项目的净现值等于零。其计算公式如下：

$$\sum_{t=1}^{n}\frac{C_t}{(1+IRR)^t}=C_0$$

式中：IRR——内含报酬率；C_o——初始投资额；C_t——t年现金流量；r——贴现率；n——投资项目的寿命周期。

内含报酬率的计算通常根据不同的情况分别采用插值法和逐步测试法。如果每期现金流入量相等，就直接采用插值法；如果短期现金流入且不相等，就需要采用逐步测试法通过测试加以确定。

（四）投资回收期法

投资回收期法又称投资返本年限法，是计算项目投产后在正常生产经营条件下的收益额和计提的折旧额、无形资产摊销额用来收回项目总投资所需的时间，与行业基准投资回收期对比来分析项目投资财务效益的一种静态分析法。

投资回收期指标所衡量的是收回初始投资的速度的快慢。其基本的选择标准是：在只有一个项目可供选择时，该项目的投资回收期要小于决策者规定的最高标准；如果有多个项目可供选择时，在项目的投资回收期小于决策者要求的最高标准的前提下，还要从中选择回收期最短的项目。其计算公式如下：

$$\sum_{t=1}^{t}C_t-C_0=0$$

式中：t——投资回收期；C_t——t时期的现金流入量；C_o——初始投资额。

投资回收期法的优点是：易于理解，计算简便，只要算得的投资回收期短于行业基准投资回收期，就可考虑接受这个项目。缺点是只注意项目回收投资的年限，没有直接说明项目的获利能力；没有考虑项目整个寿命周期的盈利水平；没有考虑资金的时间价值。

（五）会计收益率法

会计收益率是指项目的原始投资所获得的年平均净收益率。会计收益率法就是将投资项目的会计收益率与该项投资的资金成本加以比较，判断投资是否可取，然后在可取投资方案中选择会计收益率大的投资方案的一种投资决策方法。其计算公式如下：

$$会计收益率=\frac{年平均净收益}{原始投资额}$$

运用这种方法进行投资决策的优点是计算简单，容易理解，在实际工作中易于为决策人员掌握。其缺点是不考虑现金流入的时间先后，不考虑资金的时间价值，从而使决策的准确性受到一定影响。它一般主要适用于资金少、追求较快回收投资和管理水平较低的企业。

三、服务企业资金运营管理[①]

资金运营管理是对服务企业日常资金的管理，主要包括对现金、应收账款和存货的管理。

（一）现金的日常管理

现金是服务企业流动性最强的资产，可以用来满足生产经营开支的各种需要，也是还本付息和履行纳税义务的保证。因此，拥有足够的现金对于降低企业的风险，增强企业资产的流动性和债务的可清偿性有着重要的意义。现金的日常管理的主要目的是降低现金的运营成本，提高现金的周转速度。其内容主要包括现金收入管理和现金支出管理两个方面。

1. 现金收入管理

服务企业在生产经营过程中应尽量加速账款回收，加速现金周转，以提高现金的使用效率。一般来说，服务企业账款的收回包括客户开出票据、服务企业收到票据、银行收到票据、服务企业收到现金等环节。

服务企业账款收回的时间包括票据邮寄时间、票据在服务企业停留时间及票据结算的时间。前两个阶段所需时间的长短不但与客户、服务企业与银行之间的距离有关，而且与收款的效率有关。在实际工作中，缩短这两段时间的方法通常有锁箱法、银行业务集中法等。

方法1：锁箱法。锁箱法又称邮政信箱法，是西方服务企业加速现金流转的一种常用的方法。服务企业可以在各主要城市租用专门的邮政信箱，并开立分行存款户，授权当地银行每日开启信箱，在取得客户票据后立即予以结算，并通过电汇方式再将货款拨给服务企业所在地银行。在锁箱法下，客户将票据直接寄给客户所在地的邮箱而不是服务企业总部，不但缩短了票据邮寄时间，还免除了公司办理收账、货款存入银行等手续费，因而缩短了票据邮寄及在服务企业的停留时间。

---

① 安庆钊. 财务管理教程［M］. 上海：立信会计出版社，2005.

但采用这种方法成本较高，因为被授权开启邮政信箱的当地银行除了要求扣除相应的补偿性余额外，还要收取办理额外服务的劳务费，导致现金成本增加。因此，是否采用邮政信箱法，需视提前回笼现金产生的收益与增加的成本的大小而定。

方法 2：银行业务集中法。这是一种通过建立多个收款中心来加速现金流转的方法。其具体做法是：首先，企业以服务地区的账单数量为判断依据，在收款额比较集中的地区设立若干收款中心，并确定一个收款中心（通常是指公司总部所在地的收款中心）的开户银行为集中银行。其次，公司通知客户将货款送到最近的收款中心。客户收到账单后直接将货款送到当地的收款中也，而不必送到公司总部的所在地收款中心。最后，收款中心将每天收到的货款送到当地的银行，然后把超过补偿性余额的现金汇入集中银行。

银行业务集中法的主要优点是支票兑现的时间可以缩短；账单由收款中心寄发给该地区客户，与由总部寄发相比，顾客能及早收到账单；顾客在付款时，货款邮寄到最近的收款中心，也比直接邮寄到总公司所需时间短。收款中心收到支票后存入该地区银行，而该地区银行同时也是兑付行，因而支票兑现时间短。但是，这种方法了存在设立收款中心需要花费一定人力、物力、财力，每一个收款中心通常都要求有一定补偿性余额，将占用服务企业一定数量的资金的缺点。因此，是否采取银行业务集中法，在哪里设立收款中心，应在权衡利弊得失后再做决定。

除上述方法外，服务企业还可以采取电汇、大额款项专人处理、服务企业内部往来多边结算、减少不必要的银行账户等方法加快现金回收。

2. 现金支出管理

服务企业在加强现金收入管理的同时，还应当严格控制现金支出。与现金收入的加速收款相反，现金支出管理的主要任务是尽可能延缓现金的支出时间，当然这种延缓必须是合理、合法的，否则服务企业延期支付账款所得到的收益将远远低于由此而遭受的损失，延期支付账款的方法一般有以下几种。

方法 1：合理运用现金“浮游量”。所谓现金的浮游量是指服务企业账户上现金余额与银行账户上所示的存款余额之间的差额。有时，服务企业账户上的现金余额已为零，而银行账户上的服务企业的现金余额还有很多，主要是因为有些付款票据服务企业已经开出，但客户还没有到银行兑现。如果能正确预测浮游量并加以利用，可节约大量现金。

[例 7–1] 假设 LT 服务企业现有银行存款 l00 000 元。该企业买入一些原料，并在 9 月 8 日开出一张 100 000 元支票给供应商。该公司账上（指总账余额）现金余额已因这 l00 000 元支票而减少，但是，银行在这张支票存入供应商银行并向公司往来银行提示要求付款之前（假设为 9 月 15 日），不会知道该公司开出该支票。也就是说，在支票使用之前，该公司银行账上的现金比服务企业账上的多，故为正的差额。

9 月 8 日的情况：支付浮差 = 银行账户余额 — 公司账面余额。9 月 8 日 ~14 日：支付浮差 = 银行账户余额 — 公司账面余额 =100000 — 0=100000（元）

因此，在 9 月 8 日 ~14 日这段支票交换期间，虽然甲服务企业银行存款账款上的余额为零，但是甲服务企业银行账户中的余额是 100000 元，所以该服务企业仍可以利用这笔钱获利。

方法2：利用信用，推迟支付应付款。企业可在不影响信誉的情况下，尽可能推迟应付款的支付期。

方法3：采用汇票付款。在使用支票付款时，只要持票人将支票递交银行，付款银行就要无条件地付款。但汇票不是“见票即付”的付款方式，在持票人将汇票递交银行后，银行要将汇票送交付款人承兑，并由付款人将一笔相当于汇票金额的资金存入银行，银行才会付款给持票人，这样就有可能合法地延期付款。

方法4：改进工资支付模式。通过为员工开立专业用工资支付存款账户，支付员工工资。例如，某企业在每月5日支付工资，根据经验估计在5日、6日、7日及7日以后的兑现率分别为20%、25%、30%和35%。这样，企业就不需在5日内支付全部工资所需要的工资额，而可将节余下的部分现金用于其他投资。

3. 闲置现金投资管理

企业在筹资和经营时，会产生大量的现金，这些现金在用于资本投资或其他业务活动之前，通常会闲置一段时间。这些现金可用于短期证券投资，比如国库券、企业债券、企业股票等以获取利息收入或资本利得，这样，既能保证有较多的利息收入，又能够增强企业的变现能力。

（二）应收账款的日常管理

应收账款是指企业对外销售产品、提供劳务而应向购买商品、接受劳务的单位收取的款项。服务企业应收账款的日常管理主要包括信用政策制定、账龄分析和收账管理

1. 信用政策

应收账款管理的目标是在扩大销售的同时，尽可能降低管理的成本和坏账

损失，提高应收账款投资的收益。该目标的落实依赖于服务企业的信用政策，企业的信用政策包括信用期间、信用标准和现金折扣政策。

（1）信用期间是企业允许客户从购货到付款之间的时间。当信用期过短时，在市场竞争中不利于吸引客户，扩大销售，但是信用期过长，对销售额增长固然有利，但也增加了应收账款的赊销成本。因此，企业需要慎重研究，确定出恰当的信用期。

（2）信用标准是客户获得企业商业信用所应具备的最低条件。企业在设定某一顾客的信用标准时，往往是通过评价其赖账的可能性。目前比较流行的评价方法是“5C模型”，即考虑客户的品质（Character）、能力（Capacity）、资本（Capital）、抵押（Collateral）与条件（Condition）。

（3）现金折扣政策是企业对顾客在商品价格上所做的扣减政策。向顾客提供这种价格上的优惠，主要目的在于吸引顾客为享受优惠而提前付款，缩短企业的平均收款期。另外，现金折扣也能招揽一些视折扣为减价出售的顾客前来购货，借此扩大销售额。

现金折扣的表示常采用如“5/10, 3/20, n/30”的形式，5/10表示10天内付款，可享受5%的价格优惠；3/20表示10~20天内付款，可享受3%的价格优惠，n/30表示付款的最后期限为30天，此时付款无优惠，即按全价付款。企业采用什么程度的现金折扣，要与信用期间结合起来考虑。不论是信用期间还是现金折扣，都能给企业带来收益，但

也会增加成本。当企业给予顾客某种现金折扣时，应当考虑折扣所能带来的收益与成本孰高孰低，权衡利弊，择优决断。

2. 账龄分析

账龄分析是指考查应收账款的账龄结构。通常情况下客户拖欠的时间越长，催收账款的难度就越大，所发生的收款费用也越多，形成坏账损失的可能性也越大。因此，企业应当对应收账款的账龄进行持续记录和统计分析，监测单笔应收账款的回款工作。

账龄记录的方法有两种：一种是应收账款的账龄从销售发货算起，另外一种是从应收账款逾期开始计算。这两种方法的主要区别在于账龄起始点的计算时点不同。通过将企业平均账龄和同行业平均水平、主竞争对手的 DSO（Days Sales Outstanding）[①] 进行比较，可以了解自身竞争优劣，发现应收账款管理工作中存在的问题，在工作中及时加以改进。信用管理部门应定期编制应收账款账龄结构分析报表（见表 7–6）。当账龄结构处于比较合理的水平时，各组的百分比从上到下应逐渐减少，而且呈加快趋势。

表 7–6　账龄结构分析报表

销售区域		截止日期：		
账龄天数		应收账款（元）	占全部余额百分比	备注
信用期内（未到期）				
逾期0~3个月				
逾期3~6个月				
逾期6~12个月				
逾期12~24个月				
逾期24个月以上				
合计				
账龄结构分析结论				
目前流动资产		应收账款余额/流动资产		
年度赊销额		应收账款余额/年度赊销额		
应收账款逾期比率				
应收账款总体状况分析				

3. 收账管理

应收账款一旦形成，企业就必须考虑如何按时足额收回欠款而不是消极地等待对方付款。企业应根据客户应收账款的账龄是否逾期、逾期时间的不同，采用不同的收账策略，如表 7–7 所示。

① 指一家企业把其账目变成现金的平均时间。

表 7-7　收账管理分级

账龄	分类等级	负责部门	采取的策略
信用期内	未到期应收账款	销售部门	准备回款手续
信用期结束	到期应收账款		发出付款通知
逾期0~3个月	逾期应收账款	信用部门	按等级进行催收
逾期3~6个月			
逾期6~12个月			
逾期12~24个月	逾期应收账款	法律部门	最终手段
逾期24个月以上	坏账准备	信用和财务部门	账务处理、继续关注

（三）存货的日常管理

存货的日常管理是指在日常生产经营过程中，按照存货规划的要求，对存货的使用和周转情况进行组织、调节和监督。存货日常管理的方法主要有如下几种。

1. 存货储存期控制

存货的储存要求企业付出一定的资金占用费（如利息成本和机会成本）和仓储管理费。因此，缩短存货储存时间，加速存货周转，是节约资金占用，降低成本费，提高企业获利水平的重要保证。

存货在储存过程中发生的费用按照与储存时间的关系可以分为固定储存费和变动储存费两类。前者包括进货费用、管理费用，其金额多少与存货存储期的长短没有直接关系；后者包括存货资金占用费、存货仓储管理费、仓储损耗等，其金额随存储期的变动成正比例变动。

基于上述分析，可以得到以下平衡关系式：

利润 = 毛利 − 固定储存费 − 销售税金及附加 − 每日变动储存费 × 储存天数

将上式变形，可得出存货保本储存天数（利润为零）和存货保利储存天数（利润为目标利润）的计算公式：

$$存货保本储存天数=\frac{毛利-固定储存费-营业税金及附加}{每日变动储存费}$$

$$存货保利储存天数=\frac{毛利-固定储存费-营业税金及附加-目标利润}{每日变动储存费}$$

［例 7-2］某商品批发服务企业购进商品 1000 件，单位不含增值税进价 90 元，单位不含增值税售价 120 元。经销该批商品的固定性费用为 5000 元。若货款均来自银行存款，年利率为 9%，该批商品的月保管费用率为 2%，销售税金及附加为 1900 元，预期利润率为 6.05%，实际储存天数为 180 天。假设该批商品批进批出，则：

每日变动储存费 = 购进批量 × 购进单价 × 日变动储存费率

=1000 × 90 ×（9% / 360+2% / 30）=82.5（元 / 天）

存货保本储存期 =［1000×（120−90）−5000−1900］/ 82.5=280（天）

存货保利储存期 =［1 000×（120−90）−5000−1900−1000×90×6.05%］/ 82.5
=214（天）

实际投资利润率 =［(280−180）×82.5 /（1000×90）］×100% =9.17%

2. 存货的 ABC 控制法

意大利经济学家巴雷特于 19 世纪首创了 ABC 控制法，经不断发展和完善现在已经被广泛用于存货管理。所谓 ABC 控制法就是按照一定的标准，将企业的存货划分为 A、B、C 三类，分别实行按品种重点管理、按类别一般控制和按总额灵活掌握的存货管理方法。ABC 控制法的关键是事先确定存货的分类标准。人们通过选择金额和数量作为分类标准。其中金额标准是最基本的，品种数量标准仅仅作为参考。具体可分如下几个步骤。

第一步，计算每一种存货在一段时间内（一般为一年）的资金占用额；

第二步，计算每一种存货资金占全部资金占用额的百分比，按大小顺序排列，编成表格；

第三步，根据事先测定好的标准，把存货划分为 ABC 三类。最重要的存货划为 A 类，特点是金额巨大，但品种数量较少；把一般存货划为 B 类，特点是金额一般，品种数量相对较多；把不重要的存货划为 C 类，特点是品种数量较多，但价值金额却很少；

第四步，对 A 类存货进行重点规划和控制，对 B 类存货进行次重点管理，对 C 类存货只进行一般管理。

［例 7−3］某企业有 20 种材料，共占用资金 50000 元。按占用资金多少的顺序排列后，根据上述原则划分成 A、B、C 三类，如表 7−8 所示。

表 7−8　存货 ABC 分类

材料品种（用编号代替）	耗用资金（元）	类别	各类存货所占		各类存货耗用资金	
			种类（种）	比重%	金额（元）	比重（%）
1	25000	A	2	10	37500	75
2	12500					
3	5000	B	5	25	10000	20
4	2500					
5	1250					
6	750					
7	500					
8	450	C	13	65%	2500	5
9	400					
10	350					
11	300					
12	250					

续表

材料品种（用编号代替）	耗用资金（元）	类别	各类存货所占		各类存货耗用资金	
			种类（种）	比重%	金额（元）	比重（%）
13	200	C	13	65%	2500	5
14	150					
15	100					
16	95					
17	90					
18	85					
19	25					
20	5					
合计	50000		20	100	50000	1000

第三节　服务企业成本控制管理

一、成本的定义与构成内容

（一）成本的定义

美国会计师协会（AICPA）1957年发布的《第4号会计师名词公报》对成本的定义是，为获取财物或劳务而支付的现金或其等价物，即成本是为了获得某种利益而发生的支出。如购置房屋的支出是为了获得使用利益而发生的支出，属于成本；雇用劳务，是为了取得其服务而发生的支出，也属于成本。至于支出形式可以是现金，也可是其他现金等价物，所获的利益可以是有形资产，也可以是无形劳务。

《日本成本计算标准》中对成本的定义为：成本的实质是经营者为获得一定购经营成果而消耗的物质资料或劳务的价值。它具有的特点包括：①成本是消耗的价值。②是经营过程中转移到一定产品（经营成果）上的价值。③是与经营目的相联系的价值。④是在正常经营状态下形成的价值。

马克思在《资本论》指出：按照资本主义方式生产的每一个商品的价值w，用公式来表示是$w=c+v+m$。如果我们从这个产品价值中减去剩余价值m，那么，在商品中剩下的，只是一个在生产要素上耗费的资本价值$c+v$的等价物或补偿价值[①]。只是补偿商品使资本家自身耗费的东西，所以对资本家来说，这就是商品的成本价格。马克思在这里指

① 马克思.资本论（第3卷）［M］.北京：人民出版社，1975.

出了商品的成本只包括 c、v 两个部分。

我国的成本会计学教程中大多数将成本定义为：成本是企业在生产经营过程中发生的各种耗费或支出。而且成本的这种耗费支出是相对于特定的“主体”而言的。

（二）成本的构成内容

在会计核算中，为了保持成本核算口径一致，防止乱摊成本，按我国现行财务管理制度规定，应该计入成本的包括下列各项。

（1）服务生产经营过程中实际消耗的原材料、辅助材料、备品配件、外购半成品、燃料、动力、包装物的原价和运输、装卸、整理等费用。

（2）服务企业直接从事产品生产或服务提供人员的工资和提取的福利费。

（3）房屋建筑物和机器设备的折旧费、租赁费、修理费及低值易耗品的摊销费等。

（4）其他为组织、管理生产和服务活动所发生的制造费用。

企业发生下列费用，不应计入成本，包括：

（1）服务企业为组织、管理生产或服务经营活动所发生的管理费用、财务费用、销售费用。

（2）购置和建造固定资产的支出、购入无形资产和其他资产的支出。

（3）对外界的投资以及分配给投资者的利润。

（4）被没收的财物以及违反法律而支付的各项滞纳金、罚款以及服务企业自愿赞助、捐赠的支出。

（5）在公积金、公益金中开支的支出。

（6）国家法律、法规规定以外的各种付费。

（7）国家规定不得列入成本的其他支出。

需要说明的是：第一，国家虽然具体规定了成本开支范围和费用开支标准，基本上反映了成本客观的经济实质，但是，这些规定往往是根据一定时期的宏观经济调控要求、国家分配政策，以及服务企业财务管理的目标确定的，有时并不完全符合理论成本的经济内容。第二，服务企业成本的具体内容还会因行业的特点的有所不同而存在差别。同一行业各企业因生产特点和管理要求不同，工艺技术过程特点和生产组织特点不同而存在差别。

二、成本控制的基础准备

服务企业根据自身的特点应主要从以下几方面做好成本控制基础准备工作。

（一）确立正确成本控制观

服务企业从基层员工到高层管理人员应树立“低成本高效益”“全员、全过程、全方位成本管理”的正确成本管理观念。真正让服务企业的成本控制变成本的事后核算为事前的成本控制；变成本开支的实报实销为先算后用，限额使用；变财务管理部门“孤军作战”的独家控制为全员参加的成本控制。实现“哪里有费用发生、哪里就有成本控制点”的全过程、全方位控制。

（二）建立分级控制和归口控制的责任制度

为了调动全体职工对成本控制的积极性，企业必须明确各级组织（厂部、车间、班组等）和各归口职能管理部门（如财会、生产、技术、销售、物资、设备等）成本控制方面的权限与责任，建立健全成本控制的责任制度。因此，企业要将成本计划所规定的各项经济指标，按其性质和内容进行层层分解，逐级落实到各个车间、班组和各个职能科室，实行分级归口控制。各个归口职能部门，既要完成其他部门分配下达本部门的各项费用指标，也要负责完成企业下达的归口指标，并进一步把归口管理的指标分解下达到有关执行单位和部门。从而形成一个上下左右、纵横交错、人人负责的成本控制体系。

根据权、责、利三者结合的原则，在建立成本控制责任制的同时，必须赋予责任单位和部门一定的经济权限和利益，使其有搞好本单位责任成本的相对的自主权。这些自主权一般包括：压缩流动资金定额的权限，以减少利息支出；上交多余固定资产的权限，以减少固定资产占用费和折旧费的支出；上交多余劳动力的权限，以减少工资支出等。

（三）建立严格的费用审批制度

一切费用预算在开支以前都要经过申请、批准手续后才能支付，即使是原来计划上规定了的，也要经过申请和批准。这样做，有利于一切费用在将要发生前再进行一次深入的研究，根据新的变化了的情况，再一次确定费用的合理性，以保证一切费用的使用效果。

（四）加强和完善成本实际发生情况的收集、记录、传递、汇总和整理工作

成本控制要把费用和消耗发生的情况与成本控制标准进行对比分析，这就需要有反映成本发生情况的数据，就要进行收集、记录、传递、汇总和整理工作。数据的收集和记录必须正常、准确、齐全，需要有科学合理的收集方法和记录方式，符合监督程序的需要；数据的传递要有正确路线，迅速及时；汇总和整理工作要有科学合理的统一规定。以上成本控制数据的收集和汇总整理，通常是通过企业中的业务核算、统计核算和会议核算来实现的。

三、成本控制的基本方法

成本控制方法是指完成成本控制任务和达到成本控制目的的手段。成本控制的方法是多种多样的，针对不同的阶段、不同的问题所采用的方法也不一样，即使同一个阶段，对于不同的控制对象，或出于不同的管理要求，其控制方法也不尽相同。因此，对于一个企业来说，具体选用什么方法，应视本企业的实际情况而定，必要时还可以由企业自己设计出一个适合本企业需要的特殊方法。

（一）成本控制方法的选择[①]

选择成本控制方法首先需要了解成本的特性与分类，通常可以从以下三个方面考虑。

（1）成本发生的变动性与固定性。变动成本是在相关范围内，总额随业务量的变动而变化的成本；固定成本是在一定时期、一定业务量区间，当业务量变化时，总额始终保持不变的成本。

（2）成本对产品和服务的直接性和间接性。直接成本与产品生产和服务直接相关，如产品或服务所直接耗用的原材料、服务人员工资等。间接成本则与产品生产和服务提供没有直接的联系，如服务企业管理人员的工资，房屋设备的折旧费用等。

（3）成本的可控性和不可控性。可按成本是特定责任主体对其具有控制能力，能够通过自身的行为控制其发生与否、发生时间和发生数额的成本；不可控成本是特定责任主体不能通过自身的行为控制其发生与否、发生时间和发生数额的成本。

对于变动成本，如原材料、服务人员工资，可采取按消耗定额和工时定额进行控制的方法。对于固定成本，如固定制造费用，则可采取按计划或预算进行控制的方法。从成本控制的范围来讲，直接生产成本可将指标分解落实到生产班组、员工，间接生产成本则应分类将指标分解落实到有关职能归口部门、员工。从成本的可控性来讲，需按不同的责任层次、管理范围落实成本责任，使归口控制的成本对各责任单位来讲具有可控性，真正起到控制的作用。

（二）成本控制方法

（1）绝对成本控制。绝对成本控制是把成本支出控制在一个绝对的金额中的一种成本控制方法。标准成本和预算控制是绝对成本控制的主要方法。

（2）相对成本控制。相对成本控制是指企业为了增加利润，要从产量、成本和收入三者的关系来控制成本的方法。实行这种成本控制，一方面可以了解企业在多大的销量下收入与成本的平衡，另一方面可以知道当企业的销量达到多少时，企业的利润最高。所以相对成本控制是一种更行之有效的方法，它不仅是基于实时实地的管理思想，更是从前瞻性的角度，服务于企业战略发展的管理来实现成本控制。

（3）定额法。定额法是以事先制定的产品定额成本为标准，在生产费用发生时，就及时提供实际发生的费用脱离定额耗费的差异额，让管理者及时采取措施，控制生产费用的发生额，并且根据定额和差异额计算产品实际成本的一种成本计算和控制的方法。

（4）标准成本法。标准成本法是西方管理会计的重要组成部分，是指以预先制定的标准成本为基础，用标准成本与实际成本进行比较，核算和分析成本差异的一种产品成本计算方法，也是加强成本控制、评价经济业绩的一种成本控制制度。

（5）目标成本法。“目标成本法”是日本制造业创立的成本管理方法。目标成本法以给定的竞争价格为基础，决定产品的成本，以保证实现预期的利润。即首先确定客户会为产品 / 服务付多少钱，然后再回过头来设计能够产生期望利润水平的产品 / 服务和运营流程。

---

① http：//baike.baidu.com/view/8509833.htm.

（6）线性规划法。线性规划法是在第二次世界大战中发展起来的一种重要的数量方法，线性规划方法是企业进行总产量计划时常用的一种定量方法。线性规划是运筹学的一个最重要的分支，理论上最完善，实际应用得最广泛。主要用于研究有限资源的最佳分配问题，即如何对有限的资源做出最佳方式地调配和最有利的使用，以便最充分地发挥资源的效能去获取最佳的经济效益。

（7）价值工程法。

价值工程指的都是通过集体智慧和有组织的活动对产品或服务进行功能分析，有效地实现产品或服务的必要功能，从而提高产品或服务的价值。

第四节　服务企业的利润管理

利润是服务企业在一定时期内的经营活动中取得的最终财务成果，其数额等于企业各项收入扣除相关的成本、费用、税金和损失以及其他支出后的净额。服务企业实现的利润正是企业经营发展的资金保证，有了利润才有利于服务企业的经营活动进入一个良性循环过程。

一、利润的日常管理

（一）目标利润的确定[①]

目标利润是企业事先确定，要在一定时间内努力实现的利润。它可以是某一产品或服务所要实现的利润，也可以是企业要实现的全部利润。确定目标利润的方法主要有利润公式确定法和定额确定法。

1. 利润公式确定法

利润公式确定法是指在营业收入一定的情况下，根据目标成本确定目标利润的一种方法，其计算公式为：

目标利润 = 营业收入 – 目标成本 – 目标期间费用

其中，对目标成本和目标期间费用的确定，可以按同行业类似或相同产品或服务的先进水平确定，也可以根据本企业近期的实际水平和预测期的降低目标测算确定。

2. 定额确定法

定额确定法是根据某一利润定额来确定目标利润的一种方法，一般在以下两种情况下使用。

（1）市场竞争激烈，服务企业经营管理不善、营业收入低于上年，服务企业必须保持上年（或一定）的利润水平时，可把上年（或一定）的利润水平作为目标利润。

（2）如果企业实行了某种形式的经济责任制（如利润承包或者经理的任期目标责任制），则可以把利润承包数或是任期的利润指标作为目标利润数。

① 王学宝. 连锁企业财务管［M］. 北京：电子工业出版社，2007.

（二）利润的评价

不论是股东、债权人还是服务企业管理人员，都非常关心服务企业的赢利能力。股东们关心服务企业获取利润的多少并重视利润分析，是因为他们的股息是从利润中支付的，而且服务企业赢利能力的增加还能促使股票价格上升，从而使股东们获得更大的资本收益。债权人关心服务企业赢利能力是因为利润是服务企业偿还债务的重要资金来源；服务企业管理人员重视赢利，是因为利润是衡量他们经营业绩最重要的标准和获取收入的依据。评价企业利润情况的指标主要有营业利润率、成本费用利润率、资产利润率、资本金利润率、自有资金利润率。

1. 营业利润率

营业利润率是利润与营业额之间的比率，是指每元销售额所获得的利润。它是以营业收入为基础分析评价企业获利能力的主要指标，其计算公式为：

营业利润率 = 利润额 ÷ 营业收入

分析企业营业收入的收益水平，一般使用营业利润率。由于企业的利润可以分为五个层次，即商品营业毛利、主营业务利润（即商品经营利润）、营业利润、利润总额、利润净额，而不同层次的利润所含内容不同，其中利润总额或利润净额包含着非营业利润因素，所以，为能客观、真实反映评价企业营业收入的收益水平，如果企业投资收益或营业外收支过大时，则要采用营业利润率；如果企业其他业务利润过大时，则要采用主营业务利润率。毛利是企业营业利润的最初基础，没有足够大的毛利率企业便不能赢利，因此，分析企业获利能力，首先要考虑企业营业毛利率的实现情况。营业毛利率、营业利润率和主营业务利润本的计算公式为：

营业毛利率 = 营业毛利 ÷ 营业收入

营业利润率 = 营业利润 ÷ 营业收入

主营业务利润率 = 主营业务利润 ÷ 营业收入

2. 成本费用利润率

成本费用利润率是企业利润与成本费用的比率，这一指标反映企业所得与所耗的关系，利润高，成本费用低，指标值就大，表示企业成本费用支出的经济效益好。反之说明企业经营管理水平差，经济效益欠佳。成本费用利润率的计算公式为：

成本费用利润率 = 利润额 ÷ 成本费用额

其中，成本费用额一般包括营业成本和当期的期间费用。

3. 资产利润率

资产利润率是企业利润与资产平均占用额之比，表明每元资产所获取的利润，反映企业资产的利用效果。一般来说，资产利润率越高，说明资产利用效率越高，反之则说明资产利用效率越低。由于企业的资产是由流动资产和固定资产构成，流动资产的投资与周转是企业利润的主体来源，而固定资产则对企业利润起着推动和促进作用，因此，对企业资产获利能力的分析，应以流动资产获利能力为基础，结合固定资产的使用效率对企业总资产的获利水平进行全面的分析评价。

（1）总资产利润率。总资产利润率是企业利润与平均资产总额之比，其计算公式为：

总资产利润率＝利润 ÷ 平均资产总额 ×100%＝营业利润率 × 总资产周转率

该指标反映了企业资产利用的综合效果及获利能力。以上公式表明，总资产利润率与营业利润率、总资产周转率成正比例关系，即营业利润率越高，全部资金周转越快，则总资产利润率就越高。因此，要增强资产获利能力，提高总资产利润率，不仅要增加企业营业收入，而且还应提高资产使用效果。

（2）流动资产利润率。流动资产利润率是企业利润与流动资产平均占用额之比，表明每百元流动资产所获取的利润，其计算公式为：

流动资产利润率＝利润 ÷ 流动资产平均占用额 ×100%

使用和计算这个指标时，也可以同销售利润率一样，分别以不同层次的利润计算评价。

（3）固定资产利润率。固定资产利润率是企业利润与平均固定资产占用额之比，其计算公式为：

固定资产利润率＝利润 ÷ 平均固定资产占用额 ×100%

4. 资本金利润率

资本金利润率是企业利润额与资本金总额之比，其计算公式为：

资本金利润＝利润额 ÷ 资本金总额

公式中的资本金总额是指企业在工商行政管理部门登记的注册资金总额，包括国家资本金、法人资本金、个人资本金和外商资本金。这一指标反映投放资本的利润效益，指标越高，说明投资带来的利润越高，资本效益越好，反之效益越差。

（5）自有资金利润率。自有资金利润率又称权益资本利润率或主权资本利润率，是企业利润净额与自有资金之比，反映每元自有资金所获得的利润，其计算公式为：

自有资金利润率＝利润总额 ÷ 自有资金

自有资金利润率是反映企业获利能力的一个重要指标。自有资金利润率越高，反映企业自有资金的获利能力越强，自有资金投资收益水平越高。企业从事财务管理活动的最终目的是实现所有者财富最大化，从静态角度来讲，首先就是最大限度地提高自有资金利润率。因此，该指标是企业赢利能力指标的核心，而且也是整个财务指标体系的核心。

二、利润分配的管理

（一）利润分配的原则

作为利润分配对象的企业利润有两个含义；一是企业利润总额；二是企业所得税后的净利润。这里讨论的主要是税后净利润的分配问题，即主要是确定企业的净利润如何在分配给投资者和用于企业再投资。企业在进行利润分配时，应遵行以下基本原则。

1. 依法分配原则

企业的利润分配涉及国家、企业、股东、债权人、内部职工等多方面主体利益。国家为了规范企业的利润分配行为，保障有关各方的合法权益，制定和颁布了若干法规，这些法规明确定规定了企业利润分配的基本要求、一般程序和重大比例等，那么企业在进行利润分配时就必须按这些法律规定进行。

2. 分配和积累并重的原则

分配与积累，这一对矛盾的正确处理，直接关系到企业长远利益和近期利益协调。企业通过经营活动所赚取的净收益，一部分要分配给投资者（股东），另一方面要留在企业，形成企业积累。分给投资者的净利润可以让投资者，马上获得的投资的成功感。而留在企业的这部分收益也不仅为企业扩大再生产提供了资金，而且增强了企业抵抗风险的能力，提高了企业经营的安全系数和稳定性，有利于增加投资者未来的投资回报，此外还可以达到以丰补歉、平抑利润分配数额波动幅度、稳定投资报酬率的效果。

3. "谁投资、谁受益""投资与收益对等"原则

投资者将投资本金投入企业，理应享有企业的收益分配权，其获得的投资收益应与投资比例相适应。只有这样，才能从根本上实现收益分配中的公开、公平和公正，保护投资者的利益不受侵害，提高投资者的投资热情。

（二）利润分配的控制

企业应严格遵守国家制定的利润分配原则，按规定顺序分配利润。首先弥补经营性亏损，然后及时足额地上交所得税。企业的税后利润首先提取法定公积金和公益金。企业在向投资者分配利润前，经董事会决定或按章程规定，可以提取任意盈余公积金。提取任意盈余公积金是为了控制向投资者的分配利润水平，以减少因年利润分配水平不均而造成的波动。这样更有利于企业长期稳定发展。企业当年没有赢利，不得向投资者分配利润，也不能做超利润分配和超前分配，以免影响企业以后的发展。股份制企业当年无利润，原则上也不得分配股利，但在已用盈余公积金弥补了亏损后，经股东大会通过，可以用不超过股票面值6%比率的盈余公积金分配股利，分配后的法定盈余公积金不能低于注册资本金的25%，以保证企业发展的后劲，保护投资者的长远利益。

（三）利润分配政策的选择

利润分配政策也称股利政策。广义的股利政策包括股利发放比率的确定、股利支付的形式、胜利的宣布日、股权登记日，即发放日的选择、发放现金股利所需的筹资方式。狭义的股利政策仅指股利发放比率的确定问题。企业在选择股利政策时主要应考虑以下四方面的因素。

（1）约束因素，具体包括：第一，资本保全约束。股利分配只能来源于利润，不能来源于股本。第二，资本积累约束。支付股利前应计提公积金和公益金。第三，企业利润约束。无利不分，弥补亏损后还有剩余，才能分配。第四，超额累积利润约束。公司不得超额累积利润，当服务企业留存利润超过法律认可的水平，将被加征额外税款。第五，债务契约约束。防止企业过多发放股利影响偿债能力，而以契约形式限制现金股利的支付。如最高限额约束、最低标准约束和留用利润约束。第六，优先股契约约束。未分配优先股利之前，不得分配普通股股利。第七，现金充裕性约束。现金净流量充足时才能支付股利。

（2）股东因素，具体包括：第一，控股权考虑。如果多分少留，内部集中资金少，

外部筹资发行新股引进新股东容易让控制权旁落，那么在原股东追加投资少时，可考虑多留少分，采用紧缩股利政策。第二，避税考虑。通常资本利得收入所得税高于股利收入所得税，因此有避税需求的股东会考虑多留少分，采用紧缩股利政策。第三，稳定收入考虑。“在手之鸟”理论支持者，通常希望多分少留，采用宽松股利政策。第四，避险考虑。由于一般认为股利收入风险小于资本利得收入风险，所以出于避险考虑时，会希望多分少留，采用宽松的服利政策。

（3）公司因素，具体包括：第一，举债能力。举债能力强的公司在资金缺乏时易举债筹资，可考虑多分少留采用宽松股利政策。举债能力弱的公司在资本金缺乏时不易举债筹资，可以考虑多留少分，采用紧缩股利政策。第二，投资机会。有较多良好投资机会时，可考虑多留少分，采用紧缩股利政策；投资机会较少时，可考虑多分少留，采用宽松股利政策。第三，资本成本。筹资资本成本高，可考虑多留少分，采用紧缩股利政策；筹资成本低，可考虑多分少留，采用宽松股利政策。第四，资产流动性。资产流动性强，缺乏资金时易变现，可考虑多分少留，采用宽松股利政策；资产流动性弱，缺乏资金时不易变现，可考虑多留少分，采用紧缩股利政策。第五，赢利稳定性。赢利稳定，股利支付后仍可获利，可考虑多分少留，采用宽松股利政策；赢利不稳定，支付较多股利会增加财务负担，可考虑多留少分，采用紧缩股利政策。第六，债务需要。需要偿债，应减少现金流出，可考虑多留少分，采用紧缩股利政策；不备需要偿债，可考虑多分少留，采用宽松股利政策。第七，其他考虑。促成可转换债券的转换时可考虑多分少留，以促使股份上扬；在反兼并、收购中，为促使股价上扬，也应考虑多分少留。

（4）其他因素，具体包括：第一，信息传递效应。股利分配是传递公司赢利状况的信息经过。为传递有利信息宜多分少留，采用宽松股利政策。第二，通货膨胀。通货膨胀，物价上涨，使公司资金流失，资金缺口加大，外部筹资困难，宜多留少分，采用紧缩股利政策。

【案例分析】

证券营业部的目标利润

华日证券有限公司是一家全国性的证券公司，按照目标管理的具体要求，公司2006年的利润总额目标定为1.3亿元，具体分解为：经纪业务部6000万元，投资银行部3000万元，投资部4000万元。经纪业务部拿到这一目标后，又进一步向全国16个营业部进行分解，其中贵阳营业部的利润目标为600万元，与2005年利润持平。这是根据公司研发中心的分析报告，2006年我国股市出现大行情的可能性小于10%的前提下确定的利润目标。

然而，2006年，股市持续向好。上证综合指数虽然上升到1300点阻力位附近形成反复拉锯，但最终多方摆脱1300点的纠缠，成功向上突破。“五一”长假后股市更是气势如虹加速上扬，一鼓作气上破1700点。结果在6月30日大盘收市后，贵阳营业部的利润已达800万元。与此同时，公司新的利润指标下来了，要求贵阳营业部2006年要完成1100万元的利润指标。

这样，原本已经超额完成全年利润指标的贵阳营业部的员工们想不通了。张翔是营业部大户室的客户专管员，他认为，总部调整目标，说明公司对目标管理的推行出尔反尔，工作作风不严肃。如果今年没有这一波大行情，如果今年上半年只完成200万元的利润指标，公司是否也会相应地向下调整指标？

贵阳营业部经理赵滔则是将这一做法同以前实施的目标管理做比较。他认为，以前指标下达主要是以历史数据为主要依据，并根据一定指标百分比进行调整。如果上一年完成500万元的利润，则下一年的指标一般会调高。营业部为了使下一年的指标不'水涨船高'，往往会在当年完成利润指标后，要么设法隐藏后来产生的利润，要么就无所事事保持现状。否则，鞭打快牛情况必将发生，好的营业部也会被更高利润指标压得喘不过气来。公司总部实施目标管理后，本以为这种情况已一去不复返了，没想到目标管理下的利润指标也是可以随意调整的。

对于贵阳营业部的这些看法，经纪业务总部的解释为制定1100万元利润指标的依据是600万元的年指标就相当于50万元的月指标，尽管上半年已经取得了800万元的实际业绩，但下半年仍需要根据计划，完成6个月，每个月50万元的月指标，因此全年指标需要调整为1100万元。若不进行相应调整，贵阳营业部下半年可能会无所事事。

（资料来源：http://yingyu.100xuexi.com/view/examdata/20091117/E7B143C9-548C-4F37-9EBC-537AFA615A68.html.）

思考题

1. 经纪业务总部调整指标的解释是否合理？说明你的理由。
2. 结合目标管理特点，谈谈经纪业务目标制定与分解的更有效的方法。
3. 如果你是经理，面对经纪业务总部的新指标，你会怎样做？

课程实践

选择当地的一家服务企业，对该服务企业的财务目标、财务管理工作的环节和组织管理、资金短筹集渠道、方式、现金、存货、应收账款等主要营运资金的日常管理和利润分配政策等财务管理问题进行调查，并写出调查报告。

【本章小结】

财务管理是服务企业经营管理的一个重要组成部分。要避免服务企业的财务管理工作的盲目性，应在实施服务企业具体财务管理工作之前首先确立一个正确的财务管理目标。目前关于财务管理目标的观点主要有三种：利润最大化、股东价值最大和化企业价值最大化，三种观点各有利弊。但是，单一的财务管理目标总是存在一定的片面性，因此，目前大多数人的观点是，现代服务企业的财务管理目标应是一个以提高效益为核心、多元化的目标结构体系。

服务企业财务管理的环节有财务预测、财务决策、财务预算、财务控制和财务分析。要组织好服务企业的财务管理工作应从财务制度建设的组织机构设置着手。服务企业的财务管理工作主要涉及：资产的购置（投资），资本的融通（筹资）、经营中现金流量（营运资金）、成本控制、利润分配五个方面的管理工作。

【复习思考题】

一、名词解释

企业价值最大化　　财务控制　　资金运营管理　　存货 ABC 控制法　　目标利润　总资产利润率

二、简述题

1. 服务企业可以从哪些渠道筹集到所需要的资金？
2. 服务企业可以采用哪些筹资方式筹资，各种筹资方式的优缺点是什么？
3. 如何做好现金的日常管理？
4. 简述存货的日常管理的内容。
5. 实施成本控制可采用哪些基本方法？
6. 影响服务企业利润分配政策选择的因素有哪些？

三、论述题

1. 你认为做好服务企业的财务管理工作最重要的是什么？为什么？
2. 怎样做好服务企业的应收账款管理工作？

四、综合分析题

结合章节阅读 7-2：华基公司应收账款及存货管理案例。假设该公司在 2001 年营运信用政策改变如下：

（1）信用条件为“2 / 10，n / 30”而非“2 / 10，n / 60”。

（2）该公司可利用较高的信用标准。

（3）该公司应加强努力收回欠款。

如果这些改变措施在 2001 年实施，那么很可能引起下列的变化：销售毛额仅为 9800 万元，而非 10000 万元；呆账损失减为 15 万元；信用部门成本增加至 100 万元；平均收款期间减少至 30 天；享受折扣顾客之百分比由 50％增加到 80％。通过该案例你认为：

1. 净利、普通股之报酬率、负债比率、流动情况分别会受到什么样的影响？
2. 哪些因素使得事情不如你分析预测的那么进行？列出这些主要因素并加以讨论。

第八章

服务企业物流管理

【教学目标】

1. 掌握物流、物流管理及企业物流管理的相关概念；
2. 掌握服务企业物流管理的基本职能、目标和内容；
3. 掌握服务企业物流管理的基本环节；
4. 掌握服务企业物流运行系统；
5. 掌握供应链管理。

章前导读

细看宝马物流心脏——丁格芬的动态物流中心

从空中走廊望下去，巨大的仓库像是一个蚁巢，被包装箱和物料隔开的通道上，各式各样的叉车和升降机像忙碌的工蚁般片刻不停地搬运着货物，操作员们可不像在药房里的药剂师那样拿着方子寻寻觅觅，他们像被输入了程序的机器人般自如地操作灵活转动的叉车，毫不犹豫地准确行动。而位于每个临时存放区的小型传送带上，包装工人在机械化地将裸体的配件装进固定规格、易识别而便于库存的包装盒里。汽车喇叭被用条装的塑料布厚厚实实地卷起来装进便于库存的包装盒，不久，一辆叉车就会过来把装满它们的货筐运走，放入后面那些高耸的货架上专属的位置。

这里就是宝马投资1.45亿欧元，刚刚建成不久的中枢物流机构，工作人员形象地把这里称为“动态中心”，因为所有的货物几乎每天都在运动之中。每天有300辆卡车从欧洲各地的配套商处开进这个中心，然后再有大约1万件（大到劳斯莱斯幻影的车身，小到一根铜管）被装进经得起远洋运输的标准纸箱的配件从这里走出去，坐上三列火车，奔赴汉堡港或是经由其他的中转站发往每一个业务神经的终端——它们多数去往美国，偶尔也能看到写着SHENYANG CHINA的标签贴在上面。

在丁格芬附近聚集了为数最多的宝马供应商（当然还有些就在离得不远的奥地利），他们也会跟随宝马同步在那些销量巨大的海外市场兴建配套厂，但更多的产品则是用卡车或火车直接运输到丁格芬，然后从这里包装分运到各个港口，进而出口到世界各地。

而那些不是在此生产的零件，很多也要经过这里的检测、包装、短暂的储存，然后再发往需要它们的地方。来自全球1900家供应商的零件经由港口、火车最后变成300辆重型卡车的容量，驶入丁格芬配送中心，每件货品都要经过质量测试和检查，然后存储。接收到来自经销商或分部配送中心的订单后，相应的货品将被集合在一起，并在同一天内打包寄出，从而确保配件迅速送达全球3000多家经销商。

作为世界豪华轿车数一数二的品牌，宝马最关键的部件（如轴承和发动机）都是在自己的工厂里制造，而其他的多数全球统一采购的零部件也要在这里包装发运，以确保所有BMW用户得到的都是同一品质的原版正宗配件。

事实上，由于IT技术的进步，汽车厂家之间的竞争已经从制造向管理体系及辅助手段方面升级。世界上最有实力的汽车公司都已具备强大的IT管理平台——这已经成为企业参与国际竞争必备的一项基本能力。在这个平台上，每一个被用于车身的配件从被订购的一刻开始，生命中的每一秒都将处于整车厂IT系统的跟踪之下，它的质量问题和寿命情况都会被载入记录，成为厂家未来决定采购目录和讨价还价以提高消费者满意率的依据。

所以，尽管汽车制造业发展到今天，全球化业务扩张与本土化采购已经相当的深入，但一些汽车制造商仍会按他们业务规模的需求在总部兴建巨大的放置所有最近10几年生产过的车的所有零件的仓库。而物流管理的水平也成为其国际竞争中制胜的重要因素。

（资料来源：中国物流与采购网，http://www.chinawuliu.com.cn/xsyj/201402/25/282582.shtml.）

第一节　企业物流管理概述

一、物流及物流管理的概念

物流（Logistics）一词最早起源于美国，它来源于军事后勤，由于它在第二次世界大战中的重要作用，战后物流得到迅速发展，很多企业都把它看作提升企业营运效率、降低企业营运成本，以及提高客户服务的一种具有战略意义的职业活动。物流理论研究风起云涌，在德鲁克“黑大陆”学说和西泽修“物流冰山”学说提出和论证了物流的重要性之后，“准时制”物流、“精益”物流等理论的提出，对于物流成本的降低、物流效率的提高及物流服务的优化提供了理论支持

关于物流的定义，最早来源于西方早期的市场营销方面的著作。1921年，美国的阿奇·萧在《市场流通中的若干问题》一书中提出：物流是与创造需要不同的一个问题，并提到物资时间或空间上的转移会产生附加值。目前国际上比较流行的是美

国物流管理协会（CLM）对物流的定义，即物流是供应链过程的一部分，是以满足客户需求为目的，以高效和经济的手段来组织产品、服务，以及相关信息从供应到消费的运动和存储的计划、执行和控制的过程。

2006年，正式实施的中华人民共和国国家标准《物流术语》中对物流的定义是：物流是物品从供应地向接受地的实体流动过程。根据实际需要，将运输、储存、装卸、搬运、包装、加工、配送、信息处理等基本功能实施有机结合。物流管理是指为了以合适的物流成本达到用户满意的服务水平，对正向及反向的物流活动过程及相关信息进行的计划、组织、协调、领导与控制。

综观国内外物流及物流管理的定义，虽然表述不同，但大都包含以下几方面的基本内容。

第一，物流是一个空间上的物理性移动过程，存在一个起点和一个终点，这个过程包括几个基本的环节：运输、仓储、装卸搬运、包装、流通加工、配送及物流信息等。

第二，物流是一种管理活动，必须进行恰当的计划、实施与控制，确保物流过程中各个环节功能最优化，保证物流过程的有效性。

第三，物流管理产生的目的，是为了满足消费者的需求或为了全面实现某一战略目标或任务，换言之，物流管理的目的是为了达到一定的客户服务水平。

第四，物流管理的分析方法是把一个企业乃至一个供应链作为一个有机的整体来研究。企业的各个部门间、供应链上的各企业间存在着相互影响、相互制约的关系，物流分析就是充分考虑到这种互动关系，从系统的角度来分析问题。

二、企业物流管理的概念

企业物流（Internal logistics）是指生产和流通企业围绕其经营活动所发生的物流活动，是企业内部的物品实体流动。它从企业角度上研究与之有关的物流活动，是具体的、微观的物流活动的典型领域。企业物流又可区分为以下不同类型的具体物流活动：企业供应物流、企业生产物流、企业销售物流、企业回收物流、企业废弃物物流等。美国后勤管理协会认为企业物流是研究对原材料、半成品、服务，以及相关信息从供应始点到消费终点的流动与存储进行有效计划、实施和控制，以满足客户需要的科学。

综合各种观点，一般认为企业物流管理即指企业对整个物流活动所进行的计划、组织、协调、领导与控制过程。它也是为企业顺利完成生产、流通等主要业务活动所进行的服务活动。

三、企业物流管理的发展

从20世纪50年代至今，企业物流管理经历了多次变革，有了很大的发展。各国的社会经济环境不同，其物流管理的发展进程也有所差异。美国物流管理的研究和实践最为先进、最为完善，因此一般以美国为例，将现代物流管理的发展分为以下三个阶段。

（一）实物配送阶段（Physical Distribution）

实物配送阶段指第二次世界大战以后到 20 世纪 70 年代，以实物配送理论与实践的发展为特征的时期。第二次世界大战以后，世界经济环境发生了深刻变化，技术革新层出不穷，管理科学飞速发展，企业竞争环境日益加剧，而以顾客需求为中心的市场营销观念的形成，使物流逐渐引起企业界、学术界乃至整个社会的重视。1963 年，美国物流管理协会成立，这是世界上第一个物流专业组织，美国物流管理协会的成立在一定程度上标志着物流无论是作为一门学科还是一种职业，已从市场营销中分离出来，取得了独立的地位。

然而这一阶段，物流的研究仍以分销过程为主，即产品从制造商成品库到用户这一阶段。企业内部物流通常被称为物料管理（Material Management），并不包含在实物配送之中。美国物流管理协会的英文名称此时为 National Council Of Physical Distribution Management，简称 NCPDM。因此，这一阶段的物流管理被称为实物配送（PD）阶段。如图 8–1 所示。

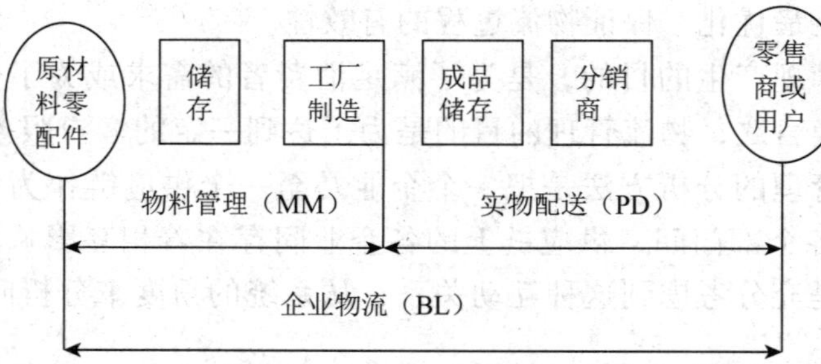

图 8–1　实物配送阶段

（二）综合物流阶段（Integrated Logistics Management）

综合物流阶段指 20 世纪 70 年代后期至 80 年代末，以综合物流的形成为标志的阶段。当时，企业界及学术界日益深刻地认识到把物料管理与实物配送综合起来管理可以大大提高物流效率。首先，跨国公司的兴起导致全球性竞争加剧，使企业采用新的物流管理技术、改进物流系统、提供服务水平成为必然。其次，20 世纪 70 年代后，美国首先实行了运输自由化，放松了对运输业的管制，承运人和货主能自由定价，服务的地理范围也进一步扩大，承运人与货主之间建立了紧密与长期的合作关系，增加了企业系统地分析物流过程、降低物流成本和改进服务的可能。最后，一些先进管理技术与理念，使人们逐渐认识到需要从生产、流通、消费的全过程把握物流管理，而微型计算机的商业化及相关信息技术的发展，为物流一体化管理提供了物质基础和技术手段。

第二次世界大战期间，美国对军火和军用物资进行战时供应中，采取了先进的后勤管理（Logistics Management），后引入商界，为了区别于军事后勤，称为 Business Logistics 。美国物流管理协会的名称从 National Council Of Physical Distribution Management 改为 The Council Of Logistics Management（CLM）。标志着综合物流观念的确立。现在“Logistics”

已作为物流的代名词，普遍为物流界所接受。

（三）供应链管理阶段（Supply Chain Management）

供应链管理阶段指 20 世纪 80 年代后期至今，以供应链管理的产生为标志的阶段。供应链管理是指从初始供应链一直到最终用户，向客户提供增值的产品、服务和信息的一体化商务过程管理。综合物流阶段的一体化管理只限于企业内部，受企业内部资源和活动范围的限制，而供应链一体化是超越企业边界的外部一体化，覆盖从原材料的供应商到制造商、经销商、零售商、顾客的整个过程。如图 8-2 所示。

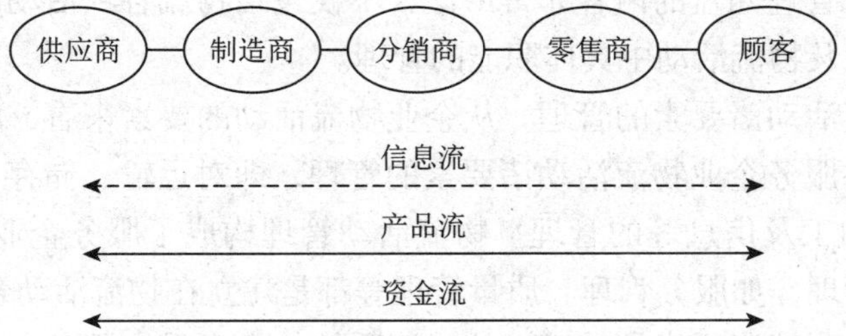

图 8-2 供应链管理阶段

这一概念是在制造商与分销商、零售商及物流服务供应商形成战略合作伙伴关系的基础上产生的，强调供应链的整体效率与市场竞争力，以期实现供应链上合作伙伴的多赢。2005 年美国物流协会由 The Council Of Logistics Management（CLM）再次改名为美国供应链管理专定协会（Council Of Supply Chain Management Professionals，CSCMP），更进一步体现了物流管理已全面进入供应链管理阶段。

四、服务企业物流管理的职能

所谓物流管理是指企业通过物流组织，根据物流的规律，应用管理的基本原理和科学方法，对物流活动进行计划、组织、领导、协调、控制和监督，使各项物流活动实现最佳的协调和配合，以降低物流成本，提高物流效率和经济效益的过程。所以服务企业物流管理同其他管理活动一样同样具有计划、组织、协调和控制的职能。

（1）计划职能。计划职能在服务企业物流管理中居于首要地位。计划具有指导性，是行动的指南。物流管理是对物流活动的管理，不仅涉及不断转移的物资实体，也涉及使物资实体发生运动的手段与所使用的设施设备的规划、设计、选择、使用，以及与此有关的经济、技术、劳务等方面的问题。服务企业物流计划主要包括物流计划、采购计划、存储计划、装运计划等。

（2）组织职能。组织职能是指把服务企业物流活动的各个要素、各个环节、各个方面，从劳动的分工和协作上、从纵横交错的相互关系上、从时间和空间的相互衔接上合理地组织起来，形成一个有机整体，从而有效地进行物流活动。

（3）协调职能。协调职能主要是指在服务企业的物流管理过程中人与人的关系、事与事的关系，以及人与事的关系的协调。它将使服务企业的物流活动处于一个良好的内外部环境下运行。

（4）控制职能。控制职能是服务企业实现高效物流活动的一项重要职能。一般包括质量控制及成本控制。物流活动的高效性一方面体现在服务企业物资供应商—生产商—消费者之间的转移过程中的高质与快速，另一方面体现在服务企业物流活动达到高质快速目标前提下的低成本。企业控制的功能是多方面的，主要包括监督、评价、指导、激励等。

五、服务企业物流管理的内容

服务企业物流管理涵盖的内容非常广泛，不仅包括物流各项活动的管理，而且包括物流诸要素的管理及物流活动中具体职能的管理。

第一，对物流活动诸要素的管理。从企业物流活动的要素来看，服务企业物流管理的内容主要是指对服务企业物流活动诸要素的管理，即对运输、储存、包装、搬运、装卸、配送、流通加工及信息等的管理。物流活动管理构成了服务企业物流管理的基础，其他方面的物流管理，如服务管理、质量管理等都是建立在物流活动管理基础上的。

第二，对物流系统诸要素的管理。从物流系统的角度看，服务企业物流管理的内容主要指对服务企业物流系统的一般要素、功能要素、物质基础要素、系统化要素及结构要素的管理。服务企业物流系统一般要素的管理主要指对劳动者要素、资金要素等的管理；而服务企业物流系统功能要素的管理则包括对运输、储存、包装、搬运、装卸、配送、流通加工及信息等诸环节的管理；服务企业物流系统支撑要素的管理包括对服务企业物流管理体制、相关法律、规章及服务企业的物流管理模式等的管理；服务企业物流系统基础要素的管理包括对物流设施、物流装备、信息设施及物流工具等的管理；服务企业物流系统化要素管理主要是对信息和信息技术、标准化的管理；服务企业物流系统结构要素管理则主要是对物流平台和物流运作企业的管理。

第三，对物流活动中具体职能的管理。从职能活动的视觉看，服务企业物流管理的内容主要指对服务企业物流系统中的人、财、物、信息、技术、设备、质量、客户等要素进行的计划、组织、领导、协调、控制和监督的活动，通过该管理活动使服务企业物流系统实现最佳的协调和配合，从而降低物流成本，提高物流效率和经济效益。

六、服务企业物流管理的目标

物流服务是为满足客户需求所实施的一系列物流活动过程及其产生的成果，也是物流管理的总目标。美国著名物流学者唐纳德·鲍尔索克斯在他的著作《物流管理》中指出：“物流的总目标是要在尽可能最低的总成本下实现既定的顾客服务水平。”① 服务企业物流服务目标又可以分为一系列具体目标。

（1）快速反应。快速反应是关系到一个企业能否及时满足顾客的服务需求的能力。信息技术的提高为企业创造了尽可能在最短的时间内完成物流作业并尽快交付的条件。快速响应的能力把作业的重点从预测转移到以装运和装运方式对顾客的要素做出反应上来。

① ［美］唐纳德·鲍尔索克斯. 供应链物流管理［M］. 北京：机械工业出版社，2003.

（2）最小变异。变异是指破坏物流系统的任何想象不到的事件，它可以产生于任何一个领域的物流作业，如顾客收到订货的期望时间被延迟、货物被交付到不正确的地点等，所有这一切都延长了物流作业的时间。物流系统的所有作业领域都可能发生变异，因此应在充分发挥信息作用的前提下，采取积极的物流控制手段，以把这些风险减少到最低限度，进而提高物流的生产率。

（3）最低库存。最低库存的目标涉及物资周转速度和资金占用问题。在服务企业物流系统中由于存货所占用资金是企业物流作业最大的经济负担。在保证供应前提下提高周转率，意味着库存占用的资金得到了有效的利用。因此，保持最低库存的目标是把库存减少到顾客服务目标相一致的最低水平，以实现最低的物流总成本。"零库存"是企业物流的理想目标，物流设计必须把资金占用和库存周转速度当成重点来控制和管理。

（4）物流质量。物流目标是要寻求持续地不断提高物流质量。全面质量管理要求服务企业的产品质量和物流服务质量，都要求做得更好。如果一个产品有缺陷，或者对各种服务承诺没有履行，那么物流费用就会增加，因为物流费用一旦支出，便无法收回，甚至还要重新支出。物流必须履行本身所要求的质量标准，包括流转质量和业务质量标准，如物流数量、质量、时间、地点的正确性。随着物流全球化、信息技术化、物流自动化水平的提高，物流管理所面临的是"零缺陷"的物流质量的高要求，这种企业物流在质量上的挑战强化了物流的作业目标。

（5）产品所处不同生命周期的不同物流管理目标。产品生命周期由引入、成长、成熟、衰退四个阶段组成，针对产品所处生命周期阶段的不同，物流方面也应做出一系列相应的政策。

在新产品引入阶段，物流是在充分提供物流服务与回避过多支持和费用负担之间的平衡。在产品生命周期的成长阶段，产品取得了一定程度的市场认可，销售量骤增，物流活动的重点从不惜代价提供所需服务转变为平衡的服务和成本绩效。处于成长周期的企业具有最大的机会去设计物流作业并获取物流利润。此阶段销售利润渠道是按不断增长的销量来出售产品，只要顾客愿意照价付款，几乎任何水准的物流服务都可能实现。饱和成熟阶段具有激烈竞争的特点，物流活动会变得具有高度的选择性，而竞争对手之间会调整自己的基本服务承诺，以提供独特的服务，取得顾客的青睐，成熟阶段的竞争状况增加了物流活动的复杂性和作业要求的灵活性。当一种产品进入完全衰退阶段时，企业所面临的抉择是在低价出售产品或继续有限配送等可选择方案之间平衡。于是企业一方面继续相应的递送活动，另一方面要最大限度地降低物流风险。在两者中，后者相对显得更重要。

第二节　服务企业物流管理的基本环节

物流活动由物资包装、装卸、运输、储存、流通加工、配送、物流信息等项工作组成，加之完成这一切活动的前提——采购活动，它们共同构成了服务企业物流管理的基本环节。

一、采购管理

按照《中华人民共和国政府采购法》的定义，采购是指以合同方式有偿取得货物、工程和服务的行为，包括购买、租赁、委托、雇用等。采购的方式可以是批发和零售，可以是公开招标采购或网上电子采购，也可以是供需双方面对面的直接交易采购。

在服务企业的经营管理中，零部件及原材料的采购成功与否一定程度上影响着企业的竞争力大小，采购与采购管理已经成为企业竞争优势的来源之一。好的采购不仅仅是满足对物资的需求，还满足资源有效利用的要求，即在适当的时间以适当的价格从适当的供应商、适当的地点购进适质、适量的适交（适当交易）、适易（交易条件）的物料。

二、运输管理

我国国家标准《物流术语》指出，运输就是人们利用各种设备和工具将物品从一个地点运送到另外一个地点的物流活动。其中包括集货、分配、搬运、中转、装入、卸下、分散等一系列操作。在物流管理中，运输主要有两大功能：一是物品转移；二是物品短期储存。运输是服务企业物流最为重要的环节，在企业中具有非常重要的地位和作用，具体表现为：①运输是社会物质生产的必要条件之一；②运输创造空间价值；③运输影响制约着物流其他构成因素；④运输是“第三利润源”的主要源泉；⑤运输合理化是物流的主要目标之一。

由于运输在服务企业物流中的地位和作用，因而加强运输管理，促进运输合理化，是服务企业物流目标实现的基础。企业运输合理化指企业选择合理的运输路线和运输工具，以最短的路径、最少的环节、最快的速度和最小的劳动消耗组织好运输活动的物流形式。

三、配送管理

我国国家标准《物流术语》中配送指在经济的合理范围内，根据用户的需求，对物品进行拣选、加工、包装、分割、组配等作业，并按时送达指定地点的物流活动。

配送是物流活动中一种特殊的、综合的形式，它将商流与物流紧密结合起来，是企业物流的一个缩影，因而加强配送管理，实现物流配送的最佳化目标，对于服务企业物流具有重要的价值。物流配送的最佳化目标是：按“四最”标准，在客户指定的时间内，准确无误地按客户需求将货物送达指定地点。而“四最”则是指配送路线最短、所用车辆最少、作业总成本最低、服务水平最高。

四、仓储管理

我国国家标准《物流术语》指出，仓储管理是指对仓储设施布局和设计，以及仓储作业所进行的计划、组织、协调与控制。在企业的仓储管理中，仓库的产权、数量、规模、选址、布局及存货内容等方面是最基本也是最重要的决策，直接影响仓库资源的配置能力。而仓储作业管理则是企业仓储管理的核心，主要包括商品从入库到出库之间的装卸、搬运、仓库布局、储存养护和流通加工等一切与商品实务操作、设备、人力资源相关的作业。

作为物流环节之一的仓储，不仅是企业物流功能达到“利益平衡”的标志，也是企业创造物流利润的源泉之一。因而加强仓储管理，对于促进服务企业物流质量和效益的提高具有重要的作用，具体表现在：①仓储是物流的主要功能要素之一；②仓储是社会物资生产及生活顺利进行的必要条件之一；③仓储可以创造“时间效用”；④仓储是“第三利润源”的重要源泉之一。

五、装卸、搬运管理

装卸是指物品在指定地点以人力或机械装入运输设备或卸下的作业过程，其结果是物品的垂直位移。搬运则是指在同一场所内对物品进行水平移动的物流作业，其结果是物品的水平位移。在物流实践中搬运和装卸往往是密不可分的，因此通常合称“装卸搬运”。

装卸搬运虽不能改变劳动对象的性质和形态，但它有劳动损耗，因此，服务企业应加强装卸搬运管理，科学、合理地组织装卸搬运过程，尽量减少用于装卸搬运的劳动消耗，实现装卸搬运的合理化。具体来说应注意几点：①防止和消除无效作业；②提高作业对象的“活性”；③充分利用重力和消除重力影响；④利用机械化作业，实现“规模装卸搬运”；⑤推进集装单元化；⑥合理选择装卸搬运方式；⑦创建“复合终端”。

六、包装与流通加工

我国国家标准《物流术语》指出，包装是为在流通过程中保护产品、方便储运、促进销售，按一定技术方法而采用的容器、材料及辅助物的总体名称。包装的主要功能包括：①保护功能；②定量功能；③便利功能；④效率功能；⑤促销功能。

包装尽管在物流系统中发挥着重要作用，但在一定程度上也增加了最终用户和消费者的成本。因而服务企业加强包装管理，做到包装合理化，对于提高物流质量、促进客户满意将有重要的意义。具体来说，包装合理化主要表现为：①包装的轻薄化；②包装的单纯化；③符合集装单元化和标准化的要求；④包装的机械化。

我国国家标准《物流术语》中，流通加工是指根据顾客需要，在流通过程中对产品实施包装、分割、计量、分拣、刷标志、拴标签、组装等简单作业的总称。它对于服务企业促进产品销售、维护产品质量和提高物流效率，以及满足消费者多样化需求和提高物流附加值具有重要的作用。具体表现为：①方便流通；②提高了生产效率，也提高了流通效益；③提高加工效率及设备利用率；④充分发挥各种输送手段的最高效率；⑤可实现废物再生产和物资的充分、综合利用，提高物资利用率；⑥改变功能，增加商品价值，提高收益；⑦流通加工不但方便了用户购买和使用，还降低了用户成本。

七、物流信息管理

我国国家标准《物流术语》指出，物流信息是反映物流各种活动内容的知识、资料、数据、图像、文件的总称。企业物流信息系统是一个由人、计算机等组成的能进行物流信息的收集、存储、分析、处理、传递和使用的系统。物流信息一般由内部信息与外部信息两部分组成。内部信息是随着物流活动而发生的信息，包括物料流转信息、物流作业层信息、物流控制层信息和物流管理层信息。而外部信息是物流活动以外发生的，但提供给物流活动使用的信息，包括供货人信息、顾客信息、订货合同信息、交通运输信息、市场信息、政策信息，以及来自有关企业内部生产、财务等部门与物流有关的信息。

在服务企业物流活动中，物流信息流动于企业的各个环节之中，发挥着神经系统的作用，因此对物流信息的有效管理是服务企业物流管理的基础和依据。

第三节 服务企业物流运行系统

一、服务企业物流一体化

（一）物流一体化概念

物流一体化是将系统科学的方法应用到物流领域，以信息控制为手段，在物流系统输入端为供应商提供低成本的服务，在输出端为顾客提供快速优质、低货损率的服务。在系统内部转换过程中，将传统的垂直功能管理整合为横向的功能平衡管理，以一定成本取得物流系统整体的最大效益。物流一体化横向关系如图 8–3 所示。

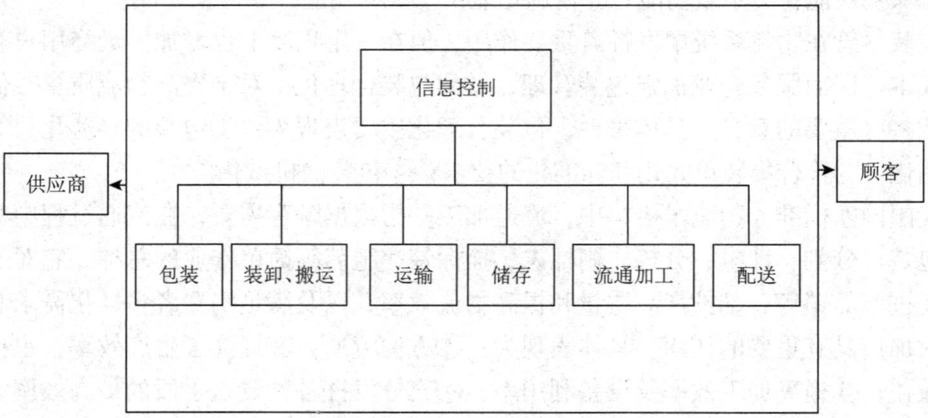

图 8–3 物流一体化横向关系

（二）服务企业物流功能一体化

服务企业物流是服务企业经营范围内由实体产品生产和服务活动形成的企业内部物

品的流动。服务企业物流的过程即从原材料供应开始，经过生产和服务的加工，到产成品和服务产品的销售，最后将生产与消费过程中产生的废物回收及再处理，实现了企业物流从输入到转换，再到输出，然后资源再生反馈的整个系统运行。所谓企业的物流一体化即将所有物流的功能与具体经营活动结合起来，形成企业内部物流的一体化，建造企业物流运行平台。如图 8-4 所示。

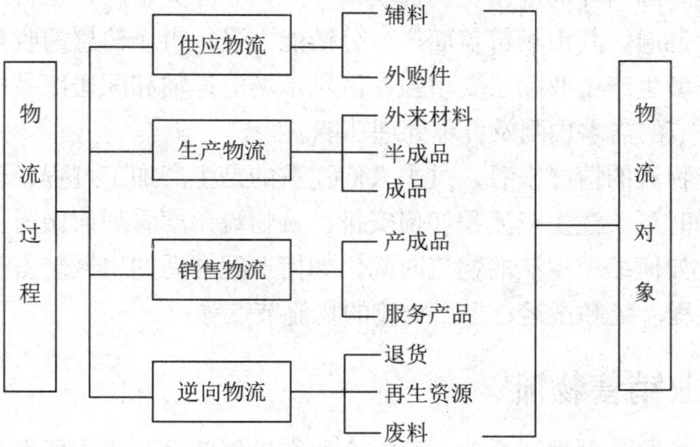

图 8-4 企业物流过程一体化示意

二、服务企业供应物流

服务企业供应物流是指为下游客户提供原材料、零部件或其他物品时所发生的物流活动，即为服务企业购入原材料、零部件或商品的过程，也就是商品生产所有者至使用者之间的物流。对于服务型生产企业而言，供应物流需将原材料配送给工厂，它的主要客户是工厂，它处理的对象主要是生产商品所需的原材料和零部件。由于原材料与零部件的数量之间有固定的比例关系，因此供应物流的功能就是强调原材料的配套储存、分拣、及时配送、加工和预处理等。对于流通企业而言，供应物流是指为商品配置而进行的交易活动中及从买方角度出发的交易行为中所发生的物流。供应物流不仅要保证供应的目标，而且还要以最低成本和最少消耗来组织供应物流活动，满足限定的条件，因此难度很大，而且供应物流还占用大量的企业流动资金，因此对其严格管理并使其合理化对于企业成本的降低、效率的提高将起到至关重要的作用。

供应物流的重心是采购。企业生产或经营活动所需的货物都通过采购获得，它是企业物流管理的起点。有效的货物或服务的采购中，“按需采购”是前提又是原则，合理化采购即以采购订单为依据，做到以最小的费用、最低的价格购进企业所需的最合适的各类货物。

三、服务企业生产物流

服务企业生产物流是指服务型制造企业在生产过程中原材料、在制品、半成品、产成品等的物流活动，即从工厂的原材料购进库起，直到工厂产品库的产品发送为止，这一全过程的物流活动。生产物流是制造产品的企业所特有的，它需要与生产流程同步。原材料半成品等按照工厂的生产流程在各个加工点之间不停地移动、流转，形成了生产物流。因此，生产物流合理化工厂的生产秩序和生产成本有很大的影响。目前，服务型生产企业的物流系统有两种：一种是为生产活动提供支持的物流，它的功能与传统的生产企业物流一样；另一种是为企业产品分销提供支持的物流，它是目前服务型生产企业物流的重点内容。国内外的应用实例都表明，大型服务类生产企业自己直接建立分销网络的情况越来越普遍，其市场覆盖面广、分销能力强，市场信息的收集与传递需要及时进行，因此服务型生产企业除了要增强在区域市场上运输和配送商品的能力之外，还应完善生产物流环节的需求预测及订单处理功能。

从目前生产物流的情况来看，过去人们注重的是生产加工过程，现在人们在研究生产加工过程的同时更关注生产流程如何安排，从物流角度看如何做得更合理，生产活动环节如何衔接，如何缩短生产的物流时间，如何选配合适的机械装备等，特别是注意工厂布置、工艺流程、装卸搬运、生产物流的物流节点等。

四、服务企业销售物流

销售物流是指服务型生产企业、流通企业在出售商品过程中所发生的物流活动，即企业为保证自身的经营利益，伴随销售活动将产品所有权转给用户的物流活动。在现代社会，市场环境是一个买方市场，因此销售物流活动便带有极强的服务性，以满足买方的需求，最终实现销售。在这种市场前提下，销售往往以送达用户并经过售后服务才算终止。因此，销售物流的空间范围很大。企业销售物流的特点就是通过包装、送货和配送等一系列物流实现销售，这就需要研究送货方式、包装水平及运输路线，并采用诸如少批量、多批次、定时及定量配送等特殊的物流方式达到目的，因而其研究领域是很宽的。

专业批发业务的物流作业具有“大进大出”和“快进快出”的特点，它强调的是批量采购、大量储存及大量运输的能力。大型分销商需要大型的仓储和运输设施。另外，分销商属于中间商，需要与上游和下游进行频繁的信息交换，需要具有良好的信息接口和高效的信息网络。

五、服务企业逆向物流

企业逆向物流分为两部分：一是企业回收物流；二是废弃物物流。服务企业回收物流指退货、返修物品和周转使用的包装容器等从需方返回供方所引发的物流活动。服务企业在生产及流通活动中有一些资料要回收并加以利用，在生产、供应及销售活动中总会产生各种边角余料和废料，这些东西也需要回收，而这些回收都伴随有物流活动。在一个企业中，若回收物品处理不当，会影响整个生产环境，甚至影响产品质量，同时还会占有很大的空间，造成浪费。

服务企业废弃物物流则指将经济活动中失去原有使用价值的物品，根据实际需要进行收集、分类、加工、包装、搬运、储存等，并分送到专门处理场所的物流活动。

第四节　供应链管理

供应链管理是近几年在国内外受到广泛重视的一种管理理念。供应链管理的研究最早是从物流管理开始的，起初人们把库存控制、物资供应和物资分销等供应链管理局部性研究作为重点。随着经济全球化和知识经济时代的到来以及全球制造的出现，供应链管理得到了普遍的应用。

一、供应链概述

（一）供应链的概念

国家标准《物流术语》中将供应链定义为：生产及流通过程中，涉及将产品或服务提供给最终用户活动的上游与下游企业，所形成的网络结构。

供应链是制造企业中的一个内部过程，是指把从企业外部采购的原材料和零部件，通过生产转换和销售活动，再传递到零售商和用户的一个过程。早期供应链的概念局限于企业内部操作层面，关注企业自身资源的利用。

有些学者将供应链的概念与采购、供应管理相关联，用来表示企业与供应商的关系。这种观点虽然注意到企业与供应商的关系，但又仅仅局限于这一关系中的各企业的独立运作，忽略了与外部供应链成员的联系，往往造成企业间的目标冲突。

此外，供应链的概念注意了与其他企业的联系，注意了供应链的外部环境，认为它应是一个“通过链中不同企业的制造、组装、分销一零售等过程”，将原材料转换为产品，再到最终用户的转换过程。

美国的史迪文认为：通过增值过程和分销渠道控制从供应商的供应商到用户的用户的流动过程就是供应链，它开始于供应的源点，结束于消费的终点。伊文斯认为：供应链管理是通过前馈的信息流和反馈的物流料及信息流，将供应商、制造商、分销商、零售商，直到最终用户连成一个整体的模式。史迪文斯和伊文斯的定义都强调了供应链的完整性，考虑了供应链中所有成员操作的一致性。

全球供应链论坛关于供应链的定义是从最终用户到最初供应商的所有为客户及其他投资人提供增值的产品、服务和信息的关键业务流程的一体化。这里的业务流程实际包括了两个相向的流程组合：一是从最终用户到初始供应商的市场需求信息的逆流而上的传导过程；二是从最终用户的顺流而下且不断增值的产品和服务的传递过程。供应链管理就是对这两个核心业务流程实施一体化运作，包括统筹的安排、协同的运作和统一的协调。

到了今天，供应链的概念更注重围绕核心企业的网络关系，如核心企业与供应商、供应商的供应商乃至与一切前向的关系；核心企业与用户、用户的用户及一切后向的关系，此时人们对供应链的认识已形成了一个网络的概念。美国哈理森进而将供应链的概念定义为：供应链是执行采购原材料、将它们转换为中间产品，并且将成品销售到用户的功能链。菲利浦和温德尔也认为供应链中战略伙伴关系是十分重要的。通过建立战略伙伴关系，可以和重要供应商和用户更有效地开展工作。

根据以上供应链的定义，其结构可以简单地归纳为如图 8–5 所示的模型。

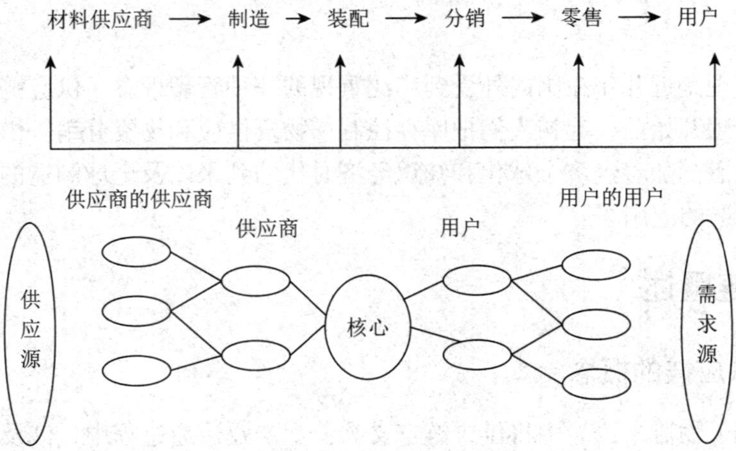

图 8–5 供应链结构模型

（二）供应链的特征

从供应链的结构模型可以看出，供应链是一个网链结构，由围绕核心企业的供应商、供应商的供应商、用户、用户的用户组成，一个企业是一个节点，节点企业和节点企业之间是一种需求与供应关系。供应链主要具有以下特征：

（1）动态性。供应链管理因企业战略和适应市场需求变化的需要，其中节点企业需要动态在更新，这就使得供应链具有明显的动态性。

（2）面向用户需求。供应链的形成、存在、重构，都是基于一定的市场需求而发生，并且在供应链的运作过程中，用户的需求拉动是供应链中信息流、产品 / 服务流、资金流运作的驱动源。

（3）交叉性。节点企业可以是这个供应链的成员，也可以是另一个供应链的成员，众多的供应链形成交叉结构，增加了协调管理的难度。

（4）复杂性。因为供应链节点企业组成的跨度（层次）不同，供应链往往由多个、多类型甚至多国企业组成，而且供应链上的节点企业间是供需协调、物流同步的关系。所以供应链结构模式比一般单个企业的结构模式更为复杂。

（5）职能多样性。供应链不仅仅是一条连接从供应商直到最终用户的物流链、信息链、资金链，而且是一条增值链，使所有供应链的参与者受益。物流在供应链上因加工、包装、运输、配送等过程增加了其价值，给相关企业带来了收益。

（三）供应链成员间的关系

（1）供应商与制造商的关系。供应商是制造商进行生产活动的原材料、零部件、产成品及工具、设备的供应者，厂商是需求方。厂商应向供应商承诺一定时期物料购入量的保证，供应商除应保证厂商需求外，还应与厂商合作，促进新产品的关系。

（2）制造商与批发商的关系。批发商要对厂商承诺一定时期的销售保证，厂商既要保证对批发商的供应渠道畅通，还要与批发商分担库存风险。

（3）批发商与零售商的关系。批发商是零售商的上游货源提供者，零售商直接承担商品的最后销售功能。零售商的业绩直接影响到整个供应链的所有上游企业，由此可见零售商在供应链上的特殊地位。零售商反馈回批发商、厂商的顾客信息对供应链的进一步运行具有特别作用。批发商与零售商应共担库存风险，零售商应对批发商保证一定时期的销售，以拉动供应链的运行。

（4）物流业与供应商、厂家、批发商和零售商的关系。供应商与厂商，供应商与批发商，批发商与零售商的物流活动由物流业（物流提供商）来承担。物流业为产品的实物空间位移提供时间的服务质量保证。

上述供应链成员间的关系是协调一致的过程，具体如图 8-6 所示。从上述关系中，我们可以总结出两点：

第一，供应链中合作成员要通过信息公开、信息共享、计划共有和业务共同化等，积极为合作者提供利益。第二，合作成员的风险分担对消除供应链瓶颈，取得合作利益具有积极意义。

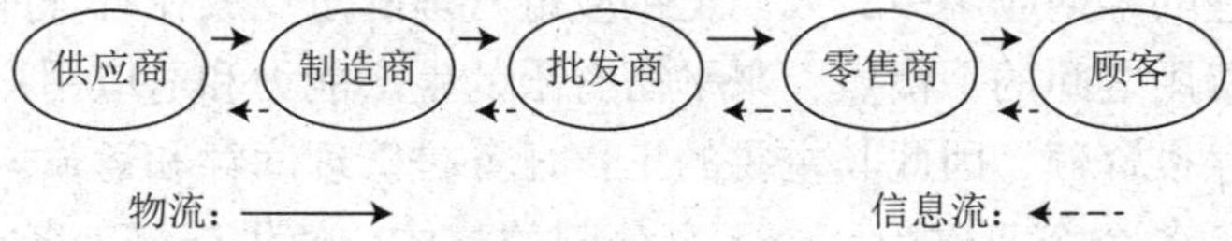

图 8-6　供应链成员间的关系

（四）供应链合作伙伴的选择原则

供应链合作伙伴系关系是指同一供应链中上下游企业之间达成的一种长期合作的战略关系。建立良好的供应链伙伴关系有利于成本的降低、反应时间的缩短及新市场价值的创造等，其核心问题是如何选择理想的合作伙伴。

在合作伙伴的选择过程中，应根据不同的供应链组成形式和具体任务制定不同的选择原则和标准，一般的通用原则如下：

（1）核心能力原则。即要求参加供应链的合作伙伴，必须具有并有能力为供应链贡献自己的核心能力，而这一核心能力也正是供应链确实需要的，从而避免重复投资。

（2）总成本原则。即实现供应链总成本最小化，实现多赢的战略目标，要求伙伴之间具有良好的信任关系，连接成本较小。

（3）敏捷性原则。供应链管理的一个主要目标就是把握快速变化的市场机会，因此要求各个伙伴企业具有较高的敏捷性，要求对来自供应链核心企业或其他伙伴企业的服务请求具有一定的快速反应能力。

（4）风险最小原则。供应链运营具有一定的风险性，只不过在个体伙伴之间得到了重新分配，因为伙伴企业面临不同的组织结构、技术标准、企业文化和管理观念。所以必须认真考虑风险问题，尽量回避或减少供应链整体运行风险。

二、供应链管理的思想

（一）供应链管理的概念

供应链管理是一种集成的管理思想和方法，它执行供应链中从供应商到最终用户的物流的计划和控制等职能。不同学者对供应链管理有着不同的看法。例如，伊文斯认为：供应链管理是通过前馈的信息流和反馈的物料流及信息流，将供应商、制造商、分销商、零售商，直到最终用户连成一个整体的管理模式。菲利浦则认为：供应链管理不是供应商管理的别称，而是一种新的管理策略，它把不同企业集成起来以增加整个供应链的效率，注重企业之间的合作。

美国物流管理协会更新了供应链管理的定义：供应链管理是以提高企业个体和供应链整体的长期绩效为目标，对传统的商务活动进行总体的战略协调，对特定公司内部跨职能部门边界的运作和在供应链成员中跨公司边界的运作进行战术控制的过程。而我国国家标准《物流术语》中对供应链管理的定义为：利用计算机网络技术全面规划供应链中的商流、物流、信息流和资金流等，并进行计划、组织、协调与控制的管理模式。

在供应链管理的早期应用中，人们把供应链管理的重点放在管理库存上，作为缓冲生产、库存管理费用之间的平衡点，来平衡有限的生产能力和适应用户需求的变化，从而确定最佳的库存投资额，因此其主要的工作任务是管理库存和运输。现在的供应链管理则把供应链上的各个企业作为一个不可分割的整体，使供应链上各企业分担的采购、生产、分销和销售的职能成为一个协调发展的有机体。通过供应链管理其目的在于把产品从最终供应商经过供应链网络有效地交付给最终顾客。

（二）供应链管理的思想

供应链管理不仅是一种新型的管理模式，更是一种全新的管理思想。供应链管理作为一种全新的管理思想，强调通过供应链节点企业间的合作协调，建立战略伙伴关系，将企业内部的供应链与企业外部的供应链有机地集成起来进行管理，达到全局动态最优目标，最终实现“共赢”的目的。由此我们可以看到，供应链管理着重强调了 3 种思想：系统思想、合作思想和共赢思想。这是贯穿供应链管理始终的三个核心思想，也是其区别于传统管理模式的根本所在。

（1）系统思想。供应链本身就是一个系统，这个系统由核心企业、供应商及供应商的供应商、用户及用户的用户所组成，整个系统在信息共享的基础上实现物流和资金流的顺利流动，实现系统的增值。所以，当我们对供应链进行管理时，首先要用系统的思想作为指导。系统观念的核心思想是不再孤立地看待各个企业及各个部门，而是考虑所有相关的内外联系体—供应商、制造商、销售商等，并把整个供应链看成一个有机联系的整体。

（2）合作思想。合作是供应链管理成功的最基本的要求和条件，是供应链管理的力量源泉，整个供应链竞争力的大小直接取决于供应链各节点企业间合作的程度。供应链管理中合作的含义较以往有了较大的扩展和延伸。供应链管理中的合作不仅要求在计划、生产、质量、成本等方面的信息沟通和在成本、质量改进上的互相帮助等，还要求在产品开发中的相互交流，双方在资金上的相互支援，以及双方在人力资源上的相互交流等。也就是说合作关系不仅是“风险分担，利益共享”，还包括“信用互守、信息共享、团结互助”等含义。它涉及了从物流、资金流到信息流，包含了整个供应链中的所有节点企业，因此，它是一种更深层次、更大范围的企业合作。这种全方位、深层次的合作要求供应链各节点企业都具有强烈的“合作”意识和“整体”意识，把供应链的整体利益当作自身利益，以实现整体利益的最大化为目标，建立战略合作关系，从而实现供应链各节点的总体利益最大化。

（3）共赢思想。在20世纪80年代，供应链中各个节点企业通常都只注重企业内部的资源管理，它们的经营策略是一种零和博弈竞争的策略，即总利润一定，一方利润的增加是以另一方利润的减少为前提的。因此，各节点企业通常都想方设法以减少对方的利润来提高自己的利润。进入20世纪90年代，企业逐渐发现通过合作能提高整个供应链的总利润。因此，他们改变其经营策略为合作竞争策略，强调通过企业间的合作达到整个供应链的绩效最优，以此来实现各节点企业对利润的追逐。因此“共赢”思想是“系统”思想和“合作”思想得以贯彻实施的保障。

三、服务企业实行供应链管理的意义

供应链管理模式是顺应市场形势的必然结果，供应链管理能充分利用企业外部资源快速响应市场需求，同时又能避免自己投资带来的建设周期长、风险高等问题，赢得产品在成本、质量、市场响应、经营效率等各方面的优势。供应链管理事实上就是一种资源的整合，借助链内企业的合力来提高经营绩效，尤其是目前许多企业已经尽可能地降低了制造成本，进一步增加利润和市场占有率的措施就必然在于有效的供应链管理。当然，供应链管理追求的是一种多赢的局面，不仅供应链核心企业受益，链内其他成员同样可以获利。供应链管理这一管理模式可以从以下几方面增强服务企业的竞争力：

（1）供应链管理能提高服务企业间的合作效率。现代社会，大部分产品需要各种企业的分工协作才能完成，譬如，福特公司在马来西亚生产零部件后，要送至日本组装成发动机，然后再将发动机送至美国的总装厂组装成整车，最后汽车返回日本销售。在这一生产过程中，大量的物资和信息在很广的地域间转移、储存和交换，这些活动的费用构成了产品成本的重要组成部分。不仅如此，大量零部件的外包加工使企业的管理难度加大，经常会出现由于企业之间的合作效率低下，而产生信息失真，使供应无法协调的情况，而采用集供应商、生产商、分销商、零售商为一体的供应链管理，则消除了以上的一些问题。它通过集成化的管理对合作伙伴进行协调、优化管理，使企业之间形成了良好的合作关系。另供应链管理消除信息水平的波动，加强了企业的合作，提高了企业的管理效率。同时，供应链企业间良好的合作还可以在进入新市场、开发新产品、开发新的分销渠道、改善供后服务水平等方面发挥重要作用。

（2）供应链管理能有效地消除重复、浪费与不确定性。服务企业通过实施供应链管理，可以有效地减少供应链成员企业之间的重复工作，剔除流程中的多余步骤，从而使供应链流程简单化、高效化、低成本。同时，通过建立共享的电子数据交换系统，又可以有效地减少因信息交换不充分所带来的重复与浪费，有效地消除“需求放大”效应。此外，供应链成员企业之间实现了全程的“无缝”作业，可以大大提高交接工作效率，减少失误与浪费。不确定性是库存存在的根本原因，过多的库存经常是由于需求或供应的时间、数量或质量的不确定性造成的。而且，这种不确定性不仅存在与物流过程中，同时也存在于信息流过程中。供应链管理通过对组织外部业务流程的重构，各成员企业建立战略合作伙伴关系，实现信息共享，物流畅通，提高客户反应速度，从而有效地、连续不断地消除不确定性，并使获得的共同利益呈指数增长。进一步，供应链通过整体合作协调，在加快物流速度的同时，也有效地减少了各个环节的库存量，避免了许多不必要的库存成本消耗。供应链的建立消除了传统交易合作关系中上下游企业之间的成本转嫁，从整体意义上减少了库存总量，大幅度削减了总库存成本。

（3）供应链管理可以快速响应客户、提高客户满意度。供应链管理从客户开始，到客户结束，它是真正面向客户的管理。它通过在全球范围内优化选择链上企业，既可以实现相互间的优势互补，更重要的是能够最大限度地减少产品销售、服务提供的空间距离和时间距离，使其成员企业能够实时获取并处理如客户信息等外部信息及链上信息，从而提高整个供应链对客户需求的快速有效反应能力，实现供应链各环节即时销售、即时制造、即时供应。也就是说，通过供应链各成员企业的优化组合，使需求信息获取与随后做出的反应尽量实时地接近最终客户，将客户需求的提前期减少到最低限度，从而达到快速响应客户、提高客户满意度，最终提高企业获取市场竞争的时间和空间优势。

（4）供应链管理可建立企业之间的战略合作伙伴关系，提高整体竞争的优势。当今的国际市场竞争是全方位的竞争，很多企业已经认识到单靠一个企业的努力在日益激烈的市场竞争中难以取胜，有必要集合多个企业结成“联盟”，共同与对手“联盟”竞争。而结盟的“盟友”，首先是与本企业业务内容相关的上下游企业。实际上，供应链本身客观上是存在的，只不过以前“链”上的各个企业没有通过主动性的供应链合作来增强整个供应链管理，实现供应链的效益。现在通过供应链管理使这条断裂的“链”有机地连接起来，使“链”上的各个企业都受益。也就是说，企业通过合作竞争实现了“共赢”。总之，在当今全球竞争加剧，消费者需求个性化增加的大环境下，企业要想在激烈的竞争中谋生存、求发展，就必须采取相互合作的竞争策略，所以，供应链管理在企业战略管理中的地位更加突出，是企业提高整体竞争力的一个十分有效的手段。

（5）供应链管理是企业新的利润源泉。供应链管理思想与方法目前已在许多企业中得到了应用，并取得了很大的成绩。1997 年 PRTM 公司进行了一项关于集成化供应链管理（指购买者、供应商和顾客的联盟以及他们共同努力达到一个具有竞争力的先进组织的过程）的调查，涉及 6 个行业的 165 个企业。该调查表明，通过实施供应链管理，企业可以达到多方面的效益，包括：①供应链管理的总成本（占收入的百分比）降低 10% 以上，中型企业的准时交货率提高 15%。②订单满足提前期缩短 25%~35%。③中型企业的生产率提高 10% 以上。④绩优企业资产运营业绩提高 15%~20%。⑤中型企业的库存降低 3%，绩优企业的库存降低 15%。⑥绩优企业在现金流周转周期上具有比一般企业少 40~50 天的优势。

【案例分析】

沃尔玛供应链管理给我们的启示

沃尔玛给人们留下印象最深刻的，是它的一整套先进、高效的物流和供应链管理系统。沃尔玛的成功与其说是优秀的商业模式或者先进的信息技术应用，不如说是沃尔玛对自身的“商业零售企业”身份的超越。沃尔玛从一家普通零售企业发展成为今天连锁店遍布全球的成功模式，也引发了经济学者和企业界的极大关注，并谓之“沃尔玛现象”。沃尔玛在全球各地的配送中心、连锁店、仓储库房和货物运输车辆，以及合作伙伴（如供应商等），都被这一系统集中、有效地管理和优化，形成了一个灵活、高效的产品生产、配送和销售网络。为此，沃尔玛甚至不惜重金，专门购置了几颗卫星来保证这一网络的信息传递。

1. 消费者需求始终是沃尔玛供应链上最重要的环节

“让顾客满意”是沃尔玛公司的首要目标，“顾客满意是保证未来成功与成长的最好投资”，这是沃尔玛数十年如一日坚持的经营理念。为此，沃尔玛为顾客提供“高品质服务”和“无条件退款”的承诺绝非一句漂亮的口号。在美国只要是从沃尔玛购买的商品，无须任何理由，甚至没有单据，沃尔玛都无条件受理退款。沃尔玛每周都有对顾客期望和反映的调查，管理人员根据计算机信息系统收集信息，以及通过直接调查收集到的顾客期望即时更新商品的组合，组织采购，改进商品陈列摆放，营造舒适的购物环境。

2. 与供应商建立伙伴关系

供应商是沃尔玛唇齿相依的战略伙伴。早在 20 世纪 80 年代，沃尔玛采取了一项政策，要求从交易中排除制造商的销售代理，直接向制造商订货，同时将采购价格降低 2%~6%，大约相当于销售代理的佣金数额，如果制造商不同意，沃尔玛就拒绝与其合作。沃尔玛的做法造成和供应商关系紧张，一些供应商为此还在新闻界展开了一场谴责沃尔玛的宣传运动。直到 20 世纪 80 年代末期，技术革新提供了更多督促制造商降低成本、削减价格的手段，供应商开始全面改善与沃尔玛的关系。通过网络和数据交换系统，沃尔玛与供应商共享信息，从而建立伙伴关系。沃尔玛与供应商努力建立关系的另一做法是在店内安排适当的空间，有时还在店内安排供制造商自行设计布置自己商品的展示区，以在店内营造更具吸引力和更专业化的购物环境。

3. 灵活高效的物流配送系统

沃尔玛前任总裁曾说过：“配送设施是沃尔玛成功的关键之一，如果说我们有什么比别人干得好的话，那就是配送中心。”沃尔玛第一间配送中心于 1970 年建立，占地 6000 平方米，负责供货给 4 个州的 32 间商场，集中处理公司所销商品的 40%。在整个物流中，配送中心起枢纽作用，将供应商向其提供的产品运往各商场。从工厂到上架，实行无缝链接、平滑过渡。供应商只需将产品提供给配送中心，无须自己向各商场分发。这样，沃尔玛的运输、配送及对于订单与购买的处理等所有的过程，都是一个完整的网络当中的一部分，可以大大降低成本。如今，沃尔玛在美国拥有100%的物流系统，配送中心只是其中一小部分，沃尔玛完整的物流系统不仅包括配送中心，还有更为复杂的资料输入采购系统、自动补货系统等。

4. 信息共享是实现供应链的基础

供应链的协调运行是建立在各个环节主体间高质量的信息传递与共享的基础之一。沃尔玛投资4亿美元发射了一颗商用卫星，实现了全球联网。沃尔玛在全球4000多家门店通过全球网络可在1小时之内对每种商品的库存、上架、销售量全部盘点一遍，所以在沃尔玛的门店，不会发生缺货情况。20世纪80年代末，沃尔玛开始利用电子数据交换（EDI）与供应商建立了自动订货系统，该系统又称为"无纸贸易系统"，通过网络系统，向供应商提供商业文件、发出采购指令，获取收据和装运清单等，同时也让供应商及时准确把握其产品的销售情况。沃尔玛还利用更先进的快速反应系统代替采购指令，真正实现了自动订货。该系统利用条码扫描和卫星通信，与供应商每日交换商品销售、运输和订货信息。凭借先进的电子信息手段，沃尔玛做到了商店的销售配送保持同步，配送中心与供应商运转一致。

（资料来源：阙祖平．物流案例分析［M］．北京：人民交通出版社，2005.）

思考题

1. 为什么说沃尔玛的成功是与其先进的供应链管理系统分不开的？
2. 通过该案例，对于供应链管理在企业中的作用你有什么样的认识？

课程实践

让学生以小组为单位通过"啤酒"游戏[①]体验企业如何进行供应链管理，并通过讨论分析原因，同时对问题进行分析和解决。

首先将学生分组，每组至少四人，每个小组都模拟从工厂、分销商、批发商、零售商的整个供应链角色，并且各小组之间以整体供应链利润的方式来展开竞争。

游戏的前提是几个角色互相是独立的，在游戏开始后下游不知道上游将要下订单的数量。上游下订单后，下游将有两周的运输延迟和两周的生产延迟。游戏在多个小组之间展开，最终根据总成本最低（总库存成本＋滞发成本）的原则评选出单项冠军和团队冠军。

游戏的方式是：对于每个供应链小组，一共要完成40个回合（对应一年中的40周）的运作，每个扮演供应链角色的同学，在每个回合中要完成6个阶段的工作。

第1阶段：运输啤酒。从上游渠道的生意伙伴手中接收啤酒，并放到自己目前的库存（"工厂"角色除外，"工厂"从"工厂"接收啤酒，并放到制成品库存中）。并将在途中的啤酒从两周的距离，变为一周的距离。

第2阶段：订单到达。阅读从下游生意伙伴收到的订单（例如，对"批发商"角色

---

① 阙祖平.物流案例分析［M］.北京：人民交通出版社，2005.

来说，阅读从“零售商”处收到的订单）。将收到的订单上的项目记录在记录表上。

第 3 阶段：从现有库存中满足客户需求（如果可能的话）。如果没有足够的库存来满足客户的需求，那么，未完成的订单就变成滞发订单，并且在库存允许的时候必须补发。于是，自己每周所需要发运的总量即为：本周须完成订单 = 收到的订单 + 前周滞发的订单（如果有的话）。如果有足够库存，则必须完成所有收到的订单及所有滞发的订单。如果没有足够的库存，则必须尽可能地完成需求（包括收到的订单及滞发的订单）。剩下未完成的需求将作为自己当前的滞发量。

第 4 阶段：记录期末库存或滞发量。在订单完成后记录下库存中啤酒的桶数。如果处于滞发状态，必须每周积累滞发量，于是：期末滞发量 = 期初滞发量 + 收到的订单 − 本周发送的啤酒量。

例如，如果上周的滞发量为 7 桶，本周收到并发运了 4 桶，另外又收到 8 桶的新订单，订单的总数即为 15 桶（新订单 8 桶加上前期滞发 7 桶）。所以，新的期末滞发量就是 7+8−4=11。

第 5 阶段：寄出上周的订单（“工厂”角色则填写生产需求）。将上周的订单需求转移到供应商的订单接收盒来模拟一周时间的过去。工厂则根据生产需求并从原材料库存中予以供应。

第 6 阶段：发出订单并做好记录。发送订单盒里向自己的供应商下订单（“工厂”则写生产需求）。在记录表格的“发出订单”栏里记录自己发出的订单。

经过所有回合，每个供应链小组计算总的滞发量（即缺货）和库存量，按照滞发成本为 1 元 / 个，库存成本为 0.5 元 / 个的方式计算每个供应链小组的总成本。游戏的目的是将整个渠道的总库存和滞发订货的成本最小化，即可看出哪个供应链小组最具有成本优势和竞争力。

游戏结束后，教师组织小组进行讨论，各小组成员将自己组的情况梳理后，进行总结发言，教师进行点评，让学生通过“啤酒”游戏真正体会到企业供应链管理的不易和供应链管理应该注意的关键环节。

【本章小结】

本章主要阐述了物流、物流管理及企业物流的基本概念，同时进一步详细解读了服务企业物流的职能、目标及内容。另对服务企业物流的基本环节、运行系统也做了详细介绍。最后对当前物流领域及管理界影响较大的供应链管理思想做了阐述。

服务企业物流管理同其他管理活动一样同样具有计划、组织、协调和控制的职能。服务企业物流管理涵盖的内容非常广泛，它不仅包括物流各项活动的管理，而且还包括物流诸要素的管理及物流活动中具体职能的管理。物流活动由物资包装、装卸、运输、储存、流通加工、配送、物流信息等项工作组成，加之完成这一切活动的前提——采购活动，它们共同构成了企业物流管理的基本环节。

【复习思考题】

一、名词解释

物流　物流　管理　供应链　供应链管理

二、简述题

1. 物流管理包括哪几层含义?
2. 物流管理的发展分为哪几个阶段?
3. 服务企业物流管理的职能是什么?
4. 服务企业物流管理的内容是什么?
5. 服务企业物流管理的基本环节有哪些?
6. 服务企业物流运行系统由哪些组成?
7. 供应链管理的思想是什么?

三、论述题

1. 试述我国服务企业加强物流管理的重要意义。
2. 试述供应链管理思想在服务企业中的运用价值。

第九章

服务企业业务流程管理

【教学目标】

1. 掌握业务流程、业务流程管理的概念；
2. 了解业务流程管理的产生发展过程及内容；
3. 掌握服务业务流程管理的分类；
4. 掌握服务业务流程优化的过程和方法；
5. 掌握服务业务流程再造的目标、种类和内容；
6. 了解当前全球服务外包的趋势。

章前导读

业务流程再造

业务流程再造作为管理思想，是20世纪90年代初兴起于西方的一种新的企业管理思想，其划时代的意义在于：对亚当·斯密提出的一直主宰着管理理论和实践的“分工理论”提出了质疑，主张对企业进行全方位的改造，以求经营管理业绩的根本改善。

最早倡导此观念的管理大师是美国的Hammer博士，他于1990年在《哈佛商业评论》上发表了一篇文章，这篇文章发表后，引起了极大的震撼。Hammer博士提醒了世人，我们现在习以为常的企业流程，多是由早年的观念发展而成的，有些甚至是20世纪初就已经存在的。许多流程其实早已没有了存在的价值，但我们习以为常，仍继续遵循。1993年Hammer和Champy合写的《企业再造：企业革命的宣言书》一书对企业再造理论做了详细的阐述。他们认为所谓企业流程再造（BPR）是为了成本、质量、服务、效率等衡量绩效的关键指标上取得显著改革，而对企业业务流程进行根本的再造思考和彻底改造的一种理论。它以顾客为导向，以企业生产流程为中心，以计算机信息技术为手段，对企业生产经营系统进行重新设计、重新组合的管理思想，又称流程再造。

他们指出，若想要真正利用信息技术，就要重新设计作业流程，除去不必要的步骤。因为这篇文章，企业再造运动从此展开。许多学者和企业家已意识到企业再造是当代产业升级换代下企业面临的问题，有些企业如不进行流程再造，就难以走出经营困境。而在服务企业中，更是强调以流程为中心，顾客满意度为重点的流程再造。

（资料来源：迈克尔·哈默，詹姆斯·钱皮．企业再造：企业革命的宣言书［M］．王珊珊，等，译．上海：上海译文出版社，2007.）

第一节　业务流程管理概述

一、业务流程的概念

日常工作中有很多活动必须由多个人协调工作才能完成，即一个工作步骤完成之后再转到下一个工作步骤，有一个“流动”的过程。实际操作中经常将这些工作分解成定义良好的任务、角色，并按一定的规则和过程来执行，且对它们进行监控，这样不仅可以提高办事效率，还可以降低生产成本①。

对于业务流程的定义，至今尚未形成一个统一的认识。《牛津英语大词典》将流程定义为：一个或一系列连续有规律的行动，这些行动以确定的方式发生或执行，导致特定结果的实现。一个或一系列操作。有学者将流程定义为为特定顾客或市场提供特定产品或服务而实施的一系列精心设计的活动。他们认为，流程强调的是工作任务如何在组织中得以完成。相应的，流程有两个重要特征：一是面向顾客，包括组织外部和组织内部的顾客；二是跨越职能部门、分支机构或子单位既有边界。

迈克尔·波特则认为业务流程是一系列结构化的可测量的活动集合，并为特定的市场或特定的客户产生特定的产出。而哈默（1997年）根据上述思想，把业务流程定义为以达成特殊业务成果目标的一系列有逻辑相关性的任务。

综上所述，业务流程是为了实现某种业务目的、按照一定逻辑组织起来的、可重复的系列活动的集合。每个活动代表一个操作、一个内部系统或一个合作公司的流程。业务流程具有起点和终点，根据一定的业务逻辑，把一个或多个相互关联的、功能各异的输入组织起来，按照一定的顺序执行，最终转化为对用户有价值的输出，完成提供物特定的产品或服务的任务。通常，一个流程的输出直接形成下一个流程的输入。

二、业务流程管理的含义

业务流程管理（Business Process Management，BPM）就是一个存在内部事件和外部事件的环境中，由一组相互依赖的业务流程出发，对业务进行描述、理解、表示、组织和维护。它是从相关的业务流程变革领域，如业务流程改进（BPI）、业务流程重组（BPR）、业务流程革新中发展起来的。从实施的层面看，可分为流程分析、流程定义、

① 张润彤. 服务科学概论［M］. 北京：清华大学出版社，2011.

重新定义、资源分配、时间安排、流程管理、流程质量效率测评、流程优化等。

根据国际权威机构 Gartner 的定义，业务流程管理（BPM）是以加速业务流程改进为核心的系统化管理原则和方法。它的目的，一方面确保业务流程完整合理地被正确执行，另一方面确保业务流程朝着正确的方向变化，实现企业的战略目标。它要求对流程实行从设计、监控、优化到持续改进的全生命周期管理。

三、业务流程管理的起源和发展

“业务流程”这个概念是起源于20世纪70年代末的办公自动化和任务批处理领域，而较为系统地将业务流程作为一个重要对象分析的是迈克尔·波特，1980年左右，他把这个概念运用在“企业竞争优势”的研究中。紧随其后的研究者是麦肯锡的两位管理咨询师，他们在研究影响员工/企业表现的因素时，注意到了业务流程的问题，并以这个概念为基础，分析和探讨质量管理、组织结构、企业家精神及授权等一系列决定员工是否表现卓越或致力于一流服务的因素。

追溯业务流程的起源和发展，一定会说到一个重要的话题，即“工作流”。工作管理联盟（Work Flow Management Coalition，WFMC）将工作流定义为：业务流程的全部或部分自动化，在此过程中，文档、信息或者任务按照一定的过程规则流转，实现组织成员间的协调工作以期达到业务的整体目标①。工作流与业务流程的关系主要表现在业务流程的计算机化或自动化主要通过工作流来进行管理。可以说，工作流是指对文档、信息或任务传递等商业过程的自动化支持，这些商业过程必须满足完成总体商业目标而制定的规则。简单来说，工作流就是业务流程的计算机化或自动化。

从工业化开始之初，有关流程的组织管理与流程优化工作作为企业管理的主要项目就一直进行着，但是追溯工作流术语的第一次使用，要到20世纪80年代初，虽然那时还没有出现真正的业务流程信息系统。以前，由于计算机技术发展的限制，业务流程信息系统也一直未能得到充分发展，各种软件系统只能用于处理单个任务。直到最近几年，计算机网络技术和分布式数据库技术发展突飞猛进，多机协同作业技术日益成熟，人们可以更加精确地对高层的系统行为进行建模，开发的系统能够更快地对应用需求的变化做出反应。而且伴随着市场竞争的加剧，企业对提高生产质量、缩短生产周期等的要求强烈。因此，应用系统不仅要处理单个任务，还要能够管理组织机构内部的工作流，这种应用需求推动了业务流程信息系统的迅速发展。业务流程管理也成为企业界和研究领域的热门话题。

20世纪60年代，业务流程管理系统是一个个独立的程序，每个应用程序都有着自己特有的用户界面和专门的数据存取系统，各个应用程序之间互不相干。到了20世纪70年代，数据管理部分被分离出来，产生了数据库管理系统（DBMS），应用系统大大简化了数据管理工作。20世纪80年代，又把用户界面部分分离出来，于是产生了用户界面管理系统（UIMS），通过使用UIMS，应用程序不再过多地管理和用户的交互功能，并且使用应用程序有相似的用户界面，方便了用户使用。直到20世纪90年代，工作流

① 张润彤，朱晓敏. 服务科学概述［M］. 北京：清华大学出版社，2011.

程管理系统作为一个通用的应用功能开始出现，用于支持业务处理，使应用开发人员可以把业务流程从应用中提取出来。

而哈默（1997 年）认为业务流程的基本要素包括输入资源、活动、活动逻辑、输出结果和价值。流程的各种要素之间的关系使视图之间也存在多种关联，使得它们能够更充分地表示更多的业务内容，如图 9-1 所示。

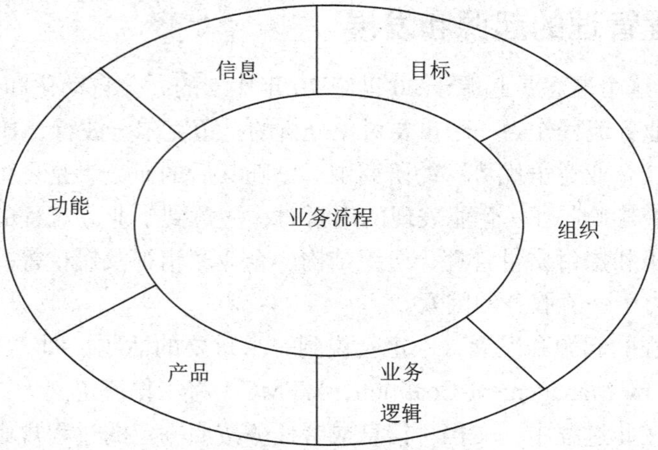

图 9-1 流程的视图关联

到了现代，对业务流程信息化和自动化的研究和相关产品的研发已经进入了较为繁荣的阶段，也有像数据库、文件管理系统、电子邮件等越来越多的新技术融入业务流程管理系统中。从目前的形势来看，各行业的管理哲学不断更新，各组织机构对业务流程更加重视，提出了业务流程再造（BPR）、持续过程改进（CPI）等理论；各组织机构也比以前提供更多的、生命周期更短的产品和服务，业务过程的数量急剧增加，要求流程更加复杂且容易改变。这些业务流程问题已成为目前信息系统开发中的突出问题。这就要求信息系统包含业务流程信息化以支持各种业务流程。

四、业务流程管理的内容

很多人认为业务流程管理是 20 世纪 90 年代工作流管理系统的扩展，因此使用工作流术语来定义 BPM，从工作流的定义可以看出，工作流就是业务流程的计算机化或自动化。计算机化主要是指工作流管理系统（WFMS）按照计算机预先定义好的工作流逻辑推动工作流实例的执行。标准的工作流参考模型包括过程定义工具、工作流引擎、工作流管理工具、工作流用户应用、工作流直接调用户应用、其他工作流执行服务（图 9-2）。其中过程定义工具、工作流引擎、工作流管理工具为工作流管理系统的业务实体，工作流用户应用是由用户定制的部分，工作流直接调用的应用是应用系统的应用程序，其他工作流执行服务在其他工作流引擎交互作用时才需要（Georgakopoulos，Hornick，Sheth，1995）。但是，工作流管理联盟和工作流管理系统的重点都局限于使用软件支持操作流的执行。于是新的术语 BPM 诞生了，新 BPM 的定义除包括了工作流管理的内容之外，更强调外部环境及其管理的职能。

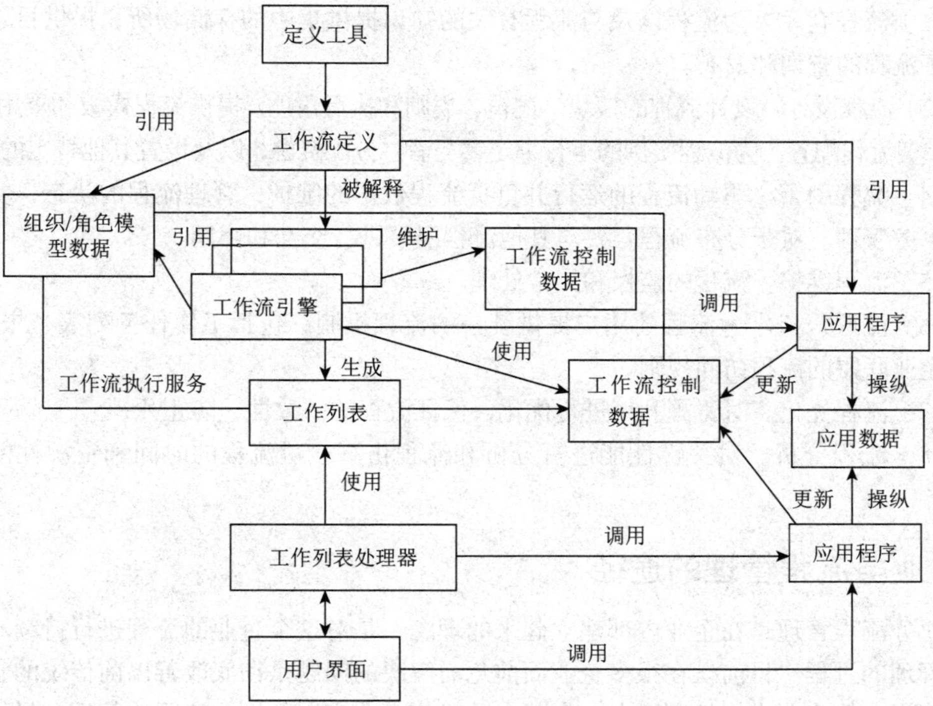

图 9-2　工作流元模型（Lawrence，1997）

从管理层面来看，业务流程是为了实现一定的经营目的而执行的一系列逻辑相关的活动集合，业务流程的输出是满足市场需要的产品或服务。根据功能、管理范围等的不同，企业的流程管理一般分为生产流程、运作流程、计划层和战略层四个层次。表 9-1 对各个层次做了比较。

表 9-1　流程管理的四个层次

管理层次	功能	管理范围	影响时间范围	使用方法	信息系统支持
生产流程	设备和工艺的实时控制	具体设备	很短	流程控制理论	现场总线、数据采集和监控系统
运作流程	制作执行流程	车间	较短	调整和优化理论	制造执行系统、车间调度系统
计划层	资源能力计划和预算	部门至企业	较长	统计和随机模型、优化理论	企业资源计划
战略层	战略调整、流程设计和资源类型确定	整个企业	长	经济模型、决策模型	知识管理、决策支持系统

因业务流程管理是以加速业务流程改进为核心的系统化管理原则和方法。同时又是一个应用多种方法、规则、指标、管理实践和软件工具来管理并持续优化组织的活动的结构方案，其管理的对象是流程和以流程为基础构建的流程体系。因而在其管理过程中的两个关键要素分别是业务流程和系统管理。而将二者结合的业务流程管理系统构建在业务流程管理中就显得尤为重要，具体来说业务流程管理系统主要具有以下功能模块。

（1）流程仓库。为流程以及与流程有关的知识提供集中的存储场所，提供目录服务以便于流程的查询和发布。

（2）流程设计。设计流程的模块、逻辑、规则和执行角色，提供流程模板和重用机制。

（3）流程配置。为流程实例的运行绑定参与者，分配资源，以及设置其他特定的参数。

（4）流程引擎。驱动流程的运行并负责流程数据的维护；管理流程的状态，实现流程的事务管理。对于分布流程，要与其他流程引擎进行交互和协调。

（5）流程维护。流程的监控和异常处理。

（6）流程入口。为流程的用户提供统一的流程机制，包括工作任务列表、报告等，提供企业联盟的流程访问规则。

（7）流程优化。对资源利用进行优化，保证流程的一致性，防止死锁。

（8）流程分析。对关键性能进行分析和流程仿真；对流程的时间和资源性能进行分析。

五、业务流程管理的途径

业务流程管理是在企业内部建立起来的理念，是对这个企业的流程进行持续不断地规范管理的过程。目前摆在很多企业面前急需解决的问题是彻底改善以前传统的管理模式和流程，使企业内部控制跃上一个新台阶，使企业实现新进的流程化管理。具体来说主要应做好以下工作。

（1）做好信息收集工作。企业在识别原有流程时，首先要收集大量的关于原有流程的信息。只有收集到准确和详细的信息，流程优化和设计的实施者才能够充分认识企业原有流程，了解原有流程的现状，发现原有流程中存在的问题，从而为今后工作的展开奠定良好的基础。

（2）要识别与描述企业流程。大多数实行流程改进与设计的企业在实施改进前，都是以职能的形式进行管理。企业进行流程改进设计首先要识别企业中现有的流程，并且以一定的方式描述出来，以发现流程中存在的问题，进而设计新的流程或改进原有流程，达到大幅度提高企业效率的目的。

（3）选择关键流程。通常情况下，企业内部存在多个流程。这些流程大致可分为两种类型：一类是围绕职能型组织运转的子流程，从单个部门内进行投入，并在这个部门形成产出。一类是跨职能流程，这类流程横跨多个职能部门，没有一个人对整个流程负全责。我们所要选择的关键流程应当是第二类职能流程。

（4）选择需要改进的关键流程。每家企业都有很多关键流程，但并不是关键流程存在问题，况且企业的资源有限，企业应当优先选择存在重大问题的关键流程进行改进。

（5）确定需要改进的关键点。在确定了需要改进的关键流程后，就需要对这些流程进行诊断。每个流程都是由一系列活动组成的，但并不是每一个活动都需要改进。因此，需要找出这些流程中导致绩效低下的关键点，然后分析造成问题的原因，从而开始流程的设计。流程管理不是一个简单的流程图或者是一个标准操作程序就可以解决或处理的问题，而是必须通过公司决策机构、职能管理层不断摸索、不断提炼后得出的，是带有公司个性化的管理思路。

第二节 服务企业业务流程管理概述

现代服务业的发展本质上是来自社会进步、经济发展、社会分工的专业化需求，所以我们必须用科学的方法和原则，管理服务企业的组织过程和资源，以实现服务效率最大化。为了提供正确、优质、高效和个性的服务，服务管理应该渗透于业务流程之中，并改善每个环节的功能特性和执行效率。

一、服务业务流程管理的含义

综合前文关于业务流程的观点，结合服务所具有的无形性、不可分割性、不可保存性和多变性特征，我们可以初步将服务流程概括为服务企业或机构围绕生产和消费提供有价值的输出的一系列逻辑相关的与顾客互动的活动的集合[①]。而服务业务流程管理即指对服务企业输入和输出的所有环节进行的计划、组织、控制、领导和协调过程。

二、服务业务流程分类

一般地，服务业务流程可分为服务主流程和服务支持流程。

（一）服务主流程

服务主流程主要包括市场管理、产品管理、销售管理、供应链管理、客户关系管理等，如图 9–3 所示。

（1）市场管理。在市场管理中，市场分析通过分析市场环境、竞争者和客户需求信息，搜索市场机会，判断市场发展趋势，确定公司的优劣势。市场计划根据市场分析选择目标市场，规划生产线、制订市场计划，优化渠道政策、销售计划、采购计划、渠道分配、促销活动等内容。在市场分析和市场计划的基础上，确定目标生产线，建立产品类别和更新类别体系框架、品牌推广制订渠道的推广策略，宣传渠道品牌，传达渠道政策。

（2）产品管理。在产品管理中，产品目录管理是因为产品调整、市场策略改变或新生产线开发而需要重新评价以设计产品类别，确定新产品机遇，并分析、评价、选择产品。供应商关系管理是由于新产品的选择或价格的调整，需筛选和评价供应商和产品，确定新的供应商，同时确定产品的价格、支付、交货、退货保障等条件。产品定位管理根据品牌产品的特性制定品牌策略，定位产品优先等级。产品价格管理根据市场价格的变化，综合促销计划及供应商的价格政策等因素，制定产品的价格政策。产品促销管理根据企业的政策及市场营销计划、产品价格的变动等因素，制订促销计划，执行促销活动。

① 于千千，秦德志. 服务企业经营管理学［M］. 北京：北京大学出版社，2008.

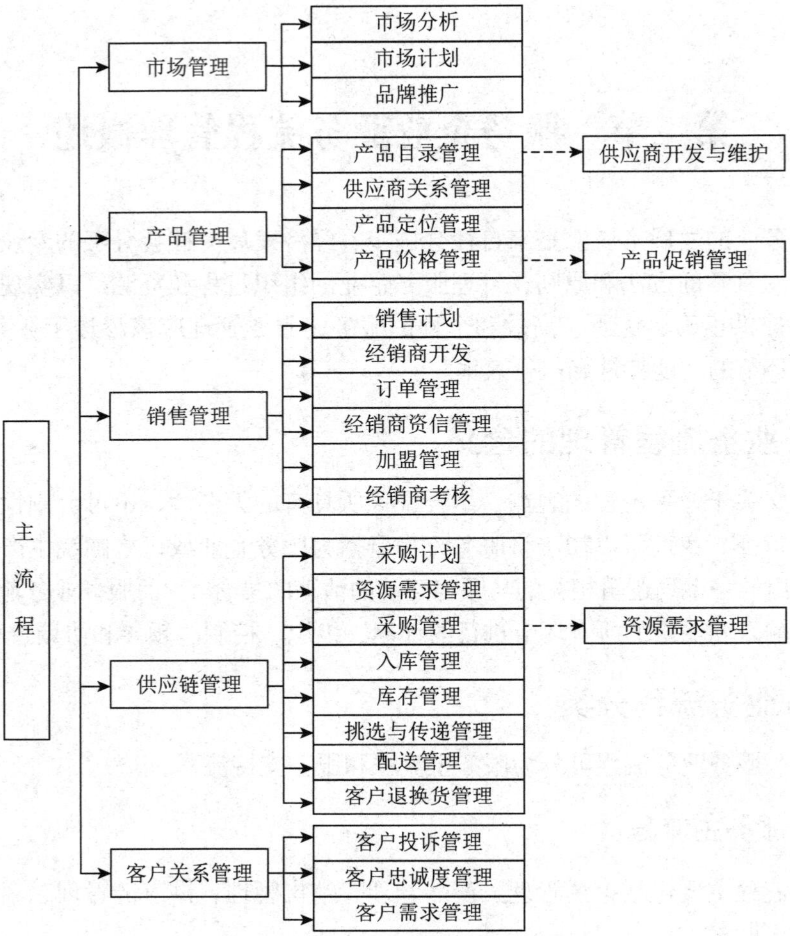

图 9-3 服务流程

（3）销售管理。在销售管理中，销售计划根据销售的历史数据、市场分析、市场计划 、经销商和终端用户的需求计划制订销售计划。开发经销商，确认潜在客户，开发客户，建立客户档案。订单管理接受零售商的订单，根据客户资信、往来状况等审核订单，确认受理，确定挑选与传递管理流程。经销商资信采用客户的交易记录、财务状况、往来状况等资料，分析评定经销商的资信等级，控制客户风险。制定加盟经销商的加盟标准与加盟政策，受理加盟申请，根据要求审核经销商的资格，审批正式加盟经销商。经销商考核根据客户的交易记录、财务状况、往来状况等，评估、考核和筛选经销商。

（4）供应链管理。在供应链管理中，采购计划根据采购的历史数据、市场分析、市场计划及销售计划等制订采购计划。数量需求管理根据对采购计划、安生库存、销售预测、特殊需求、促销计划等信息确定购买需求，预测订单的数量和日期。采购管理根据预测订单的数量和日期及临时的采购订单，审核通知后，执行采购订单，触发付款流程。资源需求管理确定采购订单的数量和日期或者促销计划，分析并确定资源需求。入库管理根据采购订单接收并检查货品，不合格的产品退货处理，合格产品按正确的库位存放。库存管理主要执行对库存产品数量的盘点工作，安全库存、库间调拨等管理。挑选与传递管理，根据销售部门已处理的订单，进行挑选、备货、递送、分发和为物流部门传递发货通知单。配送管理根据发货通知单组织车辆（或与第三方物流对接），安排配送路线与配送时间，触发收款、结算流程。客户退货管理受理退货请求，在审核后判断是否采取退款、换货等措施，触发退款、退货入库、换货出库及报废处理等相关流程，并向上游供应商提出退款、退货等。

（5）客户关系管理。在客户关系管理中，客户投诉管理通过受理客户的投诉，提高客户满意度。客户忠诚度管理根据客户的交易信息与专项调查，分析客户忠诚度，出具分析报告。客户需求管理通过获取客户的需求信息，为生产线规划与制定市场计划提供依据。

（二）服务支持流程

服务支持流程主要包括战略规划、财务管理、人力资源管理和信息管理。如图 9-4 所示。

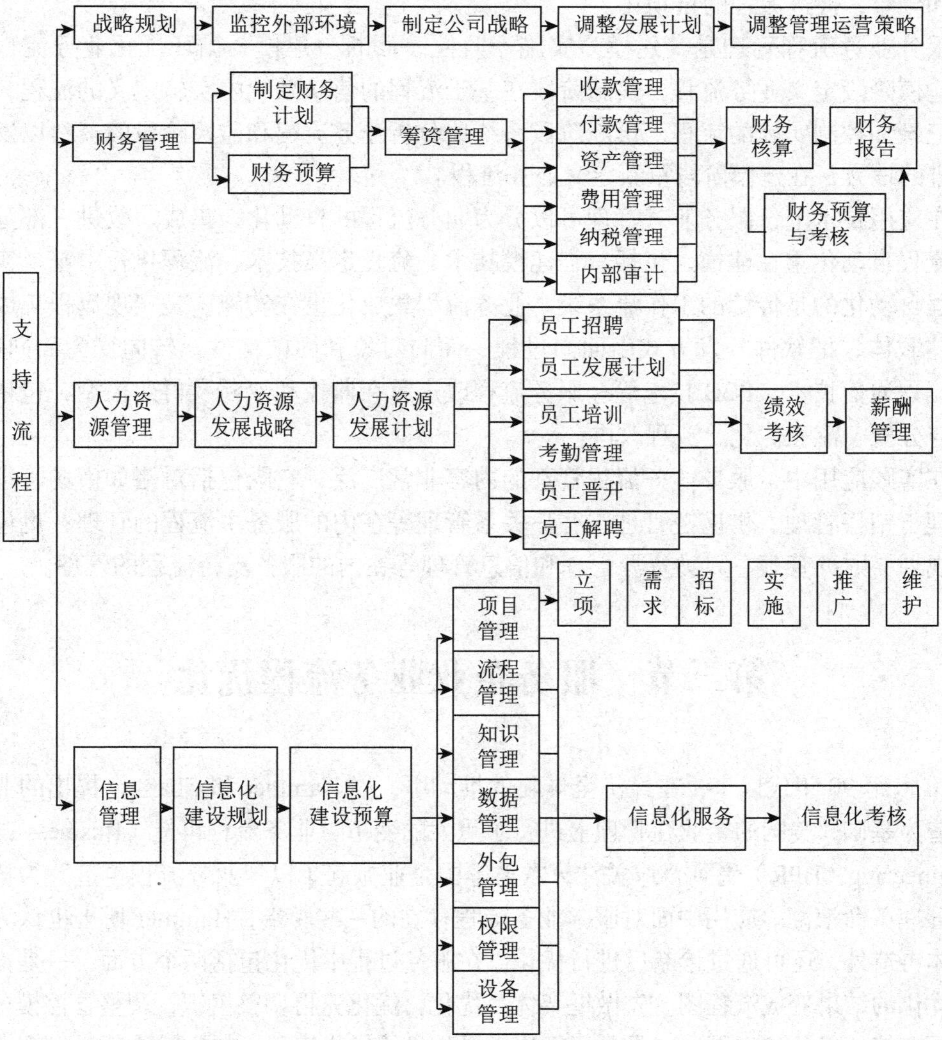

图 9-4 服务支持流程

（1）战略规划。战略规划主要包括行业分析、渠道战略的制定等。

（2）财务管理。财务管理主要包括预算 / 决算管理流程、费用的报销流程、收付款管理流程、资产管理流程等。

（3）人力资源管理。人力资源主要包括招聘流程、培训流程、考核、解聘等。

（4）信息管理。信息管理主要包括信息化项目流程、设备采购与管理流程、信息管理考核等。

三、服务业务流程管理的内容

服务业务流程管理不但包括传统的“工作流”的流程传递、流程监控、流程结构和流程顺序，而且包括优化组合人员、设备、桌面应用系统及后台办公应用等内容，并基于因特网实现信息传递、数据同步、业务监控和企业业务流程的持续升级优化，能够跨应用、跨部门、跨合作伙伴与跨用户运作，以模块化、标准化支持跨系统流程的并行、协同和分布，促进流程的自动化。

服务业务流程管理是“建模→实施→监控→诊断→建模”循环优化业务流程的过程。建模阶段定义业务流程，实施阶段在基于流程的信息系统中实施定义的流程，监控阶段记录和控制实施的流程，诊断阶段系统地分析业务流程和监控阶段的资料以发现需要改进的地方，在建模阶段重新定义业务流程。

在应用技术上，服务业务管理可以分为业务流程的自动化、集成、改进三部分。服务业流程自动化重在建模，包括流程建模技术、流程定义技术、流程执行引擎。实现业务流程自动化的是传统的工作流系统。业务流程集成化重在实施，是实现流程集成技术的具体载体，把软件开发方式由面向过程、面向对象和面向构件等转向变为面向服务，包括流程通信技术、B2B 技术等。服务流程改进重在监控和诊断及再建模型，包括流程监控与分析、流程优化、流程改进。

在实践应用中，服务业务流程管理的内容非常广泛，它既包括对诸如市场管理、产品管理、销售管理、供应链管理、客户关系管理等在内的服务主流程的管理；也包括对战略规划、财务管理、人力资源管理和信息管理等在内的服务支持流程的管理。

第三节　服务企业业务流程优化

20 世纪 90 年代以来，在经济全球化的推动下，以 Hammer 和 Champy 提出的业务流程再造为基础，美国的企业在管理上进行了重大的变革。业务流程再造（Business Process Reengineering，BPR）受到普遍关注，欧美等国企业掀起了以“业务流程再造”为核心的企业管理革命浪潮。应用中面对服务业务流程存在的一些弊端，Hammer 博士也认为除进行整体再造外，还可通过诊断后进行优化，在服务过程中优化包括两个方面：一是把框架体系优化的结果变成流程图。先做框架体系优化，优化完再调整组织，调整管控模式，最后再画直接的优化流程图。二是基于解决问题的目的优化流程。在前期诊断时发现存在的问题，再归结这些问题，然后通过优化流程解决关键的问题（Hammer，1997）。

一、服务业务流程优化的过程

首先，现状调研。深入了解企业的盈利模式和管理模式、企业战略管理目标、国内外先进企业的成功经验、企业现存问题及信息技术应用现状。这些存在的问题就是服务流程优化的对象，也就是企业现实的管理再造需求。

其次，管理诊断。服务流程优化小组与企业各级员工对调研报告内容协商并修正，针对管理再造需求深入分析并研究，进一步提出问题的解决方案，所有内容形成诊断报告。

最后，服务流程优化。业务流程优化小组与企业对诊断报告内容协商并修正，细化各种解决方案。

二、服务业务流程优化的方法

业务流程优化有全新设计法、系统改造法两种方法。

（一）全新设计法

全新设计法从根本上重新思考产品或服务的提供方式，零起点设计新流程，需要一次性支付较大的业务流程优化成本。在实施全新设计法时，应注意防范风险。对主流程的再造，尤其是对核心业务流程的再造涉及面比较广，需要一定的过渡和调适，在此期间，企业往往需要被迫停产或减产，出现任何意外，都可能给企业带来巨大风险。

（二）系统改造法

系统改造法通过辨析理解现有流程，系统地重建所需产业的新流程。业务流程优化成本更多的是一种连续性的支付，每次金额比较少。首先确立从低水平向高水平优化的方向，找到同行业或者相关行业的最佳或者最强的竞争对手的某些优秀的实践经验作为自己的参照坐标。其次，将自己的观念、运作、管理、绩效等各方面与之进行对比与衡量，发现自己的不足，结合自己的条件改进，不用一步到位，可以针对各个层次，小规模、小对象地开展。最后，找到具体的优化环节，继续做大做好自己内部的流程，尽量减少或者直接剔除收益少的部分。

两种方法的选择，关键在于是否有利于核心竞争力的培育和提升。应结合企业的实际，考虑经济环境稳定情况、竞争激烈化程度、具体的再造内容和再造环节。只有当公司绩效严重低下或面临危机时，全新的业务流程设计方案才会成为首选。

第四节 服务企业业务流程再造

一、服务业务流程再造的含义

1993 年哈默博士和钱皮合写的《企业再造：企业革命的宣言书》一书对企业再造理论做了详细的阐述。他们认为所谓企业流程再造是为了成本、质量、服务、效率等衡量绩效的关键指标上取得显著改革，而对企业业务流程进行根本的再造思考和彻底改造的一种理论。它是以顾客为导向，以企业生产流程为中心，以计算机信息技术为手段，对企业生产经营系统进行重新设计、重新组合的管理思想，又称流程再造①。此后，企业管理领域掀起了轰轰烈烈的再造革命。

服务业务流程再造（Service Business Proces Reengineering/Redesign）则是指为了在成本、质量、服务和速度方面取得显著性改善，从根本上思考业务流程甚至彻底重建，以适应用户、竞争、变化为特征的现代企业经营环境（Peppard，Rowlan，1995）。服务业务流程再造旨在追求业务流程变革的根本性和彻底性，包括不同程度的业务提升、业务优化、业务改造。它以服务流程运作为中心，面向用户，力求适应市场变化，摆脱传统组织分工的束缚。

二、服务业务流程再造的目标

服务业务流程再造旨在通过优化业务流程提高核心竞争力，在技术创新、生产运作、组织管理、市场响应诸方面形成在同质市场上超越同类组织的独特优势。

服务业务流程再造强调以服务业务流程为改造对象和中心，以关心用户的需求和满意度为目标，对现有的业务流程进行再思考和再设计，利用先进的制造技术、信息技术以及现代化的管理手段，实现技术上的功能集成和管理上的职能集成，从而打破传统的职能型组织结构，建立起全新的过程型组织结构，最终实现企业经营在成本、质量、服务和速度等方面的巨大改善。

三、服务业务流程再造的种类

在不同行业、不同性质和不同环境中，业务流程再造具有不同的形式，业务流程再造的创始人 Michael Hammer 也没有提供一种基本范例。根据流程范围和重组特征，可将业务流程再造分为功能内、功能间和组织间三类。

第一，功能内的业务再造是对职能内部的流程进行重组。它利用计算机取代非创造性的统计、汇总、填表等业务，取消重叠机构和重复的中间业务层，扁化职能机构，使每项职能自始至终由一个职能机构管理，集中决策，统一经营，增强企业的应变能力。例如，物资管理由分层管理改为集中管理，财务核算变多级为一级等，专业管理实行纵向结构集中管理。

第二，功能间的业务流程再造是在同一组织单位范围内跨越多个职能部门边界的业务流程再造。它打破部门界限，将设计、工艺、生产制造各部门人员组织在一起，并行交叉处理作业，缩短新产品的开发周期。例如，以新产品开发为中心的业务机构重组，从团队管理转向项目管理。

第三，组织间的业务流程再造是发生在两个以上组织单位之间的业务重组。这是目前业务流程再造的最高层次和最终目标。ERP（Enterprise Resource Planning）核心管理思想是实现对整个供应链的有效管理，为适应 ERP 而发展起来的组织间的业务流程再造

① 迈克尔·哈默，詹姆斯·钱皮. 企业再造：企业革命的宣言书［M］. 王珊珊，译. 上海译文出版社，2007.

创造了全部业务流程再造的概念，是全球经济一体化和互联网广泛应用环境下的业务流程再造模式。各种重组过程都需要数据库、计算机网络等信息技术的支持，可以按照竞争策略、业务处理的基本特征和所采用的信息技术水平来选择实施不同类型的业务流程再造。

业务流程再造需选择重组的时机和条件，分析流程重组的环节，正确理解和处理信息技术在业务流程再造中的角色，以用户为主导考虑价值。需要遵循的原则主要有：业务流程再造要面向业务流程，涵盖用户和供应商，准确地理解并定义用户的需求，整合内外部资源，实现从职能管理到流程管理的转变；业务流程再造要强调整体流程全局最优，以及整个企业范围内核心业务流程的综合最优；业务流程再造要适应用户、竞争和变化对流程的需求，重新设计或调整组织的运行；业务流程再造要建立正确的员工评价体系，充分发挥个人的能动性和创造性，引导员工为整个流程的效率负责，能够促使流程高效运作；业务流程再造要重视信息技术的支持，保证信息的及时采集、加工、传递、合理共享，提高流程的运行效率和对外部变化的响应速度。

四、服务业务流程再造的内容

在业务流程再造的过程中，出现了 Hummer（1997）的四阶段模式、Peppard 和 Rowlan（1995）的五阶段模式、Kettinger（2000）的六阶段模式、芮明杰和袁安照的七阶段模式、潘国友的四阶段模式，以及以运营模式变革为中心的流程再造步骤设计等多种不同的模式，从不同侧面设计和描述了流程再造的步骤。归结起来，业务流程再造主要包括设计业务流程再造目标、启动业务流程再造项目、诊断现有业务流程、设计新业务流程、实施新业务流程、评估新业务流程、持续改善业务流程等到基本内容（见图 9-5）。这些内容相互交融、循环推进、不断再生，彼此之间可以并行作业或者交叉推进。

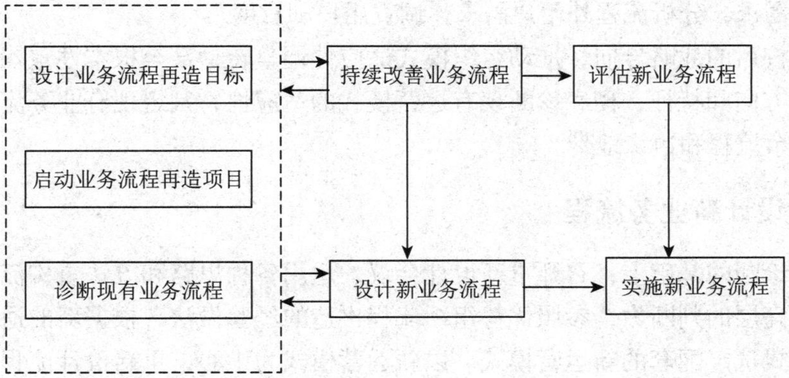

图 9-5　业务流程再造的基本内容

（一）设计业务流程再造目标

从战略高度思考业务流程再造的必要性、信息化的目标和流程改变的深度。根据用户需求多元化和个性化的特征，重新识别目标市场，重点分析现有用户群的忠诚度、流失用户的特征及流失原因、潜在用户的成长性及共同特征、用户的需求，满足用户需求的可能性，区分用户重要度。对比检查针对各类用户各层次需求的满意率和满足率，根据差距检查战略导向存在的问题，挑选出急需解决的问题。

随着环境的变化和自身竞争能力的发展，全面分析内外部环境，在同行业或者相关行业选定具有可追赶性的成长优势组织，通过相互对比分析发现自己的不足，设定再造目标。辨别核心业务流程，选择要再造的业务流程，确定再造流程的顺序。

（二）启动业务流程再造项目

细化业务流程再造的目标，确定需要再造流程的范围，制订详细的项目计划，组建项目的领导组织推进机构。明确流程再造的必要性、基本方针、基本设想、再造计划和战略目标，制定实施再造项目的计划和预算，设置流程创新的绩效目标，设定流程再造结果，给出改造流程的出发点和改造成功的判别标准。

建立以高层业务主管担任领导的组织推进机构，直接向最高管理层负责，建立定期进度报告和追加授权制度，指导流程再造。组建再造项目团队，确定再造领导人，任命流程主持人，任命再造总管。

（三）诊断现有业务流程

分析诊断现有流程及其子流程，发现流程中的瓶颈，寻找流程再造的突破口，为业务流程再造定义基准。描述和分析现有流程状态，诊断环境条件。参照优势组织，聘请外部专家参与，以内部流程再推进团队为主，引导全体员工发挥积极性和原创精神，自下而上诊断企业现有流程，评估流程的效率和效能。按照目标用户群最大化的原则，识别用户及其需求，分析流程外用户需求，调查用户满意度。

根据调校后的战略导向，推动组织模式适应性调整转型甚至根本性重构。依据组织模式转型的方向和特征，彻底诊断现有运营模式的适应性，判定现有业务流程的症结所在，确定冗余流程和边缘地带。

（四）设计新业务流程

在系统诊断的基础上，召开重新设计会议，运用各种思路和方法重构流程，集中群众的智慧和高层的判断力，参照优势组织流程再造的经验做法，根据新的适应用户和需求的生意模式选定配套的新运营模式。以新运营模式为中心，重新设计流程，定义新流程的概念模型，设计新流程的原型和细节，定义并分析新流程的初步方案。

确定改造的基本路径，给出推进流程再造的方案。制订详细的流程再造预算计划和工作计划，确认工作计划的目标、时间、责任、任务分解，以及监督与考核办法和具体的行动策略与计划，确定方案实施的顺序和重点。对主流程尤其是核心业务流程的再造，容许一定的过渡和调适，设计应急预案，提高流程再造的抗风险能力。

重新设计与新流程相配套的人力资源组织结构。根据新流程考量现有人员队伍，检查组织的人力资源情况、技术结构和能力情况，设计新的组织形式，重组组织结构及其运行机制，设计人力资源结构，配备人员。流程再造方案涉及所有组织机构和全体员工的利益和权力调整，方案在公布前应广泛而充分地与全体员工交流沟通，通过交流提高新流程在用户中的认知度和影响力，取得大多数人的理解和支持。取得一线员工的支持，有效降低管理层中利益受损人员、部门发动集群抗拒的可能性。

（五）实施新业务流程

利用试点试验性验证实施方案和新流程，为以点带面实施再造流程方案获取比较完整可信的原始验证数据。在见效比较快、职工基础好、管理者认识到位、对核心业务流程不至于形成致命影响的辅助流程阶段，选定试点单位，进行局部试点。选定试点流程，组建试点流程团队，培训参加人员，发动全员配合，确定参加试点流程的用户和供应商。为了更全面地验证实施方案的科学性和适应性，可以选择同时多点试验，或者进行长效试验、多轮反复试验。分析试点采集的信息和反馈意见，检验试点结果与方案预期目标的距离，完善修订设计方案，调校预期目标。

流程再造应该稳妥推进，在价值链相关企业、用户、利益相关人中有计划地推广。一旦全面推进的条件成熟，必须果断地完成新旧流程的同步切换，废旧立新，全面开展新流程。如果过渡期过长，新旧流程就容易矛盾交织，难以排解。

在新流程运行过程中，要全面及时地理解重要用户和主要的利益相关人的需求变化，不间断地调校，使其和新运营模式彼此适应。变革原有的组织结构，重新构建新的岗位系列，重新分配权力，调整管理人员，组织转岗，为流程再造打好组织基础。建立沟通渠道，分层指导和培训员工，消除管理层、项目组和员工之间因工作方式变革产生的矛盾，提高工作效率。

（六）评估新业务流程

在业务流程再造结束后，要及时邀请价值链的相关企业、用户、利益相关人，根据项目预期目标，评估新流程的再造绩效，让用户感知流程再造产生的效益。

依靠薪酬维持流程的正常运行。在全面实施流程再造后，要重新设计以流程绩效、对整体流程贡献大小及流程协调度为主要考核重点的新的绩效评估体系，并根据新的绩效评估体系，把薪酬与流程绩效相连，在新流程运行惯性消除以前，及时制定新的薪酬制度。

经过一段时间的循环运行和反复修正完善，逐步成熟和稳定的新流程，被企业内外认可后，以正式流程管理文件、图表等企业标准的形式对其规范化，将新的流程相对固化下来，作为一定时间内的标准。

在流程重新调整、精简、优化后，及时分析和设计新流程的信息系统，配套调整信息技术结构，有效地发挥新流程的功效，帮助价值链的相关组织建立营利模式。

（七）持续改善业务流程

能够不断地优化而不是直接再造可以节省很多费用和时间，降低失败的风险。业务流程再造是一个循环往复、逐级递进的过程。要持续不断地分析用户需求变化和市场格局变革，不断调整自己的运营模式，随时观察诊断业务流程的运作状态。要根据诊断情况查找问题，挖掘新业务流程的效能，持续不断地修正改善不足之处，反复完善业务流程。

第五节　服务企业业务流程外包

Thomas Friendman 认为世界是平的①。全球经济化与信息化，涉及世界更多位置的更多人，促使用户与用户、公司与用户、公司与公司之间的全球协作竞争更为便宜、顺畅和高效。业务外包得到越来越广泛的应用，全球业务流程外包（Business Process Outsourcing，BPO）成为必然趋势。全球业务流程外包结合总部门决策与市场营销、研发、物流等有机协调整个企业，缩短处理时间，精简管理工作，通过成本效益影响投资回报，不断驱动业务解决方案，为股东、公司和员工分析制定更好的业务战略决策。

一、服务业务流程外包趋势

从全球服务业流程外包水平市场增长情况可以看出，培训的市场增长最大，其次是采购和产品开发，而销售的市场增长最小。交易数量增加及交易规模和范围的多样性，反映了购买者外包需求的多样性，外包流程类型的增加表明购买者的满意度和业务流程外包的创新性得到了提高。从全球服务业务流程外包市场的输入和输出情况来看，目前服务业务流程外包最多的地区仍旧是美洲，其次是欧洲，最少的是亚太地区，但从发展的速度看，最快的却是亚太地区，并且这个比例还在继续扩大。

二、服务业务流程外包提供者

服务业务流程外包的提供者必须能够节约成本、提供业务流程重新设计 / 管理、实现业务流程外包期望，赢得交易，以创新、灵活的用户投资和合作方式与用户契合，具有全球服务交付能力。

服务业务提供者应为用户提供个性化的应用策略和路线图，提供可复制的解决方案，以获得营利性增长。在具备必要的承诺水平、投资规模和信任度的条件下，审慎开拓市场，按地区、行业、规模、范围和流程谨慎地选择进入的业务外包领域。

服务业务流程外包的交易门槛在不断地提高，早期的业务流程外包标准是与市场保持一致带来成本节约，提供业务流程重新设计管理，实现业务流程外包期望。目前，除了早期标准，还要求具有全球服务交付能力，加强机构和领导层对服务业务流程外包的支持，有强有力的合作文化，专注垂直行业并具有丰富的行业知识，扩展可持续、可利

① ［美］托马斯·弗里德曼. 世界是平的［M］. 何帆，肖莹莹，译. 长沙：湖南科技出版社，2006.

用的平台，能够测评对业务的影响，在用户特定的范围内运营。

【案例分析】

业务流程再造基础上的电子政府建设

当前，电子政务已经成为世界各国政府行政管理改革的主要方向。与此同时，无论是从范围还是从质量来看，政府网站所提供的服务内容都得到了极大的丰富与提高，一种新的、虚拟的政府形式即“网络政府”或“电子政府”正在出现，随之而来的是，各国政府现有的行政管理方式也发生了根本的改变。

1. 政府流程再造及其特质

政府业务流程再造（Government Process Reengineering，GPR）也可称为政府再造，是指运用现代管理学思想、经济学的市场机制原理和现代化的信息技术，把政府部门的业务流程进行根本性的、彻底的重新思考与重新设计，以使政府的行为成本、公共物品与支出、服务质量、效能与效率具有可量化的苛刻标准，最终达到政府行为与业务流程的戏剧性改变。因此，政府流程再造在本质上与业务流程再造一致，其基本理念仍是以业务流程为关注对象，并根据政府管理流程的特点进行具体应用。

2. 政府流程再造和电子政府的关系

政府业务流程再造是实施电子政务的基础，电子政务实施的理论基础是政府业务流程再造，其目的是提高政府效率、节约政府行为成本、增强政府透明度、减少或避免政府行为失灵、满足顾客（企业、公众、其他社会团体等）的需要，其最终目标是要建设成一个“数字政府、虚拟政府”。这是将现实政府的机制、功能和行为进行根本性的整合和优化，使其成为一个具有“企业精神”的、以顾客为导向的和服务性的大社会小政府，并能具有无缝隙性。这就涉及政府再造，即必须对国家资源进行统筹；必须对政府职能进行重新思考；必须对政府结构进行重新设计，在此基础上进行电子政府的构建。因此，在电子政务构建与实施中，必须遵循客观规律，把政府业务流程进行彻底的、根本性改革，最终通过网络实现政府电子化。

电子政务是实现政府流程再造的依托，是政府业务流程再造的重要内容和工具，本质上是政府流程再造。电子政务在促进政府行政的现代化、民主化、公开化、效率化方面起着十分重要的作用。现代信息技术和通信技术的发展，对政府管理理念、政府治理结构、政府程序和工作流程、政府政策制定、政府行政成本都产生了重大的冲击，电子政务在促进政府反应力、提升政府沟通效率、提高决策质量和水平、人力精简和有效运用人力资源、节约政府开支与经费、扩大公民参与、创新政府服务等方面均显示出巨大的优势。因此，电子政府是借助技术来实现的政府再造，电子政府的构建与运作必须与政府再造相结合。

3. 对我国电子政府建设的若干建议

注重电子政府建设中的观念再造。应该说政府上网并不困难，所有技术的难题在其他应用方面都已解决，困难的是观念的转变。小到政府员工和公众的素质与心态必须转变，大到政府的职能和行为模式要重新定位，这就需要在电子政府建设过程中注重相关理念的培训以及强有力的宣传。

注重电子政务发展的体制条件。电子政务的体制条件，是指在推进电子政务的过程中，切不可将现有的政府管理、运作的框架简单地搬到网络上，或者按照传统政府管理方式，将电子手段加入其中。而要按照电子政务的要求，对现行的政府管理职能、组织及业务流程进行必要的调整和改革，从而为电子政务的推进创造体制条件。从业务流程再造来看，要对传统业务流程进行彻底的改造，使政府管理和服务更加符合"简便、透明、高效"的要求。在此之前，首先，要建立统一的政府部门工作规范；其次，要对现行的行政审批制度进行深化改革；再次，要制定政务公开的具体实施办法，提高政府管理的透明度；最后，要认真清理收费项目，改革收费管理制度。只有在上述四个领域进行改革，政府业务流程再造才有可能真正深入下去。

政府流程再造与电子政府建设同步进行。与国外相比较，我国政府体制具有自身的特点，如我国政府的职能多是指令性而非指导性。我国现阶段正处于政府体制改革的紧要关头，电子政府的建设既是挑战更是机遇——政府流程再造与电子政府的建设同步进行。政府流程方面，主要是政府的日常事务、政府的公务处理程序等必须先行整合和优化，与此同时开展电子政府的建设。从宏观上，可以将政府再造运动当作一个分水岭，在此之前的政府信息技术策略，可以概括为"办公自动化"。可以预见，流程再造与电子政府的结合必将在不久显现出强劲的比较优势。

建立新的政府绩效考评标准。基于政府再造的电子政府构建势必提高政府的办事效率，增强政府的竞争力，降低政府的行为成本。因此，必须有新的绩效考评标准与之相适应。所谓政府绩效，是指政府在社会经济管理活动中的结果、效益及其管理工作中的效率和效能。在实际工作中，政府绩效受政府管理方式的制约，如自由裁员权力过大、现有的约束标准不明确等，这些都是政府再造的内容，力求在电子政府建设中能够避免这些问题的再次出现。

有组织、人才、技术的保证进行政府业务流程再造至少需要两方面人员：指导委员会和再造队伍。指导委员会由政府部门高层领导组成，负责制定政府业务流程再造的总体战略，监督再造的进度，把握再造的方向。在这一点上，政府机构应该尽快建立信息主管制度，并形成整体协调机制。再造队伍由实际推行再造的成员组成，如再造领导者、流程负责人和负责具体项目的小组。进行业务流程再造需要复合型人才，他们不仅要熟练掌握职能业务，而且还要相当熟悉其他业务，并能顾全大局、熟练地掌握现代信息技术，能与同事友好合作，对政府的服务对象具有强烈的责任感。此外，进行业务流程再造需要先进的信息技术手段。

作为电子政府的一部分，政府流程再造的应用有一定的局限，特别是面临着更深层次的政府再造问题。在电子政府的实践中，由于各国政府的特殊性，也决定了在电子政务中应用政府流程再造情况各异、任重道远。

（资料来源：葛笑春．业务流程再造基础上的电子政府建设［J］．商业时代，2006（19）:70-71.）

思考题

1. 政府流程再造与电子政府建设分别包含哪些内容?
2. 你认为我国政府流程再造的必要性是什么?
3. 对我国电子政府建设有何建议?

课程实践

以小组为单位对某个餐厅、超市的服务业务流程进行跟踪观察，并认真记录，做出该单位的服务业务流程图。在老师的帮助下，对该单位现有业务流程进行剖析，找出不足，并尝试对该单位进行服务业务流程的再造。

【本章小结】

本章在介绍业务流程、业务流程管理及服务业务流程等基本概念的基础上，进一步阐述了业务流程管理的起源和发展、服务业务流程的分类、业务流程管理的内容及服务业务流程管理的内容。最后对服务业务流程优化、服务业务流程再造、服务业务流程外包等内容做了详细介绍。

【复习思考题】

一、名词解释

业务流程　　业务流程管理　　服务业务流程　　业务流程再造　　服务业务流程再造

二、简述题

1. 业务流程管理包括哪几层含义?
2. 业务流程管理的途径是什么?
3. 服务业务流程分为哪几类?
4. 服务业务流程管理的内容是什么?
5. 服务业务流程优化的过程是什么?服务业务流程优化的方法是什么?
6. 服务业务流程再造的目标是什么?
7. 服务业务流程再造的种类是什么?服务业务流程再造的内容是什么?

三、论述题

1. 试述我国服务企业进行流程再造的意义和价值。
2. 试述当前全球服务外包的现状和发展趋势。

第十章

服务企业供需管理

【教学目标】

1. 了解服务企业供求平衡的重要性；
2. 掌握服务企业的供求分析；
3. 了解有关服务企业预测的基础知识；
4. 掌握几种常见的定性和定量预测方法；
5. 掌握如何进行有效的服务供求管理；
6. 掌握平衡需求与供应的策略。

章前导读

供求平衡已成为服务经营管理的最大挑战

服务经营管理者面临的最大挑战之一就是使服务的产出量和需求量相适应，如果要使需求和供给在1~3年内相匹配，就可以采取制定总计划的办法。要制定总计划，就要判断需要多少资源来满足需求。总计划把各类营销计划聚集成总的需求量，再加以分解确定短期需求量，进而确定单项服务的需求。

管理企业就是要在各种各样的需要和目标之间求得平衡。如果没有经过精心的需求预测，许多服务的提供将会变得混乱无序。预测的主要目的在于尽量做出比较准确的估计。良好的预测是形成计划的基础，对于服务供需的有效预测为服务经营管理者进行合理的决策和制订科学的计划提供了保障，也是企业制订长期计划的基础。本章首先对服务企业的需求和供给的特点进行分析，明确服务需求与供给的关系。其次介绍预测的基础知识及几种常见的定性和定量的预测方法，然后介绍服务的供求管理策略，最后介绍项目管理方法。

第一节 服务企业供求分析

一、服务企业需求分析

需求管理通常包含在营销管理的范畴之内，在服务机构中很多经营管理和营销管理的工作互相重叠，通常是由经营管理人员来完成的。有效的需求管理中，最简单也最重要的就是要知道顾客是谁，以及顾客的需求是什么。

（一）服务需求的含义

一种商品的需求是指消费者在一定时期内在各种可能的价格水平之下愿意而且能够购买的该商品的数量[①]。服务需求是指消费者愿意接受并能够支付的服务产品的数量。

消费者需求的预测是企业所有规划的起点，需求预测可以帮助企业估计能够提供并愿意出售的服务的单位数量，即企业的生产能力或称为供给能力。而且要对出售的服务进行定价。如果某项产品或服务是全新的，企业还必须估计是否应该生产这种产品。管理者对需求者的数量容易预测，但服务的内容和性质可能差别会很大。例如，医院可能预测急诊病人的数量，但不能预测患者疾病的性质。

（二）服务需求的特点

服务的生产和消费是同时进行的，如果服务需求相对于服务能力不足，结果将导致服务人员和设备闲置。而服务需求肯定是变化的，这种服务需求水平的自然波动造成了在某些时间服务处于闲置期，而在其他时间客户不得不为接受服务而等待。经营者在服务经营中面临的最大挑战之一是如何使服务的产出量（服务的供应）和服务的需求相适应。服务企业提供的服务供应量是相对固定的，而服务的需求波动是客观存在的，使得供求匹配成了一个难点。服务需求的特点主要表现在以下几个方面：

（1）多数服务具有稍纵即逝的易逝性——它们的生产与消费是同步的。因此不可能因为预测到后期有较大的需求而提前生产服务，这就意味着对大多数服务业来说，无法运用库存这一工具去应对需求波动和不确定性。

（2）有些服务机构的最大供应量不具有弹性。制造业中，短期内可以通过加班加点来增加商品的供应量，有些服务机构同样可以通过延长操作时间来增加他们的最大供应量，如盛夏的游乐场。但是这并不适用于所有的服务业，例如，但是宾馆的经营者在所有的房间当晚被预订出去的情况下，却不能通过加班加点来增加客房的数量。

（3）服务的需求往往很难预测。与预测大多数商品的需求相比，很多服务的需求预测要困难得多。而且这种需求总是变化多端，并且变化还往往在很短的时间内发生。原因之一是，对于外出就餐、看电影等的需求是没有计划的。原因之二是，有些服务的需

① 高鸿业. 西方经济学［M］. 4版，北京：中国人民大学出版社，2007.

求会出现波峰和波谷的差异变化。

（4）服务时间的多变性。受到所提供的服务的多样性、服务的个性化本质、顾客需求的多样性等因素的影响，因此很难预测为一定数量的顾客提供服务所需要的时间。例如，在银行中，对顾客提供服务所需要的时间在很大程度上取决于顾客所要求的交易的数目和种类。

（5）大多数服务受到了地域的限制。因为大多数服务不可以运输，所以只能在一定的时间内、一定的地点提供服务。对于一个提供多地点服务的机构来说，或许在一个地方的服务供不应求，而在另一个地方却无人问津。当商品出现这种不平衡时，人们会把货物从一地运往另一地，因为这相对容易。而服务的对象却不易运输，或者他们根本就不愿意到别的地方去接受服务。

（三）影响服务需求的方式

服务机构并不能直接控制对服务的需求，因为服务的需求受很多因素的制约，如价格、竞争者的供给和价格、潜在顾客的收入水平及服务的便捷度等。但是，一个服务机构却可以通过一个或多个方法去影响需求。

（1）定价。对于大多数服务机构来说，降价会增加需求，涨价则会产生相反的作用。一些服务机构以低于正常价格提供服务，从而把需求从高峰期转移到非高峰期。价格刺激足以使一些顾客在低需求的阶段接受服务，因此会降低需求波动的激烈程度。这种应用的例子包括，在夜间和周末降低长途电话和移动电话的资费、提供红眼航班等。

（2）预订 / 预约。在需求管理中，很多服务机构经常通过预约或预订来提供服务。这可以看作服务的“库存”或“延迟发货”，这种方式适用于紧缺的服务项目。对于顾客来说，其价值是显而易见的。航空公司、宾馆、医疗机构、律师事务所等都可以通过预约或预订来提供服务，而不保证每位随意走进来的顾客都能接受到服务。预约或预订通常能保证一个稳定的需求水平，保证需求不会超过计划的上限。并且能帮助顾客节约时间，使顾客不必排队等候。预约方式的另一个好处是消除了顾客的焦虑。他们不必担心能否得到服务、何时能接受服务及他们对此还要等待多久等。

（3）预先告知。有时给顾客一个简短的消息就可以降低需求的高峰。告示 、广告和减价的消息都可以说服顾客在非高峰期接受服务。例如，告知顾客在非高峰期接受公交交通、国家公园、博物馆等的服务会有很多好处，包括低价、不拥挤及更舒适的乘坐或观赏等。

（4）提供具有反向循环的需求模式的服务。一些服务中的需求管理极具有挑战性。这一类服务具有明确的季节模式，预订或预先告知往往不能有效地改变需求模式或者是缓解需求高峰。一个可行的补救方法是用相同的设备和人员提供额外的、反季节模式的服务。

（5）提供补充服务。把顾客的注意力转移到补偿性服务上去，可以减少因排队等候而造成的客户流失。在需求的高峰期，补充服务会使客户能够容忍等待。而且增加了客户等候服务，或是以后再次光顾的可能性。在本质上，补充服务意味着一项服务的两个阶段。适当延长第一阶段服务的时间，可以避免顾客在接受服务之前就离开服务场所。

（6）广告和推销。推销期特别价格及广告是在需求少于期望值的时候刺激需求的两种工具。推销指的是给顾客额外的利益，或者是在限定的期限内降价。较为典型的例子是假日特色旅游或是附赠奖品的午夜场演出。

二、服务企业供给分析

（一）服务供给的含义

一种商品的供给是指生产者在一定时期内在各种可能的价格下原意而且能够提供出售的该种商品的数量①。而服务供给是指一个服务机构按设计标准所能提供的服务的多寡，即供给的规模和能力。

（二）服务供应能力的决定因素

一般来说，一个服务企业商品的供给数量和供应能力取决于多种因素的影响，但在实践中，服务规模通常是服务供应能力的决定因素。

1. 服务规模

规模常常被定义为最大产出量，然而却很难度量服务规模的大小。服务有两大特征，其一是产出的无形性；其二是产出的不规范性，而且服务的形式具有多样化。此外，即使服务机构人员相同、设施相同，每天的产出量也是不同的。这是因为顾客的需求各不相同，职工提供服务的能力各不相同。

2. 形成服务规模的要素

服务规模的构成包括6项基本要素：人力资源、设施、设备和工具、时间、顾客参与及替代资源。

（1）人力资源。人力资源与总产出有直接的关系，其中雇员的人数、技能及相互之间的技能的整合是人力资源的主要影响因素。将技术水平高的人组合成一个自觉协作的团队，再配合以最好的设施，对产出会有极大的影响。此外，如果管理有效、环境有利，管理者的领导艺术和员工的激励机制这两个相伴相随的因素就会提高生产力。同时人力资源也是影响产出的不确定因素。企业可以多方向培训员工，使其适应不同的工作。

（2）设施。所谓设施是指方便员工工作、安置设备的场所。有些服务是通过电话、计算机网络、信件或者诸如电视、广播之类的传媒来传递和实现的。因此，在设施设计的过程中不必太考虑个别顾客的情况。但是，也有一些服务机构要通过顾客自身的设施来提供服务。

（3）设备和工具。虽然在服务供给系统的设计和资金的宏观预算阶段已经决定了大部分的设备购置计划。但是一些简单的、花费不多的设备的添置和调整还是有可能帮助提高生产力，进而增加企业的服务规模的。例如，公司给编制商品目录部门的订单处理人员配备计算机终端，以此来替代手工工作，方便表格归档。

（4）时间。时间成为要素表现在两个方面。第一，改变两段时间的配置，或者是改变服务的时间，就可能改变服务的供给量，在需求的高峰期尤其如此。第二，从广义上

---

① 高鸿业. 西方经济学［M］. 4版，北京：中国人民大学出版社，2007.

说，延长服务时间会在一个特定的时间段增加总的供给量。

（5）顾客参与。在某些服务中，顾客的参与会成为服务规模的一个重要因素。有许多服务的提供需要顾客参与劳动。例如，顾客用自动提款机从自己的账户中提款的全部工作都是自己完成的。在其他服务中，需要顾客参与部分劳动。

（6）替代资源。影响服务规模的替代资源可以是内生的，也可以是外生的。内在的资源既可以是备用的机器设备，也可以是工作时间的延长，或者是增加工作班次。外在的资源则可以是提高自动化程度或者租用服务资源，以此来扩大服务规模。

（三）需求与供给的关系

服务需求来源于社会经济活动，服务需求是希望获得服务，并且具有支付能力的需要。服务供给是在一定时期和价格水平下，服务企业愿意，而且能够提供的服务供应数量。服务供给的特点是非存储性、不平衡性、无形性和不规范性。服务需求与供给的关系表现在以下几方面：

（1）服务需求与供给是构成服务的两个方面，服务需求是服务供给的原因，服务供给是服务需求的基础。

（2）市场机制的自行调节，使服务供给和需求形成规律性运动，实现某种量价关系的均衡状态，即市场均衡。随着时间的变化和经济的发展，服务供给和需求条件按各自的规律发生变化，这种量价关系就要被打破，从而向新的均衡推进。

（3）在存在供应短缺的服务市场中，服务供给短缺作为服务需求的约束，会使服务需求在不同的服务供给方式中实现替代转移。

（4）一方面，服务需求的满足受到服务供给的限制，另一方面，服务供给能力的增加和服务供应水平的提升使得服务需求扩大。

第二节　服务需求与供给的平衡

一、服务需求预测

对于一个企业来说，未来情况有很大的不确定性，预测不可能是绝对准确的，但它仍具有不可忽视的作用。预测不仅是长期的战略性决策的基础，也是短期的日常经营活动的重要依据。任何组织都应当通过预测来指导自己的生产活动。特别是在服务行业，其服务一般是不能存储的，因此，必须尽可能准确地估计未来的需求，以配置适当的服务能力。如果员工太多，势必造成浪费；如果员工太少，就可能失去顾客，或者加重员工工作负担，使员工产生不满情绪。

（一）需求预测是企业所有规划的起点

对于一个企业来说，如果某项产品或服务是全新的，那么就必须估计它是否应该生产这种产品。企业无须先行设计此项产品，然后再进行需求的分析。一开始，企业只要判断新产品是否有潜在的需求，或者预测在现在的产品市场中企业能占有的合理份额。因此，在预测中只需要考虑产品的理念即可。一旦产品或服务的详细设计完成，需求预测就可能根据所设计产品的优点，或者与竞争对手所提供的产品的差异来进行修正。

需求预测也能帮助企业估计出出售服务的单位数量。当然，在估计出售服务单位数量时需考虑企业对该种服务需求的生产能力，以及该服务的单位价格。因此，所预测的需求决定了全年的总收益。收益预测是相当重要的，因为它既可以帮助决策该项服务是否要开展，还可以帮助企业进行年度预算和统计分析。

（二）服务预测的对象与形式

虽然管理者对客户数量或许能够预测得很准，但是服务的内容和性质却会大相径庭。由此看来，服务预测的单位可以归纳为：①顾客的数量；②提供服务所需要的时间；③所提供服务的种类及每种服务的数量；④所提供产品的数量。

（三）服务需求预测的方法分类

通常，许多服务企业的产出会因时间而大幅波动，而且服务需求也会受各种因素的影响出现巨大的需求变动。因此，服务需求预测既要进行综合预测，又要以小时、天来预测经济活动。在生产企业里，较多的是周预测、月预测和综合预测。这就意味着，在服务行业必须频繁地进行短期预测。服务企业常用的预测方法包括以下几种。

（1）主观模型：判断法；基层预测；市场调研；小组共识；历史类推；德尔菲法。

（2）时间序列模型：移动平均法；加权移动平均法；指数平滑法；时间序列外推法。

（3）因果模型：回归分析法。

预测方法的选择要从经济方面来考虑，见要从成本收益的角度来衡量每种方法。在预测中所需要考虑的有如下 6 个方面的因素（见图 10–1）。

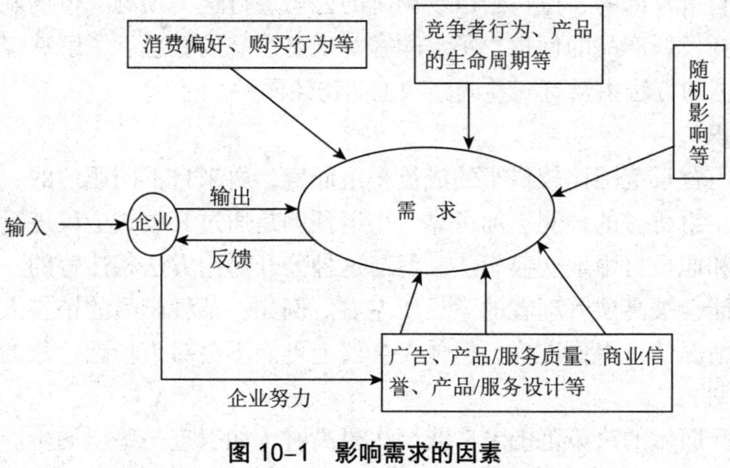

图 10–1　影响需求的因素

通过使用上述这些预测模型并考虑到影响它们的各种因素，可以制定出相关的服务竞争策略。根据实际情况，某种特定的服务只使用其中之一作为模型。例如，一个快餐店更愿意使用时间序列模型来预测每日用餐需求。但是，由于时间和空间上的特点，宾馆的服务需求预测要同时使用时间序列模型和因果模型。也有些服务公司会使用主观模型来预测由于人口变化带来的对未来的冲击，例如，人口老龄化问题。总体来说，从主观模型到因果模型再到时间序列模型，预测时间的长度越来越短。

二、服务需求预测模型

（一）主观模型

大多数预测方法，如时间序列模型和因果模型，都是建立在相对稳定的数据基础之上的，可以做出合理有用的预测。而在有些情况下，只有很少甚至根本没有数据可以用来参考，或者那些数据只在短期内存在关联，它们对于长期预测毫无用处。当缺少足够的或合适的数据时，只好借助于主观定性的预测方法。

1. 基层预测

基层预测是从分层结构中处于最底层末梢的、直接处理所要预测的对象的人员那里收集信息，把这些信息输入汇总，得到预测结果，基层预测是低层次的预测。例如，通过汇总每一个销售人员的预测（他们是对这一领域最为了解的人），便可得到对总销售额的预测。其假设前提为：那些离顾客最近、最了解产品最终用途的人员对产品未来的需求情况了解得也最清楚。尽管这一假设并不总是正确，但在很多情况下仍不失为一个有效的假设，也因此成为这一方法的基础。

最低一级预测结果汇总后将送至上一级，通常为一个分区仓库。分区仓库在考虑安全库存和订货批量大小的影响因素后，再将这些数据信息传至更上一级，可能为区域仓库。这一过程不断重复，直至输入最顶层。

2. 市场调研

企业经常聘请外部的、擅长于市场调研的公司进行这类预测。市场调研主要用于产品研究以获得开发新产品的创意、了解顾客对现有产品的好恶、了解特定层次的顾客偏好等。收集数据的方法主要有问卷调查和上门访谈两种。

3. 小组共识

即相较于由背景范围比较狭窄的成员小组而言，由来自不同职位的、背景更为广泛的成员组成的小组所做的预测更加可靠。小组预测是通过开放式会议进行的，来自不同级别的管理者和职员自由地交换想法。但与这种公开讨论方法相违背的一个问题是级别较低的职员可能会被高层管理者的意见所左右。例如，某种产品的销售人员可能对该产品未来的需求情况估计得更准确，但他在会议上可能不会对市场副总裁的截然不同的观点提出反对意见。

当依据预测而做的决策范围更广或层次更高时（如引进一些新的生产线，或考虑战略性产品决策等），一般使用高层决策这一术语，这表明会议所涉及的是高级管理人员。

4. 历史类推法

历史类推法假设一种新服务的引进和成长方式与另一种可获得可靠数据的事物相类似。它经常用于预测某种新服务的市场渗透力或生命周期。一种产品进入市场，其生命周期包括萌芽期、成长期、成熟期和衰退期。

5. 德尔菲法

我们在小组共识中曾指出，职位较高的人的意见或看法往往比职位较低的人的意见更受重视。更糟的是，职位较低的人经常因害怕而不敢表达自己的真实观点。为避免出现这种情况，德尔菲法隐去了参与预测研究的各成员的身份。其操作过程是由主持人设计调查问卷并发给每个参与者，各个成员的意见经汇总后以匿名方式和新一轮问卷一起再反馈给全组的每个成员。

（二）时间序列模型

时间序列是指一组均匀分布的数据点（按小时、天、周、月等排列）。例如，每月IBM公司所售出的个人计算机的数量，美国环球航空公司每季度乘客单位英里的收益，公立医院每月收治的病人数，以及每天在华盛顿特区搭乘地铁的乘客数等。根据时间序列来预测，就是说将来的值都是从过去发生的值预测得出的，其他变量都已经融入时间序列过去的数值中了。时间序列方法是一种计量模型，这种预测方法是基于这样一种假设，即将来的数据集合是过去数集的一个函数。这些模型是观察过去一段时间所发生的情况，然后用过去的一系列数据来进行预测。这一方法的一个缺点就是将来新的因素会推翻原先的结论。

对时间序列进行分析，就是把过去的数据分解成几个因素，然后设想它们以后的变化。一般来说，时间序列由4个因素组成：长期趋势、季节变动、周期变动和不规则变动。长期趋势变动是指从长期来看数据向上或向下的整体变动。季节变动是指需求高于或低于年度走势而波动的模式。周期变动是指在数据中每隔几年就会发生的形式。周期变动总是和经济周期联系在一起。不规则变动是指在数据中偶然发生的或在不寻常条件下发生的“散点”，它们一般无规则可循。在大多数模型中，预测人员都假设不规则变动从长期来看是平均的。所以，他们集中考虑季节变动和由长期趋势及周期性因素构成的综合变动（见图10–2）。

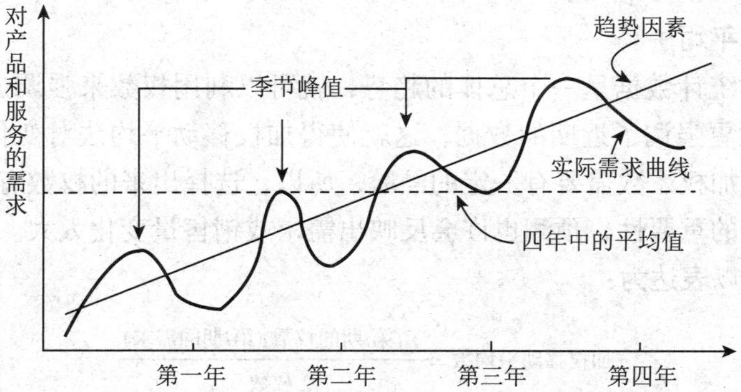

图10–2 四年中服务需求的变动趋势和季节变化

1. 移动平均法

如果能假设服务的需求在一段时间内保持稳定，那么移动平均法是适用的。4 个月的移动平均数是由过去 4 个月的需求简单相加除以 4 得到的。每过 1 个月，就把最近 1 个月的数据加到前 3 个月的数据之中，去掉最前面的那个月的数据。这样就消除了数据列中的短期的不规则的数据。从数学角度来说，简单移动平均数（作为下一期的需求的估计）的公式为：

$$移动平均数=（前\ n\ 期的需求总和）/n$$

在公式中，n 是期数。比如 4 个月，5 个月，或是 6 个月，得出的值相应的就是 4 个月、5 个月和 6 个月的移动平均数。

表 10–1 中是某餐饮公司的顾客需求，右边是以 n 为 4 个月的移动平均数求出的预测值。

表 10–1　餐饮公司的产品需求及预测

月份	某产品实际销售额	4个月移动平均值
1月	8	
2月	10	
3月	12	
4月	14	
5月	16	（8+10+12+14）/4=11
6月	21	（10+12+14+16）/4=13
7月	24	（12+14+16+21）/4=15.75
8月	28	（14+16+21+24）/4=18.75
9月	26	（16+21+24+28）/4=22.25
10月	16	（21+24+28+26）/4=24.75
11月	14	（24+28+26+16）/4=23.5
12月	12	（28+26+16+14）/4=21

2. 加权移动平均法

如果各期的统计数据呈一个总体的趋势，就可以利用权数来强调近期数据的作用。因为按其重要性更强调了近期的数据，这就使得加权移动平均法对变化反应更为灵敏。设定一个正确的加权系数需要有一定的经验，所以，选择出来的权数有点武断。如果过于强调近期数据的重要性，预测也许会反映出需求或销售量变化太大。求加权移动平均数用数学公式可以表达为：

$$加权移动平均数=\frac{\sum(第i期的权数)(第i期的需求)}{\sum 权数}$$

例如，利用上表中的需求量，该餐饮公司决定对过去的4个月加权，来预测服务的需求量，最近4期值的权数分别为4（上个月）、3（2个月前）、2（3个月前）和1（4个月前）。运用加权移动平均法，所得结果如表10–2所示。

表10–2 餐饮公司加权移动平均值

月份	某产品实际销售额	4个月移动平均值
1月	8	
2月	10	
3月	12	
4月	14	
5月	16	［（4×14）+（3×12）+（2×10）+8］/10=12
6月	21	［（4×16）+（3×14）+（2×12）+10］/10=14
7月	24	［（4×21）+（3×16）+（2×14）+12］/10=17.2
8月	28	［（4×24）+（3×21）+（2×16）+14］/10=20.5
9月	26	［（4×28）+（3×24）+（2×21）+16］/10=24.2
10月	16	［（4×26）+（3×28）+（2×24）+21］/10=25.7
11月	14	［（4×16+（3×26）+（2×28）+24］/10=22.2
12月	12	［（4×14）+（3×16）+（2×26）+28］/10=18.4

如果预测中近期统计数据的权数大一点，预测值将变得更为准确一些。简单移动平均法和加权移动平均法都非常有效，能消除统计数据中的大幅变动，从而使估计值比较稳定。然而，移动平均法并不是完美的。增大 n 的值（n 为期数）虽然能较好地消除大幅波动，但同时也使得对统计数据中的真实变化反应不灵敏。另外，简单移动平均数不能很好地反映出它的变化趋势。由于它们所求的是平均数，总是和过去的值保持一致，不会预测到比过去更高或更低的水平。

3. 指数平滑法

在指数平滑法中需要注意的两个重要的术语是指数平滑和预测误差。

指数平滑法也是一种移动平均法，使用很方便，能够有效地用计算机处理。指数平滑法公式如下：

新一期预测值 = 上期的预测值 + a（上期的实际值 – 上期的预测值）

在公式中，a 是权数，也可称作平滑常数，在0和1之间取值。公式也可以用数学式表达为：

$$F_t=F_{t-1}+a\,(A_{t-1}-F_{t-1})$$

式中，F_t——新一期预测值；F_{t-1}——上期的预测值；a——权数；A_{t-1}——上期的实际需求。

最新的需求量估计值是在上期的预测值基础上，按一定百分比的预测误差调整后而得到的。预测误差是指上期的实际值与上期预测值之间的差。

例如，在3月份，一位汽车经销商预测4月份某品牌轿车将有100辆的需求量。4

月份的实际的需求量为 151 辆。假设权数 a 为 0.2，我们可以用指数平滑法来预测 5 月份的汽车需求量。把数字代入公式，得：5 月份的需求量预测值 =100 + 0.2（151–100）=110.2。因此，5 月份该品牌汽车的需求量预设为 110 辆。

调整 a 的值，对最近数据（如果它很高）增加权数，或对过去的数据（如果它很低）减少权数。a 越接近于 0，预测值越接近上期的预测值，这和简单移动平均法形成鲜明的对照。用简单移动平均法预测下一期的需求量时，所有数据的权数是一样的。

预测误差 = 实际需求量 – 预测值

测量整体预测误差的一种方法叫作平均绝对偏差（*MAD*）。通过加总所有的预测误差的绝对值，然后除以数据的期数 n，求得整体预测误差。用公式表达为：

$$MAD=\sum|\text{预测误差}|/n$$

例如，某物流企业运用指数平滑法对未来 6 个月的需求进行预测，假设第 1 个月的预测值为 145，在 a 分别为 0.1 和 0.5 的情况下的所有的预测值（精确到位）及两次预测值的 *MAD* 如表 10–3 所示。

表 10–3　某服务企业指数平滑法的 *MAD* 计算

月份	实际卸货量	预测值（a=0.1）	绝对偏差（a=0.1）	预测值（a=0.5）	绝对偏差（a=0.5）
1	155	145	10	145	10
2	166	146	20	150	16
3	160	148	12	158	2
4	175	149	26	159	16
5	190	152	38	167	23
6	205	156	49	179	26
7	180	161	19	192	12
绝对总偏差总和			174		105
MAD =∑｜预测误差｜/ n			*MAD*≈24.86		*MAD*=15

按照这个分析，加权系数 a=0.5 时要比 a=0.1 时更优，因为它的 *MAD* 比 a=0.1 时的 *MAD* 要小。

除了 *MAD* 外，还有三种常用的方法来检验过去预测误差的程度。第一种均方误差法，第二种是平均绝对百分误差法，第三种是偏差法，偏差法可以显示出整体误差的平均数和它的走向。

4. 时间序列外推法和季度调整

时间序列外推法适用于呈线性趋势的一系列的历史数据，把趋势线影射到将来，求得中期或长期的预测值。在这一节中，我们将只观察线性趋势。

如果我们要用精确的统计方法来绘制一条线性趋势图，可以运用最小二乘方法。最小二乘方法在各种统计学教科书中都有详尽的叙述。运用这个方法，可以得到一条直线，在这条标线上每个点和实际值之差的平均和最小。直线方程如下：

$$y = a+bx$$

在方程中，y= 服务需求计算所得的预测值，也称因变量；a= y 轴截距；b= 回归斜率（也称对给定的 x 值 y 的变化率）；x= 自变量（这里是时间）。

斜率 b 求解公式为：$b=(\sum xy - n\bar{x}\bar{y})/(\sum x^2 - n\bar{x}^2)$；$y$ 轴上截距 a，计算公式为：$a=\bar{y} - b\bar{x}$ 。

例如，某旅游景点 2012—2017 年接待游客人数如表 10–4 所示，试预测 2018 年接待游客的数量。

表 10–4　2012—2017 年某旅游景点接待游客人数统计（单位：万人）

年　份	游客数量
2012年	150
2013年	200
2014年	410
2015年	320
2016年	240
2017年	300

在这一组连续的时间序列中，我们可以把 x 值（时间）转换成一些简单的值，以减少计算量。把 2012 年视为第 1 年，2013 年视为第 2 年，2014 年视为第 3 年，以此类推，计算结果如表 10–5 所示。

表 10–5　2012—2017 年对游客人数统计计算

年份	时间段（x）	游客数量（y）	x^2	xy
2012年	1	150	1	150
2013年	2	200	4	400
2014年	3	410	9	1230
2015年	4	320	16	1280
2016年	5	240	25	1200
2017年	6	300	36	1800
	$\sum x=21$	$\sum y=1620$	$\sum x^2=91$	$\sum xy=6060$

$$\overline{x}=\frac{\sum x}{n}=\frac{21}{6}=3.5;\ \overline{y}=\frac{\sum y}{n}=\frac{1620}{6}=270;$$

$$b=\frac{\sum xy-n\overline{x}\overline{y}}{(\sum x^2-n\overline{x}^2)}=\frac{6060-6\times3.5\times270}{91-6\times3.5^2}=\frac{390}{17.5}=22.286$$

$$a=\overline{y}-b\overline{x}=270-22.286\times3.5=191.999$$

这样可以得出一元线性回归方程：$\hat{y}$=191.999+22.286x。计算2018年的预测值，根据我们的转换规则，2018年游客人数=191.999+22.286×7=348.001，游客人数预计有348万人。

我们也可以预测2019年的需求量，把x=8代入同一方程得：2019年游客人数=191.999+22.286×8=370.287，游客人数预计有370万人。

最后，可以把过去的需求量做成图，同时把回归直线画在图上，来检验是否正确。

在上例中运用的时间序列法需要长时间观察数据的趋势。对某些季节中重复发生的变化，就有必要对预测做季度调整。比如，煤和燃油的需求量，通常总是在寒冷的冬季达到最高。分析每月或是每季度的统计数据，就很容易看出季节变动趋势。表10–6中列出了2012—2017年各年度的季节指数，根据季节指数，可以预测到2018年每季度的游客数量。

表10–6　2012—2017年季节指数一览（单位：万人）

季节 年份	春	夏	秋	冬
2012年	0.820	1.358	1.012	0.717
2013年	0.878	1.414	1.036	0.670
2014年	0.750	1.360	1.151	0.738
2015年	0.768	1.368	1.241	0.722
2016年	0.741	1.256	1.465	0.513
2017年	0.856	1.568	1.666	0.634

为使季节指数更具有代表性，进一步对上述各年的季节指数求平均值，得春、夏、秋、冬各季的指数分别为：0.802167、1.387333、1.261833、0.665667，又2018年预计接待游客348万人，则每个季节的游客人数为春季：0.802167×348/4≈70（万人）；夏季：1.387333×348/4≈121（万人）；秋季：1.261833×348/4≈110（万人）；冬季：0.665667×348/4≈58（万人）。

（三）因果模型

因果模型的假定条件与时间序列模型相似，即数据遵从于过去某种不变的模式，在我们希望预测的信息和其他因素之间存在着稳定的关系。从简单的回归分析——它是预测所基于的根本技术，到计量经济模型——它使用一系列公式组，这些都属于因果模型。

因果预测模型通常要考虑与预测变量相关的几个变量，一旦找出相关的变量，就可以建立统计模型，求出预测值。在因果分析法中要考虑到许多因素，比如，一种产品的销售量可能和公司的广告预算、产品的价格、竞争者所制定的价格、推销策略等相关，甚至和整个经济状况及就业率的高低都有很大的关系。在这里，产品的销售量是因变量，其他变量都是自变量。管理者应找出销售量与其他变量之间的最优的统计关系。最常见的定量因果预测法就是线性回归分析法。

可以运用在时间序列外推中运用的最小平方法这个数学模型来完成线性回归分析。需要预测的变量 $\hat{y}$ 是应变量 $\hat{y}$，但自变量 x 不再是时间。

$$\hat{y} = a + bx$$

式中，$\hat{y}$——应变量的值（这里是销售量）；a——y 轴上的截距；b——回归直线的斜率；x——自变量。

根据最小平方法即最小二乘法算出 a、b 和计算公式为：

$$b=\frac{n\sum xy-\sum x\sum y}{n\sum x^2-(\sum x)^2}$$

$$a=\frac{\sum y}{n}-\frac{b\sum x}{n}$$

为了说明问题，以某建筑公司为例，该公司在某城市进行城市改造工程。一段时间后，该公司发现它的改造工程的费用随该地区工资的变化而变化。表 10–7 列出了近 6 年该公司的收入和该城市按时取酬的职工工资总收入。

表 10–7　近 6 年该公司的收入和该城市按时取酬的职工工资总收入

公司的销售量y（千万元）	地区工资总收入x（10亿元）
2.0	1
3.0	3
2.5	4
2.0	2
2.0	1
3.5	7

$\sum y=15$；$\sum x=18$；$\sum x^2=80$；$\sum xy=51.5$；$\bar{x}=\frac{\sum x}{n}=3$；$\bar{y}=\frac{\sum y}{n}=2.5$。

根据最小平方法，得出：$b=0.25$；$a=1.75$；$\hat{y}=1.75+0.25x$。即销售量 =1.75+0.25 × 工资收入。

如果预测在该城市的工资总收入明年为6亿元，就可以根据线形回归方程估计出该公司的销售收入为：

$$销售量=1.75+0.25\times 6=1.75+1.50=3.25（千万元）$$

因果预测法（如回归法）的主要缺陷表现在：即使我们已经得出了回归方程，要估计下期因变量 y 的值，首先要知道自变量 x 的预测值。这里 x 为工资总收入。虽然这并不是所有预测都会遇到的问题，但也可以想象得出，确定一些常见的自变量的预期值也是很不容易的（如失业率、国民生产总值、价格指数等）。

三、平衡需求与供应的策略

服务需求波动性的客观存在使我们有必要对服务进行有效的供求管理，以便更好地协调服务的供给与需求，使服务需求与供给趋于平衡，提高企业的服务能力使用率。平衡需求与供给的策略包括以下几个方面。

（一）需求管理策略

1. 了解需求

在有效的需求管理中，最简单、也可能是最重要的就是要知道服务对象是谁，以及他们的需求是什么。这看似简单，但是在需求管理中却常常被忽视。因此，我们应当尽可能地了解顾客的需求是什么，他们的动机是怎样的，等等。

顾客对于某种服务的需求很少来自于同一来源，例如，航空公司将乘客划分为工作日商务乘客和假期旅游乘客。市场当中的需求存在着不同的种类，了解顾客和他们的需求有助于经营者确定并区别市场中的各种需求。例如，医院和诊所的经营者很早就发现，顾客对服务的需要可以分为急诊和一般治疗。为了更有效地满足这两类需求，他们把一部分医护人员和设备分配给急诊部门，而另一部分医护人员和设备则参加常规的治疗。显然，每种类型都有不同的需求模式。

对于有效的需求管理来说，有必要了解和区分不同的顾客及他们不同的需求，但仅仅这样并不够。服务的管理者还必须探讨需求的本质和模式，因为有很多因素，如天气、政治或者体育赛事等，都会影响服务需求的形成。一些影响是正常的，而另一些影响则是不正常的。揭示需求模式和了解需求行为都需要数据，而数据不可能轻而易举地获得。但是如果没有对需求本质和模式的理解，也不可能实现有效的管理。了解需求的模式不仅可以帮助经营者判断使用何种方式去影响需求，也可以帮助他们有效地管理服务的供给。

2. 提供价格诱因

价格可能是影响需求最直截了当的方式，对于大多数服务组织来说，降价会增加需求，涨价则会产生相反的作用。定价策略的另一个常见的方法就是短期的价格变动。一些服务机构以低于正常的价格提供服务，已达到把需求从高峰期转移到非高峰期的目的。价格刺激足以使一些顾客在低需求的阶段接受服务，因此会降低需求波动的激烈程度。这种应用的例子包括：长途电话的周末和夜间收费率；电影院的日场或在下午6点以前实行降价；位于旅游观光点的宾馆在非旅游季节的房价；红眼航班等。

上述例子表明，对于有效利用资源（如劳动力和设施）来说，转移高峰期的需求显得十分重要。如果这样的转移不能缓解需求，服务机构则必须建立足够的设施来满足最大的需求，或者放弃在高峰期需要服务的顾客。前一种选择的结果是不能有效利用资源的，在非高峰期，器材和员工得不到有效的利用。后一种选择的结果会使利润明显的下降，甚至难以维持经营。

3. 使用预订系统及处理超额预订问题

在需求管理中，很多服务机构经常使用另一种方式，那就是通过预约或预订来提供服务。预订等于预先提供了潜在服务。这可以看作服务的“库存”或“延迟发货”。这种方式适用于紧张的服务项目。对于顾客来说，其价值是显而易见的，例如，通过预订可以减少顾客的等候时间和保证随时提供服务来使顾客受益。预约或预订通常能保证一个稳定的需求水平，并且保证需求不会超过计划的上限。

预订方式的一个不足之处是顾客失约，即顾客进行了预约或预订之后未能如约而至。这时，如果没有另外一个顾客能够马上取而代之，就会影响服务机构的收入。航空公司和宾馆经常会遇到这样的麻烦，例如，乘客可能为了防止意外而向航空公司预订了好几个班次的机票。对于那些不能确定自己什么时候才能出发的商务乘客来说，这种行为很普遍。通过多次预订，他们可以确保在能够出发时马上坐上飞机。由于不大可能在很短的时间里发现一个新顾客，类似的服务机构会运用一种称为超额预订的方法来减少损失。即通过接受数量超过飞机可利用座位总数的预订，航空公司可以防范出现大量未履行预订的风险。然而，如果航空公司接受太多的预订，就有可能承担已经预订了机票的乘客没能坐上飞机的风险。由于超额预订方法的滥用，美国联邦航空管理局做出规定，要求航空公司赔偿由于超额预订而未能坐上飞机的乘客，并且要为他们提供下一班飞机的座位。同样地，许多宾馆也为那些因为超额预订而未能入住的客人免费提供附近宾馆的相同档次的房间。一个好的超额预订策略应该既能最大限度地降低由服务设施空闲产生的机会成本，又能最大限度地降低由于未能提供预订服务而带来的成本，因此，采用超额预订策略需要对一线员工（如宾馆的前台服务人员）进行培训，以应付那些未能获得预订服务的客人。宾馆最起码应该为客人在其竞争对手的宾馆里安排一间相同档次的房间，并随后用车将客人免费送到那里。

4. 开发互补性服务

把顾客的注意力转移到补偿性服务上去，可以减少因排队等候造成的客户流失。在需求高峰期，补充服务会使客户能够容忍等待，或者提高顾客再次光顾的可能性。很多饭店已经认识到用增加一个酒吧来提供互补性服务的好处。在饭店最繁忙的时候，把等待的顾客引入酒吧，既可以为饭店带来利润，又可以缓解顾客焦急等待的心情。服务区也已经扩展了它们的服务范围，包括提供自助加油和快餐服务等。因此提供互补性服务有助于满足等待中的顾客。在本质上，补充服务意味着一项服务的两个阶段。适当延长第一阶段的服务时间可以避免顾客在接受正式服务之前就离开服务机构。

5. 提供具有反向循环的需求模式的服务

一些服务中的需求管理极具挑战性，这一类服务具有明确的、不变的季节模式和价格刺激，预订或预先告知往往不能有效地改变需求模式或者缓解需求高峰。在淡季，对这些服务的需求极少，甚至不存在。一个可行的补救方法是用相同的设备和人员提供额外的、反季节模式的服务。例如，在旅游淡季，可将宾馆用于招待商务人员或作为公司职员的休闲场所。

（二）供给管理策略

对于大多数服务企业来说，要改变其市场当中的需求模式或者使其需求均匀是十分困难的，而经营者对服务供给的控制力和影响力却很大，即使是对服务供给控制得非常好，也很难使服务的供需相匹配。我们只能尽量调节服务供给以使其与需求相适应。下面介绍几种策略以实现这一目标。

1. 提高顾客的参与程度

在一些服务的供给中，顾客是一种十分有价值的资源，有些服务机构已经十分巧妙地利用了这一资源。例如，快餐业已经取消了端上食物和清洁餐桌的人员，这是提高顾客参与程度策略的最好解释。顾客（现在是合作生产者）不仅要从有限的菜单中直接点菜，而且要在饭后清洁餐桌。自然，顾客期望得到更快的服务和更便宜的食物来补偿这种付出。服务提供者也能在多方面受益，集中表现在服务人员的减少和管理成本的降低，但更重要的是，顾客作为合作生产者恰好在需要的时候提供了人力。这样，服务能力就不是固定不变的，而是更直接地随需求而变化。

增加顾客的参与也存在一定的风险。如果顾客自己动手完成一些工作时笨手笨脚，会降低服务的速度，从而降低产出水平。例如，一位自助加油的顾客可能没有定期地检查轮胎和油位，最终会导致一些问题的出现。市场上一些散装食品（如大麦、谷物、蜂蜜、花生酱）的自助服务可能导致散装容器污染食品或溢出而造成浪费。

2. 改变员工数量

这是一个只能中期应用的措施。即在3~12个月内可以使用。预测到需求的增加或者减少的趋势，管理者可以逐渐增加或者减少雇员的数目。同样，服务结构如果可以预测到季节的高峰和低谷，也可以按季节的长短来雇用工人。该措施的最大缺点就是雇用、培训、解雇的成本都很大，而且很难培养雇员对企业的忠诚。

3. 交叉培训员工

许多服务机构提供多种服务项目，而对每一项服务的需求量又不是恒定不变的。跨岗位培训员工，允许他们在需求的高峰期帮忙，会增加服务的供给量。这样做的另一个好处就是帮助雇员掌握多门技术，提高了他们的能力。同时，因为雇员不是长年累月做同一种工作，也就使雇员少了一些厌倦。例如，在超级市场中可以清楚地看到员工交叉培训的好处。当收款机旁的队伍越来越长时，经理会召集储货员来收款，直到高峰结束。同样，在交款的顾客很少时，一些收银员也会忙于整理货架。这种方法有助于建立团队精神，而且可将员工从单调乏味的工作中解脱出来。在快餐店里，受过交叉培训的员工可培养出更多的生产力，因为在清闲的时候可将任务重新分配给少数的几个员工（暂时将工作扩大化），而在忙时更加专业化（劳动分工）。

4. 雇用临时员工

当业务高峰是持续的而且可以预测时，如餐馆的就餐时间或商场促销日，雇用临时工能够补充正式员工数量上的不足。如果要求很低，那么，很容易就能找到合适的临时工，如高中生、大学生及那些希望增加收入的人。临时工的另一个来源是下岗的雇员。一些企业经常付给其下岗雇员一些名义工资以限制他们的活动，并要求他们随时做好重返工作岗位的准备。

5. 创造可调整的能力

一部分服务能力可设计成可变化的能力。航空公司为了适应乘客组合的变化，会常规性地调整一等舱和二等舱的配比。日本的一家创新型饭店在底楼设置了一些就餐区，每个就餐区放两张桌子，每桌可坐 8 位就餐者。厨师们被安排到每个就餐区，就在桌边准备菜肴。这样，这家饭店就可以通过安排需要的当班厨师的人数来有效地调节其服务能力。

通过有效使用空闲时间可以扩大高峰期的服务能力。闲时完成一些辅助性的工作，可以使员工在高峰期专注于必要的工作。这种策略要求对员工进行一些交叉培训，以便他们能够在非高峰期完成一些不接触顾客的工作。比如，饭店的服务员在客流量小时可以用餐巾包一下银餐具或打扫一下房间，这样，他们就不用在高峰期再做这些工作了。

6. 租用设备

在很多服务中，设备是服务供给的重要因素，仅仅增加员工的数量不足以增加产出水平。设备的增加，通常是因为员工的增加。如果增加员工只是暂时的现象，从经济角度考虑，就不应该添置设备。当碰到这种情况时，服务机构可以租用必要的设备。这是航空业经常采用的措施。在夏季面临需求增加时，航空公司会从其他航空公司或者货运公司租借飞机。

7. 自动化

由人工操作的机器变成自动化操作，这在制造业中已经运用多年。自动化的主要优点是成本低、产量高、产量稳定，还能提高质量。但服务中还没有像期望的那样随处可见自动化，因为自动化就意味着非人性化的服务。但是自动化所具有的高速、低耗和其所固有的一些优越性，使得人们愿意在某些服务项目中尝试自动化。

8. 延长服务时间

在特殊的环境下，或者在某一个需求增加的时期，一些服务机构通过延长经营时间来增加它们的产出量。例如，在假期，游乐场所也会延长工作时间。

9. 共享能力

服务企业常常要在设施和设备上投入大量的资金，这就抑制了企业对其他方面的投资，制约了服务企业的发展。而共享能力正是针对这一问题提出的，它强调服务企业之间要加强合作、共享资源，从根本上降低企业的部分成本，提高资源的利用率。例如，在小型机场，航空公司共享相同的入口、跑道、行李处理设备及地面服务人员。在淡季，有些航空公司常常将飞机租给其他航空公司，租借协议包括可以漆上适当的标志和重新装饰机舱。

（三）收益管理方法

自从限制解除、允许公司可以自行定价以来，一种被称为收益管理的收入最大化的新方法出现了。收益管理实际上是一个复杂的系统，包括订票系统、超额预订和需求划分等[①]。同样地，收益管理也适用于宾馆等服务企业。收益管理的目的在于从产生收益的单位中，谋求收益或者说是产出的最大化。收益产出单位在特定的一段时间内的数量是一个常数。收益管理适用的情况包括：企业在相对稳定的规模下运营；企业拥有细分市场的能力、易逝的存货；产品预售情况良好；需求流动相当大；低边际销售成本和高边际能力改变成本；等等。

收益管理背后的基本思想是对收益产生单位的存货进行分割，然后把它们卖给不同的客户群体。例如，航空公司就划分出了不同的客户群体：对价格不太敏感的乘客，紧急到某地出差且要在规定的日期返回的商人，比较关注价格的度假者，以及如果价格合适会探亲访友或者出门旅游的人。航空公司为这些人提供了不同层次的服务，如为他们提供了头等舱、商务舱、经济舱和低价舱等。为了使收益最大化，收益管理系统必须面对4个基本问题，即不同费率的需要模式、超额预订政策、需求弹性和信息系统[②]。

（四）管理科学的方法

管理科学为服务经营者应对供给与需求匹配提供了有效的方法。其中，排队理论和模拟为在供给和需求的管理中做出决策提供了方便。在需求高峰期或者是在特定的时间内，需求会超过服务的规模。在这样的服务机构中，排队理论帮助判断一些重要的行为特征，对行为进行量化。例如，在系统中，每个顾客排队所需要的平均时间、系统中按照供给和需求的规模做出比较高明的决策。模拟是和排队模型同时运用的一种有效的常用工具。模拟能够帮助经营者收集关于系统行为需要的信息，为扩大或缩小服务规模会带来怎样的结果提供了答案。

多数人都会抱怨在收款机、售票处、收费站和银行的出纳柜台前，或是在邮局的排队等候，然而这又是见怪不怪的日常生活的一部分。需求管理方法对于一些服务机构有效，但是却不能完全消除排队现象。换言之，即使是管理得当，也会出现排队等候的现象。等候会导致很多弊端，其中之一是一些顾客会放弃服务而离开服务机构。在短期内，这意味着客户的流失。他们或许以后还会回来，但是有一些人却永远不会回来了，他们走到了竞争对手的一方。无论出现什么样的情况，这都意味着服务机构收益的减少。

减少等待的时间无论在需求和供给管理中都是重要的组成部分。管理科学的方法可以帮助经营者做出与系统相关的决定，减少等待的时间，减少对顾客和服务机构的负面影响。

---

① Sheryl E Kimes. Yield Management：A Tool for Capacity-Constrained Service Firms［J］. Journal of Operations Management，1989，8（4）：348-363；詹姆斯·A·菲茨西蒙斯，莫娜·J·菲茨西蒙斯. 服务经营管理运作、战略与信息技术［M］. 3版，张金成，范秀成，等，译. 北京：机械工业出版社，2003.

② 于干千，秦德智. 服务企业经营管理学［M］. 北京：中国林业出版社，2008.

【案例分析】

需求管理如何制约供应

中国网通（集团）有限公司河北省分公司（简称河北网通）和中国移动通信集团安徽有限公司（以下简称安徽移动）的经历告诉我们，把需求管理平台建立起来，就能有效梳理IT系统的流程，并可以管理好IT供应商。

1. 市场需求催生管理变革

据介绍，目前河北网通平均每个月都会对现有软件系统进行调整以支撑市场部门开展新的业务，保证对新业务的支撑，成为软件开发中的重要课题，因此既要借鉴以往的成功经验，又要避免新版本软件中出现旧版本软件中存在的问题。网通公司的软件维护人员一方面要对业务部门的业务需求进行分析，另一方面要将业务需求转交给软件开发商或集成商进行系统开发，成为业务软件研发中继站。在河北网通集中计费项目进行中，由于集中计费系统的规模和复杂程度十分突出，按照"需求驱动开发"的模式，紧跟变化复杂的现实需求，河北网通与集成商在控制管理、变更流程管理、开发资产的有效保护、开发资源的协调管理、产品的发布和质量跟踪管理各个方面面临极大挑战。

2. 以客户满意度为导向建立需求管理系统

在应用需求变更配置管理系统之初，河北网通就定下了相应的应用目标：建立河北网通企业级的变更流程管理系统，保证河北网通有效地收集、控制、跟踪、管理来自各方的变更请求，有效地监视和报告变更请求执行的状况，建立河北网通和各个开发商之间电子化的沟通渠道，保证项目进度管理的顺利进行；在河北网通和集成商之间建立有效的沟通渠道，包括双方对需求的理解、需求实施流程、需求项之间的跟踪和管理；集中管理开发商手中的原代码，以确保数据集中管理，完成数据整合，管理所有软件产品资产，包括文档、数据、代码、标准和模型等；带动规范化管理体制的建立，明确部门人员职责，加强需求管理；管理所有应用项目的全生命周期的开发与维护，包括内部项目、外包项目、维护项目；搭建高效率便捷的沟通和信息共享平台；形成标准化、规范化、自动化的项目过程／流程管理；增加用户（各分公司，市场部，终端网）满意度，从而提高最终用户对河北网通提供的软件应用服务的满意度。

3. 通过需求管理系统平台，提高供需的有效管理

通过需求变更配置管理平台，河北网通能通过有效的方法收集来自各方的需求请求，实施有效的审批流程，有效地组织和管理需求，并建立测试方案，审核需求和测试文档，并对需求文档及测试文档进行修改，将需求和测试文档入库集中管理。同时，河北网通还能向集成商分派需求，并对集成商实现项目开发管理，确认集成商的开发计划和交货期承诺，促使他们阶段性向河北网通汇报进度，将最终开发成果和系统测试资产提交河北网通配置管理数据库，在确认集成商实际交货期的基础上，建立集成商提交开发成果里程碑。

运用这个平台，像河北网通这样的企业不仅仅做到了内部流程的规范化，而且从管理源代码这样的根本上入手，企业可以很好地管理供应商，从而可以改变在信息化过程中被供应商牵着鼻子走的被动局面。

（资料来源：总裁学习网，http://www.chinalearning.cn/edpbd/.）

思考题

1. 请你谈谈供应与需求之间的相互关系？

2. 通过该案例，你认为需求管理在企业中有什么样的作用？

3. 对照该案例，你认为一个企业应如何进行需求与供应进行管理？

课程实践

1. 以小组为单位选定某个服务企业作为研究对象，分析该企业2015年、2016年、2017年三年的经营状况，在实践指导教师的帮助下，构建需求预测模型，并提出相应的需求和供应管理策略。

2. 选择你熟悉的一个服务行业，描述一下怎样运用甘特图表法或PERT来改善它的运作？

【本章小结】

完善一套服务体系，首先要做的是总体设计，从资源整合总计划的制订，到整个服务体系的确定。制订总计划的基本目标是安排企业的资源，以此来保证企业的规模与需求相匹配。要达到供求平衡，既可以侧重调整需求，也可以侧重调整供给。本章讨论了管理者在应对供求平衡这一挑战中可利用的方法和工具。

如果要有效地完成任务，管理者必须非常了解顾客及顾客的需求。同时必须研究需求的本质和模式，为需求的管理选择适合的方式，有助于服务机构控制需求的方式和管理工具，包括定价、广告、促销、提供反需求模式的服务、运用预订及预约、预先告知及补偿服务等。

在大多数服务业中，预测服务需求都是非常重要的，这是因为通常不能靠库存来解决服务需求的波动问题。如果服务“蕴含”在产品中，预测及应对需求的大幅波动与生产企业预测产品需求相类似。在这两种情况下，预测需求对于企业规划来说都起着关键的作用。

【复习思考题】

一、名词解释

服务需求　　服务预测

二、简述题

1. 服务需求的特点是什么？

2. 服务需求的方式有哪些？

3. 简述服务需求与供给的关系。
4. 服务供给能力的决定因素包括哪些?
5. 服务需求预测模型包括哪些?

三、论述题

1. 试述服务供应能力的决定因素。
2. 试述平衡需求与供应的策略。

四、案例题

1. 下表列出了13个月以来某公司的工业用吸尘器的销售量。

月份	销售量（千台）
1月	11
2月	14
3月	16
4月	10
5月	15
6月	17
7月	11
8月	14
9月	17
10月	12
11月	14
12月	16
1月	11

（1）用移动平均法（n=3）预测2月份吸尘器的需求量。

（2）使用加权移动平均法（n=3）预测2月份吸尘器的需求量，分别以3、2、1作为最后一个月、倒数第二月、第三月的权数。比如，预测2月份的需求量，那么上一年11月份的权数为1，12月份的权数为2，接下来1月份的权数为3。

（3）评价每种方法的准确性。

（4）在预测销售量时，该公司还会考虑哪些其他因素?

第十一章

服务企业服务营销管理

【教学目标】

1. 理解服务的特征给营销带来的影响和挑战；
2. 理解服务营销的价值和特性；
3. 掌握服务企业如何进行目标市场的选择；
3. 理解如何在竞争市场中进行服务定位和市场细分；
4. 了解服务营销的7Ps组合。

章前导读

海底捞：苦修内功，服务营销

从四川简阳的街边麻辣烫小摊，到走向世界的中国火锅品牌，作为后起之秀的海底捞，以服务差异化为主，以亲情式的企业管理为辅，烹制出川香川味的“海底捞模式”。海底捞火锅店等待区有免费小吃和休闲服务，顾客就餐才坐定，围裙、手机袋等各种吃火锅的“防护设备”就送至手边。店内的儿童专区、免费电话亭等设施凸显人性化。海底捞采用厚利的定价模式，火锅消费品均由自己采购、生产、加工和配送，形成了其独有的大型物流供应体系，降低了消费品的成本。海底捞用服务和免费赠品塑造价值，以高定价获取利润，进入良性循环，滚动发展。除了门店直营销售，海底捞还把服务营销与“鼠标+水泥”的O2O模式融汇在一起，实现了全国网上订餐、选座。Hi捞送的外卖服务，可由专人跟单，将特色服务一起打包送货上门。海底捞借助天猫、京东等大型B2C电子商务平台，开设捞派官方旗舰店，销售火锅底料、火锅蘸料和调味料，把火锅业务从门店延伸至顾客家中。员工的高质量服务离不开企业的亲情化管理。“用信任式授权形成的差异化服务吸引客户，培养自己土生土长的员工成为管理层并委以重任，正是海底捞的特殊DNA。”海底捞模式研究者黄铁鹰在《海底捞你学不会》一书中的观点，得到海底捞董事长张勇的肯定，“我们倡导亲情式的管理，从管理层到普通员工，都拥有超过一般餐饮店服务员的权力。”任何员工都有免单权。从培训到报酬再到福利，让员工体验到主人翁的感觉，进而转化为工作热情，为海底捞的服务营销奠定了扎实的基础。目前，海底捞在中国15个城市开设了70家直营餐厅，并已开始布局国际市场。继去年新加坡店开张后，洛杉矶分店的筹备工作正紧锣密鼓地进行着，2013年将开始营业。海底捞，这个苦修内功、视服务如生命的川菜品牌，凭着“对人性的直觉理解，对农民工群体的直觉理解，对餐厅服务员工作的直觉理解，对成千上万不同顾客的直觉理解”，走出一条海底捞的营销之路。

（资料来源：海底捞：苦修内功，服务营销［J］.新营销，2013（3）：53.）

第一节　服务营销概述

一、服务营销概述

市场营销理论的发展起源于20世纪二三十年代的美国，但对服务营销的研究相对滞后，进展缓慢。服务营销起源于20世纪60年代西方营销学界对有形产品和服务产品的争论，直到1982年，服务营销的第一次国际会议才在美国召开，在这之前，学者们普遍认为服务营销和有形商品的营销并没有显著的差别，随着服务业的迅猛发展，实践上的现实问题促成学术上研究的深化，当服务业所占比重越来越大，服务营销作为一门独立学科的呼声越来越大，服务营销才从市场营销中分化出来，并日益受到广泛关注。大量的文献讨论了商品和服务的不同之处及由此而产生的营销问题，商品和服务的不同之处可归纳为四个方面：无形性、异质性、不可分离性、易消失性。

（1）无形性。服务的无形性引申出的营销问题是服务不能贮存，服务不能获专利，服务不易于展示和传播，服务定价相对比较困难。

（2）异质性。服务的异质性引申的营销问题是服务传递和顾客满意依赖于雇员的行为，服务质量依赖于许多不可控因素，不能确切地把握服务能像计划和宣传的那样传递给顾客等。

（3）不可分离性。服务的生产和消费同步性引申的营销问题是顾客参与并影响交易行为，顾客相互影响，雇员影响服务结果。作为服务业分散经营是必要的，但大批量生产也存在一定困难。

（4）易逝性。服务的易逝性引申的营销问题是服务的供给和需求很难达到一致，服务一般不能退回或重售等。

二、服务营销与市场营销

（一）服务的本质

服务营销的产生源于对有形产品与服务的差别争论，不少学者把它们的差异归结为无形性、异质性、不可分离性、易逝性等特性，克里斯托弗·洛夫洛克等学者没有关注这些特性，而是提出一种更加有效的、更本质的区分，即所有权与非所有权。服务代表的是一种租借形式，消费者需要付费以获得某种物品、租借某种劳动力或专业技能，甚至获得某种工具和网络的即时权利，顾客感兴趣的价值及愿意付费的对象是某种体验及解决方案，这是服务的本质。有形产品的交换是所有权的完全转移，这也是有形产品与服务的本质区别。世界各国范围内的学者对服务的界定很多，1960 年美国市场营销学会定义为：用于出售或者是同产品连在一起进行出售的活动、利益或满足感[①]。佩恩在分析了各国营销组织和学者对服务的界定之后，对服务做出这样的界定：服务是一种涉及某些无形性因素的活动，它包括与顾客或他们拥有财产的相互活动，它不会造成所有权的更换。条件可能发生变化，服务产出可能或不可能与物质产品紧密相联系。

以上界定支持了对服务本质的看法，那么适用于生产有形产品的制造业的营销理论和实践活动能否运用于服务行业？答案是否定的。以下列出了 8 个常见的产品与服务的差异及相应的营销策略，如表 11–1 所示。

表 11–1　产品与服务的差异及相应的营销策略

差异	启示	相关营销策略
大部分服务产品不能被储存	顾客可能会被拒之门外或者不得不等待	通过促销、动态定价和预约来熨平需求，与运营部门合作调节产能
无形要素常常主导价值创造	顾客不能品尝、闻到、触摸、看到或者听到这些要素，很难评价某项服务，并将其与竞争对手区分	通过强调实体信号使服务有形化在广告投放和品牌化进程中运用明确的比喻和生动的图像
常常很难通过肉眼观察和理解服务	顾客感知到更大的风险和不确定性	引导顾客做出正确的选择，寻找适当的服务，并提供担保等
顾客可能参与服务的共同生产	顾客与服务提供者的设备、工具和系统进行交互，当顾客参与不理想时，会影响生产效率，破坏服务体验，并减少收益	发展用户友好的设备、工具和系统，训练顾客以提高服务效率并提供顾客支持
人员是服务体验的一部分	服务人员和顾客的外形、态度、行为会影响服务体验和满意度	招聘、培训和奖励员工以强化既定的服务理念，在合适的时间瞄准合适的顾客，塑造顾客行为
运营投入和产出变化范围很大	很难通过提高生产效率来降低成本，并保持服务的一致性、信用度和服务质量，很难在顾客服务体验失败后留住顾客	设定基于顾客期望的质量标准，按照简约和避免失败的原则对产品要素再设计；实施正确的服务补救程序；实现顾客与服务提供者交互的自动化
时间因素通常很重要	顾客将时间看作稀缺资源，不喜欢等待，希望服务提供合适、及时	寻找提高交付速度、减少等待负担、延长服务时间的方法
分销可能发生在非实体渠道	基于信息的服务可以通过电子渠道（互联网或声讯）进行分销，但包括实体活动或产品的核心产品则不能	创建用户友好、安全的网站和免费电话，确保所有基于信息的服务要素可以从网上下载

（资料来源：克里斯托弗·洛夫洛克. 服务营销精要［M］. 北京：中国人民大学出版社，2011.）

---

① ［美］K. 道格拉斯·霍夫曼，约翰·E.G. 彼得森.服务营销精要：概念、策略和案例［M］. 3版，胡介埙，译.大连：东北财经大学出版社，2009.

服务与产品的差异给服务营销带来了新的挑战，产品营销中广泛使用的4Ps营销组合策略已经不能适应，必须加以改变和深化来适应服务领域的特殊问题，所以可以指出的是，服务营销不是简单的营销理论的运用，而是要加以创新的问题。

（二）服务营销及服务营销战略

1. 服务营销

服务营销脱胎于市场营销，所以其概念没有太大的改变，传统市场营销是做人的思想工作，让其购买产品，服务营销也是做人的思想工作，让其购买服务。但自20世纪60年代以来，人类社会的发展已开始从基于制造业转向基于知识和服务业，现代经济正从制造和运输有形的产品转向管理知识和提供服务，转变的关键驱动力量是工业经济的发展催生了商业服务和消费服务的巨大需求，以及制造业收益萎缩，一些制造业转型为服务业，如国际商务机器公司（IBM）卖掉个人电脑业务，转而为大型商业和政府客户提供IT解决方案，其业务主要是设计和安装IT硬件和软件，并提供给产品生命周期内的服务和支持。一些企业把制造外包进入下游的高收益服务业，如设计、营销、品牌和融资等，一些企业通过增强服务来提升竞争能力[①]。换言之，不少企业面临的营销问题，已经扩展为产品和服务混合的营销问题，过去使用的基于制造业的营销理论与实践，已不能照搬用于服务业，单纯提供产品不提供服务的企业在市场中越来越少见，产品和服务的界限越来越模糊，服务营销的课题已经摆在人们面前。

2. 服务营销战略

随着市场竞争的加剧，市场营销已由企业的一般职能上升到战略的高度，服务营销战略、战略框架已被多家企业运用于实践活动。

服务营销战略是指服务企业为了谋求长期的生存和发展，根据外部环境和内部条件的变化，对企业所做的具有长期性、全局性的计划和谋略。服务营销战略是企业在组织目标、资源和它的各种环境机会之间建立与保持一种可行的适应性的管理过程。营销战略被认为是最佳管理七要素（战略、结构、系统、作风、技能、人员、价值观）之首，制定营销战略实质上就是根据情况选择做最恰当的事。战略大师迈克尔·波特认为，战略就是定位，即通过提供与竞争者不同的价值来取得独特的地位。迈克尔·波特竞争战略的制定是建立在其著名的五力模型的分析框架之下的，其提出三种竞争战略：成本领先战略、差异化战略、聚焦战略。

（1）成本领先战略。成本领先战略是指服务企业努力使自身的成本结构在整个行业中占据领先地位，通过降低服务总成本来吸引顾客，实现企业盈利。成本领先战略是最直接、最具攻击性的竞争战略，成本优势有利于一个企业在行业内保持领先的竞争地位。企业通过加强成本控制、简化产品、改进服务流程、节约材料、降低人工费用、服务创新、自动化等降低总成本，从而获得高于行业平均水平的利润。

（2）差异化战略。差别化战略也称“别具一格”战略，其竞争优势主要依托产品、设计、工艺、品牌、特征和服务等几个重要的关键点，与竞争者相比具有更显著并能被

① ［英］乔·迪德，（美）福兰克·M·赫尔. 服务创新［M］. 李靖华，等，译.北京：知识产权出版社，2015.

顾客感知的独到之处。差别化战略通过形成特色，可以更好地满足顾客需求，建立顾客忠诚。企业通过识别顾客需求、针对需求设计服务，传递价值，从而实现企业盈利。

（3）聚焦战略。一般而言，成本领先和差异化战略针对的是全行业和整个市场，聚焦战略则着眼于从特定领域，即从局部谋求成本领先和差异化，来建立竞争优势。服务企业可以把市场细分，选择一个或一组细分市场作为目标市场，结合企业资源优势实施成本领先或差异化，集中化战略分为两类：成本领先集中化战略和差别化集中战略。聚焦战略便于企业集中资源，更好地服务特定目标。

谈及聚焦战略的研究，有两位学者是不得不提的，那就是美国营销大师艾尔·里斯和杰克·特劳特，事实上，“定位”这个词是由美国营销大师艾尔·里斯和杰克·特劳特提出后而流行的。两位大师所创立的定位论，被美国营销学会评为“有史以来对美国营销影响最大的观念”，在本质上与传统营销大相径庭，它是一种系统的战略论。而定位理论的确立，也成为其与传统营销之间一道重要的战略分水岭。

里斯和特劳特更进一步凝聚定位理论的实践，发展出品类战略。品类战略是从消费者的认知出发，寻找品类分化的机会，借助消费者心智运作规律，抢先占据心智资源，从而形成市场上的强势品牌。营销战略中的品类，被里斯赋予了新的概念，叫作“心智中的小格子”，就是顾客心智角度对不同产品的区分。例如，从传统销售管理意义上，奔驰和宝马同属于高档车品类，但从心智角度，奔驰属于“乘坐机器”，而宝马属于“驾驶机器”①。

品类战略在市场中关注竞争导向，根据竞争者的定位和企业的战略地位选择营销方案，在产品、服务、价格、渠道及沟通等营销要素上确立战略优势。而“与众不同”和“成为第一”就是这一战略思想下的战略原则。比如说找到并奋力开拓的新品类，借由品类的成长而壮大。定位战略还强调焦点法则，企业应该聚焦，让自己的品牌成为同种类产品的代名词，并且坚持专一的专家形象，拒绝品牌延伸的诱惑。

第二节　服务市场细分、目标市场的选择

一、服务市场细分

（一）服务市场细分的概念

市场细分是指企业通过市场调研，依据顾客在消费需求、购买行为和购买习惯等方面的明显差异性，将“整体市场”划分为若干个细分市场或子市场的分类过程。

不同细分市场中的顾客其消费需求有明显差异，而同一细分市场的顾客其消费需求则极为相似。通过市场细分，企业才能识别出具有相同特征、需求、购买模式的顾客群体，才能采用相应的营销组合，从而向目标市场（子市场）提供独特的服务产品，使顾

① ［美］特劳特，等.新定位［M］.李正栓，等，译.北京：中国财政经济出版社，2002.

客需求得到更为有效的满足。

（二）服务市场细分的意义

市场细分对于企业具有极为重要的意义，其重要性已经越来越受到服务企业的重视。市场细分有助于企业发现市场机会，发现尚未被满足的目标顾客，开拓和形成与企业发展相适应的目标服务市场，提高市场占有率；有助于企业制定相应的营销战略，易于调整营销组合以适应细分市场的变化；有助于企业进行资源配置优化，避免因盲目投资而造成的资源浪费，使企业的有限资源得到最有效的利用；有助于企业提升竞争能力、创造竞争优势，取得良好的经济效益；有助于丰富市场，以满足不同的消费需求；有助于为各类企业提供众多的市场机会，即便是小企业也能在激烈的市场竞争中独占鳌头，以“见缝插针”之长，获“拾遗补阙”之利。

（三）服务市场细分的方法

（1）按地理环境因素细分。该细分方法也称为地理细分，是指按服务消费者工作和居住所处的地理位置、地理环境、自然气候、文化传统、风俗习惯和经济发展水平等有关的因素来作为细分服务市场的依据。具体因素包括：国家、地区、城市、乡村、城市规模、人口密度、气候等。肯德基根据国家和地区的差别，推出本土化饮食，针对我国市场推出炸油条、豆浆、蔬菜汤、煮玉米等，针对上海市场推出花式早餐粥，而针对北方市场推出寒稻香蘑饭等。

（2）按人口统计因素细分。该细分方法也称为人口细分，是指按服务消费者的各种人口统计因素来作为细分服务市场的依据。具体因素包括：年龄、性别、职业、收入、信用级别、教育、家庭人口、家庭生命周期、国籍、种族、宗教信仰、社会阶层等。根据顾客的生命周期，把顾客分成单身、年轻新婚、满巢 I 期（最年幼孩子不到 6 岁）、满巢 II 期（最年幼孩子大于 6 岁）、满巢 III 期（孩子尚未独立）、空巢期（无子女同住，户主仍工作）和年老鳏寡阶段七个市场。在家庭生命周期的不同阶段，家庭购买力、家庭成员的服务需求与偏好都会有较大的差别。

（3）按消费心理因素细分。该细分方法也称为心理细分，是指按服务消费者的各种个性特点、生活态度、生活方式、消费习惯等因素来作为细分服务市场的依据。具体因素包括：生活方式、个性、需求偏好、兴趣爱好、价值观、购买动机、购买心态（对供求关系和促销方式的态度）等。例如，典型购买动机有求美动机、求廉动机、求实动机、求新动机、求名动机、求便动机等。服务消费者购买动机不同，便会产生不同的消费者购买行为。企业需要有选择地在服务中突出满足他们的购买动机，才能达到良好的推销和满意度效果。

（4）按消费行为因素细分。该细分方法也称为行为细分，是指按服务消费者的购买行为因素来作为细分服务市场的依据。具体因素包括：进入市场程度（使用频率、顾客状况）、品牌偏好程度（品牌忠诚度）等。例如，按服务消费者进入市场程度，还可进一步细分为：经常消费者（银行、航空公司有 VIP 通道，餐馆发打折卡）、曾经消费者、初次消费者、潜在消费者、从未消费者。

消费需要注意的是企业对以上服务市场细分方法要有全面了解，究竟选用哪些因素作为细分市场的依据，需要分析得当、综合考虑、灵活选用、适时调整，以便在市场营销的策略和实施方案等方面加以区别对待、安排，并有针对性地开展消费者市场的营销活动。

二、服务市场目标市场的选择

目标市场是指在市场细分的基础上，企业根据自身优势，企业从细分市场中选择一个或若干个子市场作为要进入的市场。企业选择目标市场是其制定营销策略的基础，一旦明确了目标市场，企业就要针对目标市场的特点集中资源配置、决策营销组合、组织营销活动，以期在满足目标市场中顾客（目标顾客）需求的同时，获取更大的利润。一些细分市场通常会比其他细分市场有盈利机会，在评估各种不同的细分市场时，企业必须考虑两个因素：细分市场的吸引力，企业的目标和资源。企业应当分析细分市场的规模、成长性、赢利率、风险大小等，同时还必须考虑细分市场与企业的发展战略、企业的长远经营目标、企业的竞争优势、企业的资源配置是否一致。否则，即使细分市场具有再大的吸引力，也要放弃选择进入。

第三节　服务市场定位

一个服务企业不可能为所有的顾客提供所有的服务，要在顾客心目中占有一席之地，它必须在市场上建立并保持一个明确、独特的位置，这样，当顾客通常面对不同的情景，需要解决问题时，它才会作为解决方案浮现出来。服务企业选择目标市场时，需要对目标市场所关注的服务属性进行分析研究。例如，为什么选择服务，达到什么目的，谁做决策，使用服务的时间，和谁一起使用等问题的回答。

一、服务市场定位的概念

市场定位是指企业为获得竞争优势而实现营销目标，根据市场特性、自身特点、竞争状况，设法在目标顾客的心目中，使本企业提供的服务与竞争者提供的服务之间形成鲜明的对照（实质性的和感觉上的），并在目标顾客的心目中占据突出位置、留下深刻印象，使目标顾客对本企业的服务产生偏爱的过程。简言之：服务市场定位就是要在目标顾客的心目中确定自己服务产品的优势地位。

二、服务市场定位的策略

定位能将一个品牌和它的竞争对手区分开来，竞争性定位战略能为一个企业及其产品在市场上建立并保持一个独特的位置，定位需要把竞争对手排除在外，使企业能在某个品类中占据消费者的心智，成为其解决方案的首选。一个企业不可能去服务所有的顾客，它必须聚焦，有必要制定一个有效的定位策略，制定时需要深入思考以下问题：

（1）行业内现有的竞争者所提供的产品是些什么？属于哪些品类？满足那些顾客？

（2）我们所提供的的服务产品的价值是什么？所属品类的发展前景如何？

（3）我们的目标市场是什么？我们所选择的目标顾客如何看待我们的产品？是否满足了他们的需要？

（4）我们的服务产品与竞争对手相比，不同之处在哪儿？

（5）在现有或潜在顾客的心目中，我们企业处于一个什么位置？居于什么地位？

（6）为了强化我们的竞争地位，我们要做哪些改进？

（一）决定定位属性

这是服务市场定位的第一步。一般情况下，顾客通常基于对服务差异的感知来做出购买决策，不同顾客对服务属性的态度可能各有侧重，侧重点包括以下几方面：

（1）产品。产品本身能够传递定位。

（2）价格。一定价格带来的服务质量的改变有助于企业进行重新定位。

（3）服务便利性和地理位置。

（4）沟通与促销。正是广告等沟通与促销计划使得定位得以传达出 。

（5）职员。培训职员以改善其服务表现 。

（6）程序。通过改革程序结构（包括提供服务的复杂性和多样性），也可以对企业进行重新定位。

（7）顾客服务。可用来创造竞争者难于模仿的竞争优势，即在定位中创造差异性。

（二）确定定位层次

定位属性确立以后，就需要针对选定的细分市场确立一些这些属性的表现水平，尤其应当考虑哪些是影响购买决策的水平因素。其中，重要的是明确这些水平能给顾客带来哪些利益，如何使顾客能感受到这些利益。

（三）绘制定位图

通过定位图可以反映企业在市场中的位置，能够比较直观地反映服务企业的地位，同时也可以看到潜在的市场机会和发展脉络。如果企业有若干个细分市场，可以根据目标顾客在不同细分市场上对属性的不同评价绘制多个定位图。定位图通常用二维平面，反映两个属性，也可用三维图来表达三个属性。

第四节　服务营销组合

传统的营销组合理论是以制造业为基础提出来的。由于无形的服务产品具有不同于有形产品的特点，传统的 4Ps 在服务市场营销中具有其局限性，因此营销学者在传统的 4P（即产品、价格、分销、促销）的基础上又增加了 3 个 P：人员（People）、有形展示（Physical Evidence）和过程（Process）。这样，原来的 4P 加上新增加的 3P 就构成了服务市场营销的 7Ps 组合[1]。

一、服务产品

服务行业的种类繁多，不同的服务存在较大的差别，服务活动可以划分为四种类别：作用于人的有形服务，如民航、理发服务等；作用于物的有形服务，如航空货运、草坪修整等；作用于人的无形服务，如教育、广播等；作用于物的无形服务，如会计、保险等。

在服务营销中，服务产品组合（服务包）常常被划分为核心产品、附加服务及传递它们的活动——传递过程。核心产品是顾客购买的直接目标，它可能是有形的也可能是无形的，附加服务是围绕核心服务而增加的一系列服务活动。服务类别不同，其核心产品、附加服务及传递过程有很大差别。附加服务存在两种类型：促进型附加服务不仅是服务传递过程中不可或缺的要素，而且能为核心产品的使用提供帮助，如订单处理、账单编制、付款等；强化型附加服务则可为顾客提供额外的价值，如保管、例外服务等。

尽管有不少人为标准化的服务产品策略进行辩护，但到目前为止，最成功的仍然是那些根据其目标市场的需求调整其供给品的服务企业。例如，西班牙的银行分支机构通常要比其他欧洲国家的大一些而数量少一些。西班牙人喜欢使用和持有现金，他们对支票和信用卡有一种厌恶感，因为这两种金融工具都会给税务部门留下稽核的交易记录。因此，在西班牙，最关键的银行服务属性是银行服务的方便性。又如，墨西哥人使用信用卡的购买量很小，顾客需要方便地提取现金。K·玛特能在墨西哥取得比沃玛特更大的成功，据说原因之一是 K·玛特在它的商店里设置银行以方便顾客提取现金。

旅游服务通常也需要实行差异化策略。随着日本人出国旅游人数的增多且旅游支出的增大，不少国家的旅游业针对日本旅游者的偏好做出了积极的反应。例如，日本人习惯于 7~10 天的短假，而且一般不在假期安排很多活动，因此通常选择罗马、巴黎和伦敦作为度假之地 。“四季旅馆”为了吸引日本游客而专门提供日本人所习惯的枕头、拖鞋和茶水等。

二、服务定价

市场营销定价理论认为，产品的最高价格取决于产品的市场需求，最低价格取决于产品的成本费用，产品最终的价格究竟处于最高价格和最低价格之间的哪个水平，则取决于竞争状况。服务定价也主要受到需求、成本和竞争状况的影响，与有形产品定价相比，服务定价还有其不同之处。

（一）服务成本核算的复杂性

首先，制造业的产量可以控制，平均成本可以根据平均的变动成本和平均的固定成本得出，而服务成本会随产能利用的变化而大幅波动。其次，服务的购买、生产和消费是同时进行的，服务中的定制使得在服务完成之前，生产者和顾客并不能准确地计算和知道最终的成本和最终支付的价格。如医生和病人不能准确地知道医治某个病人究竟要

[1] 郭国庆.服务营销管理［M］. 2版，北京：中国人民大学出版社，2009.

花费的成本和病人要支付的费用。最后，服务业中的员工流动性高于制造业，也使得要估计某个服务过程的成本不易。这些原因使得以成本导向的定价更加困难。

（二）服务需求的复杂性

服务需求源自于对服务价值和服务成本的比较，菲利普·科特勒提出顾客让渡价值的概念，所谓顾客让渡价值指顾客总价值与顾客总成本之间的差额。其中，顾客总价值是指顾客购买某一产品与服务所获得一组利益，包括产品价值、服务价值、人员价值和形象价值；顾客总成本则指顾客为购买某一产品所耗费的时间成本、精神成本、体力成本及所支付的货币。顾客让渡价值 = 顾客总价值 - 顾客总成本。顾客获得的价值与成本相差越大，其越愿意购买，相反，如果获得的价值与所付出的成本相差越小，甚至为负值，越就不愿意购买。

由于服务的无形性，顾客感知价值的主观性，使得顾客在判断质量和感知价值时存在较大差异，如顾客往往低估服务企业的经营成本。因此服务企业需要向顾客传播价值，让顾客理解所获得的价值。此外，企业还应站在顾客的角度，关注顾客总成本。顾客的总成本是由他所必须支付的货币成本，所付出的时间、精神、体力成本共同构成，其中，任何一项的改变，都会带来顾客满意值的变化。由于价格不是影响消费者满意的唯一因素，因此在价格不变的情况下，相对地减少顾客必须为此次购买所付出的时间、精神、体力的成本，就能获得更多的消费者满意。

消费者需求往往是多层次的，一次消费通常包含若干项服务，所以服务需求还具有交叉弹性，核心服务的价格会影响其他服务的需求，顾客倾向与保持消费在一个预算范围，如入场费过高会影响其他服务的消费。

（三）竞争者的不可比拟性

服务价格信息获取的困难通常比有形产品价格获取要大，要在不同的服务之间做出有意义的比较常常困难，原因在于不同服务的差异性和信息获取的困难。与有形产品相比，服务特征对于服务定价可能具有更重要的影响，服务企业应该理解服务定价的特殊性，认识影响服务定价的因素，立足对目标市场的深刻理解，选择不同的定价策略。就基本的定价策略而言，服务产品的定价也可以采用需求导向定价、竞争导向定价和成本导向定价。

三、服务分销

服务产品的无形性、不可储存性、生产和消费的分离使得大多数服务无法像有形产品那样被储存和运输，服务性质的差别和企业定位的不同使得服务采取的传递方法不同，顾客是否与员工、设施有直接的接触，是顾客到某个场所，还是企业派员或投放设备到顾客处所服务，抑或通过电子网络来实现服务，总之，服务分销的方法比有形产品的分销更加多样。

（1）服务分销方式的类别。服务分销方式根据顾客对服务活动的参与程度可以分为：①高接触性服务。高接触性服务是指顾客在服务推广过程中参与其中全部或大部分的活动。②中接触性服务。是指顾客只是部分地或在局部时间内参与其中的活动。③低接触性服务。是指在服务推广中顾客与服务的提供者接触较少的服务，其间的交往主要是通过仪器设备进行的。

（2）服务分销渠道的选择。同一种服务可以通过不同的渠道来传递，不同的渠道意味着不同的成本。影响渠道选择的因素包括：①服务产品的复杂程度。对于复杂、风险较大的服务产品，顾客倾向于与服务人员进行面对面的交流。②服务产品的熟悉程度。熟悉服务和渠道的顾客喜欢非人员服务或者自助服务。③对新技术的接受程度。能接受并使用新技术的顾客喜欢使用自助服务。④对服务接触的偏好程度。具有社会动机的顾客喜欢与服务人员交流而非与设备交流。无论选择何种渠道，消费者的追求的是顾客让渡价值最大化，即更大的价值、更小的成本。

四、服务促销

促销能够帮助服务企业进行顾客服务的定位，沟通企业与顾客之间的联系。由于制造业和服务业的差异，其含义是不同的。本节将对服务业的促销活动提出一般性指导原则，这些原则对改进服务企业的促销组合，增强促销的有效性具有一定的指导意义。

企业的促销活动是由一系列具体的活动所构成的，服务促销组合包括多种元素。传统营销组合工具有：人员传播（口碑、电话营销、顾客服务等）；广告（广播、电视、户外媒体、植入式广告、直邮、印刷品等）；销售促进（优惠券、样品试用、折扣、礼物等）；公共关系（新闻发布、媒体报道、资助、特殊事件、展销展览等）。现代的营销组合工具有：网络营销（视频、语音信箱、电子邮件、微博、博客、网站），商业设计（标志、建筑外观、内部装修、制服等）。

服务的无形性也给沟通带来了较大困难。研究者发现了沟通中存在的四个层次的潜在难题，即语言、非语言行为、价值观和思维过程的差异。在这四种差异中，因语言的差异产生的难题最显而易见，因而也最容易克服。如果零售店的店员只说汉语，而顾客却说英语，那么难题显然是十分明显的。

五、人员管理

服务营销是关于人，特别是怎样关怀人的科学。人包括作为服务对象的消费者，也包括公司员工。在服务利润链概念中，顾客满意和顾客忠诚取决于服务企业为顾客创造的价值，而服务企业为顾客创造的价值能否让顾客满意，又取决于员工的满意与忠诚。只有满意和忠诚的员工才可能提高他（或她）的服务效率和服务质量。此外，由于服务的不可分离性，服务的生产与消费过程往往是紧密交织在一起的，服务人员与顾客在服务生产和递送过程中的互动关系直接影响着顾客对服务过程质量的感知。因此，服务企业的人员管理应是服务营销的一个基本工具。服务企业人员管理的关键是不断改善内部服务，提高公司的内部服务质量。公司内部服务即公司对内部员工的服务，它的服务质量包括两大方面：一是外在服务质量，即有形的服务质量，如财务收入；二是内在服务质量，即无形的服务质量。但员工对公司的满意度主要还是来自于员工对公司内在服务质量的满意度，它不仅包括员工对工作本身的态度，还包括他们对同事关系的感受。企业要认识到员工的需要、想法和愿望，满足他们的物质需求和精神需求，加大人力资本投资，并让员工积极参与到企业的经营管理决策中来，促进企业的整体发展。例如，FedEx 信条是：有了忠诚的员工，才能有忠诚的顾客，才有在市场上的生存空间；失去了员工的忠诚，企业灭亡只是时间问题。

六、有形展示

由于服务的不可感知性，不能实现自我展示，它必须借助一系列的有形证据才能向顾客传递相关信息，顾客才能据此对服务的效用和质量做出评价和判断。有形展示包括服务场景和其他有形物，从有形设备到手册，从环境到人员，一切有形展示都影响整个服务接触期间的顾客体验（见表 11–2）。

表 11–2　有形展示

服务场景		其他有形物
外部设施	建筑设计、标志、停车场、周围景观、周围环境等	网页、手册、名片、文具、收费单、信笺、便签、制服、员工行为举止等
内部设施	内部设计、设施、布局、标志、空气质量、温湿度等	

其中，服务场景的设计可为信息元素传递服务的特性与质量，创造差别化以区别于竞争者，体现其形象、定位；运用颜色、材料、声音、气味和空间设计来创造服务体验，通过合理的设计为顾客提供方便，提高服务效力。其他有形物中，所有人员包括服务人员和顾客，他们的态度和行为都会影响顾客对服务质量的期望和评价。因此，有形展示要素的组合运用，将有助于实现其服务产品的有形化、具体化，从而帮助顾客感知服务产品的利益，增强顾客从服务中得到的满足感。

七、服务过程控制

在营销计划实施过程中，必然因市场的变化而发生意外情况，就必须做好全过程的监督、调节和控制，才能达到营销的最好效果。 服务的本质即是“过程”，即服务的传递过程。服务传递过程最重要也是最容易出错的是员工与顾客的接触点，服务企业应从这些接触点出发对企业服务实施全面的质量管理，质量管理主要包括技术质量（服务过程的产出）管理和职能质量（服务推广过程中顾客所感知到的服务人员在履行职责时的行为、态度、穿着、仪表等给顾客带来的享受）管理。

【案例分析】

俏江南餐厅的7Ps策略

1. 产品策略——让世界与艺术在舌尖绽放

餐饮企业的食物为顾客感知整体服务水平和服务质量提供了有形线索。食物既可以作为餐饮企业的核心产品，亦可以作为其核心服务的有形载体。而俏江南把其提供的食物作为其核心服务的有形载体，其核心服务是“时尚、健康、高雅的就餐体验”。俏江南在立足于中国传统美食文化的基础上，勇于突破、大胆创新，将经典中华美食与时尚现代的设计经营理念相结合，不但追求菜品的创新与融合，而且更加注重对健康的追求。

（1）产品组合策略。在中国传统川菜基础上，辅以南派粤菜、谭氏官府菜及法国大餐等，将中西餐饮文化融会贯通，突破传统、追求完美，在国内首创了“中餐西吃”，是“餐饮与艺术相结合”的典范。

（2）产品开发策略。第一，对食材精益求精的把关；第二，在弘扬中国传统美食文化的基础上，融入时尚元素，倡导时尚健康生活方式；第三，借鉴西方的经典美食，实现“中西美食文化”完美融合；第四，根据顾客的饮食习惯及对健康的追求，大胆改革烹饪手法；第五，定期举行厨师头脑风暴会议，以便提出新的菜品概念；第六，不定期推出新品菜式，丰富顾客的味蕾；第七，重视对菜品研发资金的投入，以保证俏江南不断去创新和时尚的追求。

（3）产品安全策略。严格把关食材供应渠道，对采购的食材进行抽检，部分食品进实验室检验；俏江南总部有中央集采，然后分配到区域；与大型粮油企业鉴定战略合作协议，保证粮油安全（与中粮集团签订合作协议）；与有资质的废油回收企业签订了废油回收合同，杜绝废弃的回收油进入非法流通渠道。

2. 价格策略——让品味与高贵淋漓尽致

餐饮企业的价格不仅是其竞争手段，同时也是有形展示的一部分，与食物一样为顾客感知企业的服务质量和水平提供了有形线索。俏江南总体来说采用高端定价的策略，人均消费在300元以上。具体而言，有如下几种：

（1）折扣折让策略。针对消费额度可以分级累加使用代金券。

（2）心理定价策略。为了凸显顾客的地位及品味，俏江南所有菜品价格一律为整数并且定价较高。

（3）差别定价策略。针对顾客的贵宾等级不同享有不同折扣；针对季节不同，对一些以时令食材为原料的菜品实行差别定价。

（4）组合定价策略。定期推出特价菜和套餐，主要是为了吸引一些当前消费能力有限，但消费潜力很大的顾客。

俏江南的价格策略，既凸显了其尊崇、高端、奢华的定位，又满足顾客的情感性利益（如地位、成就、尊重等）；既凸显其定价的灵活性，又有效的作为其服务品质的外显信号。

3. 渠道策略——与世界共舞

（1）店面选址策略。俏江南选址的标准就是商务综合体，有写字楼、酒店、居民小区、百货商场等。俏江南有独特的评估体系，还有一个专业的开发团队，专门对潜在的店面选址地区进行评估，评估要素包括人均的GDP、交通便利情况、停车场所、目标顾客人流量、地段成本等，然后进行打分，选取得分最高的地点作为门店所在地。

（2）直营连锁形式。俏江南在发展初期为了迅速扩大规模，采用“直营为主，加盟为辅”的策略；现阶段为了维护品牌形象及考虑上市，实行直营连锁形式。

（3）与相关企业建立战略联盟关系。2007年4月，俏江南集团已经与全球知名的航空配餐企业Marfo公司达成合作，俏江南中餐已由Marfo公司送入法国航空公司、荷兰航空公司，正式开展供餐合作，服务标准与菜品质量开始受到国际的认可；俏江南与招商银行合作推出俏江南联名信用卡持卡人既可享受俏江南、SUBU（俏江南旗下品牌）银卡会员待遇，又可享受招商银行金卡会员待遇；俏江南与福临门签约合作，共同构建一个从田间到餐桌的健康安全饮食体系；参与到中粮集团的食品安全联盟合作；与云南白药开展药膳开发合作等。

俏江南的渠道策略借助专业的团队和评估体系严格遵守选址标准，很好地均衡了地段成本和获利可能；借助连锁模式能够迅速扩大企业规模，抢占市场，直营模式保证企业的有力控制，有利于控制服务人员、服务流程、服务质量、服务水平，尽可能提高顾客的满意度，以便建立顾客忠诚；建立联盟关系，有利于借助其他大型企业的力量，提高自身的知名度和美誉度，有利于借助国际性赛事，为国际化战略的实施进行宣传。

4.促销策略——让世界瞩目

俏江南的促销策略最大特点是大事件营销，具体如下。

（1）公共关系策略。竞选为奥运会、美洲杯帆船赛、世博会这样的大型盛事的餐饮提供商，俏江南在白宫为美国总统亲自做了一席总统午宴，既在全世界范围内宣传了自己的品牌，又从另外一个方面凸显其服务质量，菜品特色已经达到国际领先水平。

（2）广告策略。俏江南主要选取户外广告、纸媒广告及交通电台作为整体品牌宣传媒体（大型商场附近的户外广告位、高端商务杂志等）；利用电子渠道（如发放电子优惠券、网上打折促销等）进行节假日活动宣传，并且在电视电影中投放广告。

（3）网络促销策略。俏江南很注重对其企业官网的建设与维护，并及时更新信息，进行宣传；并借助其他大型团购网站开展促销活动。

俏江南促销的最大特色即是跟着大事件走，利用大事件的对品牌溢价的强大影响力，有效做到了品牌的维护与提升，并最终提升其整体企业实力，为国际化打下基础。

5.人员策略——共同进取，共享价值

餐饮企业属于经营“高接触度”服务业务的企业，其人员的素质、形象及谈吐直接影响顾客对企业的感知和评价。餐饮企业的顾客也属于“人员”的一部分，顾客本身不仅对企业造成影响还对其他顾客造成影响，并且人员本身亦构成了服务产品的一部分。基于上述原因，俏江南采用以下人员策略：

（1）员工选拔与培训。俏江南重视人才的选拔与培训，每年均有系统性的企业内训课程。俏江南每年还从北大、清华等院校聘请专业教授来企业进行培训，也不断把公司高层领导派往其他欧美等经济发达的国家进行学习与考察，借鉴先进的管理模式，而且定期发放实用的管理或励志类书籍，来培养和提高员工的自学能力。

（2）员工理念的培养。俏江南所有的员工包括公司厨房、保洁、行政、后勤等人员在内，都具有以顾客为中心的基本意识，从顾客踏进俏江南第一步起，到顾客离开俏江南的最后一刻，你所见到、感受到、品尝到的都是精致的，从细微之处感受俏江南的品质，通过用心与努力，力求提供给顾客最愉快的享受。

（3）广阔的晋升空间。所有的俏江南人最大的感受就是在俏江南有自己可以充分自由发挥才智的舞台，随着俏江南日益发展，可提供给内部员工晋升的足够空间，而且只要符合俏江南标准，理解俏江南文化的人才，俏江南都可能提供给你展现自身价值的平台。

（4）年轻化管理团队。俏江南以每年四家新分店的惊人速度发展壮大，公司高层管理人员平均年龄不到35岁，完全实现了年轻化的管理团队。并建立了一支强大的厨师团队，为菜品的研发、创新、改良提供了坚强保证。

（5）家庭式工作氛围。在俏江南的工作氛围是轻松而愉快的，具有家庭式的温馨感觉，各分店之间也如同兄弟姐妹般互相协作、团结一致，因为俏江南意识到团结就是企业的力量。同甘共苦、荣辱与共是俏江南员工之间的信条。

（6）会员制顾客管理。利用会员制，设置一定入会门槛，既一定程度上保证了顾客的质量，又赋予会员一定的优惠，会员持有效期内贵宾卡片在俏江南消费可以享受8.8折优惠。

俏江南的人员策略，充分体现了其对员工的素质要求和能力的培养，保证在员工进步的同时，推动企业的进步，提高竞争力。并保证其顾客的素质及利益。很好地凸显了其定位要求和共享价值的目标。

6. 有形展示策略——艺术的殿堂

服务的无形性，决定了有形展示的重要性，是最重要的顾客感知服务的有形线索，有形展示的成败直接关系到企业服务的成败和兴衰。如何在有形展示中凸显中国的璀璨文化，又如何实现其与世界接轨，无不体现出俏江南与设计师的智慧与灵感。

（1）实体环境策略。俏江南每一间餐厅的设计都是成体系的，从室内设计、餐具、家具、工作服到筷子套、餐巾、桌布都各有不同设计，共同构成了每间餐厅不同的装饰风格，均聘请国际级设计师为俏江南量身定做。开放式的厨房设计，让客人在用餐过程中能同时享受到烹饪与美食的乐趣；餐厅特设的160平方米宽敞露台，更能让客人在华灯初上的时候体味到“食在中国，味在四川，美在俏江南”的独一处尊宠。

（2）人员展示策略。在礼仪上，俏江南采用全程跟踪式服务模式，并运用“四鞠躬”礼仪策略，服务人员在客人进店时鞠躬，入座时鞠躬，上菜时鞠躬，餐后鞠躬。完全凸显出顾客的尊宠地位；在语言上，特别强调要语言亲切，既要使顾客感到倍受尊崇，又要表现的自然和大方，避免呆板和做作；穿着仪表上，要统一着店面制服，并严格执行动作标准。

（3）logo设计策略：俏江南选用经过世界著名平面设计大师再创作的脸谱为公司的logo，脸谱取自于四川变脸人物刘宗敏，他是李自成手下的大军将领，机智过人，勇猛彪悍，被民间百姓誉为“武财神”，寓意招财进宝，驱恶辟邪。“俏”代表时尚和优雅，“江南”是指为客户提供的美食环境是“不是江南胜似江南”的空间，俏江南把水乡的柔媚，西南的热情，北国的雄浑有机地结合。俏江南的有形展示使得用餐环境独特而迷人，时尚而优雅，从整体环境到每一个细微之处都充满中西文化的交融与和谐的艺术气息，营造出最佳的视觉效果与用餐空间。

7. 过程策略——细微处显风骚

服务的本质即是“过程”，即服务的传递过程。俏江南企业服务流程主要包括以下八个接触点：停车、进店、入座、点餐、上菜、就餐、结账、离店。俏江南独特的跟踪式服务，保证了顾客在停车进店到餐后驾车离去的整个过程中，都要相应的专门人员为其服务，体现了俏江南服务的标准化、程序化，实现全员、全程、全方位的服务过程质量管理，全过程的每一个步骤都做到一丝不苟，致力于为顾客提供“舒心、温心、贴心”的服务。

（1）关注顾客时间成本。俏江南部分门市店有专人代驾停车、取车，减少顾客寻找停车位的麻烦及时间；在用餐高峰期保证“就座点餐，即刻上菜”并告知顾客所需等待的时间，保证在承诺时间内，上完所有菜品。

（2）关注顾客消费成本。俏江南的服务人员在顾客点菜时，能给予合理建议，尽量做到吃多少，点多少；类似菜品不重样，并根据顾客的口味偏好推荐合适菜品。切实从顾客的利益出发，赢得了顾客的信任与好感，提高了满意度。

（3）餐后主动上前结账。餐后服务人员主动上前为顾客结账，并出示价目单，以便核实，既方便顾客又赢得满意。过程策略把服务营销其他 6P 整合成一个有机的，完整的整体，使它们在相互作用中共同构成了服务企业的“动态营销组合”，为企业服务的开展，提供了有效、合理的方式和流程，最终实现营销目标，达到顾客满意，建立顾客忠诚。

（资料来源：根据相关营销案例整理而得。）

思考题

1. 俏江南是如何实现顾客让渡价值最大化的？

2. 试评论俏江南的 7Ps 组合。

课程实践

以小组为单位对某个知名服务企业进行调查，走访相关负责人员，分析该企业市场细分、目标市场选择和市场定位的状况，结合 7Ps 组合相关内容进行评价，并提出改进建议。

【本章小结】

服务营销脱胎于市场营销，传统市场营销是做人的思想工作，让其购买产品，服务营销是做人的思想工作，让其购买服务。

商品和服务的不同之处可归纳为四个方面：无形性、异质性、不可分离性、易逝性。

迈克尔·波特提出三种竞争战略：成本领先战略、差异化战略、聚焦战略。里斯和特劳特进一步从聚焦战略理论的实践中，发展出品类战略。

市场细分是指企业通过市场调研，依据顾客在消费需求、购买行为和购买习惯等方面的明显差异性，将“整体市场”划分为若干个“细分市场”或“子市场”的分类过程。

目标市场是指在市场细分的基础上，企业根据自身优势，企业从细分市场中选择一个或若干个子市场作为要进入的市场。

服务市场定位就是要在目标顾客的心目中确定自己服务产品的优势地位。

无形的服务产品具有不同于有形产品的特点，传统的4Ps在服务市场营销中具有其局限性，因此营销学者在传统的4P（即产品、价格、分销、促销）的基础上又增加了3个P：人员（People）、有形展示（Physical Evidence）和过程（Process）。这样，原来的4P加上新增加的3P就构成了服务市场营销的7Ps组合。

【复习思考题】

一、名词解释

服务营销　　服务市场细分　　目标市场　　市场定位　　服务营销组合（7Ps）

二、简述题

1. 简述服务营销的特性。
2. 简述服务市场细分的方法。
3. 服务企业进行市场细分的意义包括哪些？
4. 服务市场定位的策略包括哪些？

三、论述题

试述你所熟悉的一家服务企业是如何定位的。

第十二章

服务企业客户关系管理

【教学目标】

1. 了解服务、客户、客户关系、服务企业客户关系管理与维护的内涵;
2. 理解服务企业客户关系管理与维护的意义;
3. 理解服务企业客户关系管理的研究内容;
4. 了解服务企业客户及服务企业客户价值;
5. 了解服务企业客户选择的重要性及选择标准;
6. 掌握服务企业客户开发的方法;
7. 掌握服务企业客户关系维护的具体方法。

章前导读

客户关系对于服务企业的作用日趋重要

随着国家对产业结构的调整，鼓励第三产业的发展，人民生活水平的提高，服务业也迅猛发展。因而在面对市场上各种琳琅满目、有形的或无形的繁荣的产品时，客户往往应接不暇，不知该如何选择，他们不再像以前那样是被动地接受各种产品，而是能自由地选择他们所想要的产品或服务，这就导致客户很容易流失，也给企业带来了巨大的挑战。由于产品同质化逐渐加强，以产品为导向的交易方式不再满足客户需求，市场的供求关系已经逐渐开始由“以技术为导向”转变为“以客户为导向”，客户满意度日益受到各界的共同关注。当一个客户满意度达到90%以上时，就会成为其忠诚客户，而忠诚的客户是最能给企业带来利润的，也是最值得公司管理者关注的，忠诚的客户不需要公司付出太多的经营成本，却能购买公司更多的产品与服务，而且他们还不断地尝试公司的新产品，并经常推荐别人购买该公司的产品和服务。

因此，企业应该认识到客户是企业最重要的资源，如果利用好这一资源，企业可能会达到事半功倍甚至是更好的效果。那么对于服务企业来说，又该如何来建立其客户关系，该如何维护好这一客户关系？这个客户群该如何选择，如何才能实现这类客户的满意度最大化，并实现客户的终身价值和利润最大化？本章将对服务企业客户管理的开发、建立、维护及其重要性一一进行阐述。

第一节　服务企业客户关系管理概述

一、服务企业客户关系管理的内涵

（一）客户的定义

客户是服务企业最重要的资源之一，是服务企业的衣食父母，是服务企业的利润之源，没有客户就没有服务企业的生存和发展。客户是服务企业的焦点，尤其是服务性行业，它的产品就是服务，产品的生产过程就是为客户服务的过程，一旦客户不存在了，产品和服务企业也就不存在了，所以以客户为中心的理念是客户关系管理的基础①。那么什么是客户？罗纳德·S·史威福特认为客户的范畴包括如下几个方面②：

（1）消费者。购买最终产品与服务的零售客户，通常是个人或家庭。

（2）B2B 客户。将购买的产品或服务附加在自己的产品上一同出售给另外的客户，或附加到他们企业内部业务上以增加盈利或服务内容的客户。

（3）渠道，分销商和特许经营者。不直接为企业工作，并且（通常地）不需要为其支付报酬的个人或组织。他们购买产品的目的是作为企业在当地的代表进行出售或利用企业的产品。

（4）内部客户。企业（或联盟公司）内部的员工或业务部门，他们需要企业的产品或服务以实现他们的商业目标，这通常是最容易被企业忽略的一类客户，同时又是最具长期获利性（潜在）的客户。

本书认为：客户可能是普通消费者，这是客户的传统覆盖对象，是购买最终产品或服务的零售客户，包括个人、家庭或者集体。客户可能是其他服务企业，这部分客户将购买的产品或服务附加在自己的产品或服务上出售给另外的客户。客户可能是服务企业的合作者，处于供应链下游的服务企业是上游服务企业的客户，他们可能是批发商、零售商和物流商，只有当他们消费这些产品和服务时，他们才是用户，是产品和服务的最终接受者。客户可能是内部客户，人们习惯于为服务企业之外的客户服务，而把服务企业内上、下流程的工作人员看作是同事或合作伙伴，淡化了服务意识，造成服务的内外脱节和不能落实。现在内部客户日益引起重视，他们使服务企业的服务无缝地连接起来。

---

① 谷再秋，潘福林.客户关系管理［M］.北京：科学出版社，2009.

② 周杰如，庄晖.现在客户关系管理［M］.上海：上海交通大学出版社，2008.

因此，在供应链环境下，个体的客户和组织的客户都统称为客户，因为无论是个体或是组织都是接受服务企业产品或服务的对象，而且从最终的结果来看，“客户”的下游还是客户。因此客户是相对于产品或服务提供者而言的，他们是所有接受产品或服务的组织和个人的统称。当然，在服务企业一般的生产销售过程中，客户也经常被狭义地定义为产品或服务的一般购买者，所以客户所指的实际范围的大小有时会视境况不同而有所不同。

（二）客户关系的定义

“关系”是客户关系管理的核心，对关系的正确认识和理解是实施客户关系管理的重要前提。保持客户和理解客户的价值是客户关系的基本要素，客户的长期满意是实施客户关系管理的真正目标。建立数据库有助于服务企业了解客户，储存重要的客户信息，但这并不能代替真正的客户关系，因此对服务企业来说，要建立起真正意义上的客户关系必须真正理解关系的内涵，即什么构成了客户关系。需要注意的是，客户关系管理中的“关系”与我国特有术语“关系”有较大的区别。客户关系管理中的“关系”是对服务企业和客户双方都有利的关系。

客户关系是从客户的角度出发的正面关系，不是从服务企业的角度出发。如果客户没有体会到可以被接受的关系，或者体会到的是负面关系，客户就不会与服务企业继续接触。因此，很可能出现这样的情况，服务企业感觉到自己与客户存在着关系，但是客户的印象里却没有这样的关系。出现这种情况是因为服务企业没有认识到与客户建立关系需要双方的互动。事实上，关系是在人际互动过程中建立起来的，这种互动包含相当程度的情感成分。服务企业和客户都必须具有发展这种建立于情感基础上的关系的愿望，并且这种关系必须能够被双方感受到，客户与服务企业的关系才可能存在。真正的客户关系是能从客户中激发出积极的情感，并且是长期的、持久的关系，而这种性质的关系正是客户关系管理的本质[①]。

关系是一个连续的过程，客户与企业的每一次互动都有潜在的可能改变它，而关系也并不是自然而然地产生的，企业必须花费大量的精力对其进行维护和培育。事实上，关系绝不是某些特殊情况下的偶然接触，也不仅仅是重复的购买和客户保持，虽然这些能作为关系可能存在的指标，但真正的关系意味着客户对企业存在忠诚、情感或者归属感。通常，客户的关系包含了信任、责任感、可靠性、友爱等一系列的要素，这些要素也被视为是人际关系中较为重要的内容[②]（见表 12-1）。真正的客户关系是能从客户中激发出积极的情感，并且是长期的、持久的关系，而这种性质的关系正是客户关系管理的本质。

---

① 赵冰，陶峻.客户关系管理［M］.北京：经济管理出版社，2010.

② 韩小芸，申文果.客户关系管理［M］.天津：南开大学出版社，2009.

表 12-1 客户关系的要素

信任	依赖感
责任	对历史的了解
可靠	双向的交流
友爱	温暖、亲切
理解、同情	对需求的关心
共同的目标	知识
互惠	回应
尊敬、忠诚	守诺
喜爱	社会支持、社区能力

（资料来源：（加）杰姆·G·巴诺斯.客户关系管理成功奥秘——感知客户［M］.刘祥亚，郭奔宇，王耿，译.北京：机械工业出版社，2001.）

（三）服务企业客户关系管理的内涵

CRM是英文Customer Relationship Management的简写，一般译作“客户关系管理”，也可译作“顾客关系管理”。麦肯锡公司则认为CRM应该是持续的关系营销，企业应该寻求最有价值的顾客，以不同的产品和不同的销售渠道来满足不同的顾客需求，并经常与顾客保持不同层次的沟通，进行反复的测试，进而随着顾客消费行为的改变调整销售策略，甚至是组织结构。《哈佛商业评论》将CRM定义为：CRM将企业流程与客户战略相结合，以建立客户忠诚，增加利润①。

CRM是一种战略观点，它通过与关键顾客和顾客群的良好关系来提高为股东创造价值，整合关系管理与信息技术的潜力，创造与顾客和其他利益相关者有利可图的长期的关系。CRM提供了更多的机会以利用数据和信息理解顾客并与顾客一起创造价值，这需要通过信息、技术和应用软件对经营过程、人员、运营和营销能力进行跨部门整合②。

客户关系管理是服务企业树立以客户为中心的发展战略，以提高核心竞争力，达到竞争制胜、快速成长的目的；是服务企业以客户关系为重点，通过开展系统化的客户研究，优化服务企业组织体系和业务流程，提高客户满意度和忠诚度，提高服务企业效率和利润水平；也是服务企业在不断改进与客户关系相关的全部业务流程、最终实现电子化和自动化运营目标的过程中，创造并使用的先进信息技术、软硬件和优化的管理办法、解决方案的综合③。综合现有的CRM概念，大致上可以分为以下三类④：

① Darrell K Rigby，Frederick，Phil Schetter.Avoid the Four Perils of CRM［J］.Harvard Business Review，2002.

② Adrian Payne，Pennie Frow.A Strategic Framework for Customer Relationship Management［J］.Journal of Marketing，2005（10）：167–176.

③ 赵冰，陶峻.客户关系管理［M］.北京：经济管理出版社，2010.

④ 马刚，李洪心，杨兴凯.客户关系管理［M］.大连：东北财经大学出版社，2005.

第一类可以概括为：客户关系管理是遵循客户导向的战略，对客户进行系统化的研究，通过改进对客户的服务水平、提高客户的忠诚度，不断争取新客户和商机。同时，以强大的信息处理能力和技术力量确保企业业务行为的实时进行，力争为企业带来长期稳定的利润。这类概念的主要特征是它们基本上都是从战略和理论的宏观层面对客户关系管理进行界定，往往缺少明确的实施方案、方法的思考和揭示。

第二类可以概括为：客户关系管理是一种旨在改善企业与客户之间关系的新型管理机制，它实施于企业的市场营销、销售、服务与技术支持等与客户相关的领域，通过对业务流程的全面管理来优化资源配置、降低成本、增加市场份额。这类概念的主要特征是从企业管理模式、经营机制的角度进行定义。

第三类概念可以概括为：客户关系管理是企业通过技术投资，建立能收集、跟踪和分析客户信息的系统，或建立可增加客户联系渠道、客户互动以及对客户渠道和企业后台的整合功能模块。主要范围包括销售自动化（Sales Force Automation，SFA）、客户服务和支持（Customer Service and Support，CSS）、营销自动化（Marketing Automation，MA）、呼叫中心（Call Center，CC）等。这主要从微观的信息技术、软件及其应用的层面对客户关系管理进行定义，在与企业的实际情况和发展的结合中往往存在偏差。

综合以上观点，本书对服务企业客户关系管理的定义为：服务企业客户关系管理，首先是一种管理理念，其核心思想是将服务企业的客户（包括最终客户、分销商和合作伙伴）作为最重要的企业资源，利用 CRM 系统，通过完善的客户服务和深入的客户分析来满足客户的需求，从而提高顾客满意，进而提高顾客忠诚，最终实现客户的终生价值最大化。服务企业客户关系管理应是一种旨在改善企业与客户之间关系的新型管理机制，它实施于企业的市场营销、销售、服务与技术支持等与客户相关的领域。一方面通过向企业的销售、市场和客户服务的专业人员提供全面、个性化的客户资料，并强化跟踪服务、信息分析的能力，使他们能够协同建立和维护一系列与客户和生意伙伴之间卓有成效的“一对一关系”，从而使企业得以提供更快捷和周到的优质服务、提高客户满意度、吸引和保持更多的客户，从而增加营业额；另一方面则通过信息共享和优化商业流程来有效地降低服务企业经营成本。

CRM 管理的核心是客户资源，客户资源是客户关系管理的基本对象。对于客户关系的研究，包括客户满意、客户忠诚、客户抱怨等，又以客户渴望或期望作为衡量客户满意的标准。服务企业通过满足客户的想法和需求来赢得客户的偏爱和忠诚，其本质在于通过与客户之间的双向沟通，了解并满足客户的需求，与客户建立一种相互信赖的合作关系，并通过这种关系的长期稳定发展，实现客户与服务企业的利益最大化。我国多数服务企业认为与国外知名服务企业的差距主要体现在技术上的落后，受到新技术、高科技的吸引，很多服务企业大刀阔斧地进行 CRM 软件系统研究和改建，却忽视了软环境的培养，因此多数收效甚微。

二、服务企业管理客户关系管理的意义

随着市场竞争的愈演愈烈，传统的服务企业管理系统越来越难以胜任动态的客户渠

道和关系的管理，互联网下的CRM系统给服务企业带来了经营管理方式上的重大变革，对服务企业的发展具有非常重要的意义。

（一）对服务企业的作用

（1）能降低服务企业维系老客户和开发新客户的成本。如果服务企业与客户保持良好、稳定的关系，那么客户对服务企业及其产品或者服务就会有一个比较全面的了解和信任，而且有一定的感情基础，这就为服务企业节省了一大笔向老客户进行宣传、促销等活动的费用。另外，服务企业可以对这些稳定的老客户开展“一对一”的营销，且营销措施可以更准确、更到位，成功率也会更高，并节省大量的营销费用，事半功倍。此外，好的客户关系会使老客户主动为服务企业进行有利的宣传，服务企业通过老客户的口碑效应能更有效地吸引新客户加盟，可以减少服务企业为吸引新客户所需支出的费用，从而降低开发新客户的成本。

（2）能降低服务企业与客户的交易成本。好的客户关系，可使服务企业和客户之间较易形成合作伙伴关系和信用关系，这样交易就容易实现，并且由过去逐次逐项的谈判交易发展成为例行的程序化交易，可大大降低搜寻成本、谈判成本和履约成本，从而最终降低服务企业与客户的整体交易成本。

（3）能给服务企业带来源源不断的利润。好的客户关系，能够稳定销售、提高销售、扩大市场占有率，给服务企业带来源源不断的利润。好的客户关系，使客户对服务企业抱有好感，那么客户就会降低对产品或服务价格的敏感度，使服务企业能够获得较高的利润。好的客户关系，还能使客户在一定程度上愿意容忍服务企业的某些失误，不会轻易流失。

传统的管理理念乃至现行的财务制度中，只有厂房、设备、资金、股票、债券等是资产，后来又把技术、人才也视为服务企业的资产。如今，人们逐渐认识到，虽然“客户”及“客户关系”不具备实物形态，但也是服务企业的重要资产，也能为服务企业带来实实在在的利润。

（4）能促进增量购买和交叉购买。好的客户关系，可以增加客户对服务企业的信任度，因而客户增量购买（即客户增加购买产品的金额）的可能性就越大，反之，客户可能缩减购买量。例如，一位客户在银行办理了活期存款账户，而活期存款账户通常是不赚钱的，但银行仍然为他提供了良好的服务。后来，这位客户申请了一个定期存款账户，后来又申请了汽车消费贷款，再后来又申请了购房贷款……总之，这位客户持续不断地给银行带来越来越多的利润。显然，这些利润不是活期存款账户带来的，给银行带来利润的是银行与这位客户建立的良好关系。

好的客户关系，可以使客户交叉购买（即客户购买该服务企业生产的其他产品或拓展与服务企业的业务范围）的可能性越大。好的客户关系，还可以使客户积极、主动地接受服务企业的新产品或新服务。比如，购买海尔冰箱的客户，当需要购买电视、洗衣机时，就比较容易接受海尔推出的相关产品。

（5）能提高客户的满意度与忠诚度。好的客户关系，由于服务企业与客户有更多的双向沟通，这就使服务企业可以掌握第一手资料，第一时间发现客户需求或潜在需求的变化，从而使服务企业可以及时推出广大客户喜爱的新产品，缩短新产品的开发周期。好的客户关系，还能使服务企业从客户的抱怨中发现自己的不足，有助于服务企业及时改进或调整经营策略，从而不断提高客户的满意度与忠诚度。

（6）能整合服务企业对客户服务的各种资源。客户关系管理可以整合服务企业对客户服务的各种资源，使“各自为战”的市场调研人员、营销人员、推广人员、销售人员、客服人员等协调合作。从某种意义上说，服务企业的命运是建立在与客户保持长远利益关系基础之上的。

（7）能全面提高服务企业运营效率。CRM 系统通过整合服务企业的全部业务环节和资源体系，使服务企业的运营效率大大提高。一套完整的 CRM 系统，在服务企业的资源配置体系中起承前启后的作用。向前，它可以向服务企业渠道的各方向伸展，既可以综合传统的电话中心、客户机构，又可以结合服务企业门户网至生产、设计、物流配送和人力资源等部门，整合 ERP、SCM 等系统。资源体系的整合，实现了服务企业范围的信息共享，使得业务处理流程的自动化程度和员工的工作能力大大提高，使服务企业的运作能够更为顺畅、资源配置更为有效。

（8）能优化服务企业的市场增值链。CRM 的应用使原本“各自为战”的销售人员、市场推广人员、服务人员、售后维修人员等开始真正围绕市场需求协调合作，为满足客户需求这一中心要旨组成为强大的团队；而对于服务企业的财务、生产、采购和储运等部门，CRM 也成为反映客户需求、市场分布及产品销售情况等信息的重要来源。

（9）能不断拓展市场空间。通过新的业务模式（电话、网络）扩展销售和服务体系，扩大服务企业经营活动范围，及时把握新的市场机会，占领更多的市场份额[①]。

总之，市场竞争其实就是服务企业争夺客户的竞争，吸引和争取新客户、维系和保持老客户是服务企业生存和发展的使命。服务企业要想在激烈的市场竞争中保持优势，保持长久的竞争力，保证服务企业的稳定发展，就必须积极培养和建立客户关系，巩固和发展客户关系，并把良好的客户关系作为服务企业的宝贵资产和战略资源来进行有效的经营和管理，这样才能使服务企业真正获得竞争优势。

（二）对客户的作用

（1）客户能享受到更优质的服务。好的服务不但令人愉快，更能带来巨大价值，带有客户服务的产品的总价值明显高于产品自身，是能否保留住客户和使客户满意甚至忠诚的关键。在 CRM 系统中，客户服务是其核心内容之一，已经超出了传统的帮助平台。由于 CRM 系统可以对客户的状态进行实时跟踪，全部信息为服务企业各部门所公用，不存在信息孤岛，所以服务企业各部门可以更方便地为客户服务。具体来说，CRM 系统配备了用户手册、营销手册、服务手册、技术保障手册和疑难问题解答等文件，并可以随时补充，便于服务人员查询以为客户解决问题；同时，CRM 系统还具有记忆和分析功能，对客户的反馈和每次遇到并解决的新问题，都可以不断丰富到系统本身，并给服务企业提供分类分析结果，保证服务企业能为客户提供更周到的服务。所以，客户服

① 皮骏.客户关系管理教程［M］.上海：复旦大学出版社，2011.

务能够处理客户各种类型的询问，包括有关的产品、需要的信息、订单请求、订单执行情况，以及高质量的现场服务，使客户能享受到更优质的服务。此外，与客户积极主动的关系是客户服务的重要组成部分。特别是在电子商务环境下，客户期望的服务已经超出传统的电话呼叫中心的范围；越来越多的客户可以进入互联网，通过浏览器来察看他们的订单或提出的询问。享用发展也越来越快的自助服务，使客户感觉到更便利、更及时、更满意。

（2）客户能享受到个性化的产品和服务。个性化服务也称为定制服务，是一种真实的服务的最高级表现形式，就是按照客户的需要提供特定的服务，其方式和内容是针对个人的、可以由个人定制的，是非大生产的，其规格和标准都是非统一的。它是服务企业保留客户、吸引客户、提升客户价值和保持客户竞争优势的有效方法之一，旨在提高客户的满意度和忠诚度，为服务企业带来丰厚的利润。

在传统的方式下，由于技术和手段等方面的限制，提供产品和服务目标的细分极其有限；而在互联网上，交互技术的支撑为服务目标的细分提供了广阔的前景，可以实现一对一的服务，使得个性化很快成为客户期望的互动规范，客户的喜好和购买习惯等被列入服务企业营销活动的考虑范围。CRM 系统正迎合了这些需求，它可以跟踪记录客户信息，形成客户数据库，通过数据分析，了解用户的习惯、兴趣、消费倾向、消费能力和需求信息等，自动并主动地跟踪客户的消费倾向，从而使服务企业充分利用各种客户信息和营销手段，调整针对某个客户群的具体营销规则，使客户能够享受到为自己定制的、能够满足自己的、“一对一”的、个性化的产品和服务。例如，远程服务、移动服务、个性化定制和特殊需求等。

（3）客户能享受到贴心的“客户关怀”。“客户关怀”思想是 CRM 的前身，随着营销理念的发展和技术的进步，它已经逐步演变为 CRM 的关键思想之一，也是 CRM 系统的重要内容之一。

“客户关怀”思想的体现涉及“想客户所想”“客户的利益至高无上”和“客户永远是对的”，等等；它还具有友情或感受的内涵，正确的客户关怀体现了尊重和诚信，如今用来拓展服务企业对客户的职责范围。真正良好的“客户关怀”会使服务企业与客户建立起亲密的情感关系，让客户对服务企业产生“归属感”“责任感”和对于服务企业价值和目标的共同使命感，逐渐赢得客户对服务企业的信任，是达到客户忠诚和应对日益激烈竞争的关键因素。

CRM 系统集成了服务企业与客户之间 3 个首要接触点——销售、市场营销和客户服务的各项功能，在服务企业实现了客户资料的信息共享。此外，CRM 解决方案在提供标准报告的同时，又可提供既定量又定性的即时分析。横跨整个服务企业、集成客户互动信息，利用 CRM 对客户的喜好、习惯、购买历史、需求、客户类别、服务级别及主要问题等资料的分析结果，会使服务企业从部门化的客户联络向所有的客户互动行为都协调一致、统一转变，能够使客户享受到贴心的“客户关怀”：在售前服务环节中，客户会享受到服务企业有目的和针对性地产品信息和服务建议等，解决客户的疑惑，节约客户的时间；在产品质量环节中，客户会得到适合客户使用的、与客户期望相吻合的、满足客户需求的产品；在售中服务环节中，在与服务企业的接触过程中，客户会享受到各种便利，如洽谈的环境和效率，手续的简化，以及恰当的优惠等；在售后服务环节中，面对产品查询、投诉、维护和修理等问题，客户会得到服务企业的快速响应，及时解决客户的后顾之忧，并会享受到专门走访、电话回访和征求意见等必要的特别服务。

总之，CRM 系统不仅关心服务企业的利润，而且特别关心客户价值，关心客户在获得产品或服务的同时所获得的价值的增长，实现了服务企业和客户的双赢；CRM 系统还支持多赢思想，即服务企业不但要把客户资源作为自己最重要的战略资源来看待，还要与结盟者合作，与竞争者合作，关心服务企业内部员工，与服务企业外部的公众处理好关系，实现多方的满意和价值提升①。

三、服务企业客户关系管理的内容

客户关系管理是一种经营哲学。IBM 给客户关系管理的定义是通过提高产品性能，增强客户服务，提高客户满意度，与客户建立起长期、稳定、相互信任的密切关系，从而为服务企业吸引新客户、维系老客户，提高效益和竞争优势。

客户关系管理的内容必须遵循服务企业管理客户关系的逻辑。首先，没有客户关系时，服务企业要努力去建立关系。其次，有了客户关系时，还要努力去维护这得来不易的关系。最后，当出现客户关系破裂时，要努力去修补、恢复关系。

服务企业客户关系管理是研究服务企业与客户建立关系和维护关系的科学，它是管理学、营销学、社会学相结合的产物，并将管理的视野从服务企业内部延伸、扩展到服务企业外部，是服务企业管理理论发展的新领域。服务企业客户关系管理的内容如下。

（一）如何建立客户关系

客户关系的建立就是要让潜在客户和目标客户产生购买欲望并付诸行动，促使他们尽快成为服务企业的现实客户。

（二）如何维护客户关系

客户关系的维护是服务企业通过努力来巩固及进一步发展与客户长期、稳定关系的动态过程和策略。客户关系维护的目标，就是要实现客户的忠诚，特别是要避免优质客户的流失，实现优质客户的忠诚，关系的维护不只是现有关系水平的维持问题，而且还是一个驱动客户关系水平不断升级发展的过程。

（三）如何恢复客户关系

当出现客户关系破裂时，服务企业应当及时、努力去修补、恢复关系，努力挽回已经流失的客户。这是因为客户关系的建立阶段和维护阶段都可能随时发生客户流失，也就是说出现客户关系的夭折和终止。服务企业如果不能尽快及时地恢复客户关系，就可能造成客户的永远流失，相反，如果服务企业能够及时地采取有效措施就有可能使破裂的关系得到恢复。因此当客户关系出现倒退时，服务企业不应该轻易放弃流失客户，而

① 刘在云.客户关系管理理论与实践——基于Microsoft Dynamics CRM［M］.北京：清华大学出版社，2010.

应当及时找原因“对症下药”，争取及早挽回流失客户，促使他们重新购买服务企业的产品和服务，与服务企业继续建立合作关系，这样才能使他们继续为服务企业创造价值。

服务企业与客户建立关系大致需要经过三个环节。首先是识别客户环节，包括认识这些客户对服务企业究竟有多大的价值；其次是选择客户环节，即服务企业应当确定与谁建立关系，也就是说要选择什么样的目标客户；最后是开发客户环节，即服务企业如何与客户建立关系，如何吸引客户和开发客户。

服务企业要维护客户关系，首先要想办法让客户满意，这就必须在全面掌握客户信息、对客户进行分级管理、与客户进行有效沟通的基础上，为客户提供优质的服务才能实现。另外，除了让客户满意之外，还要通过一些激励机制和约束机制才能最终实现客户的忠诚。客户关系的建立阶段和维护阶段都可能随时发生客户流失，也就是说出现客户关系的夭折和终止，如果服务企业能够及时采取有效措施就有可能使破裂的关系得到恢复①。

第二节　服务企业客户关系的建立

面对激烈的市场竞争，优质的客户资源对企业的生存和发展显得愈发重要，这就需要企业进行客户关系管理，而客户关系的建立是客户关系管理的基础。在已有客户关系的基础上，企业可以通过客户关系的最优化来使企业达到最优状态——利润最大化。

相对于以产品生产为主的企业来说，服务企业建立较为稳定客户关系的重要性更加突出，良好的客户关系不仅可以帮助企业实现获得盈利的目标，而且能使企业树立良好形象，为企业长期稳定经营，乃至发展前景都大有裨益。

一、服务企业客户的认识

（一）服务企业及服务企业客户

本书中，服务业是指生产或提供各种服务的经济部门或企业的集合。服务企业作为服务业的一个组成部分，即通过与客户沟通、交流获取客户需求信息并以服务形式提供满足社会生产需要和人们消费需要的各种使用价值的企业，如交通运输、邮电通信、物资供销、金融、旅游、文化教育等。

区别于其他生产企业，服务企业生产的是服务产品，服务产品具有非实物性、不可储存性和生产与消费同时性等特征。正是基于这些特征，服务企业必须以客户的需求为中心，更好地满足客户的需要。这样有利于提高客户的满意度和忠诚度，增加服务企业的利润，增强服务企业的市场竞争力。

服务企业客户是指能够对服务企业自身利益产生较大影响的个人或团体、组织。当

---

① 苏朝辉.客户关系的建立与维护［M］.2版，北京：清华大学出版社，2010.

生产者和消费者之间产生购买关系或者签订某种交易合约时就自发形成了一种关系，即企业与客户的关系。服务企业客户则是在服务企业以服务形式满足消费者的某些需求时自然出现的一种经济角色。交易过程中企业与客户形成的关系只是我们所说的客户关系的一部分，因为客户关系不仅有利益关系，还应当包含伙伴关系。因此，企业可以通过一些自主的营销行为直接或间接地建立客户关系。

（二）服务企业客户的价值

为了对服务企业客户有更深刻的认识，我们可以从客户价值层面来认识服务企业的客户。

（1）从服务企业的角度来看，客户价值表现为在企业经营和发展的过程中，客户所创造的价值，常常直接表现为企业的利润。对服务企业来说，客户是一种很重要并且值得投资的资产。企业可以根据客户对企业贡献的差异化来评估客户，即企业重要的资产的潜在回报，从而判断客户资源的质量。

（2）站在客户的角度，服务企业客户价值则表现为企业为客户所提供服务的价值。因此，企业为客户提供的服务越好，就会给客户创造更多的价值，客户的满意度就越高，从而可以提高客户的信任度和忠诚度，实现客户的保留，这样会进一步促进客户对企业带来更多价值，形成一个良性的循环。

客户对服务企业的价值，可以被认为和其他任何形式的经济资产所代表的价值是类似的，即根据未来因素综合变化而变化的变量。因此，能够根据所能收集到的数据，对客户过去的行为进行分析，通过同客户的交流、调查来预测客户未来的行为倾向，这样可以预测客户未来的价值。但是，客户对企业所贡献的真正的价值（持续的或短暂的）很难准确地把握。按照客户创造价值的时间先后顺序，或者说客户创造价值时期的不同，我们可以把服务企业客户的价值分成三个部分。

第一，历史价值。历史价值是指到目前为止企业客户为企业实现的价值，就是在过去已经产生的并已经转化为企业利润或者无形资产等的价值。

第二，当前价值。当前价值是指客户保持目前的行为模式或者消费习惯、偏好时为企业带来的或即将为企业带来的客户价值。带来这种价值的客户在可预见的未来不会将消费转移到同类别的其他产品上，他们对企业产品的消费具有持续性，所以他们现在正在为企业带来价值并且在将来继续为企业带来价值。

第三，潜在价值。潜在价值是指企业通过各种销售手段或其客户向别人推荐产品来调动某些个人或组织的消费积极性，将他们转化为客户后可能为企业带来的价值。当企业将潜在客户转化为自己的实际客户时，这些客户就将为企业带来"当前价值"，也有可能进一步为企业创造新的客户从而创造新的潜在价值。

在这些价值当中，我们主要关注当前价值和潜在价值。虽然一个客户的历史价值可以体现其对企业的贡献，但是因为历史价值发生在过去，它可以作为未来价值的预测依据，却不能加入到未来价值之中。而且，已经带来价值的客户也可能由于某些特殊原因（与企业或其服务产品无关）而不再购买企业的服务产品，他们将不再为企业带来新的价值。

总之，可以将服务企业客户价值定义为：服务企业客户在现期或将来通过直接消费服务产品或间接激励他人消费产品的方式为服务企业带来的净利润的现值之和。目前来看，市场竞争就是客户这一稀缺资源在企业之间进行最优配置，从而达到均衡状态的活动。同时，市场竞争也就是争夺客户的竞争，企业要实现盈利，尤其是服务企业就必须维护老客户、开发新客户，重视和加强培养客户的信任度和忠诚度，提高客户的终生价值。在目前的市场竞争环境中，服务企业掌握了客户资源就掌握了竞争的主动权，就可以将企业的生命牢牢握在自己的手中。

二、服务企业客户的选择

（一）从企业成本和利益最大化看客户选择

企业资源的特点是稀缺性，而客户资源对于企业来说有优劣之分。所以从两方面来看都要对客户进行选择，一方面是合理分配企业资源，另一方面是对企业的利润和成本的影响。

（1）由于服务企业客户需求的差异性和服务企业资源的有限性，每个服务企业能够有效地为其提供服务的客户数量和类别是有限的，市场中只有一部分客户能成为企业服务产品的实际购买者，其余的则是非客户。所以企业有必要筛选出重要客户，通过自身产品开发、服务的完善来满足这部分客户的需要，并培养出与客户之间的长期合作关系，这有利于企业稀缺资源达到最优配置。

（2）客户资源作为服务企业的一种资产自然有优劣之分，类似于资产收益存在差异，不是每个客户都能带来同样的收益。与优秀的客户资源建立良好的客户关系能使企业降低成本和风险，获得更多的市场优势，而质量较差的客户资源则对企业的价值较小甚至给企业带来负价值。

（3）同时维护多有的客户关系需要很高的成本，并且有些客户关系是只能带来成本而不会带来利润的。所以在建立持久的客户关系之前必须进行认真的客户识别和选择，选择有价值的客户才能更有效、更充分地发挥企业自身的优势为消费者带来更好的服务，从而使企业持续盈利，达到利益最大化。

（二）服务企业客户选择的标准

服务企业进行客户选择时应当确立适当的标准以便于对不同的客户进行比较，服务企业可按以下标准选择客户。

（1）客户的购买需求。客户购买需求可分为长期和短期，客户购买需求量越大，购买需求持续时间越长则对企业产生的效益越大。另外，客户的购买需求要与该企业的相对能力匹配，这种匹配能让企业能生产其竞争对手所无法生产的差异化更高的产品，这些产品能更好地满足客户的特殊需要，这样就使公司获得了更大的竞争优势。

（2）客户的增长潜力。客户的增长潜力对企业具有重要意义，首先是客户对产品需求的有潜在的增长可能，其次就是引导更多消费者购买企业的产品，从而引起了一批新客户的加入及产品购买量的增长。客户的增长潜力与企业收益存在正向关系，客户的增长潜力越大，其对公司产品需求的稳步增长的可能性就越大。

（3）客户的忠诚度。客户忠诚度对企业来讲，也是影响企业客户关系以致企业本身的一种重要因素。忠诚的客户喜欢长期且稳定的业务关系，他们会持续购买公司的产品，并且为企业形成一定的宣传效应。企业可以通过建立良好客户关系的方法来提高客户的忠诚度，或创造出一些新的忠诚客户。

上述这几项评价标准可作为服务企业评价客户质量的参考，这几项并不一定符合企业自身的实际情况。服务企业在对自己的客户评价时，应结合自身的实际情况，以准确把握企业和客户的情况，使评价更加客观、准确。

企业可通过制定具体指标（见表12-2）来对客户进行评价，其中包括指标本身和某一指标在所有指标中重要程度的权重，并且要随着时间的推移对指标及时更新，对各指标的重要性重新评估，从而提高评价的准确程度。

表12-2　某企业制定的客户评价标准

指标	比重（%）
对产品有较大的持续性需求	40
对产品有较大需求或潜在需求	30
能为企业创造潜在客户	20
有较好的合作信誉	10

（资料来源：白仁春，郭红龄，刘平．企业资源发展策划［M］．北京：北京大学出版社，2005.）

总之，服务企业选择目标客户要尽量选择优质客户，好客户就是能够给企业带来尽可能多的利润，而占用企业较少资源的客户。对客户进行筛选，从中选出好客户有利于企业自身定位，便于企业为确定的目标客户群体开发合适的产品、提供适当的服务，树立鲜明的企业形象，同时也为客户开发降低了难度和开发成本、维持成本。高质量的客户与质量差的客户是相对而言的，在一定条件下，两者会出现相互转化，优质客户也可能变得质量不好，质量差的客户经过改变也能成为给企业带来巨大贡献的客户。因此，保持客户资料的更新，随时掌握客户的动态也是十分重要的。

三、服务企业客户的开发

（一）良好的客户关系的重要性

良好的客户关系能以多种方式为企业创造出实实在在的价值，对服务企业来说具体如下。

（1）良好的客户关系能够促使客户增加购买。在客户感觉对企业所提供的服务非常满意时，就可能会产生再次的购买，良好的客户关系能使客户对企业更加信任，进而形成长期的合作关系使购买量进一步增加。

（2）能降低企业成本。一方面是降低客户关系管理的成本，即维持老客户和开发新客户的费用。拥有良好、稳定的客户关系，可以使得客户对企业有更加深入的了解，并可使老客户对新客户形成一种宣传效应，从而可节省一部分宣传、营销成本。另一方面可以降低企业与客户之间的交易成本。保持良好的客户关系可使得企业和客户在交易过程中省去很多繁杂的环节和程序，从而降低交易成本。

（3）能提高客户的满意度和忠诚度。维持良好的客户关系对提高客户的满意度和忠诚度很有帮助，良好的客户关系可以将客户变成企业的伙伴、朋友，从而使彼此之间的交易具有持续性；反过来客户的满意度和忠诚度有助于优化企业所建立的客户关系，从而为企业带来更多价值。

由此可以看出，建立并维持良好的客户关系对服务企业的经营有很大的益处，进而对企业的长期发展、企业的前景有着不可低估的重要作用。

（二）服务企业客户开发的策略

客户的开发，就是企业将目标客户和潜在客户转化为现实客户的过程。服务企业开发客户的策略可分为“引进来”的策略和“走出去”的策略。这里所说的“引进来”和“走出去”指的是将客户吸引到企业和走出企业去寻找客户。

具体来讲，所谓“引进来”的策略是指企业通过适当的产品、适当的价格、适当的分销渠道和适当的促销手段来吸引目标客户和潜在客户，从而将目标客户和潜在客户开发为现实客户的过程。“引进来”策略的特点是企业靠本身的产品、价格、分销渠道和促销特色来吸引客户，这种策略可以说是偏向于被动的。服务企业吸引客户的方法有很多种，具体包括以下几种。

1. 适当的产品或服务

适当的产品和服务是指企业为客户提供的产品或服务非常恰当、非常合适，这些产品或服务能够满足客户的需要作为服务企业，主要包括服务产品的功能效用、质量、特色、品牌等。

（1）客户体验。这是吸引客户的基础，能满足客户需求的服务产品必定会吸引客户的购买。对服务产品而言，服务的效用更大、更能给客户带来方便、客户体验更优秀的产品更容易吸引客户。

（2）产品质量。对于服务产品来说，质量问题尤为重要，拥有优异的服务质量的企业，其服务产品必然受到客户的欢迎。

（3）产品特色。现在服务市场上经营范围、经营项目相同的服务企业越来越多，只有突出自己的服务特色，特别是其他企业很难替代的特色才能吸引客户的注意，使得企业在激烈的竞争中站住脚。

（4）品牌形象。品牌用以识别某个企业的产品，并使之区别于其他企业。建立良好的品牌形象，不仅有利于维护客户的利益，而且有助于提升客户形象，这样就会建立起客户对品牌的信任，激起客户的购买热情。可口可乐公司的定位就是“品牌管理公司”。

2. 适当的价格

价格对于客户来讲是一种生活成本，代表了一种牺牲。客户在购买服务时一般会有一个期望价格，当市场价格高于期望值时，客户就会减少甚至放弃购买服务。所以，一个适当的价格会更加吸引客户。企业的价格策略主要有：

（1）折扣定价。即企业用较低的价格来吸引客户的购买，并附加各种优惠条件，如对购买量大的客户给予更大折扣。

（2）声望定价。即企业利用有些客户常常以价格高低来判断产品的质量—高价格必然有高质量来给产品定一个合适的高价格，这样会吸引以价格定质量的客户。

（3）差别定价。主要有针对不同时间（淡季或旺季）的消费时间差别定价，针对不同客户（偏好不同）的客户差别定价，针对不同购买批量（单一或大量）的购买批量差别定价。

3. 适当的促销

企业利用各种适当的信息载体，将企业及其产品的信息传递给目标客户，并与目标客户进行沟通，从而引起消费者的注意和购买兴趣，最终使消费者产生实际购买行动。促销的主要形式包括以下几种：

（1）广告。它可以大范围地进行信息传播，起到很大宣传作用，能提高服务产品的知名度和吸引力，从而激发客户的购买欲望。

（2）公共关系。企业通过公关宣传、公关赞助等方式加强与社会的沟通，可以为企业树立一个良好的形象，建立和改善公共关系将有利于服务企业的发展。

（3）销售促销。企业利用短期诱因，刺激客户消费。如免费试用、赠送礼品或抽取奖品、发放优惠券等。

所谓“走出去”的策略是指企业通过积极的人员推销形式，将目标客户开发为企业的现实客户的过程。“走出去”的策略是企业在自己的产品、价格、分销渠道和促销手段上没有明显特色或缺乏吸引力的情况下，采取的引导或劝说客户购买的行为。这种策略是比较倾向于主动的。想要采取“走出去”的策略，就必须掌握把企业和产品推出去的能力，重要的一环就是说服客户。要说服客户购买产品应该有这么几步：首先，推销者要向客户介绍企业的基本情况和产品的优点、特色、价格及服务方式等信息；其次，要及时解答和解决客户提出的问题，消除客户的疑虑，根据客户的特点和反应，及时调整策略和方法；最后，要一再说明和表达客户购买产品后的好处。

说服客户可以采用富兰克林式表达技巧，就是销售人员向客户说明购买产品后的种种好处，将每一条都列举清楚，同时说明不购买产品的损失，同样罗列清楚。对不同的客户采取不同的说服策略。如对理智型客户采取按部就班的策略，耐心为客户介绍产品情况，并解答客户的疑问；对冲动型客户大力推销产品特色及价格方面的优惠，促使其尽快购买；对优柔寡断型客户以忠实、诚恳的态度，主动、热情的交流，是客户产生信任感，然后帮他们做出购买决策[①]。

总之，客户的开发需要掌握各种技巧，让客户对企业和产品树立信心，努力开发潜在的客户群体，积极争取中间客户加入到购买企业产品的行列中。

服务企业和客户之间既存在利益关系，又是伙伴关系。服务企业在出售其服务产品的同时客户消费产品，这使得客户获得价值、企业赢得利润，企业和客户都从对方那里

① 苏朝晖.客户关系的建立与维护［M］.北京：清华大学出版社，2007.

获得利益。如果企业和客户之间建立良好的关系就会形成一种共赢的状态，这种合作就会一直持续下去，关系中的双方都能获得更多好处。

第三节 服务企业客户关系的维护

一、服务企业客户关系维护的内容

服务企业客户关系是指服务企业为实现其经济利润，达到其经营目标，通过营销活动或主动地与客户建立起的某种联系。这种联系可能是单纯的交易关系，也可能是通信联系，也可能是一定程度上双方在业务交往中建立起来的私人友谊关系，也可能是为客户提供一种特殊的接触机会，还可能是为双方利益而形成某种买卖合同或联盟关系。这种客户关系具有多样性、差异性、持续性、竞争性、双赢性的特征。它不仅仅可以为交易提供方便，节约交易成本，也可以为服务企业深入理解客户的需求和交流双方信息提供更多机会。

服务企业客户关系维护是服务企业为培育和获取这种客户关系并主动与之建立、维系和发展以实现企业及相关方利益的活动。客户关系维护的最终结果不仅是获取新客户和保留老客户，也包含结束与某一客户关系的活动，即企业为了自身或相关方的利益，可以放弃一些对企业贡献价值。由此可见客户关系至关重要，这就需要企业对其进行维护，以此达到长期合作和发展的合作关系，并为公司带来更多的价值和收益。

由于服务具有无形性、不可分割性、非标准化、关联性和差异性等特征，作为服务企业，客户关系维护也需要按其属性采取可行的方法与措施。针对服务企业的特殊性，客户关系的维护主要体现在对客户的满意度管理，情绪管理，价值管理，客户抱怨等，具体包括维护过程记录、客户信息收集、提供良好的售后服务、客户利润贡献度分析。

（1）客户信息收集。客户信息的收集是客户关系维护的基础性工作，由企业派专门的人员对客户的信息进行收集，包括客户的个人信息、喜好、需求、对服务的意见、对产品的意见、对服务与产品的期望等等。

（2）维护过程记录。每个人或部门对客户关系维护的过程或方法都要一一记录，形成文字资料并加以推广，以便成功经验可以得到大家的学习和借鉴，做到信息公开化，资源共享。

（3）提供良好的售后服务。在服务企业，服务是核心，是无形产品，每个企业都得重视，因而服务要尽量做到尽善尽美，各个细节都得考虑到，服务体系也是一全套的，很大企业在售出产品后，对售后服务这一块就忽视了，这可能会导致流失一部分客户。因此，好维护好的客户关系，必须要提供良好的售后服务，让客户感到宾至如归的感觉，加深客户与企业的感情，提高其满意度，进而成为企业忠诚的客户。

（4）客户利润贡献度分析。在与客户的合作关系中应该实行动态管理，即哪些客户应该深化合作，哪些客户应该维持合作，哪些客户应该淡化合作甚至退出合作，等等，这些都要求企业主动出击。上述做法的判断依据是什么，答案是客户对企业的利润贡献度。所以，客户利润贡献度分析就是客户关系维护的一项重要工作内容。对客户利润贡献度分析，要注意不能只关注眼前利益，还应该考虑潜在利益和长远利益，还要定期进行，如一个季度一次等，这个根据每个企业的具体情况而定，要及时更新，获取最新的信息。

二、服务企业客户关系维护的方法

（一）对客户群体进行分类，制定个性化的服务

“顾客就是上帝”，这句话在每一个行业都适用，毕竟是顾客让渡其价值，获得商品的使用价值，才让企业拥有价值，也即拥有利润，尤其是对于服务性企业来说，更是如此。客户买的就是企业的“服务”——这个无形的商品，因此，制定个性化服务相当重要，而个性化服务的制定则需要对客户有一个深度的认知，这就要求企业在平时多收集客户群体的信息。及时了解客户的基本情况、个人爱好、对产品的认知程度和需求状况、收入情况以及享受服务情况的等方面的客户信息，并进行分类、组合及系统分析，同时针对不同层次客户的特点，提供分类管理与个性化服务，以留住客户，增加利润。表 12–3 对客户做了一个简单的分类，应总结其特征，采取相对应的维护举措，以吸引更多的客户群体。

表 12–3 客户群体的分类维护

客户分类	特征	维护方法
A类客户（黄金客户）	交易额大、购买力强、信用度高、忠诚度高、稳定性强、利润贡献值大	（1）与之建立畅通的沟通渠道，及时向他们告知公司的促销信息，向他们提供最新的产品和最好的服务，并给予相关折扣 （2）指派专门的销售人员经常去拜访，定期派人走访，了解其需求，并且熟悉客户的兴趣爱好等，业务高层主管也应该定期去拜访他们 （3）优先处理其投诉案件
B类客户（主要客户）	交易额较大、购买力较强、信用度较高、忠诚度较高、稳定性较强、利润贡献值较大	（1）指派专门的销售人员经常去拜访，定期派人走访，了解其需求，并且熟悉客户的兴趣爱好等，业务高层主管也应该定期去拜访他们 （2）通过问卷调查找出客户忠诚度和满意度不太高的原因，找出他们从竞争对手那里购买服务的原因 （3）提高自己的产品质量与售后服务质量，最关键的是提高自己服务的竞争力
C类客户（零散客户）	交易额较少、购买力较弱、信用度较低、忠诚度较低、稳定性不强、利润贡献值不太大	（1）与客户保持联系，并让他们知道当他们需要帮助的时候，公司总是会及时给予帮助 （2）时常进行电话回访，及时告知公司最新的动态与折扣信息 （3）自助式服务，不跟踪的太紧，也不放弃
D类客户（潜在客户）	还没有成为公司的客户，属于犹豫阶段，但却对公司有了解，有意向进行合作	（1）主动出击。与客户主动取得联系，告知公司已经采取的改进措施，欢迎他们到公司参观。对改进的产品可以以较低价格让他们试用，满意后再原价购买 （2）提供独特的产品。这类客户易被竞争对抢走，为防止被抢走，就要提供对手没有或者明显优于对手的产品 （3）主动推荐新产品。如果公司已经开发成功了新产品，则可以向他们大力推荐，有时甚至可以考虑免费试用" （4）提供程序化的优质服务

（资料来源：王国惠，韩克勇 . 浅谈旅游业如何运用客户关系管理［J］. 福建论坛（人文社会科学版），2011（3）：34–37.）

（二）引入第二方审核机制[①]

所谓引入第二方审核机制就是主动邀请客户对本公司进行第二方审核，包括产品、服务、管理、技术等各方面。当你主动邀请客户对你公司进行第二方审核时，客户对你的印象会大大加深，并表示赞同。因为客户首先想到的是你对他的重视与尊重及你对自己和公司的自信，并且这样做，也会让客户有种归属感，觉得自己可能就是公司的一分子，将心比心，会很真诚、诚恳地提出一些建设性的意见，提高其忠诚度与满意度，并会介绍其他的客户过来。

客户对公司进行第二方审核还有一个好处，那就是客户有一种心理上的满足感。因为在审核过程中，他可以提出很多整改建议，公司按照他的建议和要求去改变了，他就会有一种成就感。另外，一旦进行了第二方审核，客户对你的产品和服务就会迅速认同，因为这些产品客户曾经“亲手过问”过，有着很深的亲切感，会多加重视。

进行第二方审核还会使公司得到一个很好的提高的机会。在公司的管理上也经常存在着“当局者迷，旁观者清”的现象。一些员工已经习惯了某种固定的方式来处理问题，他们觉得合情合理，且自认为一直都是这么处理的，没出什么纰漏，也就不会发现其工作方式中所存在的一些不足及需要改善的地方。而当客户进入公司进行现场审核时，却能以一个客观的第三者的角度去发现这些被公司员工熟视无睹的问题，且马上就会对公司的一些管理制度和工作方法与其他公司或其自己公司进行刻意比较，发现更多的不足之处与可以完善的地方。这就给了公司很大的提升空间，也可帮助公司更好、更快、更有序、更健康地发展，客户也会积累得越来越多。

（三）建立客户档案或数据库

建立客户业务档案或数据库是加强对客户的管理与维护中最基础的工作，也是必不可少的工作。这要通过认真持续、长期的跟踪、调查和总结，不仅要对大宗客户的产量规模、产品结构、发展规划、主要业务人员和决策人员情况、同行业在客户的市场份额等信息有一个系统的掌握，还要对小型客户有一个大致的掌握，包括各个客户的个人信息情况等，以此建立一整套规范的档案资料。

以旅游服务业举例来说，旅游服务业作为一个正在蓬勃发展的新兴产业和永不落幕的朝阳产业，它提供的是直接面对人的服务，客户的满意程度对旅游服务企业的收益更为重要。因此，相对于其他行业，旅游服务企业更需要在其内部树立以客户为中心的理念，实施客户关系管理以提高自身的竞争力。结合其行业特点，可建立一个数据库——CRM软件数据库，将传统独立的旅游市场、营销渠道和服务提供商等部门进行整合，并利用游客数据库和数据挖掘等手段来分析游客需求。再根据游客偏好、行为特征和他们的需求“对症下药”，采取不同的营销手段，从而提高游客的满意度和保留率，最终达到客户关系维护的目的。

图12-1表明，经过对数据的分析、研究和对有用信息的策划。旅游服务业的服务提供商，如旅行社、娱乐业等企业就可根据游客的偏好来提供能满足游客需求的服务。

① 马开永.TWF公司的服务客户分类及维护手段研究［D］.成都：四川大学，2005.

这是因为对于旅游服务企业，能否提供令游客满意的服务是保留忠诚游客的关键。并且，现今的游客已经不能满足于传统的电话呼叫中心的范围，社会在进步、科技在发展，人们对服务的质量要求也有了很大的改观和更高的要求，而且客户群体也有比较大的差异性，但对服务的期望的需求都很高，这就需要企业将网站、传真、其他渠道在内的任何游客喜欢的沟通方法相互整合。可见，旅游服务业必须保证与游客交流的多种渠道是连贯、统一、有效的，这种一致性才能带来内部效率及效益的提高。

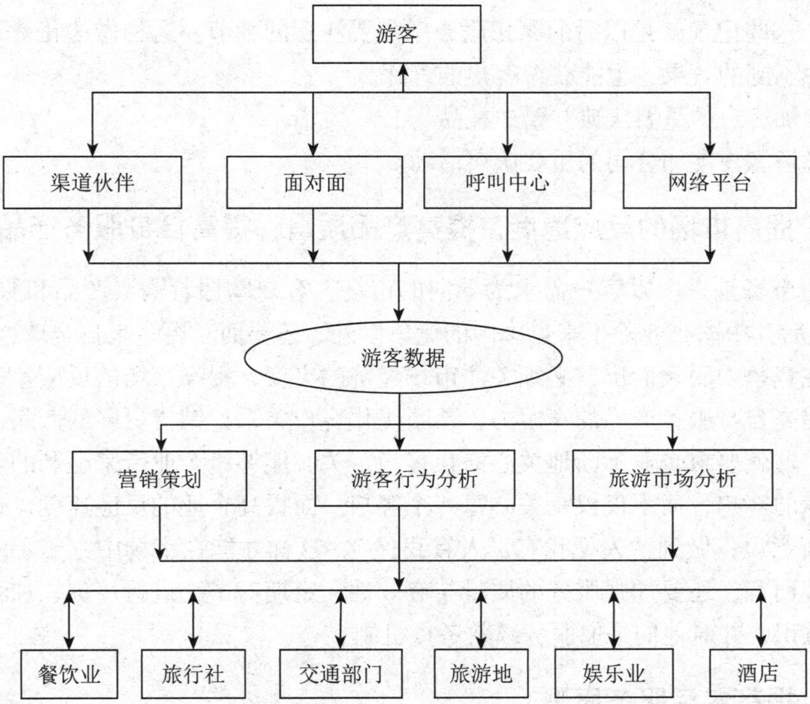

图 12-1　旅游服务产业的 CRM 数据库分析

（资料来源：客户关系管理在旅游行业的应用分析.）

（四）加强感情投资，以情动人，以情留人

《诗经·大雅》里曾写道："投我以桃，报之以李"，人们都是"感情动物"，感情都是相互的。同样，在服务企业，你对客户上心，客户也能感觉得到，把客户当朋友对待，用心真诚地去对他们，他们也会认真地对你，对公司和企业越来越认同与支持，他的满意度和忠诚度自然就提高了。具体而言，可以通过这些办法拉近与客户的距离，和客户建立起良好友谊关系和长期合作的合作伙伴关系。

（1）依据公司所建的客户档案，在他们生日、节假日时给他们送上自己的祝福或给他们送上小小的礼物，聊表心意。

（2）经常进行电话回访，这里的电话回访不要给客户一种"骚扰"、推销产品的感觉，而应是问候他们最近怎么样等诸如寒暄之类的话。

（3）开展联谊活动，与客户共同组织联谊活动，如组织球队进行比赛、共同举办文艺演出等，以此提高自己的知名度，拉近与客户的距离。

（4）邀请领导走访参观或组织旅游、承办会议。安排客户领导来访参观、旅游、召开会议，是与客户沟通和保持良好感情的好方式。对于旅游服务企业来说，可利用其旅游资源的优势，经常邀请客户参观。每年年末时，都可邀请客户来召开年终会议，并要精心准备，帮客户采购年会上需要的各种物品，抽调员工组成客户年会服务小组，力求为客户提供专业周到的服务。服务小组在服务时仔细观察客户的需求和习惯，并详细地记录下来，这些记录就是以后的客户服务中需要注意的细节。这种做法花费不多，却可以收到意想不到的效果，也能获得客户的青睐。

（5）参加客户的重要庆典并赠送礼品。

（6）邀请客户参加公司的重要庆典活动。

（五）提高市场的反应速度，提高产品质量，提高自身服务产品的竞争力

现在的市场是一个以客户需求为导向的市场，客户掌握着购买产品和服务的权利。加入 WTO 后，中国企业除了来自国内的竞争以外，还要面对更多来自全球企业的竞争。企业要想在竞争中脱颖而出，必须关注市场经济的突变，提高市场的反应速度，提高产品质量，提高自身服务产品的竞争力，不断优化客户关系，销售更多的产品，实现利润的最大化。这就要求企业不断地关心潜在客户，关心能够给企业带来赢利的客户，关心有价值贡献的客户，而不仅仅是关心每一个客户。而提高企业的反应速度，这就需要企业具有创新意识，做到“人无我有，人有我优”，这样才能在市场中立于不败之地，对于服务企业而言，还要加强服务的质量与有效性，定期对员工进行培训，加强他们的高质量服务意识，并对他们采取服务绩效考核机制。

（六）提高售后服务质量

这里单独列出来，是因为这个售后服务比较重要。在以往企业营销活动中，有相当一部分企业只重视吸引新客户，而忽视保持现有客户，使企业将管理重心置于售前和售中，造成售后服务中存在的诸多问题得不到及时有效的解决，从而使现有客户大量流失。然而企业为保持销售额，则必须不断补充“新客户”，如此不断循环。这就是著名的“漏斗原理”。这也就是为什么现在旅游服务业和餐饮服务业，投诉比较多的原因之一，因为大家对售后服务的忽视和一些恶性竞争，导致对客户的售后服务不够，甚至是置之不理，就很容易丢失客户。对于服务企业来说，服务就是其核心产品，如果这点不够完善，也会限制其发展。

企业可以在一周内失去 100 个客户，而同时又得到另外 100 个客户，从表面看来销售业绩没有受到任何影响，而实际上为争取这些新客户所花费的宣传、促销等成本显然要比保持老客户昂贵得多，从企业投资回报程度的角度考虑是非常不经济的。因此，以“漏斗”原理作为制定企业的营销策略的指导思想，只适应于传统的生产观念及产品观念和推销观念为主导的时代。如今，买方市场情况下，产品同质化程度越来越高，同时，由于科学技术的发展，产品本身的生命周期也是越来越短，很多企业推出的营销策

略和手段也大同小异，消费者已变得相当理智，所以对客户进行售后的服务非常必要。

（七）坚持诚信、平等、真诚、互利原则

每个人都需要尊重，都需要获得别人的认同。对于客户给予的合作，我们一定要心怀感激，并对客户表达出感谢。而对于客户的失误甚至过错，则要表示出宽容，而不是责备，并立即共同研究探讨，找出补救和解决的方案。这样，客户会从心底里感激你。

坚持诚信、平等、真诚、互利的原则，一个信守原则的人最会赢得客户的尊重和信任。因为客户也知道，满足一种需要并不是无条件的，而必须是在坚持一定原则下的满足。只有这样，客户才有理由相信你在推荐产品给他时同样遵守了一定的原则，他们才能放心与你合作和交往。比如，适当地增加某些服务和培训是可以接受的，但损害公司、客户甚至别人利益的要求绝不能答应。

（八）建立客户抱怨处理机制

对于客户的抱怨要认真对待，并采取向对应的措施，还要不断地进行跟踪。对于服务企业而言，服务就是王道，所以对于客户的任何的不满意，都要认真对待，妥善处理。建立客户抱怨处理机制对于客户关系的维护是至关重要，不容忽视。

三、服务企业客户关系维护的意义

国家对产业机构体制的调整，使得第三产业迅猛发展，而服务业对经济发展拉动力日趋增强，服务经济日益成为经济持续快速发展的主要源泉，对未来社会经济走向的影响越来越大。在日益激烈的市场竞争中，企业的生存和发展越来越依赖于客户的信任和满意。谁能赢得更多、更持久的客户群，谁就能成为市场的主宰。在这种情况下，企业关注的重点由提高内部效率转向尊重外部客户，其经营管理理念由过去的“以产品为中心”转向“以客户为中心”。与客户沟通、了解和满足客户需求，为客户提供满意的产品和服务并与其建立稳定、相互信任的关系成为企业的生存之道。而一个企业尤其是服务企业能否在激烈的竞争中生存下去，并得以不断发展，一要靠拓展和创新，二要靠良好的客户关系维护，两者不可偏废。良好的客户关系可以为企业留住稳定的利润来源并带来终生收益，因此，维护好客户关系成为企业需要重视的重要因素。由此可见，客户关系维护好坏对企业的赢利能力影响巨大。客户关系维护的意义主要有以下几个方面。

第一，有利于提升客户对企业的满意度和忠诚度。将客户关系维护好，就会使客户对该企业有一个认同感，其满意度和忠诚度急剧上升，成为企业的“忠实粉丝”，这就会产生高频率的购买行为，企业的利润值就上升了。

第二，有利于降低营销成本。有研究表明，对于一个公司来说，寻找一个新的客户并与之建立商业合作关系所需要的资金是维持一个现有客户的近10倍，并且这种资金常常超越了公司的成本底线。此外，当老客户因使用某商品而满意时，通常会对生产该产品或提供服务的企业产生好感，在这种预留印象的作用下，客户更易于接受该企业的其他产品或服务。特别是当企业企图把一种新的产品或服务推向市场的关键时刻，这无疑将是一个非常巨大的竞争优势。

第三，有利于客户与企业进行深度合作，提升客户对企业的利润贡献度。当客户对企业有了很高的满意度和忠诚度后，就会很欣喜地与企业进行深度合作，实现双赢。

第四，有利于树立口碑。随着市场竞争的加剧，各类广告信息泛滥，广告的信任度在大幅下降，使人们对于大量的令人眼花缭乱的广告难辨真假，无所适从。而如果一个企业树立了良好的口碑，那么客户在做购买决策时，可能会听取亲朋好友的推荐，这样就为企业带来了更多的利润。所以，现在有些公司推出有些奖励措施来鼓励老客户向新客户推荐本公司产品。

第五，有利于树立良好的企业形象，吸引更多的优质客户。一个优质客户的背后往往潜藏着数个甚至更多的优质客户，他们通常会互相共享资源。因此，如果讲企业客户关系维护工作做得好，提供的服务能让一个优质客户满意，该客户就会乐意推荐其他优质客户并义务为企业做宣传，使企业在该客户的圈子中树立良好的形象，吸引更多的优质客户。

第六，有利于提高企业的竞争力。当一个企业拥有了一定的市场份额后，并且拥有“人无我有，人有我优”的产品，还有一个很好的服务体系，拥有大量的忠诚度很高的客户群体，这个企业的利润值不仅高，其竞争力也会有很大的提高。

第七，有利于降低客户对价格的敏感度。在如今这个竞争激烈的年代，各企业的产品差异性较小，竞争主要以价格为基础，客户经常流动，残酷的竞争助长了客户的短期行为。而忠诚的客户计较价格的可能性较小，高度忠诚的客户甚至不去打听价格的多少。真正客户关系存在的情况下，决定客户满意度的因素中，产品和服务收取的价格可能是最不重要的因素。

【案例分析】

报刊发行商怎样建立与维护客户关系

报刊发行商的客户可分为上游客户、下游客户和中游客户。上游客户比较直观也就是报刊社。下游客户的构成比较复杂，包括：团体客户（党政军群、企事业单位）；个人客户（订阅者、零售读者）；分销商客户（机场、车站、学校等委办零售点或社会发行客站；超市、书店、卖场、报刊亭等零售点）；第三方客户（党政军群、企事业单位、个人）。这里，团体客户与个人客户都是读者，而分销商客户与第三方客户本身都不是报刊的读者，他们是“二传手”。中游客户是指在报刊上做广告的单位。

一、上游客户（报刊社）的开发与维护

1. 报刊社的开发

首先，报刊发行商要充分发挥发行的优势，以优质的服务创发行品牌，通过发行成效来吸引更多、更好的报刊社加盟，从而提高报刊发行商的市场占有率。其次，要通过现有的龙头客户，增进与省级党报、地市级党报的合作，拓展与都市报、地方报的合作。此外，积极开展会议营销，即每当报刊社召开行业会议时主动出击，宣传、介绍自己的发行优势，从而争取目标客户的加盟。

2. 报刊社的维护

首先，报刊发行商要了解和掌握报刊社的相关信息，如发行或销售的数量，读者群体、结构、层次，社会对该报刊的评价，该报刊对自己的贡献，并且通过数据库进行管理和利用。其次，党报党刊、行业报刊以公费订阅为主，发行量相对稳定，对报刊发行商利润贡献度较大，因此，报刊发行商要精益求精、好上加好地做好党报党刊及行业报刊的收订工作，确保其发行量稳中有升。报刊发行商还可以考虑设立重点报刊社服务的客户经理，负责有针对性地为其提供个性化的服务，确保这些大客户对报刊发行服务的满意。最后，报刊发行商要通过提高报刊社的转移成本，增加报刊社对发行商的信任与情感牵挂，提高报刊发行服务的独特性与不可替代性，建立客户组织等来实现报刊发行商的忠诚。

二、下游客户（分销商客户、团体客户、个人客户、第三方客户）的开发与维护

1. 下游客户的开发

（1）分销商的开发。对分销商来说，无利不起早，因此，报刊发行商要通过让利或折扣的方式，以使其有利可图。同时，要做好相关的配送服务等。此外，要整合销售网点，在城市繁华地段、社区、院校、厂矿企业，积极吸纳报刊发行商以外的书报刊经营单位或零售网点，扩大报刊零售服务的覆盖面。

（2）团体客户的开发。团体客户消费力量集中，订阅量大，市场开拓成本相对较低，但有高于个人客户的需求，如更好的服务。因此，报刊发行商要提供如上门收订、预约收订等服务，提供订阅时间、地点上的便利。

（3）个人客户的开发。虽然个人客户市场相对比较分散、需求不稳定、单个订阅量小，但基数很大，占报刊购买市场的主要部分，因此不容忽视。报刊发行商可考虑在电视、广播、报纸上做形象广告，一提高企业形象和亲和力，从而加强对个人客户的影响。报刊亭作为报刊发行商服务窗口的延伸，地点设置灵活、分布广，经营时间长，可以接触不同地点、不同作息时间的不同作者，且开设成本低，因此，报刊发行商要加强对报刊亭的建设与管理，实现连锁经营，同时加强配送力度。

（4）第三客户的开发。第三方订阅是由第三方集中订阅报刊，再由报刊发行商分送给第三方指定的客户——可能是公共图书馆，也可能是下岗职工，还可能是重要客户等。可以帮助农家书屋、社区阅览室建立有效的报刊管理制度，通过这两个窗口，还有利于宣传报刊发行商发行业务，从而引导农民、居民通过报刊发行商订阅报刊。

2. 下游客户的维护

首先，客户数据库是分析客户消费习惯、消费趋势、维护老客户的重要手段，报刊发行商要充分利用报刊发行主渠道的地位，收集整理当前订户资料信息，建立规范的客户档案及重点订户信息管理系统，并利用数据库进行管理。读者数据库可以帮助报刊发行商更好地掌握订户的需求和动态，在此基础上，为不同类型的订户提供个性化、针对性的服务。同时，也为开展报刊市场分析、预测市场变化做好充足准备，为针对性地开展报刊营销打好基础。

其次，对给报刊发行商带来利润贡献大的订户，报刊发行商要为其提供优质高效的服务，如提供更为便捷的征订方式，同时保证投递的准确，对特大型客户还要配备专人专车进行直投到户，确保投递100%准确无误，从而提高大客户的满意度与信任度。

最后，报刊发行商要加强投递网的建设和改造，充分调整和优化报刊分发、转运、投递等各个环节，严格制度发行服务流程和服务标准，提高投递效率，细化投递通道，增加投递人员，使投递覆盖、深度有明显增强，充分保证报刊投递的时效性，同时加强对投递服务质量的管理与考核，强化内部管理。

三、中游客户（广告商）的开发与维护

（1）广告商的选择。发行商要特别关注那些需要经常和大量做广告的单位——市场竞争激烈的行业中有实力的企业、垄断行业中对企业形象有需求的企业，他们能够给发行商带来较多的广告收入。

（2）广告商的开发。广告商往往看中发行商的客户资源和客户关系，其中发行量和发行对象是广告商最看重的硬指标。因此，对广告商关注的人群，发行商可以通过赠送报刊的形式，将其培育成自己的读者，这样就能都拉来广告商。此外，个人客户也可以因为婚庆、寿诞等需要成为广告主，制作形象期刊，送给其亲朋好友。总之，发行商应当利用自己（已有的或者创造的）的订户资源，寻求与广告商的合作机会。

（3）广告商的维护。首先，发行商要与报刊社充分合作为广告商提供优质服务。例如，通过优质期刊拉动发行量，从而使广告受众多、影响面广而深刻。其次，发行商可为广告商提供营销咨询。例如，订阅体育类报刊的读者对运动服装或体育用品等可能存在需求，发行商主动与这些行业的公司开展合作，可以帮助他们针对目标客户群进行有效宣传，这样就能够获得源源不断的广告收入。

（资料来源：苏朝晖在“中国邮政集团公司报刊发行高级研讨班”上的讲稿。）

思考题

1. 报刊发行商是如何进行客户分类的？
2. 报刊发行商对不同类别的客户应如何进行选择？
3. 报刊发行商对不同类别的客户应如何进行管理与维护？

课程实践

以小组为单位对某个服务企业客户关系管理进行调查，了解该单位的客户关系管理模式。在实践指导老师的帮助下，分析该单位客户关系管理模式，并找出该单位客户关系管理模式的创新点和不足，同时尝试对该单位客户关系管理模式提出新的构建方案。

【本章小结】

好的客户关系能降低企业维系老客户和开发新客户的成本，能降低企业与客户的交易成本，能给企业带来源源不断的利润，能促进增量购买和交叉购买，能提高客户的满意度与忠诚度，能整合服务企业对客户服务的各种资源，能全面提高服务企业运营效率，能优化服务企业的市场增值链，能不断拓展市场空间。

好的服务不但令人愉快，更能带来巨大价值，带有客户服务的产品的总价值明显高于产品自身，是能否保留住客户和使客户满意甚至忠诚的关键。好的客户关系客户能使客户享受到更优质的服务，能使客户享受到个性化的产品和服务，能使客户享受到贴心的“客户关怀”。因此，服务企业应当积极管理客户关系。

客户关系管理的研究内容为：第一，研究如何建立客户关系；第二，研究如何维护客户关系；第三，研究在客户关系破裂的情况下，应该如何恢复客户关系，如何挽回已经流失的客户；第四，研究客户关系管理与维护的重要意义。本章主要介绍了服务企业客户关系管理的相关知识，包括服务企业客户关系的概述、建立与维护。首先，对服务企业客户关系进行概述，让学生对服务企业的客户关系有一个宏观认识；其次，阐述了服务企业客户关系开发、建立与维护的具体方法；最后，讲解了开发、建立和维护良好的客户关系的必要性与重大意义。

总之，通过本章的学习，让学生了解到客户与服务的重要性，这是服务企业的“两把利刃”，并进一步介绍如何来建立这一客户关系并加以维护，使客户和企业实现双赢，各自实现其价值最大化和利润最大化。

【复习思考题】

一、名词解释

客户　　客户关系　　客户关系管理　　服务企业客户

二、简答题

1. 服务企业客户关系管理的意义体现在哪些方面?
2. 服务企业如何选择客户?
3. 服务企业如何建立客户关系?
4. 服务企业客户关系维护的内容包括哪些?

三、论述题

请结合一个评价较高的服务企业论述服务企业客户关系管理的价值和意义。

第十三章

服务企业质量管理

【教学目标】

1. 掌握服务质量的概念、内容和维度；
2. 理解服务选质量的差距模型；
3. 熟悉 SERVQUAL 方法的步骤；
4. 理解服务承诺、服务失误、服务补救的含义；
5. 了解服务补救的程序。

章前导读

餐饮业提高服务质量的意义

提高餐饮服务质量，把精湛的烹饪技术与完美的服务艺术有机的结合，是餐厅赢得信誉的根本所在。在餐饮管理工作中确保制作质量和服务质量具有十分重要的意义。

1. 服务质量是饭店的生命线

所谓服务标准，包括：设备设施水准、服务水准、管理水准。而这三个水准的高低与服务质量的优劣有着相同的内涵。事实上，国内外许多饭店的良好声誉与经营成功，无一不是靠饭店自身的服务质量所创造出来的。服务质量关系到国家和企业的声誉，关系到客源，关系到企业经济效益和经营的成功。这是当今旅游业特别重视服务质量的重要原因。

2. 提高服务质量是竞争的需要

随着旅游业的发展，我国饭店也如雨后春笋般地建立起来。大家都处于同一个旅游市场，因此进行着激烈的竞争，所有饭店竞争的唯一目的是吸引宾客，增加经济收益。竞争包含着不同的方面和不同的内容。它可以在地理位置、外观装饰、宣传广告方面进行，也可以在服务项目、商品推销、价格优惠等方面进行。但无论如何，饭店的竞争以质量竞争为首。谁能够为宾客提供全面的最佳服务，谁就能取得优势地位，谁就能吸引更多的宾客。

旅游饭店的餐饮部门除了为住店宾客提供膳食和服务外，更多的服务对象是入店顾客，即本地区的非住店宾客。这些宾客虽然消费层次不同，但都是宴会和零餐的最大顾主，他们为餐厅经营带来了相当数量的收入。

入店顾客在年龄、职业、经济收入、教育水平、民族、宗教信仰、生活习惯上差异很大。分析顾客的消费心理，影响他们的选择，从而有效地进行销售活动，都有赖于服务质量的好坏。谁能够吸引住入店顾客，谁就能在竞争中稳操胜券，取得成功。因此，不断提高服务质量，不仅是竞争的需要，而且是在激烈的竞争中取胜所必备的重要条件。

3. 服务质量的优劣是判断管理水平的重要标志

饭店管理的目标是利用本单位的人力资源、物资资源和信息资源为宾客提供第一流的服务，为国家赚取利润和外汇，并训练和培养一批高水准的从业人员和管理人才。

饭店的人力资源是最重要的资源。这是因为经营管理是一项复杂细致的工作，而服务员的劳动对象是人不是物，商品仅仅是饭店顾客之间的中介物。我们所说的饭店生产的商品最终是人对人的工作，这就是服务。有良好的服务才能招来并留住顾客，而顾客是企业生存和发展的基础和条件。被誉为“饭店之父”的斯塔特勒曾说过，饭店出售的商品只有一个，那就是服务。因此，饭店管理者总是在开发人力资源上花大力气、下大功夫做好工作。

饭店工作以提高服务质量为中心。要提高服务质量，必须使管理的各种职能充分发挥作用并互相配合才能达到目的。服务质量的提高有赖于计划、业务、设备、物资、人事、财务。

（资料来源：职业餐饮网，http://www.canyin168.com/glyy/yg/ygpx/fwzl/201005/21444.html.）

第一节　服务质量概述

一、服务质量的概念

质量的英文单词为“quality”，大多译为品质，因此也有很多学者对于质量管理称之为品质管理“适用性”，其含义包括：产品的规格要求必须是客户的需要，而非主观臆断；适用性的涵盖面比较广，它包括产品方面的特性，如功能、花色、特质、耐用性。著名质量管理专家克劳斯比在1961年提出了“零缺陷理论”，他认为质量的定义就是符合要求，而不单单是好、独特。他认为缺陷的产生不是必然的现象，而是没有执行严格的标准所致，只要有严格的标准，主观的色彩就会随之消失，任何产品、服务只要符合标准就是有质量的产品、服务。著名质量管理专家戴民认为，质量是以最经济的一种手段，制造出市场上最有用的产品。一旦改进产品质量，生产率就会自动提高。伴随着 ISO 9000 质量管理体系认证在全球范围的广泛使用，其定义的质量被大多数人认可，即质量是指产品或服务所具有的、能用于鉴别其是否合乎规定要求的一切特性和特征的总和[①]。

从 20 世纪 80 年代开始，有关服务质量的研究得到学者们的关注。学者们对服务质量进行了大量的研究并产生了许多成果，但由于服务具有无形性、易逝性、不可分性等特点，所以很难定义，仅通过一些词语来加以描述。利维特（1972）认为，服务质量是指服务结果能符合既定标准。加文（1984）认为服务质量的好坏是由消费者主观决定的，而不是一种客观评估。1982 年，格朗鲁斯首次提出了感知服务质量的概念，认为服务质量是顾客对其期望的服务与实际感知的服务比较的结果。它的含义是服务质量不能由管理者来决定，它必须建立在顾客的需求和期望的基础之上，更重要的是服务质量不是一种客观决定的质量，而是顾客对服务的主观感知。格朗鲁斯创建的顾客感知服务质量模型与差异分析法为理论界和企业界了解服务的特性提供了一个基本理论框架。感知服务质量的提出为服务质量管理进行了准确的定位。

继格朗鲁斯之后，美国服务管理研究小组帕拉苏拉曼、泽斯曼尔和贝瑞对顾客感知服务质量进行了更加深入的研究。1985 年，他们提出顾客所衡量的不仅仅是服务本身，也包括提供服务的过程，顾客感知的服务质量不是一维的，而是多维的，并利用顾客接受服务前对服务的期望与顾客接受服务后的实际感知的差距来定义服务质量，将其定义为感知的服务与期望的服务之间的差距，同样称之为感知服务质量。

通过上述学者们对于服务质量的定义看出，虽然学者们对于服务质量的定义并不完全相同，但其实差异并不大，都有一个共同的点，即顾客是服务质量的唯一评价者。帕拉斯拉曼小组在文献中归纳了服务质量的重要特征：服务质量对消费者而言，比产品质量更难评估；消费者对服务质量的感知是通过比较消费者的期望与实际服务绩效来决定；服务质量的评估并不能单由服务的产出来判断，还应该考虑服务的传递过程。

因此，本书认为：服务企业质量就是服务满足规定或潜在需要的特征和特性的总和，是顾客感知的质量[②]。对服务企业而言，质量评估是在服务传递过程中进行的。每一次的顾客接触都是一个使顾客满意或者不满意的机会。也就是说服务质量是顾客对特定产品和服务所感知的质，它是一种长期的、对整个业绩的评价所形成的一种态度。

优质的质量能提供重复的购买以及新的消费者，重复购买消费者的运营成本要比新的消费者的低，将会给企业带来更多收益。服务生产中，作为参与者的消费者对于质量的要求不仅仅是在技术上，而是一个宽泛的概念。企业对质量的理解必须和消费者的需求相符，以此来制定和改进质量的措施。

二、服务质量的特点

服务企业有别于制造业等传统行业，服务企业质量管理也就不同于传统行业的质量管理，它主要有以下特点。

---

① 参见ISO9000质量管理体系。

② 张淑君.服务管理［M］.北京：中国市场出版社，2010.

（一）综合性

服务生产系统中涉及企业很多方面，有顾客、企业的内部各部门，服务的流程的实现受到顾客、服务环境、服务定价、服务人员的综合素质、营销策略等多方面因素的影响。服务质量的高低依赖于多方面的合作和控制，不是由企业某一部门就能控制。因此服务企业质量具有综合性特点。

（二）主观性

服务生产系统依赖于生产过程过程中作为参与者的顾客，顾客的评价是在顾客享受服务之后，顾客根据自己的心理满足程度，不像实物产品，顾客的满足程度越高对其服务质量的评价越高，反之评价越低。在服务过程中，每个顾客受各种因素的影响，即使是同样的流程和服务，对服务质量的评价也不会一样，甚至存在很大差异，这是因为期望高的顾客对其质量评价低，而期望不高的顾客评价反而可能高，此时顾客的期望成了评价服务质量的主要标准；由于服务的无形性，服务质量缺乏有形的客观的评价标准，主观标准往往成了主要标准；由于生产和消费的不可分性，服务质量的形成离不开顾客，不可能不受顾客主观因素的影响。因此，服务企业管理者在服务过程中要了解和掌握每个顾客的需求，针对顾客提供差异化服务，提高顾客的满意度，提高企业的服务质量。

（三）过程性

实物产品的质量主要是产出质量，它的生产及其质量形成过程，顾客一般看不到，顾客看到是产出质量；而服务质量是一种过程质量，由于服务的不可分性，服务的生产及其质量形成过程，顾客一般是参与和可感知到，服务质量可根据服务过程的质量来做判断。如旅行社安排的某一景点旅游，如果路线、导游的服务、安排活动不同，那么旅游的质量也就不同。

三、服务企业服务质量的构成

服务企业在提供服务时，顾客参与了服务的生产过程，顾客感知服务包括：第一是顾客得到了什么服务，通常称为服务的技术质量，即服务的结果；第二就是服务的过程，顾客如何获得服务，通常称为服务的功能质量。

（一）技术质量

技术质量是指顾客在接受服务企业提供服务后得到的结果，也就是顾客在服务结束后的所得。在服务管理中也称为结果质量，这种结果主要牵涉指数方面的内容，它可以用某种方式来进行衡量。如银行客户办理存款时间、饭店顾客得到所需饭菜、旅游者通过旅行社旅游目的地、洗衣机生产企业对洗衣机的维修、会计师事务所客户得到的审计报告、酒店住宿者得到一间客房和床位等。技术质量是服务质量的一部分，是客户体验服务的组成部分，对评价服务质量具有重要意义。

（二）功能质量

服务功能质量也称服务过程的功能质量或过程质量，是指顾客接受服务的方式及在服务或消费过程的体验，都会对顾客感知的服务质量产生影响，是服务质量的另一组成部分，它说明服务工作者是如何工作的。服务企业为顾客提供的服务这个过程中存在一系列的互动关系，在这些关系中，顾客感知到服务质量除结果质量外，还有功能质量。例如，银行职员的态度、外貌、环境、言行，饭店咨询是否容易获得，饭店服务人员的态度、工作方式，旅行社工作人员态度、言行及工作方式，这些都会对顾客的服务体验产生影响。如果顾客能够亲自参加企业提供服务的过程，那么对企业的服务过程就会有一个客观认识，从而对企业的服务做出正确评价。

服务质量由指技术质量和功能质量组成，技术质量表明顾客得到了什么服务，功能质量表明顾客是如何的服务的。在大多数制造业里，消费者看不到生产，但在服务业中，顾客能够看到企业、服务人员的态度。企业形象可以从多方面影响顾客感知服务质量的形成。

四、服务质量的维度

顾客对于质量的评价包括对多个要素的感知，而不是一个一维的概念。学者们针对不同的领域进行了研究，找出质量应包括的因素。质量维度就是质量中包含的相互独立、相互关联的关键要素。学者们对不同的服务进行充分研究，这些服务包括零售业、银行等。

在上述对服务质量维度的构成研究中，其中以服务营销学家瓦拉瑞尔·A·泽斯曼尔等人提出的五个服务质量维度为代表，也广为学者接受。这五个服务质量维度分别是：可靠性、响应性、安全性、移情性和有形性。

（一）可靠性

可靠性是指准确可靠地执行所承诺服务的能力。可靠性意味着企业按其承诺办事，企业在送货、提供服务、问题解决及定价等方面的每个环节按其承诺行事。在这些维度中，可靠性在消费者的服务质量感知中是最重要的因素，不能提供可靠的服务通常将会变成一个失败的企业。企业在服务过程中应严格遵守自己在服务过程中的承诺。顾客喜欢与信守承诺的企业打交道，如果提供与顾客感知不相符的服务，将会导致顾客的失望。

（二）响应性

响应性是指服务企业以及时的方式提供它的服务承诺。响应性反映企业对顾客的要求、询问、投诉、问题处理的专注、快捷和自发性，也就是企业能否主动、及时地提供服务。响应性一般表现在两方面：一是顾客得到帮助或关注之前的等待时间，二是为顾客提供所需服务的柔性和能力。

（三）安全性

安全性反映了顾客免受危险、风险和怀疑的感觉，也就是员工对顾客是有礼貌的，有能力回答顾客的问题，顾客感到交易是安全的。在银行、保险、证券交易、医疗及法律服务中，安全性特别重要，信任是通过使企业和顾客联系在一起的关键一线人员来实现的，企业应努力在企业的关键一线人员与顾客间建立信任，如股票经纪人、保险代理人、律师、医生等如果具有相应的职业资格证书、学历证书、获奖证书等，这会让顾客对他们产生信心。

（四）移情性

移情性是指企业给予的关心和个性化服务顾客的关心。移情性反映的是企业将顾客作为个体对待，为顾客提供个性化服务，让顾客感受到自己是唯一的和特殊的，企业重视和理解他，为他提供了特别的服务。掌握顾客的偏好和需求，提供顾客化服务能够提升企业竞争力。例如，许多小的计算机公司把自己的服务定位于某些特殊行业，成功地与大公司竞争。

（五）有形性

有形性是指设备、工具、人员、书面材料的外表，有形性反映的是以有形物来代表服务。有形证据是顾客评价服务质量重要依据，零售商店、餐饮行业、娱乐公司等都是强调有形展示的服务行业，服务人员应在语言和态度上表明对顾客的关心。

关于顾客如何评价服务质量的 5 个维度，见表 13–1。

表 13–1　关于顾客如何评价服务质量的 5 个维度例子

行业	可靠性	响应性	安全性	移情性	有形性
航空（消费者）	航班按时起飞和抵达	迅捷快速的售票系统、空运行李的处理	真实姓名、良好安全记录、胜任的雇员	理解顾客个人需要，预测顾客需求	飞机、订票柜台、行李区、制服
建筑（企业）	按承诺提出方要求提供所需服务	回电，能适应变化	知识和技能、资格、声誉、社会上的名气	明白顾客所需，适应特殊顾客，	办公室、报告、计划本身、费用报告、员工着装
医疗（消费者）	按定时间会面，诊断准确	不用等待，愿意倾听	知识、技能、证书和声誉	理解病人，记得以前问题、认真倾听	候诊室、检查室、检查设备、书面报告
信息处理（内部）	按要求提供所需服务	及时做出反应，及时处理问题	具有丰富知识的员工、资格	将内部顾客作为不同个人来对待，明白其需求	内部办公区域、内部报告、员工着装
网店（消费者）	提供准确信息，准确执行顾客要求	快速、进入无障碍的网站	品牌识别、网站资格、网站上可信的信息来源	根据需要，做出反应的能力	网站及附属物的外观

（资料来源：泽斯曼尔，比特纳 . 服务营销［M］. 3 版，张金成，白长虹，译 . 北京：机械工业出版社，2004）

第二节 服务质量的差距模型

顾客对服务质量理解是很复杂的，在很大程度上是顾客主观上的产物，服务质量满意度实质上是服务期望与服务感知之间的比较。

一、感知服务质量模型

顾客对服务质量的满意可以定义为：将所感知到的服务与对服务的期望相比较，当感知超出期望时，服务被认为是具有特别质量，也就是一种高兴和惊讶。当没有达到期望时，服务注定是不可能接受的。当期望与感知一致时，质量是令人满意的。如图 13–1 所示（图中 ES 为感知服务质量，PS 为期望服务质量），服务期望受到口碑、个人需要和过去经历的影响。

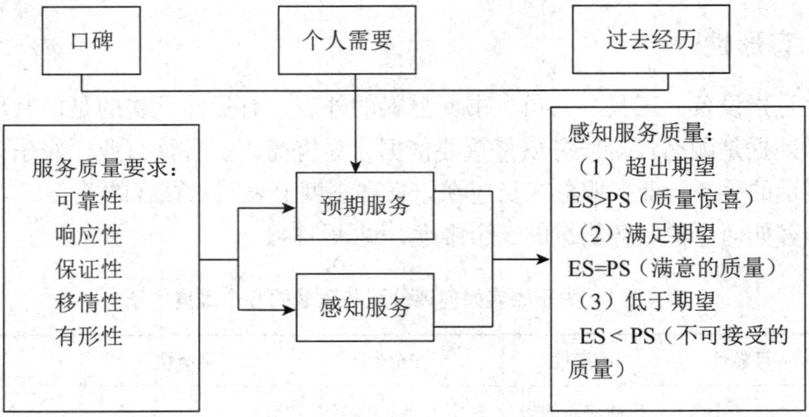

图 13–1 感知服务质量

（资料来源：詹姆斯·A·菲茨西蒙斯，莫娜·J·菲茨西蒙斯.服务管理：运作战略和信息技术［M］.3 版，张金成，范秀成，译.北京：机械出版社，2003.）

二、顾客满意度

顾客满意度是一个广义概念，它包括顾客对产品质量、服务质量、价格及环境因素、个人感知方面的满意程度。服务质量是顾客满意的一部分，主要包括顾客对服务可靠性、响应性、安全性、移情性、有形性方面的感知，如图 13–2 所示。

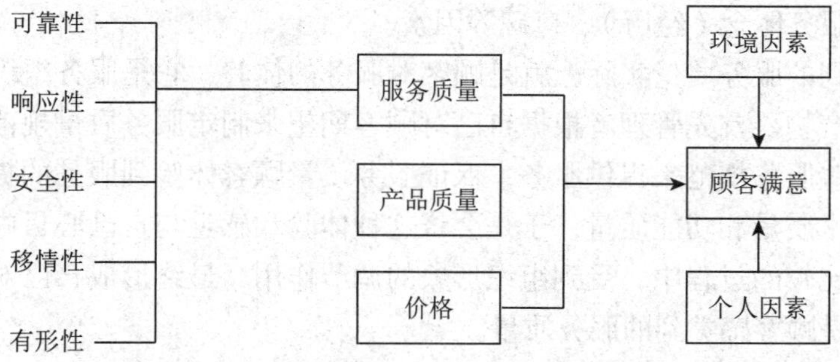

图 13-2 消费者对质量的感知和消费者满意

（资料来源：泽斯曼尔，比特纳.服务营销［M］.3版，张金成，白长虹，译.北京：机械出版社，2004.）

三、服务质量差距模型

服务质量差距模型是美国的帕拉苏拉曼、齐塞尔和贝利等服务营销人员于 20 世纪 80 年代末期开发的一种服务质量差距方法。他们认为，服务质量除了服务感知和服务结果外，还应包括服务过程，必须消除五种差距才能达到满意的程度。通过分析服务质量问题产生原因，从而协助企业采取措施，改善服务质量。差距模型如图 13-3 所示。

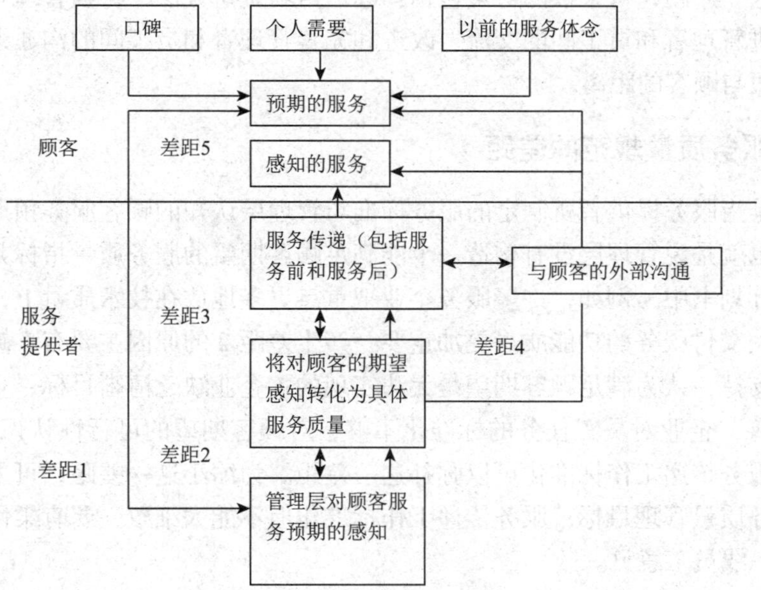

图 13-3 服务质量差距模型

（资料来源：Parasuraman，Zeithaml，Leonard Berry. A Conceptual Model of Service Quality and its Implications for Future Research［J］.Journa1 of Marketing，1985：44.）

该模型首先说明了服务质量是如何形成的。模型的上半部分包括了与顾客有关的内容，下半部分反映了与服务企业有关的内容。顾客对服务质量的希望取决于顾客的个人需要、以前的服务体念（经历）、口碑等因素。

顾客感觉到的服务质量实际上就是顾客对服务的体验，它是服务组织内部的一系列决策和活动的产物。首先管理者根据自己对顾客期望来制定服务质量规范，然后整个服务组织按照这些服务规范来提供服务，保证服务质量顾客体验到服务的提供过程，并感受到服务的技术质量和功能质量，于是会将这种体验和感觉与自己心目中的预期质量进行比较，并在比较的过程中，受到组织形象的调节作用，最终形成自己对服务质量的整体认识，这就是顾客感觉到的服务质量。

该模型说明了分析和规划服务质量时需要考虑的具体行动步骤，表明了产生服务质量问题的可能的根源，即上图所示的五种服务质量差距。这些差距都是由于质量管理过程中的偏差和缺乏协调一致造成的。当然，最终的差距（差距 5），即期望的服务质量与所体验的服务质量之间的差距，是由整个服务过程中出现的其他差距综合作用引起的。

（一）管理者对顾客期望的认知差距

差距 1 是顾客的期望与管理者对这些期望的感知之间的差距，也就是企业的管理者不准确的理解了顾客对服务质量的期望。导致这一差距的原因是管理者对顾客如何形成他们的期望缺乏了解，原因包括：服务企业缺乏对市场的调研；管理者对市场调研和需求信息的理解不准确；对顾客的需求缺乏正确分析；企业组织层次多，影响了信息的传递。为缩小这一差距，可采取的对策包括：改进市场调研方法；将强管理者对消费需求的了解；增进管理者和员工间的交流；改进和完善管理者和员工间的沟通渠道，减少管理层次，缩短与顾客的距离。

（二）服务质量规范的差距

差距 2 是指服务提供者所制定的服务标准与管理层认知的顾客服务预期不一致而产生的差距，也就是说管理层没有构造一个能满足顾客期望的服务质量指标并将这些目标转化到工作计划书中。例如，许多服务企业把重点更多地放在技术质量上，而事实上顾客感觉到有关交付服务的功能质量更加重要。产生差距 2 的原因主要有：缺乏管理者对服务质量的支持，认为满足顾客期望是无法实现的；企业缺乏清晰目标；企业对服务质量规划不完善；企业对员工任务的标准化不够；对顾客期望的可行性认识不足。然而，设定目标和服务传递工作标准化可以弥补这一差距。为缩小这一差距，可采取的对策包括：明确服务质量管理目标；服务传递工作标准化但不能太细致，要有柔性；制定服务规范时听取一线员工意见。

（三）服务传递差距

差距 3 是指服务传递差距，是指服务生产与传递过程没有按照企业所设定的标准来进行，没有达到管理制定的要求。例如，医学实践依赖于全体行政人员、办事人员和医务人员根据某种标准进行他们的工作。这一活动可能设置一个病人等候最长时间为 15 分钟那样的目标，但是，一个日程安排糟糕的医生可能会把整个员工系统搞乱。产生这一差距的原因有：缺乏团队合作，缺乏对员工的训练，标准太复杂，员工无法胜任；一线员工不认同这些标准；服务提供过程不完善；管理和监督不力；技术设备和管理体制不利于员工按标准操作。为缩小这一差距，可采取的措施包括：改善管理体制，完善组织机构和监督体系；加强员工培训，提高员工的专业素质和技术水平；更新相应的技术和设备。

（四）市场信息传播差距

差距 4 为市场信息传播差距，是指服务企业在市场宣传中所做出的承诺与企业自身实际提供的服务不一致。由于服务期望来自于媒体广告和与组织的各种交互过程，对外沟通中可能提出过度的承诺，而又没有与一线的服务人员很好地沟通。产生这一差距的原因有：企业的信息传播与经营管理体系间缺乏有效沟通；广告宣传夸大服务质量；实际提供服务时未按传播的质量标准实施。为缩小这一差距，可采取的措施包括：建立一套有效机制，加强企业内部沟通和协作；不盲目承诺。

（五）服务质量感知差距

差距 5 为服务质量感知差距，是指顾客期望与顾客感知的服务之间的差距。上述差距中的任何一个都将导致差距 5 的出现。要缩小这一差距，就要回到上述的 4 个差距。服务质量感知差距会导致以下结果：

（1）顾客认为体验和感知的服务质量太差，比不上预期的服务质量，因此，对企业提供的服务持否定态度。

（2）顾客将自身的体验和感觉向亲友诉说，使服务具有较差的口碑。

（3）顾客的负面口头传播破坏企业形象并损害企业声誉。

（4）服务企业将失去老顾客并对潜在的顾客失去吸引力。

当然，顾客质量感知的差距也可能对组织有正面影响，使顾客感觉到他们消费了优质服务，不仅留住了老顾客，还吸收了潜在顾客来消费。

服务质量差距模型是一种有效分析服务质量的工具，它可以发现服务质量问题的根源和症结，从而根据根据造成服务质量的原因来对症下药，寻找适当的消除差距措施，提高顾客的满意度和服务质量。

第三节　服务质量测量方法

一、服务质量测量的困难性

测量服务质量是比较困难的，由于服务具有有形产品所不具有的特性，如无形性、异质性、易逝性等，其生产和消费相伴发生，因此其质量的测量比有形产品复杂得多。另外，顾客满意是由许多因素决定的，与具有物理特性的、客观可测的物质产品不同（如装配和完成一辆汽车），服务质量包括许多心理因素（如饭店的气氛）。服务质量的影响不仅限于直接的接触，如医疗服务对人的未来生活质量会产生影响。因此，评价一个企业的服务质量的合适方法就是测量顾客的满意程度。

西方服务企业普通采用SERVQUAL评价法来评价服务质量，SERVQUAL是Service Quality的缩写，它是以服务质量差距模型为基础的调查顾客满意度的有效工具。SERVQUAL评价法最早是由帕拉苏拉曼、齐塞尔和贝利等提出来的，后被广泛应用。该方法建立在服务质量5个维度的基础上，通过对顾客服务预期（应当怎样）与顾客服务体验（实际怎样）之间差距的比较分析（即前面所说的期望差距分析）来衡量。

二、SERVQUAL评价法使用标准

由帕拉苏拉曼、齐塞尔和贝利等在1985年所做研究揭示了顾客在评价服务质量时使用的标准，有10个使用率最高，即决定服务质量的10个因素，具体如下。

（1）有形性。指服务的实物特征，如实物设施、员工形象、提供服务时所使用工具和设备、服务的实物表征（卡片等）及服务设施中的其他东西。

（2）可靠性。指绩效和可靠性一致，如公司第一次服务要及时、准确地完成，准确结账。企业财务数据和顾客记录数据准确，在指定时间完成服务。

（3）响应性。指员工提供服务意愿，如及时服务、迅速回复顾客打来电话等。

（4）沟通性。用顾客听得懂的语言表达和耐心倾听顾客陈述，包括介绍服务本身的内容，介绍所提供服务的费用，向顾客确认你能解决问题。

（5）可信性。信任、诚实，心中想着顾客利益，体现在组织名称、组织声誉及顾客接触的员工的个人特征等方面。

（6）安全性：摆脱危险、冒险、疑虑的自由度，如人身安全、财物安全和信任程度。

（7）胜任能力。掌握所需技能和知识的程度，包括与顾客接触的员工所具备的知识和技能，运营支持人员的知识和技能，组织的研究能力。

（8）礼貌。包括客气、尊重、周到和友善，如考虑顾客的利益，与顾客记住的员工外表干净、整洁。

（9）移情性。尽力去理解顾客的需求，如了解顾客的特殊需求，提供个性化的关心。

（10）可接近性。包括易于接触和方便联系，如通过电话很容联系到服务，接受服务等待时间不长，运营时间便利，服务设备安置地点便利等。

三、SERVQUAL评价法的运用

（一）进行调查问卷，由顾客打分

通常选择22个指标，被调查者根据其服务体验来回答问题（每个指标的分值在1~7分之间，分别代表“完全同意”到“完全不同意”，）说明他们期望和感知的服务质量，由此确定总的感知服务质量的分值。分值越高，表明顾客服务体验与服务预期距离越远，即顾客感知的服务质量越低。事实上，计算每个服务质量决定的分数比总的顾客感知服务质量分数更为重要。表13–2为利用这种方法评价服务质量时使用的标准问卷。其中，第一部分评价顾客对某类服务（如经济型旅馆）的服务期望；第二部分反映顾客

对某个服务企业的感知，调查表中的22条分别描述了服务质量的5个方面。

表 13-2 评估服务质量的调查问卷

说明：这项调查旨在了解你对 ____ 服务的看法，你认为提供这种服务的企业在多大程度上符合以下陈述所描述的特征。从每个陈述后面的7个数字中选出你认为最合适的。完全同意选7，完全不同意选1，如果感觉适中，请选择中间的数字。回答没有对错，我们关心的是你对服务的看法。

1……2……3……4……5……6……7

非常不同意　　　　非常同意

E1 它们应该有最新的设备和技术。
E2 它们的有形设备应具有视觉上的吸引力。
E3 它们的员工应穿着得体、整洁。
E4 这些机构有形设备的外观与所提供的服务类型相匹配。
E5 这些机构承诺了在一定的时间内做到某事，就应该信守承诺。
E6 当顾客遇到困难时，这些机构应给予帮助并尽力使顾客消除顾虑。
E7 这些机构应是顾客可信赖的。
E8 他们应遵照承诺的时间为顾客提供服务。
E9 他们应准确地进行情况记录。
E10 他们不应该被期望准确地通报顾客什么时候开始提供服务。
E11 对于顾客来说，期望从这些机构的员工那儿得到迅速及时的服务不是现实的。
E12 员工并不总是必须乐意地帮助顾客。
E13 如果服务人员太忙以致不能及时回应顾客的要求，这是可以接受的。
E14、顾客应该能够相信这些机构的员工。
E15 顾客与这些机构的员工交往时应该能够产生安全感。
E16 服务人员应该有礼貌。
E17 服务人员应该从这些机构中得到足够的支持以做好服务工作。
E18 这些机构不应该被期望对顾客给予特别的关照。
E19 这些机构的员工不应该被期望对顾客给予针对个人的关照。
E20 期望服务人员知道顾客需求是不现实的。
E21 期望这些机构了解它们的顾客最感兴趣的东西是不现实的。
E22 它们不应该被期望能根据不同的顾客需要调整服务的时间。

说明：以下陈述与你对X公司的看法有关。请根据你对X公司的了解，指出对每个陈述同意的程度，完全同意选7，完全不同意选1，你也可以选任何中间的数字，表示你对该公司的感觉。回答没有对错。我们想了解的是你对公司的看法。

1……2……3……4……5……6……7

非常不同意　　　　非常同意

P1 公司有最新的设备和技术。
P2 公司的设备有视觉上的吸引力。
P3 公司的员工穿着得体、整洁。
P4 公司有形设备的外观与所提供的服务相适合。
P5 公司承诺了在一定的时间内做某事就会做到。
P6 当您遇到问题时，公司给予您帮助并尽力使您消除顾虑。
P7 公司是可信赖的。
P8 公司遵守承诺的时间提供服务。
P9 公司准确地进行情况记录。
P10 公司没有向它的顾客通报什么时候开始提供服务。
P11 您没有从公司的员工那儿得到迅速及时的服务。
P12 公司的员工并不总是乐于帮助顾客。
P13 公司的员工很忙以至于不能及回应顾客的要求。
P14 您信任公司的员工。
P15 在您与公司的员工交往时您有安全感。
P16 公司的员工态度礼貌。
P17 服务人员从公司那里得到足够的支持以做好服务工作。
P18 公司没有给予您针对您个人情况的关照。
P19 公司的员工没有给予您针对您个人情况的关照。

P20 公司的员工不知道您的需求。
P21 公司不了解什么是您最感兴趣的。
P22 公司不根据不同的顾客需要调整服务的时间。

（二）计算服务质量的分数

评估服务质量实际上就是所得到的分数进行计算，顾客实际感兴与期望往往不同，因此，对同一个问题的打分存在差异，这一差异就在这个问题上服务质量的分数。用式 13–1 表示。

$$SQ=\sum_{i=1}^{22}\left(P_i-E_i\right) \qquad \text{式 13–1}$$

式中：SQ——SERVQUAL 模式中的总的感知服务质量；P_i——第 i 个问题在顾客感受方面的分数；E_i——第 i 个问题在顾客期望方面的分数。

式 13–1 表示的是单个顾客的总的感知质量。所得的总分数再除以 22（问题的数目）就得到了单个顾客的 SERVQUAL 分数。然后把调查中所有顾客的 SERVQUAL 分数加总再除以顾客的数目就得到企业的平均 SERVQUAL 分数。

式 13–1 存在一个假定条件，即对于企业提供服务的 5 个属性来说，其在顾客心目中的重要性是不同的，不存在哪个属性更重要的情况。但在实际生活中，不同的服务其 5 个属性的重要性是不同的。例如，计算机公司的顾客认为顾客心目中可靠性是最重要的属性。而服装店的顾客就不一定会认为可靠性是最重要的属性。考虑到这一情况，在评估企业服务质量时可进行加权平均。SERVQUAL 分数的计算，在式 13–1 的基础上，可得到加权计算公式，见式 13–2。

$$SQ=\sum_{j=1}^{5}W_i\sum_{i=1}^{22}\left(P_i-E_i\right) \qquad \text{式 13–2}$$

式中：SQ—SERVQUAL 模式中的总的感知服务质量；W_i—每个属性的权重；P_i—第 i 个问题在顾客感受方面的分数；E_i—第 i 个问题在顾客期望方面的分数。

帕拉苏拉曼等三人同时指出，“感受—期望”差异理论不同于传统意义上的顾客满意 / 不满意模型中的期望不一致观点。“感受—期望”差异理论体现的是一种特定标准的比较关系，而不是描述预想的服务与获得的服务之间的具体差别。该理论及上述的式 13–1 和式 13–2 不是用来预测的模型，是一套用来评估的感知服务质量的评估方法。

随着研究的深入，帕拉苏拉曼等三人也在不断发现自己研究中存在的问题，如与期望相关的概念上的不明确等。1990 年他们提出了“修正的期望评估”，把顾客期望较为明确地定义在卓越质量水平，在问卷调查中，要求回答者更集中于“提供卓越服务的公司”和某一特征是否对于卓越服务是“重要的”，等等。

SERVQUAL 模型提供了较为科学、实用的服务质量评估方法，但也存在一些不足，在今后的研究发展中仍需不断完善、发展。例如，很多研究表明，决定服务质量的 5 个因素对于某些服务企业可能是有意义的，但对于另外一些服务企业可能意义并不大。SERVQUAL 所选择的 22 个指标也存在着同样的问题。因此，应用 SERVQUAL 方法必须十分慎重，究竟选择哪些指标要根据具体情况来加以确定，因为服务内容、市场和文化环境存在着差异。有些情况下，可能要增加或减少一些指标以满足不同的要求。

四、SERVQUAL 方法对服务质量测量范围的界定

由于测量对象的复杂性，不可能对测量对象的所有方面进行全面测量，因此，可以利用 SERVQUAL 方法对服务质量范围的 4 个方面进行测量，因为这 4 个方面的好坏基本上能反映整体服务质量的优劣。

（一）服务质量范围

（1）过程。过程是指服务传递给顾客的方式，它是由一系列的关键事件构成的。在服务过程中，基本的原理是要保持活动的逻辑顺序和对服务资源的协调利用。过程对顾客感知服务质量起到很重要的作用。自动取款机是否易于使用，网站是否易于进入，饭店或管理咨询是否易于获得，以及饭店服务员、银行职员、旅行社职员、公交车驾驶员、维修人员的行为、外貌和工作、言行方式，都会对顾客服务印象的形成产生影响。

（2）结构。对服务企业而言，结构是指有形设施和组织设计是否完备，有形设备的外观是否与所提供的服务类型相匹配。不过，有形设施和辅助设备只是结构的一部分，人员资格和组织设计也是重要的结构因素。通过与设定的质量标准相比较，可以决定有形设施是否完备。例如，人员雇佣、晋升资格等都要达到标准。

（3）结果。结果是指顾客在服务过程结束后的所得，如乘客被航空公司从一个地方运到另外一个地方，客户从很行得到一笔贷款。服务质量的最终测量要反映最终结果。通过跟踪一些指标（如抱怨数量），就可以监视服务结果质量的变化，例如，通过与行业平均水平的对比来监控医院的工作；使用每千名外科手术感染率来评定医院，医院又可用不同级指标来评定病房。

（4）影响。影响是指服务过程结束后对客户短期或长期的影响。例如，医疗工作总的影响应当用人口寿命和婴儿死亡率来衡量；教育的影响常用识字率和国家标准测试结果来衡量。

（二）利用服务质量的 5 个维度对服务质量范围进行测量

服务质量范围包括过程、结构、结果和影响。对范围的测量的含义是对每一个范围根据可靠性、保证性、响应性、移情性、有形性的标准制定调查问卷，依据 SERVQUAL 方法，找到到底是范围中的哪一方面存在问题，从而有针对性地提出改进措施，提高服务质量。

五、SERVQUAL 评价法的优缺点

依据 SERVQUAL 方法的逐一测量，能够发现服务质量中的具体问题，为服务企业

提供有价值的信息，通过 SERVQUAL 方法，管理者既可以了解顾客的实际感知，又可以了解顾客的期望，从而有利于服务企业有针对性地提供各种顾客所期望的服务。SERVQUAL 方法能帮助服务企业更准确地把握顾客对其服务质量的真实看法。采用其他方法进行调查时，如果顾客对实际接受的服务进行肯定，可能是管理者认为提供的服务质量已经令顾客满意，而实际上顾客的期望并不一定得到满足，因为顾客可能还有更高期望。

SERVQUAL 方法也存在一些不足。第一，尽管 SERVQUAL 方法在最初开发时目的是可以应用到所有服务行业，但实际上研究者都需要对其进行适当修改才能用于不同行业，也就是在对具体的行业服务质量评价时，需要适当增减指标，改变部分指标的表述内容。第二，SERVQUAL 方法的量表问题设置可能会导致理解偏差。在 SERVQUAL 方法的问卷调查研究中，“应该”这个词可能会导致受访者赋予期望条款异常高的分值，而且组合问卷中对部分问题采用反面语言表达，这会造成顾客的误解，降低问卷有效度。第三，设置较长，两部分问题的相似性会导致被调查者的厌倦，而且对受访者素质要求较高，要想达到较为理想的调查结果，调查者必须和受访者进行深入交流，耐心解释，以保证受访者准确理解问题含义，因而调查工作量较大。

第四节　服务失误与服务补救

一、服务失误

服务失误是指没有达到顾客最低容忍期限的服务行为。服务企业在服务过程尽最大能力，但也避免不了服务失误。原因在于服务的无形性，顾客感受与期望之间的比较是顾客主观的评价，每个顾客有自己的需求和爱好，所以让每个顾客都满意是不可能的。

（一）顾客对服务失误的反应

当服务失误时，顾客会产生各种反应。主要包括采取行动和沉默，对于采取行动的顾客，其采取行动的种类也会有所不一样：有的顾客可能当场向供应商投诉，有的顾客可能向周围的人抱怨，有的向第三方抱怨。有些顾客当场向供应商投诉，此时对公司是有利，因为让企业有第二次机会满足顾客的需要，留住了顾客，避免了潜在的负面宣传。有些顾客不直接向服务人员投诉，而是向朋友、同事抱怨，这种抱怨会加强顾客的消极情绪，而且这种负面影响到其他人，从而影响到企业的发展。还有一些顾客选择向第三方抱怨，如消费者协会、行业协会等。不管采取哪种行动，顾客最终决定是否采取活动，是否再次停留在供应商这儿还是退出。而那些沉默的顾客，最不可能再次光临。服务失误之后顾客的反应如图 13-4 所示。

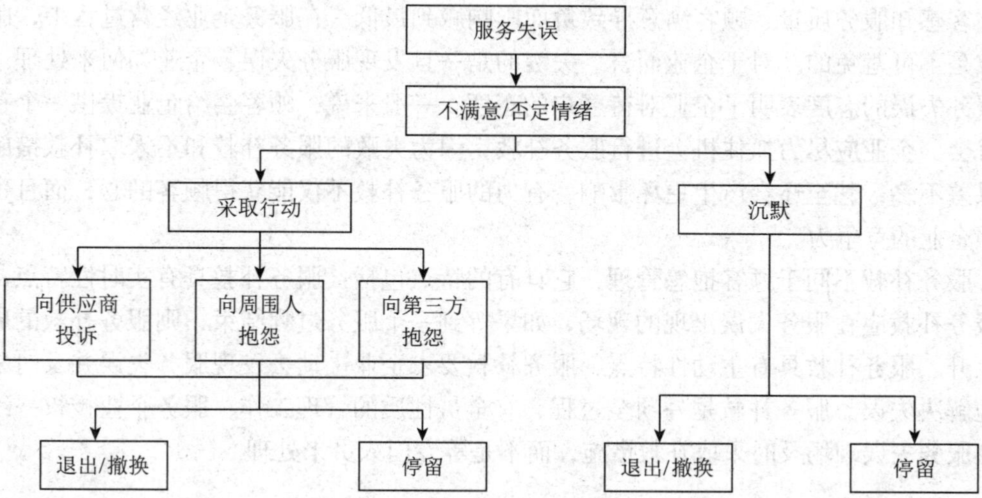

图 13-4　服务失误之后顾客反应

（资料来源：斯曼尔，比特纳.服务营销.［M］.张金成，白长虹，译.北京：机械工业出版社，2004.）

（二）顾客抱怨和不抱怨的原因

顾客报怨的原因是多方面的，有的抱怨者希望他不想要的状态得到纠正；有的是想重获某种控制手段；有的是为获得别人的同情并实验别人对抱怨的认同；有的为了创造一种印象。

顾客不抱怨的原因主要为：服务具有无形性，对服务过程的评价是基于顾客的主观判断，这会让顾客怀疑他们自己的评价；许多服务具有一定的专业化和技术化，顾客考虑到自己没有足够的资格提出抱怨；顾客对服务过程的参与，有时会让顾客感觉到是自己原因，另外就是服务者在现场，当面抱怨会有些不舒服。

（三）顾客抱怨时的期望

顾客花费时间和精力来抱怨时，他期望能对他的遭遇进行赔偿、能迅速解决相关问题，要得到公平和正义。服务补救专家史蒂夫·布朗和史蒂夫·塔克斯提出顾客寻求的公平类型包括：①结果公平。是指顾客希望结果或赔偿能与其不满意水平相符。这种赔偿可采用货币赔偿、正式道歉、折价、修理或更换形式。②过程公平。是指使顾客希望抱怨过程的政策、规定、时限公平。希望被快速、清晰和无争吵处理。③相互对待公平。是指顾客希望将到有礼貌的、细心的和诚实的对待。

二、服务补救

（一）服务补救的概念

服务补救是服务组织在对顾客提供的服务出现失败和错误的情况下，对顾客做出的及时性和主动性的反应。其目的是通过这种反应重新建立顾客满意和忠诚，将服务事务对顾客感知服务质量、顾客满意导致负面影响减到最低。在服务企业经营过程中，服务失败是不可避免的。对于企业而言，关键的是一旦发现服务失误，企业如何来处理。对待服务失误的态度表明了企业对待客户的态度。一般来说，顾客会给企业提供一个补救的机会，企业应尽力抓住机会进行服务补救，因为失败的服务补救和不采取补救措施的后果差不多，甚至还会产生更坏影响，有力的服务补救不仅能获得顾客的心，而且也能增强企业的竞争力。

服务补救不同于顾客抱怨管理，它具有的特点包括：服务补救具有实时性特点，是指服务补救应在服务失误出现的现场，如果等到一个服务过程结束，则服务补救的成本会上升。服务补救具有主动性特点，服务补救要求企业主动去发现服务失误并及时采取措施解决失误。服务补救是一项全过程、有全员性质的管理工作，服务企业授权一线员工在服务失误现场及时采取补救措施，而不是等专门人员来处理。

（二）服务补救的策略

服务补救策略是指服务企业在产生服务错误的情况下所采取的具体方法和措施，也就是针对不同的差错提供的补救行为。据有关学者研究，服务补救的策略主要包括道歉、解释、紧急复原、移情、象征性赎罪、动态追踪回访。

（1）道歉。道歉是对顾客精神损失进行补偿的一种基本形式。向顾客道歉是服务补救的开始，当企业意识到顾客的不满时，就应及时向客人道歉。如对于长时间排队等候的顾客，在顾客表现为不满意时，企业服务人员应及时向顾客道歉，同时也可以给顾客一定的补偿。道歉有电话道歉、信件道歉、个人当面道歉，不同的道歉形式效果不一样，个人当面道歉是最好的道歉形式，它让企业当面对顾客表明服务差错给顾客带来的不便，也让顾客感受到他对于企业的重要性，为企业重新获取顾客的认同打下基础。

（2）解释。解释是指企业就服务产生错误的原因对顾客进行说明，获得顾客的理解和谅解，从而降低其不满意程度的行为。一般而言，解释是伴随道歉发生的，企业向顾客解释差错发生原因的主动性会影响顾客对于服务过程中人际交互公平的感知。如对于长时间排队等候的顾客在道歉的同时，向顾客解释原因是用餐人员较多等，获得顾客的理解和体谅。

（3）紧急复原。紧急复原是道歉的延伸，就是迅速采取措施纠正错误。与道歉一样，当企业实施紧急复原措施时，向顾客证明了企业非常重视的他的抱怨，令顾客感知到顾客对企业的重要，让顾客心里得到满足。如果企业对顾客的不满视而不见或反应迟钝，会让顾客感到企业不重视他们，很可能这部分顾客就会成为企业的流失顾客。另外，如果不及时补救，还会造成补救成本的上升。美国服务质量管理者的获得者 Patrick Mene 研究总结的“1–10–100”的服务补救法则表明：出现服务失误后，当场补救可能要使企业花费 1 美元，第二天补救的费用会是 10 美元，以后的补救费用会上升到 100 美元。在服务过程中一旦发现服务失误，应立即补救，如果不及时补救，顾客会认为企业缺乏诚意，最终使抱怨升级，增大补救成本。紧急复原不仅可以提高顾客对服务质量的满意度，而且补救成本也会比缓慢补救成本低。

（4）移情。移情是指紧急复原的工作以后，企业要对顾客表示理解和同情。企业要站在顾客的角度，理解由于企业的服务未能满足顾客的需求而对顾客造成的影响。需要注意的是，移情不仅意味着主动承认失败，更重要的是努力理解顾客为什么会对企业失望，找出原因，更好地理解顾客的失望。对顾客的理解和同情，使顾客意识到企业实际上很关心他的困境，并且企业也在积极采取措施来减小损失，为企业和顾客的未来打下良好基础。一旦顾客意识到这一点，许多不满就会烟消云散。如果移情努力不真诚，它会使顾客更加愤怒，因此要注意移情的真诚。

（5）象征性赎罪。象征性赎罪是对顾客移情后，还要以一种有形的方式对顾客进行一定的补偿。补偿是对顾客感知分配公平最重要的修复形式，在对顾客表示理解和同情后，企业应以有形的方式来对顾客进行一定程度的补偿。如送一份小礼物，让顾客的到心理上的满足，同时也让顾客了解到企业愿意承担服务错误的责任。

（6）动态追踪访问。动态追踪访问是指企业在做了一定补救后，还要看其补救措施是否有效也就是要进行事后跟踪。动态追踪访问有以下好处：一是能发现伟大目标服务补救，及时对顾客进行二次补救；二是能进一步获取顾客的相关信息；三是能进一步施加影响，努力使其转化为愉悦、忠诚的顾客。动态追踪访问的形式多样，可依据服务的类型和服务补救的情形而定。可以是象征性赎罪结束几个小时后的电话回访，也可以是一封信或电子邮件，还可以是服务结束后对顾客的口头询问，通过动态追踪访问，能确定企业的补救努力是否得到认可，顾客的不满或抱怨是否得到扭转。另外，动态追踪访问也使企业获得一次对企业补救能力评估机会，并识别出内部需要改进的环节。

上述补救策略并不是孤立和离散的，也不是每次顾客不满时都要全部用到。通常情况下，他们之间存在关联，企业应针对差错情形选择不同的补救策略或各种策略的组合来进行补救。如顾客对于长时间排队等候，成功用道歉和解释就有可能做好补救，但是如果服务失败对顾客造成伤害，那所有补救策略都要用到。

（三）服务补救遵循的原则

服务补救是在与顾客建立关系过程中对服务失误的处理策略，有效的服务补救应遵循以下原则。

（1）计算服务失误的成本。服务失误会导致顾客流失，与争取新顾客相比，失去现有顾客就需要去争取新的顾客的成本会是保持现有顾客成本的3~5倍。现有顾客更容易对公司的营销做出积极反应。另外就是现有顾客问题较少，他们更熟悉企业的业务流程和人员，也乐意为服务支付更多的钱。顾客的流失会为企业带来不好的口碑，而坏口碑对企业的影响是致命的，也使企业争取新的顾客更为困难。好的服务可以是企业避免失误而付出额外费用，因此，精确的计算出这笔费用对于提高组织的质量意识会有所帮助。

（2）征求顾客意见。绝大多数顾客一旦遇到糟糕的服务后，往往不会告诉企业，而是投向其他企业。当服务失误出现后，一定要主动向顾客征求意见，了解服务失误原因及顾客不满意原因。服务人员，特别是那些与顾客接触的员工，应当有能力控制服务失误，让企业意识到服务事物的重要性。

（3）发现服务补救需要。服务失误和错误可以在任何时间、地点发生，通过对服务过程、服务系统及顾客需要的分析，可以找到服务失误的“高发地带”，并采取措施加以预防。寻找失误的“高发地带”，采取措施，防患于未然，有效实施补救，使补救取得更好效果。学者认为，企业应当特别关注员工的流动率高的地方，许多流动率高的职位都是由低报酬的服务人员来承担的，员工们往往缺乏激励或者没有掌握有效的补救技巧。

（4）服务补救必须迅速。当服务发生失误时，企业反应越快，服务补救就越可能产生成功的效果。服务补救越慢，坏口碑传播的越快，对企业造成的损失越大。有研究表明，如果企业处理投诉及时，企业会保留 95% 的不满意的顾客，相反，如果反应缓慢，即使投诉完全解决，企业也只能保留 64% 的不满意的顾客。

（5）员工培训。当服务失误时，如果企业服务人员擅长处理服务补救，那就不需要考虑这个问题。而事实上是当服务失误时，大多数企业服务人员并不知道该做什么。因此，企业必须对企业的员工进行培训，让员工树立关心顾客意识，同时具备及时发现服务失误和服务补救的能力。培训的目的是培养员工顾客意识和处理服务失误的技巧。

（6）充分授权并使与顾客接触的员工具有服务补救的能力。在进行有效的服务补救时，特别是在需要迅速做出反应时，企业的各种规章制度会让服务人员无法迅速做出处理。因为这需要经理等相关管理人员的批准，而他有可能忙于其他事物，延误了答复。因此，必须对员工进行授权，并使其了解到关于服务补救的信息和赔偿方法，具备服务补救的能力。如对遭受服务失误的顾客给予免费的票证或金钱的补偿等授权。

（7）使顾客处于知情状态。顾客希望看到企业承认服务失误并知道企业正采取措施解决这个问题。在服务补救过程中，让顾客了解企业的补救方式和进程。当问题得到解决时，告诉顾客解决结果及企业得到的经验教训。这些会使顾客明白企业积极处理服务失误，顾客也会站在企业的角度考虑，减少双方误解。

（8）从错误中吸取教训。企业必须拥有并创造性地运用补救系统，必须从企业、员工各个方面查找服务失误、质量问题及其他错误原因。对于企业而言，寻找失误根源并对服务流程做出相应的修正是一项非常重要的工作，因为只有这样，才能避免此类错误再次发生。

（四）服务补救方法

服务补救有四种方法，包括：逐件处理法、系统响应法、早期干预法和替代品服务补救法。

（1）逐渐处理法。逐件处理法强调顾客投诉各不相同。这种方法容易执行且成本较低，但是具有随意性。如最固执的投诉者经常会得到比通情达理的投诉者更令人满意的答复。这种方法的随意性会产生不公平。

（2）系统响应法。系统响应法是使用规定来处理顾客投诉。由于采用了识别关键失败点和优先补救标准这一计划性方法，它比逐渐处理法更可靠。只要响应规定不断更新，这种方法比较有用，因为它提供了一致和及时的反应。

（3）早期干预法。早期干预法是系统相应法的另一内容，它试图在影响顾客和解决为服务流程问题。如一名发货人发现卡车故障影响出货，他马上通知顾客，在必要时顾客可以采取其他方案。

（4）替代品服务补救法。替代品服务补救法通过提供替代品服务补救，从而利用竞争者的错误去赢得其他顾客。有时，处于竞争中的企业支持这种做法。例如，在一家超额预定旅馆的工作人员将顾客送到其竞争的旅馆。如果该旅馆可以提供及时和优质的服务，就可以利用这个机会。由于竞争者的服务失败通常是保密的，因此这种方法实施起来比较困难。

第五节 服务承诺

一、服务承诺定义

服务承诺也叫服务保证，是指企业通过广告、人员推销和公共宣传等沟通方式向顾客预示服务质量或服务效果，并对服务质量或效果给予一定保证。服务承诺是服务广告及各种宣传等沟通活动的核心内容。服务企业的广告、人员推销和公共宣传等沟通活动，实质上都是对自己服务质量的承诺。服务承诺有以下几种方式。

（一）显式承诺和隐式承诺

显示承诺指企业公开宣布承诺制度，以增强促销效果，鼓励顾客投诉服务质量。隐式服务承诺指不想社会公开服务承诺，但企业仍然要求员工尽最大努力为顾客服务，满足顾客要求，在出现服务失误时，据具体情况确定赔偿方式和金额。隐式承诺的企业主要靠顾客的口头相传，来形成良好的市场声誉。

（二）有条件承诺和无条件承诺

有条件承诺指服务承诺制度规定有一些附加条件，只有满足条件，才执行承诺。无条件承诺是没有任何附加条件都承诺。一般而言，附加条件越多，承诺越难操作，营销效果越差。

二、服务承诺的意义和内容

服务承诺不仅是一种营销工具，更有利于提高企业的服务质量，主要表现在以下几方面。

第一，促使企业关注顾客。服务承诺使企业必须明白顾客需求。建立有意义的服务承诺过程，实际上是深入了解顾客需求，不断提高顾客满意度的过程，这样使企业的服务质量标准体现顾客需求，让企业有努力的方向。

第二，设立明确的标准。一项对顾客具体的有雄心的承诺也为企业设定了明确的标准，它成为顾客和公众监督依据，使组织得到持续改进的动力。

第三，承诺的反馈。服务承诺可以产生积极的反馈，使顾客有动力、有依据对服务质量问题提出申诉，从而使企业明白所提供服务的质量与顾客期望的质量间的差距，为服务质量的评估提供有价值信息。

第四，建立顾客忠诚。服务承诺降低了顾客的风险，并建立顾客对企业的信任感，从顾客那里得到快速反应、提高顾客忠诚度，扩大市场占有率。

第五，促进对服务过程的完善。在承诺之前，企业管理者必须明白企业服务过程中容易出问题的环节，依据服务承诺确立的质量标准对服务过程中的质量管理系统进行设计和控制。

企业服务承诺的内容通常包括：①服务质量的保证；②服务时限的保证；③服务附加值的保证；④服务满意度的保证。

三、服务承诺的有效性

服务承诺是否有效，要从顾客的角度来考虑，只有被顾客认同的承诺才有效。一项好的承诺应具备以下特征：

第一，无条件。对于顾客而言，承诺不应该附带任何条件。

第二，容易沟通和理解。企业要让顾客明白他们能从承诺中获得什么，如果企业未做到承诺，顾客可以得到那些补偿。一项无误承诺应该简洁明确，容易引起误解的服务承诺，会引发顾客的错误期望。

第三，有意义。顾客获得的承诺对他们而言是有意义的，也就是能获得金钱和服务上的保证。

第四，容易实行。顾客获得承诺不需要花太多时间和精力，很容易得到。企业不应该让不满意的顾客通过争论和口角或其他方式，才能得到企业承诺的服务保证。

第五，容易调用。企业必须让顾客容易了解及取得服务承诺的信息，包括企业在特定范围和地点提供的信息。最好的保证是当面就解决问题。

【案例分析】

迟到的旅游团

张羽是某酒店餐厅的领位员，今天红叶旅游团原定的用餐时间是18点，到了19点，客人仍然未到，又过了10分钟，张羽才看到导游带着一群客人向餐厅走来，他走到前去询问导游是否是红叶旅游团的陪同，导游微笑解释说："不是，我们没有预订，但想在这里用餐，请务必帮忙解决"。"请您稍候，我马上替您联系"。张羽马上和餐厅经理联系。经理看到红叶旅游团已迟到1个多小时并且和酒店也没有联系，就同意就餐客人的要求，决定请客人先用红叶旅游团的预订餐位。

张羽刚把这批客人安排落座，红叶旅游团就到了。他看着满脸疲倦的客人，急中生智解释说："实在对不起，您们超过了原定时间太久，所以您们原先预订的餐位我们已安排给了其他团队，不过我马上就给您们安排座位，不会太久，我先带您们去休息室休息下。"说着就带客人去休息室，并为他们送上茶水。接着和餐厅经理联系说明情况。

餐厅经理听后急忙来到休息室向客人表示道歉，然后到餐厅调整安排餐位。10分钟后，经理到休息室告诉客人现在客人太多，请他们稍等一下。又过了5分钟，餐厅终于完成空闲台位的撤台、摆台，并立即通知厨房出菜等餐前工作。张羽再次来到休息室礼貌地对客人说："非常抱歉让大家久等了，由于餐前与您们联系不够，没有及时掌握大家晚来原因，致使大家等候，请原谅。现在可以就餐啦，请大家跟我来。""这次迟到是我们的原因，餐厅能在这么短的时间内为我们准备好，已经是非常感谢啦，感谢您们热情主动的服务。"陪同带头鼓起掌来，客人们满意地跟随张羽走进了餐厅。

（资料来源：根据豆了网相关案例整理而得。）

思考题

1. 你认为该酒店餐厅的服务质量管理有哪些可取之处？
2. 结合该案例，你认为服务质量对于企业的发展具有什么重要意义和价值？

课程实践

以小组为单位对某个餐厅或企业的服务质量进行跟踪观察，认真记录，并撰写报告，找出该企业服务期望与服务感知存在哪些差距，有哪些服务失误，如何进行补救？

【本章小结】

本章介绍了服务质量的概念、特点、构成内容及维度，在此基础上介绍了服务质量差距模型、服务质量的测量、服务失误及服务补救、服务承诺的相关知识点。

服务质量就是顾客感知的质量，服务质量具有综合性、主观性、过程性等特点，它由技术质量和功能质量组成，服务质量具有可靠性、响应性、安全性、移情性、有形性五个维度。服务质量差距共有五种，一般用 SERVQUAL 评价法来测量服务质量。

服务失误是指没有达到顾客最低容忍期限的服务行为。当服务失误时、顾客会产生各种反应。主要包括采取行动和沉默，对于采取行动的顾客，其采取行动的种类也会有所不同：有的顾客可能当场向供应商投诉，有的顾客可能向周围的人抱怨，有的向第三方抱怨。服务补救是服务组织在对顾客提供的服务出现失败和错误的情况下，对顾客做出的及时性和主动性的反应，服务补救有四种方法：逐件处理法、系统响应法、早期干预法和替代品服务补救法。服务承诺也叫服务保证，是指企业通过广告、人员推销和公共宣传等沟通方式向顾客预示服务质量或服务效果，并对服务质量或效果给予一定保证。

【复习思考题】

一、名词解释

服务质量　　服务质量维度　　服务失误　　服务补救　　服务承诺

二、简答题

1. 服务质量有哪些特点？
2. 服务质量的 5 个维度具体是哪些？

3. 服务差距模型中差距有哪几种，具体包括的含义是什么？

4. SERVQUAL 方法对服务质量测量存在哪些优缺点？

5. 什么是服务失误、服务补救及服务承诺？

6. 服务补救的策略有哪些？

7. 服务补救的方法有哪些？

三、论述题

1. 假设你接受一项服务，你期望得到什么样的服务，你对该服务是否存在期望与感知的差距？

2. 到网站上收集像海尔公司这样的企业的相关资料，判断企业克服了哪些差距，你是如何判断的？

3. 收集一个案例并对企业的服务失误和服务补救进行论述。

4. 论述认识差距受哪些因素影响？

第十四章

服务企业信息管理

【教学目标】

1. 掌握信息、信息系统及现代服务业信息管理的概念；
2. 掌握信息的属性、信息系统的功能；
3. 掌握信息技术在现代服务业中的作用与应用；
4. 了解现代信息服务业的发展。

章前导读

信息服务业的发展

信息服务业是利用计算机和通信网络等现代科学技术对信息进行生产、收集、处理、加工、存储、传输、检索和利用，并以信息产品为社会提供服务的专门行业的综合体，指服务者以独特的策略和内容帮助信息用户解决问题的社会经济行为。信息服务业包括系统集成、增值网络服务、数据库服务、咨询服务、维修培训、电子出版、展览等方面的业务。

信息服务主要指除软、硬件产品的销售之外，围绕信息系统软、硬件产品的推广应用所进行的各项服务过程，主要包括网络信息服务和专业计算机服务两大部分。网络信息服务主要指通过互联网提供的信息服务，包括互联网接入服务（ISP，即通过电话线、同轴或无线等手段，把用户的计算机或其他终端设备接入互联网），互联网内容提供服务（ICP，即提供互联网信息搜索、整理加工等服务），网络应用服务（ASP，即为企事业单位进行信息化建设、开展电子商务提供各种基于互联网的应用服务）等。专业计算机服务包括系统集成、咨询、培训、维护和设施管理等服务。

信息服务业是信息产业中的软产业部分。信息服务业是从事信息资源开发和利用的重要产业部门，属于第三产业。信息服务业是连接信息设备制造业和信息用户之间的中间产业。对生产与消费的带动作用大，产业关联度高，发展信息服务业有助于扩大信息设备制造业的需求和增加对信息用户的供给。

信息服务业的发展不仅仅是一个行业、一个产业的问题，它关系到国民经济与社会发展的全局。信息服务业已成为当今世界信息产业中发展最快、技术最活跃、增值效益最大的一个产业。

全球信息产业“服务”化的趋势越来越明显，信息服务业在国民生产总值中比例也不断提高。我国政府也不断出台相关的政策扶持信息服务业的发展，并对信息服务业的发展及定位也提出了一些新的看法和思考。

我国信息服务业快速发展、增长率远高于经济平均增长率。同时要看到，我国的信息服务业尚处于起步阶段，占信息产业市场的比例过小。随着我国信息化工作的推进，预计信息服务业在今后仍将保持高速发展的态势。

（资料来源：百度百科，https://baike.baidu.com/item/%E4%BF%A1%E6%81%AF%E6%9C%8D%E5%8A%A1%E4%B8%9A/1301912.）

第一节　现代服务业信息管理概述

一、信息的概念及属性

人们进行有目的的活动，总是要了解有关事物的情况，收集信息，利用信息。随着社会的进步和经济的发展，人们社会活动的深度与广度不断增加，信息的重要性就更为突出。

（一）数据

数据是对客观事物进行观察或观察后记载下来的可以识别的符号。一般指那些未经加工的事实或对特定现象的描述，是事实性的数字、文本和多媒体等数据，数据最终将被转换为信息。数据可以从两方面来理解：一是客观性。数据是对客观事实的描述，它反映了某一客观事实的属性。数据的表示需要使用属性名和属性值，两者缺一不可。二是鉴别性。数据是对客观事实的记录，这种记录是通过一些特定的符号来表现的，而且这些特定的符号是可以鉴别的，尤其是可以由计算机来识别。常用的特定符号有声、光、电、数字、文字、字母、图形、图表和图像等。

（二）信息

信息是客观世界所固有的，人类自古就对其有一定的认识，但从来没有像现代社会这样引起如此广泛、深入、持久的影响。在信息系统领域，通常所指信息的含义是数据经过加工处理后所得到的另外一种形式的数据，这种数据对信息接收者的行为有一定的影响。简而言之，信息是一种能对其接收者的行为产生作用的数据。可以从三方面对信息进行理解：

（1）客观性。信息来源于现实世界，它反映了某一事物的现实状态，体现了人们对事实的认识和理解程度，是人们决策或行动的依据。

（2）主观性。信息是人们对数据有目的的加工处理后的结果，它的表现形式根据人们的实际需要来决定，和人的行为密不可分。

（3）有用性。信息是人们从事某项工作或行动所需要的客观依据，并通过信息接收者的决策或行动来体现它具有的价值。

（三）信息与数据的关系

信息是向人们提供关于现实世界新事实的知识，数据是载荷信息的物理符号，两者紧密相连，不可分割，两者的区别体现在以下几个方面。

（1）并非任何数据都表示信息，信息是消化了的数据。

（2）信息是更直接反映现实概念的，而数据则是信息的具体体现，所以信息不随载荷它的物理设备而改变，而数据则不然，它在计算机化的信息系统中和计算机系统有关。

（3）信息是从数据中加工、提炼出来的用于帮助人们正确决策的有用数据。数据是描述客观事实、概念的一组文字、数字或符号等，它是信息的素材，是信息的载体和表达形式。数据与信息的关系可以形象地比喻成原材料与产品的关系。图 14–1 描述了数据与信息的关系。

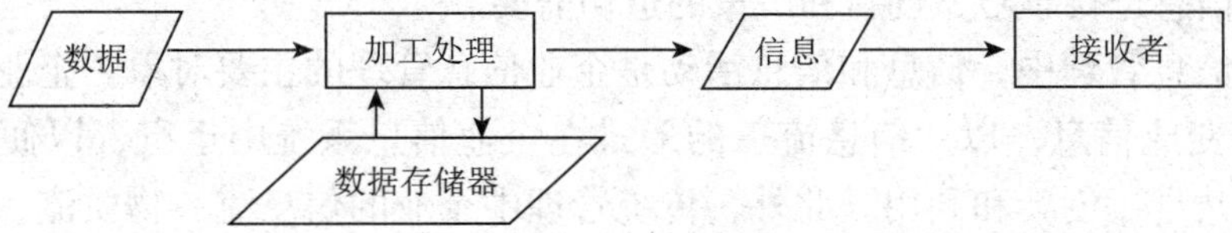

图 14–1　数据与信息的关系

（4）信息对决策有价值，即信息必定有人的参与，必定包含在人的决策活动中。决策活动是信息存在的必要条件，这个属性可以很好地区分数据和信息。

（四）信息的基本属性

一般地讲，信息具有 6 个属性：客观真实性、传递性、时效性、有用性、可处理性和可共享性。

（1）客观真实性。信息是事物存在方式和运动变化的客观反映，客观、真实是信息最重要的本质特征，是信息生命所在。

（2）传递性。传递是信息的基本要素和明显特征。信息只有借助于一定的载体（媒介），经过传递才能为人们所感知和接受。没有传递就没有信息，更谈不上信息的效用。

（3）时效性。信息的最大特点是在于它的不确定性，千变万化、稍纵即逝。信息的功能、作用、效益都是随着时间的延续而改变的，这种性能即信息的时效性。时效性是时间与效能的统一性，它既表明信息的时间价值，也表明信息的经济价值。信息如果超过了其价值的实用期就会贬值，甚至毫无用处。

（4）有用性（或称目的性）。信息是为人类服务的，它是人类社会的重要资源，人类利用它认识和改造客观世界。

（5）可处理性。这一特征包括多方面内容，如信息的可拓展、可引伸、可浓缩等。这一特征使信息得以增值或便于传递、利用。

（6）可共享性。信息与一般物质资源不同，它不属于特定的占有对象，可以为众多的人共同享用。实物转赠之后，就不再属于原主，而信息通过双方交流，两者都有得无失。这一特性通常以信息的多方位传递来实现。

二、现代服务业信息管理的概念、意义和内容

（一）现代服务业信息管理的概念

企业信息管理是企业管理者为了实现企业目标，对企业信息和企业信息活动进行管理的过程。它是企业以先进的信息技术为手段，对信息进行采集、整理、加工、传播、存储和利用的过程，对企业的信息活动过程进行战略规划，对信息活动中的要素进行计划、组织、领导、控制的决策过程，力求资源有效配置、共享管理、协调运行，以最少的耗费创造最大的效益。企业信息管理是信息管理的一种形式，把信息作为待开发的资源，把信息和信息的活动作为企业的财富和核心，通过不断产生和挖掘管理信息或产品信息来反映企业活动的变化，信息活动的管理过程和管理意图力求创新，不断满足信息管理者依靠信息进行学习、创新和决策的迫切需要。

在企业信息管理中，信息和信息活动是企业信息管理的主要对象。企业所有活动的情况都要转变成信息，以"信息流"的形式在企业信息系统中运行，以便实现信息传播、存储、共享、创新和利用。此外，传统管理中企业的信息流、物质流、资金流、价值流等，也要转变成各种"信息流"并入信息管理中。企业信息管理的原则必须遵循信息活动的固有规律，并建立相应的管理方法和管理制度，只有这样，企业才能完成的各项管理职能。

（二）现代服务业信息管理的意义

（1）在当前企业经营管理模式、组织结构、产品种类同质性特征日益明显的趋势下，各服务企业之间的竞争优势已经不太明显。而信息管理对于企业的管理模式与管理手段具有极大的优化作用，能够大大提高企业的运作效率。

（2）现代服务业的管理活动是以信息为基础的，通过相关信息的收集、加工、传递、利用以控制现代服务业的系列生产活动合理有效地运行，从而使企业利润最大化，实现企业的组织目标。

（3）信息管理有助于缩短现代服务企业服务时间和提高客户满意。

（4）随着经济全球化，很多国外先进的服务企业进入中国市场，给中国服务业造成了很大的压力。在此背景下，谁掌握了信息谁就掌握了财富。

（5）现代服务业中实行信息化管理，用计算机去从事一些比较烦琐而又重复单调的体力劳动，将人从中解脱出来，进而降低了员工的劳动强度，而且使员工有更多的时间去从事一些能够产生重大价值的脑力劳动。例如，高层管理人员将会有更多的时间和精

力去考虑企业的战略问题，中层管理者会关注如何改进管理技巧以便更有效地履行和传达上级命令与监督下级工作的职责，基层员工会思考如何创新工作方法以更好地提高工作效率，这对于企业挖掘员工的工作潜力十分有效。

（三）现代服务业信息管理的内容

企业信息管理主要包括业务信息管理和管理信息化两部分，二者之间联系紧密，管理是为业务服务的，而业务的进展又与管理的好坏息息相关。具体而言，主要包括：企业业务流程和管理流程的合理构建；企业组织结构、管理制度的完善；企业的总体数据库、相关的各种自动化及管理系统、局域网的建立，力求达到企业内部信息的最佳配置；互联网的接通，能够获得与企业相关的信息，使企业的信息资源不断充实，企业只有做好上述所有工作，才能使企业的核心竞争力获得大幅度的提高。

随着经济全球化趋势的日益明显，企业的生存环境也发生了很大的变化，不再单纯地局限于简单的商品交易，开始注重信息资源的开发，力求企业能够在激烈的市场竞争中立于不败之地。就目前情况而言，中国企业与外国企业在管理上还存在着很大差距，若想缩短这种差距，就必须对企业管理进行革新。虽然国内企业信息化管理的水平还不高，但是随着我国经济和科技的迅猛发展，相信在不久的将来我国的信息化水平一定能够提升到一个层次，所以对企业管理进行信息化建设和改革是促进我国企业获得可持续发展的重要因素。

第二节　现代服务业管理信息系统

一、信息系统概述

（一）信息系统的定义

在人类有了生产活动时，就有了信息交换和简单的信息系统。信息系统是一种供一个人或多个人使用的协助完成一项任务或作业的人造系统。信息系统的形式多种多样，规模不一，它受到人的想象力的限制。信息系统是为支持决策和过程而建立的，实现途径多种多样。信息系统是一个对组织内业务数据进行收集、处理和交换，以支持和改善组织的日常运作，满足管理人员解决问题而做出决策所需各种信息的系统。

（二）信息系统的组成

信息系统是一系列相互关联的可以发布指令（输入）、操作和存储（处理）、传播（输出）数据和信息并提供反馈机制以实现其目标的元素或组成部分的集合。如图 14–2 所示为信息系统的组成。

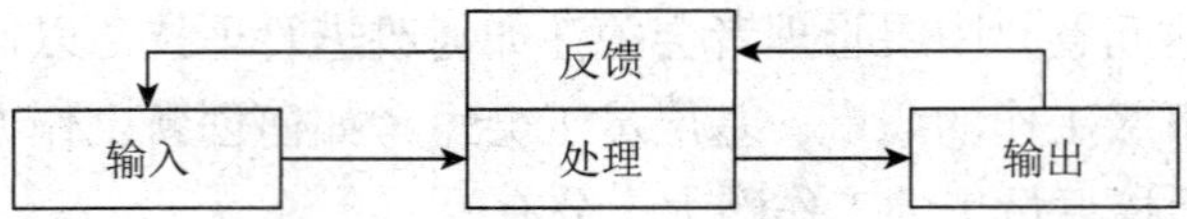

图 14-2　信息系统的组成

（1）输入：在信息系统中，输入是获取和收集原始资料的活动。输入的形式很多，可以用手工，也可以是自动。不管用哪一种方法，精确的输入是非常关键。

（2）处理：在信息系统中，处理是将数据转换或变换成有用的输出信息的过程。处理主要包括计算、分类汇总、排序、替换、筛选等，还包括将数据存储起来供以后使用。

（3）输出：在信息系统中，输出的是用户所需要的信息。信息的输出形式通常是文档和报告。

（4）反馈：在信息系统中，反馈是一种用来改变输入或处理的输出。反馈信息对关联和决策者来说具有很大的用途，可作为决策的依据。

（三）信息系统的功能

信息系统的五个基本功能：输入、存储、处理、输出和控制。

（1）输入功能：信息系统的输入功能决定于系统所要达到的目的及系统的能力和信息环境的许可。

（2）存储功能：存储功能指的是系统存储各种信息资料和数据的能力。

（3）处理功能：数据处理工具是基于数据仓库技术的联机分析处理（OLAP）和数据挖掘（DM）技术。

（4）输出功能：信息系统的各种功能都是为了保证最终实现最佳的输出功能。

（5）控制功能：对构成系统的各种信息处理设备进行控制和管理，对整个信息加工、处理、传输、输出等环节通过各种程序进行控制。

（四）信息系统的类型

从信息系统的发展和系统特点来看，可分为数据处理系统、管理信息系统、决策支持系统、专家系统自动化和虚拟办公室五种类型。此外，由管理的层次性可将经理信息系统、营销信息系统、制造信息系统、财务信息系统、人力资源信息系统、信息资源信息系统分为两个层次。这是一种逻辑的管理信息系统而不是物理的管理信息系统，也叫组织信息系统。

二、现代服务业信息系统

（一）现代服务业信息系统的概念

管理信息系统是一门综合了管理学、系统科学、信息科学、计算机科学和现代通信技术的新兴边缘学科，它是通过运用系统理论和方法，以电子计算机和现代通信技术为信息处理手段和传输工具，能为企业管理信息进行数据的收集、整理、存储、加工、查找和传输，并为企业管理决策服务的系统。

现代服务业管理系统具有一般管理信息系统的共性，但同时也具有其自身的一些特点。现代服务业管理信息系统定义为：为了更好地实现现代服务企业的组织目标，运用系统理论和方法，以人为主导，利用计算机硬件、软件、网络通信设备及其他办公设备进行收集、传递、存储、加工、维护和使用现代服务业管理活动中发生的信息，为现代服务企业决策提供信息服务的人机系统。

（二）现代服务业信息系统的功能

（1）计划预测功能。即对现代服务业各种形式的原始数据进行收集、整理、输入、存储、加工的基础上，运用数学、统计或模拟等方法对现代服务企业未来的经营情况进行预测，根据预测结果对各部门制订合理协调的工作计划。

（2）决策功能。即企业决策人员通过利用各种数字模型和存储在计算机中的大量数据，及时推导出有关问题的最佳解决方案，辅助管理人员进行决策，以期合理利用人、财、物和信息资源，取得最佳的经济效益。

（3）服务功能。即通过依据现代服务企业各职能部门提供的数据、信息，为企业上下级单位、相关业务单位或部门提供信息服务。

第三节　信息技术在现代服务业中的作用与应用

一、信息技术在现代服务业中的作用

（一）信息技术提升传统服务业

信息技术的高速发展及具有强大的影响力，通过对传统服务业的技术改造，大大提高了传统服务业的工作效率，很多传统服务业发展成为具有发展潜力的现代服务业。同时信息技术的应用促进了服务业的高速发展，使得金融业、教育业、文化娱乐业等传统服务业大大提高了效率和效益。传统产业部门通过信息技术的深度改造，吸收信息化发展的先进交易、生产和分配方式，不断向现代服务业的方向发展。

由此可知，是信息技术的产生，推动了现代服务业的产生。信息技术是基础，由于增强了信息技术对传统服务业的改造，顺应社会需要和发展趋势才产生和发展了现代服务业。

（二）信息技术产业中的现代服务业

信息技术产业本身就含有和发展出了许多现代服务产业，如计算机和软件服务、网络通信、数字影视、网络传媒、信息服务、现代物流、远程教育、电子商务等，这些一般都统称为现代信息技术服务业。随着新科技革命浪潮的兴起，由于信息技术的广泛适应性和高度倍增性，社会分工越来越细，专业化程度越来越高，以信息网络技术为核心和源于为信息产业服务的大量服务行业迅速崛起，成为服务业发展的一股重要力量。同时，由于这些服务业产业链延伸和专业化分工的需要。出现了多种类型的信息咨询服务业、信息内容服务业等，它们可以提供更深入、更具个性化的定制信息服务。

这里可以举出很多生活中常见的由信息技术产业衍生和发展出的现代信息技术服务业，如新浪、百度、中华网、搜狐等企业，就是利用互联网提供信息服务。网易、盛大是利用互联网提供娱乐服务；阿里巴巴、卓越、淘宝是利用互联网提供物流服务；携程、易龙是利用互联网提供旅游服务等。因此，发展现代服务业应重视现代信息技术服务业的发展，因为现代服务业与传统服务业的区别就在于信息技术的应用和渗透程度。

所以，信息技术对现代服务产业的产生具有不可替代的作用。一方面，信息技术作为现代工具，顺应时代发展的需求，对传统服务业进行改造，产生了新型服务业和具有发展潜力的现代服务业。另一方面，信息技术产业本身，由于信息技术水平的不断提高，也衍生出了许多现代信息技术服务产业，这些服务产业将一直为当代经济的发展和提升做出巨大的贡献。

二、信息技术在现代服务业中的应用

在服务创新领域，有 95% 的金融创新是基于信息技术，信息技术催生了电子商务的同时，也正在创新连锁商业模式。在服务生产领域，金融服务业的在线证券交易、支付交易已离不开信息技术，现代物流业的业务过程监控、在线拼合供求、运输网络优化已建立在信息技术基础之上，电子医疗设备的检测、诊断、治疗是医疗服务的基本要求。在服务销售环节，金融领域呼叫中心、网络银行、电话银行、手机银行等成为服务销售基本途径。在商业连锁领域，电子订货系统（EOS）、电子数据交换（EDI）等成为企业之间服务的基本模式。在内部管理领域，几乎所有企业的管理都是建立在信息系统之上的：金融服务业的实时识别、度量和风险控制，现代物流业的分布式物流业务协同管理、物流监控网络和安全监管，医疗领域的 HIS 系统、医学影像系统（PACS）等都依赖于信息管理技术和网络。

信息技术的普遍应用，有利于推进传统服务业向现代服务业的转变。服务业的特性决定了其发展对于信息的依赖程度远大于其他产业，信息技术在传统服务业中的推广应用，为服务业中信息的快捷、畅通流动奠定了基础，有助于推动服务业信息化水平的提高，促进服务业效率和效益的增长，实现传统服务业的改造和升级。信息技术的应用将改进传统服务业的提供方式，扩大服务的内容和服务的领域，使以往单一领域中的服务行业能够跨越多个领域提供服务，使传统的生产服务、消费服务和公共服务之间的界限变得模糊。

长期以来，整个零售业是利用信息技术的行业典范。由于零售业竞争十分激烈，零售企业总是大胆创新，不断引入新的技术。以沃尔玛为例，沃尔玛 1970 年的销售额只有 4 亿美元，到 1980 年其销售额增加到 17 亿美元，但仍然无法跻身于美国大零售商的行列中。为了超过竞争对手，沃尔玛率先对零售信息系统进行改进，例如，使用计算机跟踪存货，使用条形码技术，采用电子数据交换系统，使用无线扫描枪等。这些投资都使得沃尔玛显著地降低了成本，大幅度提高了资本生产率和劳动生产率。整个20世纪80年代，沃尔玛的销售额年均增长在20%以上，到1990年其销售额达到330亿美元，成为全球最大的零售企业。之所以取得这些增长业绩，一个重要的因素就是由于沃尔玛积极地引入了各种信息技术和管理手段。

在信息经济时代，企业通过局域网、外联网和接入互联网进行信息的传播和交换。互联网提供了丰富的网上资源和个性化服务，内容涵盖文化教育与艺术、科研与生产、休闲与娱乐、社会与经济、商业信息等各方面。企业的购买与销售等商务活动可以利用互联网、电子订货系统、电话、传真等信息技术工具来完成，信息技术的使用提高了商务活动的效率。以计算机作为搜集与处理信息的工具，对生产服务过程起到控制、检测与处理的作用，服务过程不再需要人工的手动操作，更多的工作是依靠以计算机技术为基础的信息系统的控制与管理，实现了服务过程的智能化与自动化。信息技术的使用，实现了服务型企业组织结构向扁平化发展，促进了管理幅度的增加与管理层级的减少。

第四节　现代信息服务业的发展

一、现代信息服务业的发展现状及趋势

（一）现代信息服务业的发展现状

当前，全球信息服务业发展迅速，总体来看，具有的特点包括：产业规模逐渐增大，外包活动日趋活跃，服务内涵逐步延伸，商业模式推陈出新，服务平台不断拓展，企业竞相重组合并。

1. 国外信息服务业的现状

当今全球信息服务业市场格局非常发达的美国，其强大的计算机技术、通信技术及网络技术带动了信息服务业的快速发展，其信息服务业发展的特点表现为产业日益发展壮大，互联网用户增长趋缓，数据库服务快速发展，信息服务体系形式多样。欧洲诸国凭借其独特的优势推动信息服务业的发展，如英国的信息服务市场比较发达，而法国的数据服务则处于全球领先地位，爱尔兰的数据服务成为新增长点等。日本上下游企业协同合作促进了整个信息服务业的良性增长，其特点为：产业保持稳步增长，软件服务占据重要位置，合作协同日趋紧密，政府大力扶持产业发展。韩国将信息服务业置于国家战略高度全力推动，其特点为：产业规模迅速扩张，大力发展网络服务市场和国家战略全力推动。

2. 中国信息服务业的现状

（1）信息服务产业跨越式发展，规模不断扩大增加。我国信息产业20世纪以来进入了迅猛发展的阶段，产业规模不断扩大，截至目前，信息服务产业已经成为我国国民经济的支柱产业之一。

（2）信息服务产业企业持续增加，形成了企业生态体系。在国家和地方政府对信息服务产业的政策出台背景下，信息服务业的企业生态体系建立逐渐形成，规模迅速扩张、实力持续增强，同时，带动了中小信息服务企业快速发展，形成了龙头企业、中型企业、创业企业的发展格局。

（3）产业结构不断优化，产业从业人员素质不断提高。以前我国信息服务产业以计算机、信息服务设备、通信产品为代表，产业发展层次相对不高，产业发展主要依托消费类电子产品支撑。近几年来这种产业结构发生了较大的变化，产业结构不断升级转型。同时我国信息服务产业的人员结构素质也不断提高。一方面人员整体素质明显提高，很多高水平、高学历的人才进入了信息服务产业的领域，另一方面信息服务专业领域的人才培训和储备力度也在不断增强。

（二）信息服务业发展趋势

信息服务业已成统领信息技术产业的中枢神经，对国民经济的带动作用越来越大，呈以下发展趋势。

（1）传统的 IT 硬件制造商向软件与服务转型，并带动了其他制造业的转型。

（2）在信息服务业领域产业集群理论中的地理接近逐渐被组织接近所替代，软件/外包已形成国际潮流。

（3）各国强调突出重点领域发展信息服务业，并提出具体计划。

（4）咨询业和信息服务业实现全面融合，为信息服务业发展开辟了一条捷径。

（5）电信业由传统网络运营商向现代综合信息服务提供商转变，将大大丰富信息服务业的内容。

二、现代信息服务业的发展前景展望

（一）规模进一步扩大

产业的发展离不开企业的发展与规模的扩大。随着全球信息化进程的加快，全球信息服务产业中各个企业的规模也呈现出不断扩大的趋势。我国信息产业园的建立与完善使得信息服务企业逐步呈现规模经济，企业间交易成本、企业与用户间服务产品使用成本降低。一方面聚集了全国各种科技、智力、人才和信息资源，为信息服务业的发展提供了良好的平台；另一方面，这种信息产业园区建立的聚集效应和规模效应的发挥，将大大降低企业交易成本，提高其信息服务企业的竞争优势。

（二）产业融合步伐进一步加快

现代信息服务业作为现代服务业与信息产业的融合，是两者相互支撑、相互促进、相互配合的较好体现，产业整合主要有以下四种。

（1）产业间的延伸融合。即通过产业间的功能互补和延伸实现产业间的融合，这类融合通过赋予原有产业新的附加功能和更强的竞争力，形成融合型的产业新体系。这种整合更多地表现为服务业向第一产业和第二产业的延伸和渗透。

（2）高新技术的渗透融合。信息技术的不断创新、扩散、发展与整合，带动了一系列关联产业的产生与变化，形成了各传统产业之间较强的联结而使传统产业实现了融合。信息技术、信息产业融入传统产业之后，传统产业纷纷相互出现分化、解体和重组，不断催生新兴产业。

（3）产业内部的重组融合。这一方式主要发生在各个产业内部的重组和整合过程中，工业、农业、服务业、内部相关联的产业通过融合提高竞争力，适应市场新需要。与一般的产业纵向一体化不同的是，这种融合最终产生了新的产业形态，其过程既包括技术创新，又包括体制创新，其结果是促进了产业的升级换代。

（4）创新产业取代传统旧产业进行融合。新产业和旧产业整合的不是“混合物”，而是“化合物”，具有自身的特殊性质。最典型的是现代信息服务业中的电子商务，它同一般的电子网络技术产业和一般的商务都不同。电子商务虽然具有电子网络和商务的一般属性，但从本质上讲是一个新生事物，是电子网络技术应用于商务活动的新产业，可称为交叉产业或边缘产业。

（三）加速信息服务产业链进一步完善

目前信息服务业的产业链构成还不是特别的完善，那么在其未来的发展过程中如何进一步完善产业链必然成为重点。我国目前的信息服务业产业链主要从如下几个方面完善。

（1）信息服务业整体。价值链网状化程度加深，链条稳定有待加固随着信息服务业的不断发展，产业内部的分工在逐渐细化，价值链不断拉长、细分和开放，链状转变为网状，各环节之间的利益联动关系越来越强。产业链的稳定性还需要进一步发展，各环节的行业关联性还不很稳定。

（2）信息内容制作环节。内容制作是信息服务产业链的基础环节，在整个链条中地位很重要。信息服务简言之就是通过各种技术手段将信息内容传递给用户的过程，因此内容的数量、质量等，将直接影响信息服务的效果。但在信息内容和用户之间，存在较多环节，技术差距使其在产业链中主动权较少，也制约了内容环节的获得空间。

（3）信息服务提供环节。市场竞争激烈，盈利能力受限。信息服务提供商主要为内容运营商，包括新闻 / 娱乐类门户网站、数字影音供应商、软件开发商、数字出版商、游戏动漫企业等，将信息内容整合、集成和包装后，通过网络运营提供给用户。由于信息服务提供商产品和服务的同质化现象较为普遍，致使市场竞争程度加大，而激烈的市场竞争势必会限制其赢利水平。

（4）信息传输环节。行业传输是将信息服务予以实现的关键环节，是整个产业链的技术基础，位于价值链的核心地位，在很大程度上控制着利润分配。

（5）信息技术服务环节。技术服务作为技术支持环节，和其他环节不同的是，所提供的服务不是内容而是技术，其服务对象不仅限于信息用户，还包括产业链内部各个环节，如内容制造商、提供商、网络运营商等。

（四）品牌化发展

无论是信息产品还是服务产品，产品的品牌化路线显然都是各个产业发展的关注热点，品牌意味着知名度，关注度和较好的产品品质，因而在现代信息服务产业发展的进程中，围绕着品牌建设无疑是必选之路。

【案例分析】

绿云平台——满足从酒店管理、服务到营销的需求

2010年年初绿云科技初创之时，就是针对新形势下酒店管理集团化、连锁经营模式所面临的问题进行系统设计开发的。传统的酒店管理系统都是围绕单店管理开发的，到2008年时，系统的理念已经从酒店业务的内部管理发展为以内部管理为基础、以对客户服务为核心的模式。但是面对互联网的迅猛发展，集团化、连锁经营的酒店管理模式要求酒店管理系统突破单店管理的限制，实现集中管理、统一运作。于是，很多酒店管理系统开发单位采用了在传统的单体酒店管理系统基础上增加一层，以集团B/S架构方式设立一个位于单体管理信息系统之上的集成管理系统，以开发接口的方式连接起所有的单体酒店，试图实现统一管理、整体运营的效果，即集团采用B/S架构，集团和成员店之间采用接口方式相连。

此时，问题开始出现了。不同的酒店在独立运营时，设立的业务代码、管理权限、报表格式、管理体系甚至数据格式都是从自己酒店需求的出发的，在进行系统整合时，由于不同的酒店对这些系统要素的设定千差万别，给系统集成、整合，实现集团的统一管理或连锁经营的一体化运营带来了巨大的障碍。集团化、连锁经营的酒店急需具有顶层设计理念、统一管理运营模式的酒店管理信息系统来适应新业态发展的需求。

绿云科技借此契机，开发出具有针对性的酒店管理平台并一举成功，顺利地拿下了多个集团化、连锁经营的酒店企业，这得益于他们找到了市场发展过程中的空白期，并快速跟上，占领了这个市场。

绿云科技开发的酒店管理系统，在充分分析了酒店业态发展的新形势之后，逻辑上设定了四层架构；第一层满足单体酒店业务管理的需要，核心是内部管理和对客服务，是对酒店经营管理的基本需求的支撑；第二层实现酒店集团和连锁经营的统一管理需要，核心是酒店集团化运营的一体化管理支撑；第三层实现酒店联盟的业态发展，核心是对不同酒店间联合营销理念的支撑；第四层实现平台化的发展，核心是突破传统酒店业的营销边界，对连接一切旅游服务理念的支持。

四层架构满足从单体酒店到酒店集团的管理模式，满足从内部管理到外部营销的管理思维，满足从集团内独立经营到不同集团间联合运作的管理理念，满足从单独酒店业整合到以酒店为核心的多业态整合的管理创新思潮。也就是说，绿云开发的酒店管理平台，其意义已经突破了酒店业内部管理、酒店间整合、联合营销的范畴，开始与酒店业务相关联的其他业态相连相通，帮助酒店实现了多个对接：直接对接OTA企业，实现酒店借分销平台的在线销售；对接新兴酒店预订渠道，打通了多种旅游要素产品的整合，实现业态的拓展；对接微信、支付宝等支付平台，连接个人在线支付；对接智能酒店解决方案提供商，实现酒店智慧化建设……为酒店的内部管理、外部营销、对客服务

甚至智慧化建设提供了完整的解决方案。

从内部管理到外部营销，从单体酒店到酒店联盟，从对客服务到整合营销，在酒店行业受到互联网浪潮冲击转变经营模式的时候，绿云以其系统平台为酒店业的发展提供了技术的支撑。

（资料来源：许澎，史庆滨，王赵云．旅游＋互联网：浙江实践与探索［M］．北京：中国旅游出版社，2015.）

思考题

1. 绿云科技公司开发的管理平台分为几层，各层次有什么具体功能？

2. 通过该案例，你认为信息管理平台对集团化、连锁化企业联盟具有什么样的重要价值和意义？

【课程实践】

组织学生到当地省级或地级信息大楼或大数据中心进行调查，了解其提供了哪些信息服务，并进一步对其提供信息服务产生的经济价值进行评估和分析，写成调研报告。

【本章小结】

本章主要分四节，第一节主要阐述了数据、信息、信息管理的基本概念，并详细叙述了信息的特性；第二节阐述了信息系统的基本概念、功能及特征，特别强调了现代服务业信息系统的基本概念及功能；第三节详细阐述了信息技术在现代服务业中的作用与应用；第四节结合当前我国现代信息服务的现状，叙述了现代信息服务业发展趋势与发展模式。

【复习思考题】

一、名词解释

数据　　信息　　信息系统　　现代服务业信息系统

二、简述

1. 简述数据与信息的关系。
2. 信息系统有哪些功能？
3. 现代服务业信息系统有哪些功能？

三、论述题

试论述信息技术在现代服务业中的作用。

第十五章

服务企业管理创新

【教学目标】

1. 掌握服务企业管理创新的概念、主体；
2. 掌握服务企业管理创新的促进因素；
3. 掌握服务企业管理创新的内容及方法；
4. 掌握服务企业管理创新的过程及组织。

章前导读

管理创新的理论思想

熊彼得开创了创新理论研究的先河，此后许多学者将创先研究的焦点从宏观层次的经济增长转向企业微观层次的创新活动管理，大致可分为以下五个阶段。

1. **第一阶段：个体创新阶段**（1940—1960 年）

微观层次中企业创新活动的系统研究，起始于20世纪60年代。但受熊彼特创新动力论的影响，这一阶段研究的侧重点在于研究创新系统活动中的各个构件，这一阶段创新管理的研究呈单一、线性、内源式特征。

2. **第二阶段：组织推动创新阶段**（1960—1970 年）

第二阶段创新管理研究在第一阶段单一创新管理研究的理论成果基础上，转向研究创新的组织内源问题，研究组织如何通过对研发活动的有效管理实现创新的目标。这阶段的研究，重点在于如何管理研发部门和创新技术创新部门的活动，以及组织自身在创新中的重要地位等。这一阶段的理论贡献者主要有罗伯特及阿伯内西与厄特巴克等。罗伯特及阿伯内西与厄特巴克在关于创新动态模式的研究中，根据产品生命周期将产品创新、工艺创新和产业组织的过程分为三个阶段：不稳定阶段、过渡阶段、稳定阶段。

3. 第三阶段：组织外部创新阶段（1970—1980 年）

第三阶段创新管理研究，突破了第二阶段组织创新局限于内源的视野，突出用户在技术创新中的地位和作用，将用户作为一个重要的组织外部创新源，这一思想的主要推动者是希波尔，他提出了“用户是创新者”的思想。

4. 第四阶段：组合创新、集成创新和系统创新阶段（1980—1990 年）

上面三个阶段的创新理论研中，研究对象都局限于单一技术创新过程和要素，也就是熊彼特所列举出的五种创新形式中的一种，而没有研究创新中各构成要素之间的内在动力和关系，到 20 世纪 80 年代，随着环境的变化，组织对创新绩效提出了更高的要求，传统单一的创新理论和模式的局限日益显现出来。基于系统理论之上，一些学者将研究视角从单个的创新系统构件转到创新系统要素之间的关系上。例如，罗斯维尔、罗森伯格等人的研究进一步揭示出创新过程的动态化、集成化和综合化。如罗森伯格的创新链环模式，尽管主要是就技术创新而言的，但已经显示出创新是多种因素交互作用的过程。

我国学者提出组合创新理论。目前，组合创新管理是国内外居于主导地位的创新管理模式。组合创新至少包含了五个方面的组合关系，即产品创新与工艺创新的协调、重大创新与渐进创新的协调、创新的显性效益和隐性效益的协调、技术创新与组织文化创新的协调、企业内部独立创新与外部组织合作创新的协调。

在创新理论发展的第四阶段，与组合创新理论相似的是，在 20 世纪末期，出现了集成创新观和系统创新观的创新理论。集成创新观的代表人物有马克·依恩斯蒂、贝赞特、帕维特、陈劲等。集成创新观强调对现有各创新要素的创造性整合，体现了一定的系统性思想。

5. 第五创段：全面创立理论阶段（2000 年至今）

进入 21 世纪后，创新理论的发展向更高的层次迈进，许多学者从生态系统的角度来研究创新理论，人人创新、时时创新、全流程创新、全球化创新及事事创新的全面创新思想成为创新理论发展的新方向。近年来，激发每个员工的创新积极性，实现“人人都是创新者”的思想受到了广泛关注。一些学者认为，企业外包、战略联盟等组织形式的出现促进了研发、制造、营销等的全球化。以“全员”为本，实现全时空、全方位的创新是第五阶段理念发展的目标。

（资料来源：王庆海．管理学概论［M］．北京：清华大学出版社，2008.）

第一节　服务企业管理创新概述

一、创新及管理创新的概念

创新，尤其是管理创新是一个企业发展的动力和源泉。随着服务经济的发展，以及经济全球化形势的到来，市场竞争日益加剧，创新在服务企业中的地位与作用更是日益显著。

（一）创新的概念

创新是一个古老的词汇，起源于 15 世纪，在现代汉语中创新的解释是：抛开旧的，创造新的。英语“创新”（innovate）起源于拉丁语里的“innovare”，意思是更新、制造新的东西或改变。《韦伯斯特词典》关于“创新”的定义是①引入新东西、新概念；②制造变化。因此，“创新”的含义是在世界上首先引入新的东西，引入新概念，制造新变化。

而对于创新理论的探讨主要在 20 世纪。彼得·德鲁克认为创新是对资源给予一种新的创造财富的能力行动[①]。斯蒂芬·罗宾斯认为创新是指形成创造性思想并将其转换为有用的产品、服务或方法的过程[②]。而美国哈佛大学教授约瑟夫·熊彼得则认为创新是生产手段的新组合，生产意味着把我们所能支配的原材料和力量组合起来，并列出了它的五种情况：①采用一种新的产品；②采用一种新方法；③开辟一个新的市场；④获取或控制原材料和半成品的一种新的来源；⑤实现一种新的工业组织[③]。

创新理论的提出既是对于成功企业经验的总结，又为经济的进一步发展、提高生产力及改善人民生活提供了真正的驱动力。

（三）管理创新的概念

管理创新是指组织形成创造性思想并将其转换为有用的产品、服务或作业方法的过程。也即企业把新的管理要素（如新的管理方法、新的管理手段、新的管理模式等）或要素组合引入企业管理系统以更有效地实现组织目标的活动。

在彼得·德鲁克、斯蒂芬·罗宾斯及约瑟夫·熊彼特等西方学者对管理创新理论的基础上，我国学者芮明杰、常泽修教授等对管理创新也提出了一些比较有影响的观点。

芮明杰教授将管理创新定义为创造一种新的或更有效的资源整合方式，这种方式可以是新的有效整合资源以达到企业目标的全过程管理，也可是某方面的细节管理，至少可以包括为五个方面的情况：一是提出一种新的经营思路并加以有效实施，如果经营思路可行就是一种管理创新；二是设计一个新的组织机构并使之有效运作；三是提出一个新的管理方式、方法，它能提高生产效率，协调人际关系或能更好地激励员工；四是设计一种新的管理模式；五是进行一项制度创新[④]。

常泽修教授认为：管理创新是指一种更有效而未被企业采用的新的管理方式或方法的引入[⑤]。还有学者认为管理创新就是在建立和完善扎实的管理基础工作、加强实物资源和有形资产管理的同时，不断采用适应市场需求的新的管理方式和管理方法，以人为本，重点加强知识资产管理、机遇管理和企业战略管理，有效运用企业资源，把管理创新与技术创新和制度创新有机结合起来，形成完善的动力机制、激励机制和制约机制。

① ［美］彼得·德鲁克.创新与企业家精神［M］.蔡文燕，译.北京：机械工业出版社，2009.

② ［美］斯蒂劳·罗宾斯，玛丽·库尔特.管理学［M］.李原，孙健敏，黄小勇，译.北京：中国人民大学出版社，2012.

③ ［美］约瑟夫·熊彼得.经济发展理论［M］.北京：中国商业出版社，2009.

④ 芮明杰.超越一流的智慧——现代企业管理的创新［M］.上海：上海译文出版社，1994.

⑤ 常泽修.现代企业创新论［M］.天津：天津人民出版社，2004.

企业管理创新包括思想与理念创新、经营战略创新、组织结构创新、管理制度创新、管理机制与模式的创新、运作流程创新、技术与方式方法创新、市场与产品创新等内容。管理创新是决策层创新、执行层创新和操作层创新的全方位有机结合。

由上可知，从不同的角度定义管理创新有一定的差异。本文认为，丙明杰教授指出了管理创新的本质，即管理创新是创造一种新的资源整合方式。所以，本文将以之为基础，结合其他学者的观点，给出管理创新的定义。管理创新是指企业在现有资源的基础上，发挥人的积极性和创造性，通过一种新的或更经济的方式来整合企业的资源，并能有效地加以实施，以达到管理效益最大化的动态过程。

二、服务企业管理创新的主体

根据管理创新的定义，就服务企业而言，管理创新的主体应包含以下一些人员。

（一）企业家

企业家是指从事企业管理实践的有管理支配力的高级管理人员，这里所指的企业家不是指脱离了企业生产经营管理的企业家资产的终极所有者。但必须注意到，并非所有的企业家都是管理创新的主体，因为许多很好的总裁、总经理未必有创新意识，因而就不可能进行管理的创新。事实上，我们也不要求所有的企业家都像先知先觉者那样一定要有创新的产生，一个企业家如能用别人或者下属员工的创意，同样是一个好的企业家，但此时他不是管理创新的主体。

然而，企业家往往由于其所处的特殊地位会对管理创新产生重大的影响，或者在管理创新过程中扮演重要的角色，因此许多人误认为某项管理创新是某一企业家所为，其实并不一定如此。企业家可以鼓励和推动管理创新在本企业进行，但不能因此就说他们是管理创新的主体。但也有一些企业家有自己的创意，并在自己任职期间设计具体操作方案并加以实施，这些企业家是严格意义上的管理创新主体。

（二）管理者

企业中有许多管理者，在专业分工条件下对自己职责范围内的事务、人员、资源进行管理。这些管理领域如人事、财务、生产、营销等均处于管理创新的空间范围内。如果从事这些工作的管理者的确拥有创意并加以有效实施，他们可以成为管理创新的主体。然而，这一阶层的管理者，他们的行为要受到上级领导的约束，受到自身权力的约束，他们有创意并不一定能够实施。因为这一创意要得到上级的赞许，否则就要冒被辞退的风险。相反，一旦该创意被上级认可，这些管理人员便可在自己的领域内大胆创新，成为管理创新的主体。

一个易取得成功的企业、一个有远见的企业家应该充分重视企业中管理人员成为管理创新主体的可能性。如果一个企业中许多管理人员都在进行管理创新的探索，那么这个企业必定无往而不胜。这就产生了另一个问题，即企业家即便自己不是管理创新主体，也应该发掘和培养本企业的管理创新主体，就像企业拥有一支技术或产品创新的人员队伍一样。事实上，从事某些企业专业领域的管理工作者可以成为很好的管理创新主体，其所得的管理创新成果也可能是非常了不起的。

（三）企业员工

企业员工也可以是管理创新的主体，但作为个人的员工却难以成为管理创新的主体，因为单个员工在企业中属于操作层，其工作仅涉及管理创新的边缘，何况单个员工会受到上司多方面的控制，虽有创意也很难在工作中进行实践以至成功。作为个人的员工虽难以成为管理创新的主体，但作为一个群体的员工却往往能成为管理创新的主体，这是因为作为群体的员工可以包容大量的创意，即俗话所说的“三个臭皮匠可以顶个诸葛亮”。

综合以上分析，我们可以发现企业内部管理的三个层次——最高决策层、中间管理层和作业管理层中都可能有一些管理者成为管理创新主体，而绝不仅仅限于企业家。

三、服务企业促进管理创新的因素

有三类因素将有利于服务企业的管理创新，它们是服务企业的组织结构、文化因素和人力资源因素。

（一）组织结构

组织结构因素主要包括：第一，有机式结构对创新有正面的影响。因为有机式结构纵向变异、正规化和集权化程度低，有机式结构可以提高组织的灵活性、应变力和跨职能工作能力，使创新更易于得到采纳。第二，拥有富足的资源是创新的重要基石。组织资源充裕，管理者有能力购买创新成果，敢于投下巨资推行创新并承受失败的损失。第三，单位间密切的沟通有利于克服创新的潜在障碍。

（二）文化因素

从文化因素看，充满创新精神的组织文化通常具有的特征包括：接受模棱两可，容忍不切实际，外部控制少，接受风险，容忍冲突，注重结果甚于手段，强调开放系统等。

（三）人力资源因素

在人力资源这一类因素中，有创造力的组织积极地对其员工开展培训和发展，以使其保持知识的更新。同时，它们还给员工提供高工作保障，以减少他们担心因犯错误而遭解雇的顾虑。组织也鼓励员工成为革新能手，一旦产生新思想，革新能手们会主动而热情地将思想予以深化、提供支持并克服阻力。

第二节　服务企业管理创新的内容与方法

一、服务企业管理创新的内容

（一）观念创新

管理观念又称为管理理念，指管理者或管理组织在一定的哲学思想支配下，由现实条件决定的经营管理的感性知识和理性知识构成的综合体。一定的管理观念必定受到一定社会的政治、经济、文化的影响，是企业战略目标的导向、价值原则，同时管理的观念又必定折射在管理的各项活动中。从20世纪80年代开始，经济发达国家的许多优秀的企业管理专家提出了许多新的管理思想和观念，如知识增值观念、知识管理观念、全球经济一体化观念、战略管理观念、持续学习观念等。我国服务企业的经营管理理念存在经营目标不明确、经营观念不当和缺乏时代创新精神的问题，应该尽快适应现代社会的需要，结合自身条件，构建自己独特的经营管理理念。

（二）组织创新

企业系统的正常运行，既要求具有符合企业及其环境特点的运行制度，又要求具有与之相适应的运行载体，即合理的组织形式。因此，企业制度创新必然要求组织形式的变革和发展。从组织理论的角度来考虑，企业系统是有不同成员担任的不同职务和岗位的结合体，这个结合体可以从结构和机构这两个不同层次去考察。所谓机构是指企业在构建组织时，根据一定的标准，将那些类似的或实现统一目标有密切关系的职务或岗位归并到一起，形成不同的管理部门。它主要涉及管理劳动的横向分工的问题，即把对企业生产经营业务的管理活动分成不同部门的任务。而结构则与各管理部门之间，特别是与不同层次的管理部门之间的关系有关，它主要涉及管理劳动的纵向分工问题，即所谓的集权和分权问题。不同的机构设置，要求不同的结构形式；组织机构完全相同，但机构之间的关系不一样，也会形成不同的结构形式。由于机构设置和结构的形成要受到企业活动的内容、特点、规模和环境等因素的影响，因此，不同的企业有不同的组织形式，同一企业在不同的时期，随着经营活动的变化，也要求组织的机构和结构不断调整。组织创新的目的在于更合理地通过组织管理人员的努力，来提高管理劳动的效率。

（三）制度创新

制度创新需要从社会经济角度来分析企业系统中各成员间的正式关系的调整和变革。制度是企业运行的主要原则。企业制度主要包括产权制度、经营制度和管理制度三方面的内容。产权制度是决定企业其他制度的根本性制度，它规定着企业最重要的生产要素的所有者对企业的权力、利益和责任。不同的时期，企业各种生产要素的相对重要性是不一样的。在主流经济学的分析中，生产资料是企业生产的首要因素，因此，产权制度主要是指企业生产资料的所有制。目前存在的相互独立的两大生产资料所有制——私有制和公有制（或更准确的是社会成员共同所有的“公有制”），在实践中都是不纯粹的。私有制正越来越多地渗入“公有”的成分，被“效率问题”所困扰的公有制则正或多或少地添进“个人所有”的因素（如我国目前试行中的各种形式的“股份制”）。

企业产权制度的创新也许应该朝着寻求生产资料的社会成员“个人所有”与“共同所有”的最适度组合的方向发展。经营制度是有关经营权的归宿及其行使条件、范围、限制等方面的原则规定。它表明企业的经营方式，确定谁是经营者，谁来组织企业生产资料的占有权、使用权和处置权的行使，谁来确定企业的生产方向、生产内容、生产形式，谁来保证企业生产资料的完整性及增值，由谁来向企业生产资料的所有者负责及负什么责任。经营制度的创新方向应该是不断地寻求企业生产资料的最有效利用的方式。管理制度是行使经营权、企业日常运作的各种规则的总称。制度创新就是企业根据内外环境需求的变化和自身发展壮大的需要，对企业自身运行方式、原则规定的调整和变革。制度创新要以反映经济运行的客观规律、体现企业运作的客观要求、充分调动组织成员的劳动积极性为出发点和归宿。企业制度创新的方向是不断调整和优化企业所有者、经营者、劳动者三者之间的关系，使各个方面的权利和利益得到充分的体现，使组织的各种成员的作用得到充分发挥。

（四）技术创新

技术创新是管理创新的主要内容，企业中出现的大量创新活动是有关技术方面的，因此，技术创新甚至被视为企业管理创新的同义词。现代企业的一个主要特点是在生产过程中广泛运用先进的科学技术，技术水平是反映企业经营实力的一个重要标志，企业要在激烈的市场竞争中外于主动地位，就必须不断进行技术创新。由于一定的技术都是通过一定的物质载体和利用这些载体的方法来体现的，因此，技术创新主要表现在要素创新、要素组合方法的创新及产品创新三个方面。

（五）产品创新

产品是企业向外界最重要的输出，也是组织对社会做出的贡献。产品创新包括产品的品种和结构的创新。品种创新要求企业根据市场需求的变化，根据消费者偏好的转移，及时调整企业的生产方向和生产结构，不断开发出用户喜欢的产品；结构创新在于不改变原有品种的基本性能，对现有产品结构进行改进，使其生产成本更低，性能更完善，使用更安全，更具市场竞争力。

（六）环境创新

环境是企业经营的土壤，同时也制约着企业的经营。环境创新不是指企业为适应外界变化而调整内部结构或活动，而是指通过企业积极的创新活动去改造环境，去引导环境向有利于企业经营的方向变化。例如，通过企业的公关活动，影响社区、政府政策的制定；通过企业的技术创新，影响社会技术进步的方向等。

对于服务企业来说，环境创新的内容很多，但市场创新是最主要的。市场创新主要通过企业的活动去引导消费，创新需求。新产品的开发往往被认为是企业创造市场需求的主要途径。其实，市场创新的更多内容是通过服务企业的营销活动来进行的，即在产品的材料、结构、性能不变的前提下，或通过市场的地理位置转移，或通过提示产品新的物理使用价值，来寻找新用户，或通过广告宣传、营业推广等促销手段，来赋予产品以一定的心理使用价值，影响人们对某种消费行为的社会评价，从而诱发和强化消费者的购买动机，增加产品的销售量。

（七）文化创新

现代管理发展到文化管理阶段，可以说已经到达顶峰。企业文化通过员工价值观与企业价值观的高度统一，通过企业独特的管理制度体系和行为规范的建立，使得管理效率有了较大提高。创新不仅是现代企业文化的一个重要支柱，而且还是社会文化中的一个重要部分。如果文化创新已成为企业文化的根本特征，那么，创新价值观就能得到企业全体员工的认同，行为规范就会得以建立和完善，企业的创新动力机制就会高效运转。

二、服务企业管理创新的方法

（一）头脑风暴法

头脑风暴法是美国创造工程学家奥斯本在 1939 年发明的一种创新方法。这种创新方法是通过一种别开生面的小组畅谈会，在较短的时间内充分发挥群体的创造力，从而获得较多的创新设想。当一个与会者提出一个新的设想时，这种设想就会激发小组内其他成员的联想。这种方法的规则表现在：①不允许对别人的意见进行批评和反驳，任何人不作判断性结论。②鼓励每个人独立思考，广开思路，提出的改进设想越多越好，越新越好。允许相互之间的矛盾。③集中注意力，针对目标，不私下交谈，不干扰别人的思维活动。④可以补充和发表相同的意见，使某种意见更具说服力。⑤参加会议的人员不分上下级，平等相待。⑥不允许以集体意见来阻碍个人的创造性意见。⑦参加会议的人数不超过 10 人，时间限制在 20 分钟到 1 个小时。

这种方法的目的在于创造一种自由奔放的思考环境，诱发创造性思维的共振和连锁反应，产生更多的创造性思维。讨论一小时能产生数十个乃至几百个创造性设想，适用于问题比较单纯、目标较明确的决策。这种方法在应用中又发展出“反头脑风暴法”，做法与头脑风暴法一样，对一种方案不提肯定意见，而是专门挑毛病、找矛盾。它与头脑风暴法一反一正正好可以相互补充。

（二）综摄法

综摄法是由美国麻省理工学院教授戈登在 1952 年发明的一种开发潜在创造力的方法。它是以已知的东西为媒介，把毫不相关、互不相同的知识要素结合起来创造出新的设想，也就是吸取各种产品和知识精华，综合在一起创造出新产品或知识。这样可以帮助人们发挥潜在的创造力，打开未知世界的窗口。综摄法有两个基本原则。

（1）异质同化，即“变陌生为熟悉”。这实际上是综摄法的准备阶段，是指对待不熟悉的事物要用熟悉的事物、方法、原理和已有的知识去分析对待它，从而提出新设想。

（2）同质异化，即“变熟悉为陌生”。这是综摄法的核心，是对熟悉的事物、方法、原理和知识去观察分析，从而启发出新的创造性设想。

（三）逆向思维法

逆向思维是顺向思维的对立面。逆向思维是一种反常规、反传统的思维。顺向思维的常规性、传统性，往往导致人们形成思维定式，是一种从众心理的反映，因而往往使人形成一种思维“框框”，阻碍着人们创造力的发挥。这时如果转换一下思路，用逆向法来考虑，就能突破这些“框框”，取得出乎意料的成功。逆向思维法由于是反常规、反传统的，因而它具有与一般思维不同的特点。

（1）突破性。这种方法的成果往往冲破传统观念和常规，常带有质变或部分质变的性质，因而往往能取得突破性的成就。

（2）新奇性。由于思维的逆向性，改革的幅度较大，因而必然是新奇、新颖的。

（3）普遍性。逆向思维法适用的范围很广，几乎适用于一切领域。

（四）检核表法

检核表法几乎适用于任何类型与场合的创造活动，因此又被称作“创造方法之母”。它是用一张一览表对需要解决的问题逐项进行核对，从各个角度诱发多种创造性设想，以促进创造发明、革新或解决工作中的问题。实践证明，这是一种能够大量开发创造性设想的方法。检核表法是一种多渠道的思考方法，包括的创造技法有迁移法、引入法、改变法、添加法、替代法、缩减法、扩大法、组合法和颠倒法。它启发人们缜密地、多渠道地思考和解决问题，并广泛运用于创造、发明、革新和企业管理上。它的要害是一个“变”字，而不把视线凝聚在某一点或某一方向上。

（五）信息交合法

信息交合法通过若干类信息在一定方向上的扩展和交合，来激发创造性思维，提出创新性设想。信息是思维的原材料，大脑是信息的加工厂。通过不同信息的撞击、重组、叠加、综合、扩散、转换，可以诱发创新性设想。要正确运用信息交合法，必须注意抓好以下三个环节。

（1）搜集信息。不少企业已设立专门机构来搜集信息。网络化已成为当今企业搜集信息的发展趋势。搜集信息的重点放在搜集新的信息，只有新的信息才能反映科技、经济活动中的最新动态、最新成果，这些往往对企业有着直接的利害关系。

（2）拣选信息。包含着核对信息、整理信息、积累信息等内容。

（3）运用信息。搜集、整理信息的目的都是运用信息。运用信息，一要快，快才能抓住时机；二要交汇，即这个信息与那个信息进行交汇，这个领域的信息与那个领域的信息进行交汇，把信息和所要实现目标联系起来进行思考，以创造性地实现目标。信息交汇可以通过本体交汇、功能拓展、杂交、立体动态四个方式进行。总之，信息交汇法就像一个“魔方”，通过各种信息的引入和各个层次的交换会引出许多系列的新信息组合，为创新对象提供了千万种的可能性。

（六）模仿创新法

人类的发明创造大多是由模仿开始的，然后再进入独创。勤于思考就能通过模仿做出创造发明，当今有许多物品模仿了生物的一些特征，以致形成了仿生学。模仿不仅被用于工程技术、艺术，也被应用于管理方面。

第三节　服务企业管理创新的过程与组织

一、服务企业管理创新的过程

要有效组织服务企业管理创新的活动，就必须研究服务企业管理创新的规律。服务企业管理创新有无规律可循，对于这个问题是有争议的。创新本质上是杂乱无章的，因为创新是对旧事物的否定，对新事物的探索。对旧事物的否定，服务企业管理创新必定要突破服务企业原先的制度，破坏服务企业原先的秩序，不遵守原先的制度和章程。对新事物的探索，在最终的成果取得之前，可能会经历无数次的反复，无数次的失败。因此，服务企业管理创新看上去可能是杂乱无章的。但这种“杂乱无章”是相对于旧制度、旧秩序而言，相对个别创新而言的。就服务企业管理创新的总体来说，它们必须遵循一定的步骤、程序和规律。服务企业管理创新作为一个过程，要经历一定的阶段，总结众多成功企业的经验，成功的创新要经历寻找机会、提出构想、迅速行动、坚持不懈这几个阶段的努力。

（一）寻找机会

服务企业管理创新是对原有秩序的破坏，原有秩序之所以要打破，是因为其内部存在着或出现了某种不协调的现象。这些不协调对企业的发展提供了有利的机会或造成了某种不利的威胁。服务企业管理创新正是从发现和利用这些不协调现象开始的，这些不协调现象为服务企业管理创新提供了契机。旧秩序中的不协调可能存在于企业内部，也可能存在于企业外部。

就企业外部来看，引起创新的不协调现象主要有：①技术的变化。技术的变化可能影响企业资源的获取、生产设备和产品的技术水平。②人口的变化。人口的变化可能影响企业劳动市场供给和产品销售市场的需求。③宏观经济环境的变化。迅速增长的经济背景可能给企业带来不断扩大的市场，而整个国民经济的萧条则可能降低企业产品需求者的购买能力。④文化与价值观念的转变。文化与价值观念的转变可能改变消费者的偏好或劳动者对工作及薪酬的态度。

就企业内部来看，引起创新的不协调现象主要有：①生产中的瓶颈。这可能影响劳动生产率的提高或劳动积极性的发挥，因而始终困扰着企业的管理人员。这种瓶颈可能是某种材料的质地不够理想，且始终找不到替代品，也可能是某种工艺加工方法不完善，或是某种分配政策不合理。②企业意外的成功或失败。如企业的派生产品的销售额增加，从而其利润贡献不声不响、出人意料地超过了企业的主营产品；如企业的老产品经过尽心改进，质量更优异，结构更合理，但销售并未达到预期数量。这些出乎企业预料的成功和失败，往往可以把企业从原先的思维模式中驱赶出来，从而成为企业创新的一个源泉。

（二）提出构想

敏锐地观察到了不协调现象产生以后，还要透过现象究其原因，并据此分析和预测不协调的未来变化趋势，估计它们可能给组织带来的积极或消极后果，并在此基础上，努力利用机会或将威胁转换为机会，采用头脑风暴法、德尔菲法、畅谈会法等提出多种解决问题的方法，消除不协调，使系统在更高层次上实现平衡的创新构想。

（三）迅速行动

创新成功的秘密在于迅速行动，企业提出的构想可能还不完善，甚至非常不完善，但这种不完善的构想必须付诸行动才有意义。“没有行动的思想会自生自灭”这句话对于企业的管理创新的实践尤为重要，一味地追求完美，就可能错失良机，把创新的机会白白送给竞争对手。创新的构想只有在不断的尝试中才能发现存在问题，逐渐完善，直至符合企业现状，企业只有迅速行动才能有效地利用“不协调”提供的机会。

（四）坚持不懈

构想经过尝试才能成熟，而尝试是有风险的，尝试可能失败，创新的过程是不断尝试、不断失败、不断提高的过程。创新者在开始行动以后，为取得最终成功，必须坚定不移地坚持下去，不能半途而废。要在创新中坚持下去，创新者必须有足够的自信心和忍耐力，正确对待尝试过程中出现的失败，找出失败原因，不断完善构想，创新的成功只会在屡屡失败后才姗姗来迟。伟大的发明家曾经说过，我的成功乃是从一路失败中取得的。创新的成功在很大程度上要归于“最后五分钟”的坚持。

二、服务企业管理创新的组织

服务企业管理者不仅要根据创新的规律对自己的工作进行创新，更重要的是组织下属的创新。组织下属创新不是安排和计划下属中的某个成员在某个时间去从事某种创新活动，更重要的是为他们提供创新条件，创造环境。有效地组织企业内部的创新，一般要求管理人员做好以下几个方面的工作。

（一）正确理解和扮演“管理者”的角色

企业管理人员是保守的，他们往往以为企业雇用自己的目的是维持组织的运行，因此自己的职责首先是保证预先制定的规则的执行和计划的实现。“企业的活动不偏离计划的要求”这句话便是优秀管理的象征。服务企业管理者往往自觉或不自觉地扮演现有规章制度守护者的角色，为了减少企业经营过程中的风险，避免损失，管理者对创新一般不支持，并且经常夸大创新尝试中的失败，随意惩罚在创新尝试中遭到失败的人，或轻易地奖励那些从不创新、从不冒险的人……服务企业管理人员必须自觉带头创新，并努力为组织成员提供和创造一个有利于创新的环境，积极鼓励、支持和引导企业成员进行创新。

（二）创造促进创新的组织氛围

促进创新的最好方法是大张旗鼓地宣传创新，激发创新，树立“无功便是有过”的新观念，让每一个成员奋发向上，努力进取，跃跃欲试，大胆尝试。要营造一种人人谈创新、时时想创新、无处不创新的组织氛围，让那些无创新想法或有创新想法却无创造行动的人感觉到在组织中无立身之处，使每个人都认识到到组织聘用自己的目的，不是要自己简单地用既定的方式重复那些操作，而是希望自己去探索新的方法，找出新的程序，只有不断去探索、去尝试，才有继续留在组织中的资格。

（三）制定有弹性的计划

创新意味着打破旧的规则，意味着时间和资源的计划外占用。因此，创新要求企业的计划必须具有弹性。创新需要思考，思考需要时间，如果把每个人的每个工作日都安排得非常紧凑，对每个人实行“满负荷工作制”，那么创新的许多机遇便不可能发现，创新的构想也无条件产生。同时，创新也需要尝试，而尝试需要物质条件和实验的场所，如果要求每个部门在任何时间都严格地制定和执行严密的计划，那么创新就会失去基地，而没有尝试的构想就只能留在人们的脑子里或图纸上，不会给组织带来任何实际效果。因此，要让企业的成员有时间去思考，有条件去尝试创新，企业制订的计划必须具有一定的弹性。

（四）建立合理的奖惩制度

要激发个人的创新热情，企业还必须建立合理的评价和奖惩制度。创新的原始动机也许是个人的成就感，或是自我价值实现的需要，但是如果创新的努力不能得到企业或社会的承认，不能得到公正的评价和合理的奖惩，则继续创新的动力会渐渐失去。促进创新的奖惩制度至少要符合下述条件。

（1）注意物质奖励与精神奖励的结合。奖励不一定是金钱上的，而且往往不需要金钱方面的，精神上的奖励也许比物质报酬更能满足驱动人们创新的心理需要，而且从经济的角度考虑，物质奖励的效益要低于精神奖励：金钱的边际效用是递减的，为了激发或保持同等程度的创新积极性，企业应注意物质奖励与精神奖励相结合。

（2）奖励制度要既能促进内部的竞争，又能保证成员间的合作。内部的竞争与合作对企业管理创新一样重要：竞争能激发企业内部每个人的创新欲望，从而有利于创新机会的发现和创新构想的产生，而过度的竞争则会导致企业内部各自为政，互相封锁，协作能综合各种知识和能力，从而可以使每个创新构想都更加完善，但没有竞争的合作难以区别个人的贡献，从而会削弱个人的创新欲望。要保证竞争与和合作的结合，在奖项的设置上，可考虑多设集体奖，少设个人奖，多设单项奖，少设综合奖；在奖金的数额上，可考虑多设小奖。这样使每一个人都有成功的希望，避免只有少数人才能成功，防止成员间相互封锁和保密，破坏成员间的合作。

（3）奖励不能视作“不犯错误的报酬”。奖励是对做出特殊贡献，甚至是对希望做出特殊贡献的努力的报酬，奖励的对象不仅包括成功后的创新者，而且应当包括那些成功以前甚至没有成功的努力者，就企业而言，也许重要的不是创新的结果，而是创新的过程。如果奖励制度能促进每个成员都能积极地探索和创新，那么对企业发展有利的成果必然会产生。

【案例分析】

SAP 正改变着自己与世界上的大小企业

1972 年，从 IBM 公司跳槽出来的 4 个年轻工程师创办了 SAP 公司。他们共同的目标就是生产销售统一商业标准软件。经过不懈的努力，这家总部位于德国沃尔多夫市的德国公司已经成为全球最大的企业管理和协同化商务解决方案供应商、全球第三大独立软件供应商。全球 120 多个国家的超过 1.9 万家用户正在运行着 6 万多套 SAP 软件。全球 50 家最大的石油企业、20 家最大的医药公司、18 家最大的化工公司、19 家最大的电信公司、每家大型汽车制造商、前 50 强的银行中的 60%、最大的 7 家航空公司中的 6 家、最大的 7 家计算机公司中的 6 家……都是 SAP 的用户。

SAP 有三个主要业务部门：商业运用软件开发、信息技术咨询和培训。

（1）利用特殊关系扩展地域：为了有条不紊地扩展国际业务，SAP 与许多硬件和软件开发公司及全球性和地方性咨询公司建立了合作关系。1996 年，公司开始与微软公司合作，为在英特网商从事商业活动制订行业标准。SAP 公司收益的 67% 来自德国以外的地区。1991—1995 年，公司在美国市场的收益超过了本国市场。它在美国市场的年增长率为 85%，而在德国只有 22%。

（2）新市场：SAP 将市场营销重点从加工制造业扩大到零售、银行、电信和公共部门。通过授权小供应商出售其软件并提供有关服务，公司开始更加关注中等规模之上的客户。在进行地区拓展时，如遇到其大的跨国公司客户已有地域拓展举动，SAP 往往能随即跟上。

1. 主要历程

1972 年 4 月 1 日，SAP 公司正式于德国沃尔多夫市建立，40 年前的那天，谁能预料到 SAP 公司现在能够成为世界上最大的企业应用软件供应商。

在 1972—1981 年，SAP 公司快速发展。SAP 的底层架构、最初的一些软件模块及 SAP R/2 系统构成了公司第一年的收入，获得了德国以外的第一个客户，并第一次参加了展会。

1982—1991年，是SAP公司发展历程中具有划时代意义的R/3时代，公司拥有了4个64MB存储服务器，雇用了100名员工，签订了1000个客户，收入达1亿德国马克，业务不断向国外扩大，同时研发出了SAP R/3。

1992—2001年，SAP公司迈入电子商务时代，SAP年销售收入达到了60亿美元，并雇用超过2.4万名员工。在各种展览和峰会亮相，完成了公司整体上市，并开发出了新技术和平台。

2002年后，SAP研发了Net Weaver平台，这是一个横跨信息流域系统架构的平台，能全面整合企业及其员工队伍，并能无障碍地建立市场间连接。在这个阶段，SAP的技术创新和创业精神继续得到极大的发展。

2007年10月，SAP收购Business Objects，进入商业智能领域。

2010年5月12日，SAP宣布将以58亿美元现金收购商业软件开发商Sybase。

2010年12月26日，SAP在北京宣布，SAP已完成对全球最大的独立软件厂商之一的Sybase公司的收购，并同时宣布了完成收购后的首期发展时间表。

2. 在中国的发展

SAP早在20世纪80年代就同中国的国营企业合作并取得了成功经验。1994年年底，SAP在北京建立了代表机构，1995年正式成立SAP中国公司，1996年、1997年陆续设立上海和广州分公司。作为中国ERP市场的绝对领导者，SAP的市场份额已经达到30%，年度业绩以50%以上的速度递增。

SAP在中国还有众多的合作伙伴，包括IBM、HP、Sun、埃森哲、普华永道、德勤、安永咨询、欧雅联盟、汉思、东软、高维信诚、联想汉普、神州数码、达策等。SAP在众多的项目中与这些伙伴密切合作，将先进的管理理念变为现实。

（资料来源：http：//baike.baidu.com/view/419358.htm.）

思考题

1. SAP公司快速的发展有赖于哪些环境变化？
2. SAP公司为自己的发展创造了一个什么样的创新环境？
3. 你从SAP公司的发展中得到了哪些关于服务企业管理创新内容的启发？

课程实践

通过“沙子游戏”[①]帮助学生开阔思路，激发学生的创造性思维，培养学生的创新素质。“沙子游戏”必备的材料：茶杯、水、小石块若干、沙子（一杯）。具体步骤如下：

（1）先把小石块放满杯子，再放沙子于同一杯子中，直至放满，再倒水于放满石块、沙子的杯子中。

（2）杯中放满水，再放石块、沙子。这时水溢出了。

（3）杯中放满水，再放石块和水，这时沙子溢出了。

组织学生以小组为单位对此现象进行深入讨论，通过头脑风暴法找到答案，从而激

① 苗雨君，赖胜才.管理学——原理·方法·实践·案例［M］.北京：清华大学出版社，2009.

发学生的创造性思维，培养学生的创新能力。

【本章小结】

创新，尤其管理创新是一个企业发展的动力和源泉。管理创新是指企业在现有资源的基础上，发挥人的积极性和创造性，通过一种新的或更经济的方式来整合企业的资源，并能有效地加以实施，以达到管理效益最大化的动态过程。

根据管理创新的定义，就服务企业而言，服务企业管理创新的主体应包含企业家、管理者、企业员工。

有三类因素将有利于服务企业的管理创新，它们是服务企业的组织结构、文化和人力资源实践。

服务企业管理创新的内容包括：观念创新；组织创新；制度创新；技术创新；产品创新；环境创新；文化创新。

服务企业管理创新的方法有：头脑风暴法；综摄法；逆向思维法；检核表法；信息交合法；模仿创新法。

服务企业管理创新的过程：寻找机会；提出构想；迅速行动；坚持不懈。

服务企业管理创新的组织过程：正确理解和扮演“管理者”的角色；创造促进创新的组织氛围；制定有弹性的计划；建立合理的奖惩制度。

【复习思考题】

一、名词解释

创新　　管理创新

二、简述题

1. 服务企业管理创新的主体是什么？
2. 促进服务企业管理创新的因素有哪些？
3. 服务企业管理创新的内容是什么？
4. 服务企业管理创新有哪些方法？
5. 服务企业管理创新有哪些过程？
6. 服务企业管理创新在组织过程中应如何做？

三、论述题

试述在服务企业运行中，应从哪些方面进行管理创新？

参考文献

1. ［美］霍夫曼 . 服务营销精要：概念、策略和案例［M］. 胡介埙，译 . 大连：东北财经大学出版社，2009.

2. ［比］保罗 · 格默尔 . 服务管理：整合的视角［M］. 陈福军，曹婷，译 . 北京：清华大学出版社，2017 .

3. ［美］菲茨西蒙斯 . 服务管理：运作、战略与信息技术［M］. 张金成，等，译 . 北京：机械工业出版社，2007.

4. ［美］森吉兹 · 哈克塞弗 . 服务经营管理学［M］. 顾宝炎，译 . 北京：中国人民大学出版社，2011.

5. ［美］彼得 · 德鲁克 . 管理的前沿［M］. 许斌，译 . 北京：企业管理出版社 .1988.

6. ［美］弗雷德里克 · 泰罗 . 科学管理原理［M］. 马凤才，译 . 北京：机械工业出版社，2013.

7. ［美］赫伯特 · 西蒙 . 管理决策新科学［M］. 北京：中国社会科学出版社，1982.

8. ［美］彼得 · 德鲁克 . 管理——任务、责任、实践［M］. 北京：华夏出版社，2012.

9. ［法］亨利 · 法约尔 . 工业管理与一般管理［M］. 北京：机械工业出版社，2007.

10. ［美］查尔斯 · T · 亨格瑞，斯里坎里 · M · 达塔尔，乔治 · 福斯特，马达夫 · V · 拉詹，克里斯托 · 伊特纳 . 成本与管理管理［M］.13 版，王立彦，刘应文，罗炜，译 . 北京：中国人民大学出版社，2012.

11. ［美］迈克尔 · 哈默，詹姆斯 · 钱皮 . 企业再造：企业革命的宣言书［M］. 王珊珊，译 . 上海：上海译文出版社，2007.

12. ［美］路易斯 · 戈麦斯—梅西亚，戴维 · 鲍尔金，罗伯特 · 卡迪 . 管理学——人 · 绩效 · 变革［M］.3 版，詹正茂，译 . 北京：人民邮电出版社，2009.

13. ［美］森吉兹 · 哈克塞弗，巴里 · 伦德尔，罗伯塔 · S · 拉塞尔，罗伯特 · G · 默迪克 . 服务经营管理学［M］. 2 版，顾宝炎，时启亮，等，译 . 北京：中国人民大学出版社，2005.

14. ［美］特劳特，等 . 新定位［M］. 李正栓，等，译 . 北京：中国财政经济出版社，2002.

15. ［美］K. 道格拉斯 · 霍夫曼，约翰 · E.G. 彼得森 . 服务营销精要：概念、策略和案例［M］. 胡介埙，译 . 大连：东北财经大学出版社，2009.

16. ［美］劳拉 · 里斯 . 视觉锤［M］. 王刚，译 . 北京：机械工业出版社，2013.

17. [英]乔·迪德,[美]福兰克·M赫尔.服务创新[M].李靖华，等，译.北京：知识产权出版社，2015.

18. [美] James A Fitzsimmons，Mona J Fitzsimmons. 服务经营管理运作、战略与信息技术[M].3 版，张金成，范秀成，等，译.北京：机械工业出版社，2003.

19. [美]克里斯托弗·洛夫洛克，约亨·沃茨，帕特里夏·周.服务营销精要[M].李中，译.北京：中国人民大学出版社，2011.

20. [芬兰]亚默·R·列提宁.积极的客户关系管理[M].郑淑云，译.上海：同济大学出版社，2009.

21. [美]詹姆斯·A·菲茨西蒙斯，莫娜·J·菲茨西蒙斯.服务管理：运作、战略与信息技术[M].范秀成，译.北京：机械工业出版社，2003.

22. [美]斯蒂文·阿布里奇.服务、服务、服务——企业成长的秘密武器[M].戴骏，等，译.长春：吉林人民出版社，1998.

23. [美]詹姆斯·赫斯克特，厄尔·萨塞.服务利润链[M].北京：华夏出版社，2001.

24. [加]约瑟夫·兰佩尔，亨利·明茨伯格，詹姆斯·布赖恩·奎因，苏曼特拉·戈沙尔.战略过程——概念、情境与案例（原书第五版）[M].耿帅，黎根红，等，译.北京：机械工业出版社，2017.

25. [美]韦恩·蒙迪.人力资源管理[M].谢晓非，等，译.北京：人民邮电出版社，2011.

26. [美]亚瑟·W·小舍曼，乔治·W·勃兰德，斯科特·A·斯奈尔.人力资源管理[M].沈阳：东北财经大学出版社，2001.

27. [美] Tom Peters. 乱中取胜：管理革命手册[M]. New York：Pan Books, 1987.

28. [美]菲利普·科特勒等.营销管理[M].3 版，梅清豪，译.北京：中国人民大学出版社，2005.

29. [美]斯蒂劳·罗宾斯，玛丽·库尔特.管理学[M].11 版，李原，孙健敏，黄小勇，译.北京：中国人民大学出版社，2012.

30. [美]彼得·德鲁克.创新与企业家精神[M].蔡文燕，译.北京：机械工业出版社，2009.

31. [美]约瑟夫·熊彼得.经济发展理论[M].北京：中国商业出版社，2009.

32. 张润彤.服务科学概论[M].2 版.北京：电子工业出版社，2015.

33. 冯俊，张运来.服务管理学[M].北京：科学出版社，2010.

34. 汪素芹，国际服务贸易[M].北京：对外经济贸易大学出版社，2011 .

35. 孙永波.我国现代服务业发展机制及其对策研究[M].北京：经济科学出版社，2017.

36. 张超超，孙建功.发展现代服务业[M].济南：山东大学出版社，2012.

37. 张为付.南京市现代服务业发展研究报告[M].南京：南京大学出版社，2017.

38. 李枫林.现代服务管理理论与实践[M].武汉：武汉大学出版社，2010.

39. 蒋三庚.现代服务业研究[M].北京：中国经济出版社，2006.

40. 陈章龙 . 中国现代服务业发展研究报告［M］. 南京：南京大学出版社，2016.

41. 潘海岚 . 中国现代服务业发展研究［M］. 北京：中国财政经济出版社，2008.

42. 王志平 . 上海发展现代服务业的途径与策略［M］. 上海：上海人民出版社，2011.

43. 王绍媛 . 蓝天国际服务贸易［M］. 大连：东北财经大学出版社，2013.

44. 周三多，陈传明，鲁明泓 . 管理学——原理与方法［M］. 上海：复旦大学出版社，2005.

45. 易俊 . 事故预防与分析［M］. 北京：中国劳动社会保障出版社，2010.

46. 孙永波 . 现代企业管理的十大核心思想［M］. 北京：知识产权出版社，2009.

47. 陈浩 . 执行力［M］. 北京：中华工商联合出版社，2011.

48. 杨俊青 . 管理学通论［M］. 北京：经济科学出版社，2008.

49. 张文昌，于维英 . 东西方管理思想史［M］. 北京：清华大学出版社，2007.

50. 全国经营师就业教材编审委员会 . 企业经营管理实务［M］. 北京：清华大学出版社，2010.

51. 韩伟 . 现代企业经营管理［M］. 北京：化学工业出版社，2010.

52. 王树良 . 服务科学导论［M］. 武汉：武汉大学出版社，2008.

53. 汤海燕，沈玉良 . 我国与发达国家服务业企业经营模式比较［J］. 国际商务研究，2007，28（6）：26–29.

54. 张俊伟 . 极简管理：中国式管理操作系统［M］. 北京：机械工业出版社，2013.

55. 经营管理的相关概念［EB/OL］. 邮政网 .

56. 丁家云，谭艳华 . 管理学理论、方法与实践［M］. 合肥：中国科学技术大学出版社，2010.

57. 马勇，陈小连，马世骏 . 现代服务业管理——原理、方法与案例［M］. 北京：中国人民大学出版社，2010.

58. 朱伟民，李玉辉，牛树海 . 战略管理［M］. 2 版，大连：东北财经大学出版社，2017.

59. 丁宁 . 服务管理［M］. 2 版，北京：清华大学出版社，2016.

60. 宋军 . 入世过渡期结束后工程咨询企业的发展战略研究——以上海量佳工程咨询公司为例［D］. 武汉：武汉理工大学，2007.

61. 韩顺平 . 服务企业竞争战略研究［D］. 南京：南京大学，2002.

62. 森吉兹・哈克塞费 . 服务经营管理学［M］. 顾宝炎，等，译 . 北京：中国人民大学出版社，2005.

63. 张淑君，林光 . 企业运作管理［M］. 北京：清华大学出版社，2004.

64. 刘芳 . 企业管理［M］. 合肥：合肥工业大学出版社，2010.

65. 杨善林 . 企业管理学［M］. 北京：高等教育出版社，2009.

66. 陈东健 . 人力资源开发与管理［M］. 苏州：苏州大学出版社，2004.

67. 张春瀛 . 人力资源管理［M］. 北京：中国铁道出版社，2004.

68. 冯俊 . 服务企业管理［M］. 北京：科学出版社，2007.

69. 柴小青 . 服务管理教程［M］. 北京：中国人民大学出版社，2003.
70. 赵曙明 . 人力资源管理研究［M］. 北京：中国人民大学出版社，2001.
71. 吴志华 . 人力资源开发与管理［M］. 北京：中国高等教育出版社，2004.
72. 张先治 . 高级财务管理［M］. 大连：东北财经大学出版社，2011.
73. 郭惠云，高怀金，张涛 . 星级服务企业内部财务控制［M］. 北京：经济科学出版社，2003.
74. 王之泰 . 新编现代物流学［M］. 北京：首都经贸大学出版社，2012.
75. 宋华 . 现代物流管理［M］. 北京：人民大学出版社，2012.
76. 韦恒 . 现代物流学［M］. 北京：清华大学出版社，2007.
77. 李严峰 . 现代物流管理［M］. 大连：东北财经大学出版社，2007.
78. 崔介何 . 物流学概论［M］. 北京：北京大学出版社，2010.
79. 王二富，李二敏 . 物流管理概论［M］. 北京：对外京贸大学出版社，2005.
80. 劳动和社会保障部中国就业培训技术指导中心 . 物流师［M］. 北京：中国劳动社会保障出版社，2004.
81. 阙祖平 . 物流案例分析［M］. 北京：人民交通出版社，2005.
82. 荣晓宇 . 云南花卉产业供应链管研究［D］. 成都：四川大学，2002.
83. 于干千，秦德智 . 服务企业经营管理学［M］. 北京：中国林业出版社，2008.
84.《运筹学》报告教材编写组 . 运筹学［M］. 3 版，北京：清华大学出版社，2005.
85. 叶茂中营销策划机构 . 叶茂中的吃功夫［M］. 北京：机械工业出版社，2010.
86. 李雪松 . 服务营销学［M］. 北京：清华大学出版社，2009.
87. 郭国庆 . 服务营销管理［M］.2 版，北京：中国人民大学出版社，2009.
88. 郭国庆，贾淼磊 . 营销思想史［M］. 北京：中国人民大学出版社，2012.
89. 王关义 . 运营管理的革命——理论 · 实务 · 案例［M］. 北京：经济管理出版社，2007.
90. 苏朝晖 . 客户关系的建立与维护［M］. 北京：清华大学出版社，2007.
91. 赵冰，陶峻 . 客户关系管理［M］. 北京：经济管理出版社，2010.
92. 白仁春，郭红龄，刘平 . 企业资源发展策划［M］. 北京：北京大学出版社，2005.
93. 苗月新 . 营销学原理［M］. 北京：中国财政经济出版社，2011.
94. 刘菊 . 试论现代企业客户关系的建立与管理［J］. 中外企业家，2011（2）：38–41.
95. 肖建中 . 小团队赢得大客户：大客户销售新策略与方法［M］. 广州：广东经济出版社，2008.
96. 赵春雨，王艳红 . 服务外包企业客户关系管理［M］. 北京：化学工业出版社，2012.
97. 马开永 .TWF 公司的服务客户分类及维护手段研究［D］. 成都：四川大学，2005.

98. 刘在云 . 客户关系管理理论与实践——基于 Microsoft Dynamics CRM[M]. 北京: 清华大学出版社，2010.

99. 皮骏 . 客户关系管理教程［ M ］. 上海：复旦大学出版社，2011.

100. 王宁 . 服务管理［ M ］. 北京：清华大学出版社，2008.

101. 苏秦 . 服务质量、关系质量与顾客满意［ M ］. 北京：科学出版社，2010.

102. 张淑君 . 服务管理［ M ］. 北京：中国市场出版社，2010.

103. 安筱鹏 ."两化融合与现代服务业发展"系列①现代服务业: 概念、特征与分类[J]. 中国信息界，2008（8）：66–71.

104. 刘成林 . 现代服务业发展的理论与系统研究［ D ］. 天津：天津大学，2007.

105. 荆林波 . 信息技术对服务业的渗透与影响——对"鲍穆尔模式"的再思考［ J ］. 财贸经济，2004（7）：20–24.

106. 马勇 . 现代服务业管理［ M ］. 北京：北京大学出版社，2017.

107. 应玉龙，施庆平 . 管理信息系统教程［ M ］. 北京：中国水利水电出版社，2006.

108. 芮明杰 . 超越一流的智慧——现代企业管理的创新［ M ］. 上海：上海译文出版社，1994.

109. 常泽修 . 现代企业创新论［ M ］. 天津：天津人民出版社，2004.

110. 王庆海 . 管理学概论［ M ］. 北京：清华大学出版社，2008.

111. 龙利群 . 管理学［ M ］. 杭州：浙江大学出版社，2009.

112. 苗雨君，赖胜才 . 管理学——原理 · 方法 · 实践 · 案例［ M ］. 北京：清华大学出版社，2009.

项目策划：段向民
责任编辑：张芸艳
责任印制：谢　雨
封面设计：何　杰

图书在版编目（CIP）数据
现代服务业管理 / 杨柳主编 . -- 北京 : 中国旅游出版社 , 2018.8（2022.11 重印）
中国旅游业普通高等教育应用型规划教材
ISBN 978-7-5032-6068-1

Ⅰ . ①现… Ⅱ . ①杨… Ⅲ . ①服务业—商业管理—高等学校—教材 Ⅳ . ① F719

中国版本图书馆 CIP 数据核字 (2018) 第 159533 号

书　　名：现代服务业管理

作　　者：杨柳　主编
出版发行：中国旅游出版社
（北京静安东里6号　邮编：100028）
http://www.cttp.net.cn　E-mail:cttp@mct.gov.cn
营销中心电话：010-57377108，010-57377109
读者服务部电话：010-57377151
排　　版：北京旅教文化传播有限公司
经　　销：全国各地新华书店
印　　刷：北京明恒达印务有限公司
版　　次：2018年8月第1版　2022年11月第6次印刷
开　　本：787毫米 × 1092毫米　1/16
印　　张：20.5
字　　数：570千
定　　价：39.80元
ISBN　978-7-5032-6068-1